Günter Schicker

Koordination und Controlling in Praxisnetzen mithilfe einer prozessbasierten E-Service-Logistik

T0234837

GABLER EDITION WISSENSCHAFT

Günter Schicker

Koordination und Controlling in Praxisnetzen mithilfe einer prozessbasierten E-Service-Logistik

Mit einem Geleitwort von Prof. Dr. Freimut Bodendorf

GABLER EDITION WISSENSCHAFT

Bibliografische Information Der Deutschen Nationalbibliothek
Die Deutsche Nationalbibliothek verzeichnet diese Publikation in der
Deutschen Nationalbibliografie; detaillierte bibliografische Daten sind im Internet über
<http://dnb.d-nb.de> abrufbar.

Dissertation Universität Erlangen-Nürnberg, 2007

1. Auflage 2008

Alle Rechte vorbehalten
© Betriebswirtschaftlicher Verlag Dr. Th. Gabler | GWV Fachverlage GmbH, Wiesbaden 2008

Lektorat: Frauke Schindler / Stefanie Loyal

Der Gabler Verlag ist ein Unternehmen von Springer Science+Business Media.
www.gabler.de

Umschlaggestaltung: Regine Zimmer, Dipl.-Designerin, Frankfurt/Main
Gedruckt auf säurefreiem und chlorfrei gebleichtem Papier

ISBN 978-3-8349-0927-5

Meinen Eltern,
meiner Frau Jutta

Geleitwort

Das Gesundheitswesen in Deutschland ist mit jährlichen Ausgaben von über 200 Milliarden Euro, einem Anteil von über 10 % am Bruttoinlandsprodukt und über 4 Mio. Beschäftigten einer der wichtigsten Sektoren der Wirtschaft. Es befindet sich in einer Umbruchsphase, die mit ihren vielfältigen und weit reichenden Auswirkungen deutlich über die Reformbemühungen der Vergangenheit hinausgeht. Generell wird die Notwendigkeit gesehen, die Effizienz deutlich zu erhöhen. Der wachsende Kostendruck und ein verstärktes marktorientiertes bzw. betriebswirtschaftliches Denken auf der Seite der Leistungserbringer und zukünftig vermehrt auch auf der Seite der Patienten als Kunden zwingen dazu, vorhandene Organisationsformen und Prozessabläufe effizienter und flexibler zu gestalten. Dabei wird allgemein erwartet, dass die Arbeitsteilung im Gesundheitswesen weiter stark zunehmen wird. Die Spezialisierung und Vernetzung führt zu der Herausforderung einer Kooperation und Koordination von sehr unterschiedlichen und eigenständigen Organisationseinheiten, die Gesundheitsdienstleistungen erbringen. Zukünftig stehen dabei nicht nur die Leistungsprozesse im Vordergrund, die der Heilung von Krankheiten dienen. Es geht auch um die Erweiterung bestehender und die Gestaltung neuer Leistungsangebote, indem herkömmliche Behandlungsprozesse mit gesundheitsrelevanten Dienstleistungen z. B. in den Bereichen Ernährung, Wellness oder Fitness intelligenter verknüpft werden.

In der Dienstleistungswirtschaft außerhalb des Gesundheitssektors ist schon seit etlichen Jahren eine verstärkte Tendenz zur Spezialisierung und Netzwerkbildung zu verzeichnen. Die Ausdifferenzierung von Wertschöpfungsketten, Outsourcing-Maßnahmen sowie die zunehmende Entstehung von Unternehmensnetzwerken und -allianzen sind beispielhafte Trends. Bei all diesen Entwicklungen spielen Informations- und Kommunikationssysteme eine maßgebliche Rolle. Neue Technologien ermöglichen hoch komplexe Kooperations- und Koordinationsstrukturen mit einer weit reichenden Unterstützung für die beteiligten Menschen sowie einer Teilautomatisierung an vielen Stellen. Hier wiederum ist die Erzeugung, Organisation, Verarbeitung, Verteilung und Bereitstellung von Informationen eine zentrale Aufgabe. Man spricht auch von Prozessen der Informationslogistik. Ziel ist, die richtige Information zum richtigen Zeitpunkt am richtigen Ort für die richtigen Personen verfügbar zu machen. Die Effizienz von Koordinations- und Leistungsprozessen im vernetzten Gesundheitswesen kann durch entsprechende Unterstützungssysteme wesentlich gesteigert, Transaktionskosten können wesentlich gesenkt werden.

Dieses Buch betrachtet aus dem Blickwinkel der Wirtschaftsinformatik die IT-Unterstützung von Koordinations- und Controllingaufgaben im Gesundheitssystem mit besonderer Betrachtung der Strukturen und Prozesse in Praxisnetzen.

Zunächst werden Praxisnetze auf den Prüfstand gestellt sowie Optimierungspotenziale herausgearbeitet. Hierzu dient eine breit angelegte empirische Untersuchung von ca. 100 Praxisnetzen in Deutschland und der Schweiz. Diese Studie liefert einerseits wichtige Hinweise auf zu lösende Probleme in den Bereichen Management, Prozessgestaltung und IT-Unterstützung. Andererseits ermöglicht sie einen umfassenden Überblick über Koordinationsinstrumente und -mechanismen für Gesundheitsbzw. Praxisnetze. In den weiteren Kapiteln des Buches wird das Koordinationskonzept „Prozessbasierte E-Service Logistik" vorgestellt. Die zentrale Idee dabei ist, in einem Gesundheitsnetz den Ärzten und sonstigen Leistungserbringern sowie auch den Patienten zum richtigen Zeitpunkt, am richtigen Ort über das richtige Medium elektronische Dienstleistungen individualisiert und situationsspezifisch zur Verfügung zu stellen. Für das Netzmanagement wird ein Controllingkonzept erläutert, das auf dem in der Wirtschaftspraxis verbreiteten Konzept der Balanced Scorecard aufbaut. Strukturierung eines Zielsystems, Leistungsmessung und Anreizmechanismen sind dabei wichtige Teilaspekte.

Insgesamt gesehen liefert das Buch eine Vielzahl von Erkenntnissen und Anregungen sowohl für den Manager, dessen Anliegen die Steuerung eines Gesundheitsnetzes und die Koordination der Netzbeteiligten ist, als auch für den technisch Interessierten, der Einiges über eine konkrete Anwendung der Prinzipien einer Serviceorientierten Architektur erfahren kann.

Prof. Dr. Freimut Bodendorf

Vorwort

Die Vernetzung und Koordination im Gesundheitswesen nimmt zu. Die Rahmenbedingungen für freiberuflich tätige Ärzte verändern sich: zunehmende Bürokratie, Kostensenkung und Wettbewerbsdruck durch Klinikketten, die verstärkt auch im ambulanten Bereich tätig werden. Um trotz dieser Umfeldbedingungen eine bessere Patientenversorgung zu erreichen und die Versorgungseffizienz zu steigern, wurden in den letzten Jahren zahlreiche Praxis- bzw. Arztnetze gegründet.

Die vorliegende Arbeit beschäftigt sich mit der Koordination und dem Controlling von Praxisnetzen sowie den Möglichkeiten einer effektiven und effizienten IT-Unterstützung. Um die Koordinationsbedarfe der beteiligten Netzakteure (z. B. Patienten, Leistungserbringer, Netz-Management) zu befriedigen, werden elektronische Dienste individuell zum richtigen Zeitpunkt an der richtigen Stelle im Prozess zur Verfügung gestellt. Der zu diesem Zweck entwickelte Ansatz der *prozessbasierten E-Service-Logistik* unterstützt einerseits die Koordination der Netzaktivitäten und liefert zugleich Prozessinformationen, um das Controlling im Sinne eines Performance Measurements in Praxisnetzen zu ermöglichen.

Zur Fertigstellung der Arbeit haben viele Menschen beigetragen, denen ich zu großem Dank verpflichtet bin. Dank gebührt Herrn Prof. Dr. Wolfgang Renninger sowie meinem wissenschaftlichen Betreuer, Herrn Prof. Dr. Freimut Bodendorf, die mir durch ihr persönliches Engagement die Promotion erst ermöglichten. Ein besonderer Dank gilt Herrn Prof. Dr. Freimut Bodendorf, der mir jederzeit unterstützend zur Seite stand und die nötigen Freiräume zum erfolgreichen Abschluss dieser Arbeit gab. Ebenfalls danken möchte ich Herrn Prof. Dr. Oliver Schöffski, der sich bereit erklärte, die Arbeit als Koreferent zu betreuen. Dessen Arbeiten im Bereich der Praxisvernetzung stellen die Grundlage meiner Forschungsaktivitäten dar.

Sehr herzlich danken möchte ich auch den Personen, die in diesem Forschungsprojekt durch Ihre Mitarbeit und Unterstützung zum Gelingen wesentlich beigetragen haben. Besonderer Dank gebührt in diesem Zusammenhang den Vertretern des Kooperationspartners Praxisnetz Nürnberg-Nord. Des Weiteren bedanke ich mich bei Herrn Jörg Purucker und Frau Carolin Kaiser sowie bei den studentischen Teammitgliedern, die durch zahlreiche Arbeiten, gemeinsame Workshops und Gespräche das Konzept der *prozessbasierten E-Service-Logistik* maßgeblich mitgestaltet haben. Zu Dank bin ich auch allen Kollegen des Lehrstuhls Wirtschaftsinformatik II verpflichtet, bei denen ich jederzeit sehr freundliche Unterstützung fand.

Frau Prof. Dr. Gabriele Saueressig sowie Herrn Dr. Stefan Reinheimer danke ich für ihre Freundschaft, das Coaching sowie für die redaktionellen und inhaltlichen Anmerkungen beim Korrekturlesen des Manuskriptes.

Günter Schicker

Inhaltsübersicht

Teil I: Einleitung und Grundlagen 1

1 Motivation und Aufgabenstellung 1

2 Management vernetzter Organisationen 11

3 Praxisnetz-Organisationen 22

4 Kooperation und Koordination in Praxisnetzen 50

Teil II: Prozessbasierte E-service-Logistik – ein Koordinationskonzept 74

5 Prozessorientierte Koordination in Praxisnetzen 74

6 Prozessbasierte E-Service-Logistik zur Koordinationsunterstützung 112

Teil III: Prozessbasierte E-service-Logistik – ein Controllingkonzept 187

7 Controlling in Praxisnetzen 187

8 Prozessbasierte E-Service-Logistik zur Controllingunterstützung 205

Teil IV: Prozessbasierte E-service-Logistik – Anwendung und Evaluation 251

9 Anwendungsszenarien und Nutzenpotenziale 251

10 Implikationen 297

11 Bewertung 311

12 Schlussbemerkungen 321

Inhaltsverzeichnis

Vorwort IX

Inhaltsübersicht XI

Inhaltsverzeichnis XIII

Abbildungsverzeichnis XVII

Tabellenverzeichnis XXIII

Formelverzeichnis XXV

Abkürzungsverzeichnis XXVII

1   Motivation und Aufgabenstellung 1
   1.1   Ausgangssituation 1
   1.2   Forschungsgegenstand und Zielsetzung 5
   1.3   Vorgehensweise 8

2   Management vernetzter Organisationen 11
   2.1   Netzwerkorganisation – Begriff und Entwicklung 11
   2.2   Vernetzung im Gesundheitswesen 12
      2.2.1 Begriff 12
      2.2.2 Relevanz 17
      2.2.3 Integrierte Versorgung 18

3   Praxisnetz-Organisationen 22
   3.1   Begriff 22
   3.2   Motivation 23
   3.3   Ziele 24
   3.4   Klassifikation 27
   3.5   Gestaltungsinstrumente 29
      3.5.1 Hausarztmodell 29
      3.5.2 Capitation Model 32
   3.6   Reifegrad der Vernetzung 33
      3.6.1 Bewertungsmodell und Reifeportfolio 34
      3.6.2 Praxisnetz-Typologie 35
      3.6.3 Management-Systeme 38
      3.6.4 Prozesse 39
      3.6.5 Informations- und Kommunikationssysteme 39

3.7   Ineffizienzen und Optimierungspotenziale 40
3.7.1 Prozesse und Schnittstellen 42
3.7.2 Informations- und Kommunikationsmanagement 44
4 Kooperation und Koordination in Praxisnetzen 50
4.1   Einordnung...50
4.2   Kooperation..51
4.2.1 Begriff 51
4.2.2 Kooperationsbeziehungen...51
4.2.3 Kooperationsintensität..53
4.3   Koordination...54
4.3.1 Begriff 55
4.3.2 Koordinationsbedarf 56
4.3.3 Koordinationsformen und -mechanismen...58
4.4   Koordinationsobjekte und Managementaufgaben....................................68
4.4.1 Strategisch-normative Koordination auf Gesamtnetz-Ebene.................69
4.4.2 Operative Koordination auf Behandlungsprozess-Ebene 71
5 Prozessorientierte Koordination in Praxisnetzen..74
5.1   Grundlagen 74
5.1.1 Domänenneutraler Prozessbegriff..74
5.1.2 Domänenspezifischer Prozessbegriff 75
5.1.3 Relevanz 80
5.1.4 Prozessklassifikation 84
5.2   Prozesseigenschaften...86
5.3   Anforderungen 91
5.4   Interorganisationssysteme 98
5.5   Bestehende Ansätze..101
5.5.1 Praxisverwaltungssysteme 101
5.5.2 Elektronische Patientenakte 103
5.5.3 Disease und Case Management Systeme 107
5.5.4 Bewertung, Defizite und Innovationspotenziale...............................110
6 Prozessbasierte E-Service-Logistik zur Koordinationsunterstützung 112
6.1   Fachlicher Lösungsansatz 112
6.1.1 Begriff...112
6.1.2 E-Services 114
6.1.3 Regelkreis-Modell..124
6.1.4 Koordinationskonzept 125
6.1.5 Modellierungskonzept..131

6.2 Technischer Lösungsansatz 140
6.2.1 Serviceorientierte Architektur 141
6.2.2 Architekturprinzipien 145
6.2.3 Architekturüberblick 148
6.3 Zentrale Koordinationsfunktionen und Lösungskomponenten 152
6.3.1 Individualisierung 153
6.3.2 Ausführung und Steuerung 173

7 Controlling in Praxisnetzen 187
7.1 Grundlagen 187
7.1.1 Begriff 187
7.1.2 Einordnung 187
7.1.3 Relevanz 189
7.2 Anforderungen 191
7.2.1 Domänenneutrale Anforderungen 191
7.2.2 Domänenspezifische Anforderungen 193
7.3 Exemplarische Controllingkonzepte 195
7.3.1 Hausarztmodell Rhein-Neckar 195
7.3.2 Projekt Qualität und Effizienz Nürnberg 198
7.4 Bewertung, Defizite und Innovationspotenziale 202

8 Prozessbasierte E-Service-Logistik zur Controllingunterstützung 205
8.1 Performance Measurement als Controllingansatz 206
8.1.1 Begriff 206
8.1.2 Balanced Scorecard 206
8.2 Aufgaben des Performance Measurements 209
8.2.1 Strategiedefinition 210
8.2.2 Strategieumsetzung 212
8.2.3 Performance Monitoring 223
8.2.4 Analyse und Bewertung 232
8.3 Architekturkonzept und Implementierung 235
8.3.1 Präsentationsebene 236
8.3.2 Applikationsebene 236
8.3.3 Datenebene 244

9 Anwendungsszenarien und Nutzenpotenziale 251
9.1 Unterstützung der Leistungserbringer 254
9.1.1 Anwendungsszenarien 254
9.1.2 Nutzenpotenziale 269
9.2 Unterstützung des Netzmanagements 274

9.2.1 Anwendungsszenarien 274

9.2.2 Nutzenpotenziale...287

9.3 Unterstützung der Patienten 288

9.3.1 Anwendungsszenarien 290

9.3.2 Nutzenpotenziale...294

10 Implikationen 297

10.1 Management und Anreizsysteme...298

10.2 Prozesse und Strukturen...299

10.3 Informations- und Kommunikationssysteme 301

10.4 Anwenderakzeptanz...305

10.4.1 Leistungserbringer 305

10.4.2 Patienten...307

10.5 Investitionsbedarf und Kosten..308

11 Bewertung...311

11.1 Koordinationsunterstützung 311

11.2 Controllingunterstützung 313

11.3 Gesamtbetrachtung...316

12 Schlussbemerkungen...321

12.1 Zusammenfassung...321

12.2 Ausblick..325

Quellen- und Literaturverzeichnis...329

Anhang..365

A Adaptionsverfahren..366

A.1 Kompositionelle Adaption 366

A.2 Strukturelle Adaption 369

B Anforderungen an den Meta-Orchestration-Server...................................371

B.1 Konfiguration 371

B.2 Ausführung 371

B.3 Monitoring...372

C Datenquellen 373

C.1 BDT 373

C.2 ADT 376

D Parametereingaben für die Bonusberechnung 377

Abbildungsverzeichnis

Abbildung 1: Akteure im Gesundheitswesen 2

Abbildung 2: Ursachen und negative Effekte im deutschen Gesundheitswesen 2

Abbildung 3: Aufbau der Arbeit 8

Abbildung 4: Stationäre vs. ambulante Steuerungsmacht bei Gesundheitsnetzen ... 14

Abbildung 5: Netzwerktypologien im Gesundheitswesen 15

Abbildung 6: Steigende Vernetzung und erhöhter Koordinationsbedarf 17

Abbildung 7: Unterscheidung „Cure" vs. „Care" 19

Abbildung 8: Einfluss der niedergelassenen Ärzte auf Leistungsausgaben 30

Abbildung 9: Gatekeepersystem 31

Abbildung 10: Drei-Ebenen-Modell der Praxisnetzkooperation 34

Abbildung 11: Reifegrad-Portfolio 35

Abbildung 12: Typologien der Netzreife 36

Abbildung 13: Zufriedenheit der Netze nach Typenkategorie 38

Abbildung 14: Typologievergleich von Reifekriterien der „IuK-Systeme" 45

Abbildung 15: Informations- und Anwendungslandschaft 47

Abbildung 16: Kooperation, Koordination, Kommunikation 50

Abbildung 17: Rahmenmodell zur strategischen Planung in Netzwerken 52

Abbildung 18: Kooperationsintensität 54

Abbildung 19: Interdependenzarten 57

Abbildung 20: Aufbauorganisation eines Praxisnetzes 60

Abbildung 21: Koordinationsmechanismen 67

Abbildung 22: Ebenen und Dimensionen der Koordination in Praxisnetzen 69

Abbildung 23: Strategische Koordination auf Gesamtnetz-Ebene 69

Abbildung 24: Koordinationsbedarfe auf Gesamtnetz-Ebene 70

Abbildung 25: Operative Koordination auf Behandlungsprozess-Ebene 71

Abbildung 26: Koordinationsbedarfe im Behandlungsprozess 72

Abbildung 27: Prozess der kontinuierlichen Verbesserung von Behandlungs pfaden 77

Abbildung 28: Interorganisatorischer Behandlungsprozess 80

Abbildung 29: Prozessklassifikation 84

Abbildung 30: Kybernetisches Modell ärztlichen Handelns 90

Abbildung 31: Anforderungen an die IT-Unterstützung in Praxisnetzen 92

Abbildung 32: Kommunikations-, Koordinations- und Kooperationssysteme.......... 100

Abbildung 33: PVS-Module und –Funktionen.. 101

Abbildung 34: Prozessbasierte E-Service-Logistik zur Koordinationsunterstützung 112

Abbildung 35: Ebenen der prozessbasierten E-Service-Logistik........................ 113

Abbildung 36: Dezentrale versus zentrale Ausführungsorganisation 123

Abbildung 37: Regelkreis-Modell der prozessbasierten E-Service-Logistik 124

Abbildung 38: Koordination und IT-Unterstützung im Netz............................. 127

Abbildung 39: Einordnung der prozessbasierten E-Service-Logistik 128

Abbildung 40: Modellbegriff 131

Abbildung 41: Ausschnitt eines Behandlungsprozesses 134

Abbildung 42: Beispiel für Koordinationsbedarfe.................................... 136

Abbildung 43: Datentechnische Repräsentation des Prozessmodells.................... 137

Abbildung 44: Technischer Lösungsansatz – Individual Value Web System 140

Abbildung 45: Formen und Ebenen einer SOA 142

Abbildung 46: IVWS-Einsatz im Praxisnetz... 147

Abbildung 47: Individual Value Web System 148

Abbildung 48: Koordinationsfunktionen und Lösungsansätze 152

Abbildung 49: Prinzip der automatischen Prozessindividualisierung.................... 154

Abbildung 50: CBR-Zyklus 157

Abbildung 51: Individualisierung von Behandlungsprozessen......................... 158

Abbildung 52: Service- und E-Service-Elemente des Beispielspatienten X............ 163

Abbildung 53: Kundenaufgaben und E-Services des Patienten X...................... 164

Abbildung 54: Ähnlichkeitsfunktionen 165

Abbildung 55: Erweiterter 2-d-Baum der Beispielpatienten F, AA, AF und V 167

Abbildung 56: Ablauf der Adaption 168

Abbildung 57: Substitution der Service-Attribute 169

Abbildung 58: Eignungsregel... 170

Abbildung 59: Globale Konsistenzsicherung 171

Abbildung 60: Funktionsprinzip des datenzentrischen Prozessmodells 182

Abbildung 61: Meta-Orchestrierung von Web Services............................... 184

Abbildung 62: Systemarchitektur des Meta-Orchestration-Servers 186

Abbildung 63: Koordinationsinstrumente des Controllings 189

Abbildung 64: Inhalte der medizinischen und betriebswirtschaftlichen Steuerung .. 196

Abbildung 65: Erfolgsorientierte Vergütung am Beispiel QuE 199

Abbildung 66: Defizite und Innovationspotenziale des Praxisnetz-Controllings 202

Abbildung 67: Perspektiven der Balanced Scorecard 208

Abbildung 68: Aufgaben und Ablauf des Performance Measurements 209

Abbildung 69: Strategy Map für ein Praxisnetz... 212

Abbildung 70: Relevanz und Erhebbarkeit der Kennzahlen 213

Abbildung 71: Hierarchisierung von Kennzahlen und Zielvorgaben 216

Abbildung 72: Scorecard-Hierarchie... 217

Abbildung 73: Struktur einer Compliance Scorecard 218

Abbildung 74: Operationalisierung einer Prozess-Scorecard 219

Abbildung 75: Systematisierung der Netzdaten... 224

Abbildung 76: Datenquellen für das Performance Monitoring 225

Abbildung 77: Datenlieferanten für das Performance Monitoring 230

Abbildung 78: Systematisierung von Informations- und Berichtssystemen 232

Abbildung 79: Kundenperspektive der Balanced Scorecard.................................. 233

Abbildung 80: Systemarchitektur der Controlling-Komponente 235

Abbildung 81: *Controlling-E-Services* 236

Abbildung 82: Klassendiagramm des Incentive Service 238

Abbildung 83: Systematik der Punktwertberechnung 239

Abbildung 84: Klassendiagramm *OLAPService* 243

Abbildung 85: Datenmigration und -aufbereitung in einer Data-Warehouse-
Umgebung 245

Abbildung 86: Datenmigration mithilfe von Data Transformation Services 247

Abbildung 87: Datenaufbereitungsebenen 248

Abbildung 88: Aufbau einer zweckspezifischen Kennzahl..................................... 249

Abbildung 89: Sternschema für Arzneimittelkosten 249

Abbildung 90: IVWS-Anwendungsszenarien 252

Abbildung 91: Patientenauswahl und -anlage 254

Abbildung 92: Erfassung der Prozesskontextattribute und Prozessvorschlag 255

Abbildung 93: Modifikation und Neukonfiguration 256

Abbildung 94: Hinweise auf offene Koordinationsaufgaben 258

Abbildung 95: Verfassen elektronischer Arztbriefe.. 258

Abbildung 96: Monetärer Teil einer Compliance Scorecard 259

Abbildung 97: eAppointment-System für ein Praxisnetz 261

Abbildung 98: Terminverwaltung für Leistungserbringer 262

Abbildung 99: Recall-Funktionalität für Leistungserbringer 263

Abbildung 100: Elektronische Beauftragung 264

Abbildung 101: Ziel- und Versorgungsplanung 265

Abbildung 102: Prinzip des Affiliate Marketing 265

Abbildung 103: Produktempfehlungen im Behandlungsprozessportal 267

Abbildung 104: E-Service Produktsuche 268

Abbildung 105: Kennzahlenbeschreibung 275

Abbildung 106: Gewichtung der Messwerte 275

Abbildung 107: Messwert-Konfiguration 276

Abbildung 108: Berechtigungseinstellungen 276

Abbildung 109: Auswahl der Arztgruppen 277

Abbildung 110: Einstellungen zur Punktwertberechnung 277

Abbildung 111: Aktivitätsdiagramm Punktwert- und Bonusberechnung 279

Abbildung 112: Eingaben vor Berechnung der Punkte 280

Abbildung 113: Eingaben nach Berechnung der Punkte 280

Abbildung 114: Balanced Scorecard-Überblick 282

Abbildung 115: Kundenperspektive einer Balanced Scorecard 282

Abbildung 116: Compliance Scorecard 283

Abbildung 117: Filtermöglichkeiten im Reportingdialog 284

Abbildung 118: Leistungserbringer-Vergleich 284

Abbildung 119: Übersicht über Bonuszahlungen 285

Abbildung 120: InfoCube-Navigation 286

Abbildung 121: Funktionsprinzip eines Behandlungsprozessportals 289

Abbildung 122: Mehrstufige Konfiguration eines Behandlungsprozessportals 291

Abbildung 123: Navigations-Webpart 292

Abbildung 124: E-Service-Bereitstellung im Behandlungsprozessportal 293

Abbildung 125: Konfiguration der individuellen E-Service-Anzeige 294

Abbildung 126: Prozess zur Integration fachlicher E-Services 300

Abbildung 127: Primäre und sekundäre Schutzziele 303

Abbildung 128: PEL-Wirkungspotenziale auf strategische Netzziele 319

Abbildung 129: Behandlungsprozess des Patienten F vor Adaption 366

Abbildung 130: Behandlungsprozess des ähnlichen Patienten F 367

Abbildung 131: Behandlungsprozess des Patienten A nach kompositioneller
Adaption 368

Abbildung 132: Bildung der Adaptionsanfrage der Patienten A und F 369

Abbildung 133: Ähnlicher Adaptionsfall 370

Tabellenverzeichnis

Tabelle 1: Merkmale von Praxisnetzen 27

Tabelle 2: SWOT-Analyse für Praxisnetze 41

Tabelle 3: Optimierungspotenziale 42

Tabelle 4: Funktionen einer ePA 104

Tabelle 5: Ziele, Abstraktionsgrad und Komplexität von Behandlungsplänen 108

Tabelle 6: Bewertung domänenspezifischer IT-Konzepte und -Lösungen.............110

Tabelle 7: Anforderungen und IT-Innovationspotenziale 111

Tabelle 8: Merkmale von E-Services 116

Tabelle 9: Klassifikation von E-Services..................118

Tabelle 10: Merkmale von Web Services 122

Tabelle 11: Koordinationsprozesse, -aufgaben, aktuelle Koordinationssituation und PEL-Unterstützung 130

Tabelle 12: Modellierungsobjekte der prozessbasierten E-Service-Logistik..........135

Tabelle 13: Nutzenpotenziale einer SOA..................144

Tabelle 14: Attribute für Herzinsuffizienz..................162

Tabelle 15: Ähnlichkeitstabelle 164

Tabelle 16: Bewertung existierender Lösungsansätze zur Ausführung und Steuerung 174

Tabelle 17: Koordinationsaufgaben innerhalb der Führungsteilsysteme 188

Tabelle 18: Aufgaben des Controllings im Hausarztmodell Rhein-Neckar 195

Tabelle 19: Effekte unterschiedlicher Vergütungsmodelle..................220

Tabelle 20: Auswertungsmöglichkeiten 229

Tabelle 21: Analyse von Sachverhalten über xDT und MOS..................229

Tabelle 22: Gestaltungsfelder des PEL-Einsatzes in Praxisnetzen 298

Tabelle 23: Anforderungen und Umsetzung im IVWS 313

Tabelle 24: Umsetzung domänenneutraler Controlling-Anforderungen..................314

Tabelle 25: Umsetzung domänenspezifischer Controlling-Anforderungen 316

Tabelle 26: Funktionale Anforderungen – Konfiguration..................371

Tabelle 27: Funktionale Anforderungen - Ausführung 371

Tabelle 28: Funktionale Anforderungen - Monitoring..................372

Tabelle 29: Satzarten des BDT 373

Tabelle 30: Feldkategorien des BDT 374

Tabelle 31: Ausgewählte Feldkennungen des BDT 375

Tabelle 32: Satzarten des ADT 376

Tabelle 33: Feldkategorien des ADT 376

Tabelle 34: Parametereingaben für die Bonusberechnung 377

Formelverzeichnis

Formel 1: Lokale Intrafallkonsistenz 172

Formel 2: Globale Intrafallkonsistenz 172

Formel 3: Aktualität 172

Formel 4: Vollständigkeit 173

Formel 5: Bonuszahlungen nach der Divisionsmethode 240

Formel 6: Bonuszahlungen nach der Verbesserungsmethode 241

Abkürzungsverzeichnis

AA .... Arbeitsanweisung

ADT .... Abrechnungsdatenträger

AkdÄ .... Arzneimittelkommission der deutschen Ärzteschaft

AOK .... Allgemeine Ortskrankenkasse

AQUA .... Institut für angewandte Qualitätsförderung und Forschung
im Gesundheitswesen GmbH

BAM .... Business Activity Monitoring

BDSG .... Bundesdatenschutzgesetz

BDT .... Behandlungsdatentransfer

BITCOM .... Bundesverband Informationswirtschaft Telekommunikation
und neue Medien e. V.

BPEL .... Business Process Execution Language

BPML .... Business Process Modeling Language

BPMN .... Business Process Modeling Notation

BPMS .... Business Process Management System

BSC .... Balanced Scorecard

CBR .... Case Based Reasoning

CMS .... Case Management System

CORBA .... Common Object Request Broker Architecture

CSV .... Comma Separated Value

D2D .... Doctor-to-doctor

DEGAM .... Deutsche Gesellschaft für Allgemeinmedizin und Familienmedizin

DM .... Data Mart

DMP .... Disease Management Programm

DMS .... Disease Management System

DTS .... Data Transformation Services

DW .... Data Warehouse

EAI .... Enterprise Application Integration

EBM .... Einheitlicher Bewertungsmaßstab

EDV .... Elektronische Datenverarbeitung

eGK .... elektronische Gesundheitskarte

EKG .... Elektrokardiogramm

ePA .... elektronische Patientenakte

EPK .... Ereignisgesteuerte Prozesskette

ES .... E-Service

ETL .... Extract – Transform – Load

GDT .... Gerätedatenträger

GKV .... Gesetzliche Krankenversicherung

GMG .... GKV-Modernisierungsgesetz

HCD .... Homecare-Dienstleister

HL7 .... Health Level 7

IOS .... Interorganisationssystem

IuK .... Informations- und Kommunikationstechnologie

IT .... Informationstechnologie

IV .... Integrierte Versorgung

IVWS .... Individual Value Web System

KIS .... Krankenhaus-Informations-System

KV .... Kassenärztliche Vereinigung

KVB .... Kassenärztliche Vereinigung Bayern

LDT .... Labordatenträger

LE .... Leistungserbringung

LS .... Leistungsspezifikation

LZ .... Leistungszuordnung

MDX .... Multidimensional Expressions

MOS .... Meta Orchestration Server

MPI .... Master Patient Index

MS .... Microsoft

MVZ .... Medizinisches Versorgungszentrum

NYHA .... New York Heart Association

ODBC .... Open Database Connectivity

OLAP .... Online Analytical Processing

OLEDB .... Object Linking and Embedding Database

PACS .... Picture Archiving und Communication Systeme

PDF .... Portable Document Format

PDL .... Prozessbasierte Datenlogistik

PDM .... Patientendatenmanagementsystem

PEL .... Prozessbasierte E-Service-Logistik

PNN .... Praxisnetz Nürnberg Nord e. V.

PVS .... Praxisverwaltungssystem

QMS .... Qualitätsring medizinische Software

QuE .... Qualität und Effizienz e. G.

RIS .... Radiologie-Informations-System

SCIPHOX .... Standardized Communication of Information Systems in
                                              Physician Offices of Hospitals using XML

SGB .... Sozialgesetzbuch

SigG .... Signaturgesetz

SMS .... Short Message System

SOA .... Serviceorientierte Architektur

SOAP .... Simple Object Access Protocol

SQL .... Structured Query Language

STDT .... Statistikdatenträger

SWOT .... Strenghts – Weaknesses – Opportunities – Threats

TAN .... Transaktionsnummer

TKG .... Telekommunikationsgesetz

TRA .... Telematikrahmenarchitektur

UDDI .... Universal Description, Discovery and Integration

VA .... Verfahrensanweisung

VDAP .... Verband Deutscher Arztinformationssystemhersteller und
Provider e. V.

WHO .... World Health Organization

WMS .... Workflow Management System

WS .... Web Service

WSC............................. Web Service Choreographie

WSDL........................... Web Service Description Language

WSO............................. Web Service Orchestration

xDT............................... xDatentransfer

XLANG .... XML Language

XLS .... Excel File Extension

XML.............................. Extensible Markup Language

Teil I: Einleitung und Grundlagen

"Innovation process entail kissing a lot of frogs in search of a handsome prince."
[KrSc93, S. 201]

Teil I gibt einen Überblick über die Motivation und Aufgabenstellung der Arbeit sowie die Grundlagen der Vernetzung im Gesundheitswesen. Der Entwicklungsstand von Praxisnetzen, Ineffizienzen und Optimierungspotenziale sowie Koordinationsmechanismen und -instrumente werden erläutert.

1 Motivation und Aufgabenstellung

Die Bedeutung des Gesundheitswesens, Herausforderungen und Ursachen werden skizziert. Anschließend wird der Forschungsgegenstand sowie der Aufbau der Arbeit beschrieben.

1.1 Ausgangssituation

Das Gesundheitswesen in Deutschland ist mit jährlichen Gesamtausgaben von rund € 234 Mrd. (davon € 140 Mrd. im Bereich der Gesetzlichen Krankenversicherung), einem Anteil von über 11 % am Bruttoinlandsprodukt und ca. 4,2 Mio. Beschäftigten einer der wichtigsten Sektoren der Wirtschaft. Es ist wichtigster „Arbeitgeber" in Deutschland - vor dem Baugewerbe (6,3 %), dem Maschinenbau (3,0 %) sowie der Metallerzeugung/-bearbeitung und Elektroindustrie (jeweils 2,9 %) [Stat06; Kart06, S. 39ff.].

Abbildung 1 zeigt, welche Akteure[1] zum erweiterten Bereich des Gesundheitswesens gezählt werden können.

---

[1] Einen Überblick über wichtige Akteure im deutschen Gesundheitswesen gibt u. a. [Brau06, S. 63].

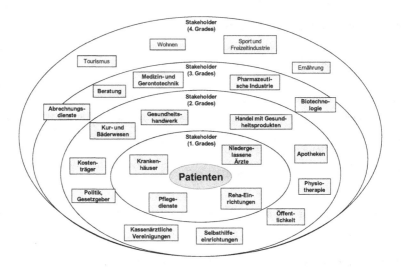

Abbildung 1: Akteure im Gesundheitswesen2

Die Bedeutung des gesundheitlichen Dienstleistungssektors wird nach übereinstimmenden Prognosen volkswirtschaftlicher Expertisen weiter wachsen und an Bedeutung zunehmen [Brey02, S. 67ff.; Pric03, S. 7ff.]. Zugleich sieht sich der Gesundheitssektor mit zahlreichen Herausforderungen und Problemen konfrontiert, deren Ursachen und Wirkungen nachfolgend erläutert werden (vgl. Abbildung 2).

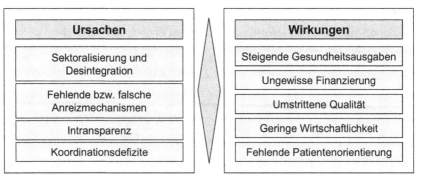

Abbildung 2: Ursachen und negative Effekte im deutschen Gesundheitswesen

---

2   Die Stakeholder-Graduierung repräsentiert die „Nähe" der Akteure zum Patienten und berücksichtigt u. a. die Wertschöpfungsstufe im Versorgungsprozess. Die Einteilung verfolgt nicht das Ziel, die Machtverteilung der einzelnen Stakeholdergruppen im Gesundheitswesen zu veranschaulichen.

Folgende negative Effekte stellen das Gesundheitswesen in Deutschland vor große Herausforderungen:

- **Steigende Gesundheitsausgaben**
  Im Jahr 2002 lagen die Gesundheitsausgaben je Einwohner bei € 2.840. Dies entspricht einem jährlichen Wachstum von 3,5 % seit 1992. Zum Vergleich: die jährliche Inflationsrate lag im gleichen Zeitraum bei ca. 1,8 % [Stat07]. Vor allem aufgrund der demografischen Entwicklung wird damit gerechnet, dass die Gesamtausgaben – ebenso wie die Ausgaben pro Einwohner – weiterhin steigen werden [Kart06, S. 39ff.; BöSV05, S. 104].

- **Ungewisse Finanzierung**
  Aufgrund der demografischen Entwicklung und des medizinisch-technischen Fortschritts sowie der beschäftigungspolitischen Forderung nach sinkenden Sozialversicherungsbeiträgen für Arbeitgeber lassen sich die steigenden Ausgaben nicht ohne erhebliche Beitragssatzsteigerungen bei der gesetzlichen Krankenversicherung (GKV) oder Anpassungen des Finanzierungsmodells kompensieren [Kart06, S. 42].

- **Umstrittene Qualität**
  Gesetzlich Versicherte verfügen – auch aus internationaler Perspektive – über einen weit gehenden Versicherungsschutz, ein flächendeckendes Angebot an Gesundheitsleistungen und einen vergleichsweise hohen Versorgungsstandard. Trotzdem bescheinigt der Sachverständigenrat für die Konzertierte Aktion im Gesundheitswesen der deutschen Gesundheitsversorgung lediglich eine mittelmäßige Qualität [Ramm04, S. 147]. Das Eckpunktepapier zur Gesundheitsreform 2006 weist darauf hin, dass „die Qualität der Versorgung erheblich variiert" [Bund06a, S. 1].

- **Geringe Wirtschaftlichkeit**
  Obwohl Deutschland im internationalen Vergleich bei der Qualität der Gesundheitsversorgung im Mittelfeld liegt, wird hierfür ein unverhältnismäßig hoher Mittelaufwand benötigt. Es wird daher „beachtliches Rationalisierungspotenzial" vermutet [Sach00a, S. 25ff.], „Mittel zur Gesundheitsversorgung [werden] nicht überall effizient eingesetzt [...]" [Bund06a, S. 1].

- **Fehlende Patientenorientierung**
  Auch die Erwartungen der Patienten an die Versorgungsprozesse haben sich verändert. Sie stellen höhere Ansprüche an die Leistungsqualität, fordern dazu mehr Leistungstransparenz und wollen insgesamt mehr Souveränität [Bahl01, S. 33; WaLF05, S. 50]. Der Sachverständigenrat für die Konzertierte Aktion im

Gesundheitswesen der deutschen Gesundheitsversorgung konstatiert: „Auch in der Arzt-Patient-Beziehung[3] ist eine konsequente Patientenorientierung noch nicht realisiert" und bemängelt „konfligierende Strukturen und Zielbündel" als Ursache [Sach03, S. 87; Taut02, S. 52ff.].

Für diese Effekte, welche den Bedarf für Veränderungen im Gesundheitswesen verdeutlichen, werden verschiedene Ursachen verantwortlich gemacht:

- **Sektoralisierung und Desintegration**
Bislang beeinträchtigen Desintegration und Diskontinuität das medizinische Leistungsgeschehen. Sie sind für Effektivitäts- und Effizienzverluste verantwortlich. Vor allem chronisch kranke oder multimorbide[4] Menschen, eine stetig wachsende Patientengruppe, sind auf ein reibungsloses Ineinandergreifen der verschiedenen Versorgungsbereiche angewiesen, um Ineffizienzen in Form von Mehrfachuntersuchungen, Doppelbehandlungen, Fehltherapien oder höheren Behandlungskosten zu vermeiden [EwSc00, S. 8; DaRi04, S. 162]. Die „fragmentierte Versorgung" ist daher eine wesentliche Ursache für Unwirtschaftlichkeiten und Mängel in der Versorgungsqualität [LiSS04, S. 3; Gotz02, S. 20]. Popp spricht in diesem Zusammenhang von einer „doppelten Desintegration" und beschreibt die organisatorische und ökonomische Desintegration im deutschen Gesundheitswesen. Organisatorische Desintegration tritt demnach durch die stark arbeitsteilige medizinische Versorgung an inter- und intrasektoralen Schnittstellen auf, die durch unterschiedliche Rechts- und Infrastruktursysteme bedingt sind. Eine ökonomische Desintegration entsteht v. a. durch die Trennung von medizinischer und ökonomischer Verantwortung [Popp97, S. 13ff.]. Gründe für die Desintegration sind die funktionale Spezialisierung sowie historisch gewachsene Strukturen [Mühl02, S. 52ff.].

- **Fehlende und/oder falsche Anreizsysteme**
Bedingt durch die Vielzahl der Akteure und Einzelinteressen werden in der traditionellen deutschen Gesundheitsversorgung vorwiegend Anstrengungen unternommen, Teilbereiche zu optimieren. Dies führt insbesondere in ökonomischer Hinsicht zu Problemen. Ein Beispiel ist die einzelleistungsorientierte Abrechnung, die Anreize zur Mengen- und Leistungsausweitung setzt [Sohn06, S. 10]. Nicht notwendige Leistungsausweitungen führen zu Verzögerungen im Behandlungsab-

---

[3] Zum Wandel und zur Diversifizierung in der Arzt-Patient-Beziehung vgl. [Sohn06, S. 189], zu verschiedenen Modellen und Auffassungen vgl. [Taut02, S. 45ff.].

[4] Unter Multimorbidität oder Polymorbidität (lat. Mehrfacherkrankung) versteht man das gleichzeitige Bestehen mehrerer Krankheiten bei einer einzelnen Person.

lauf sowie zu unnötigen Ausgaben [Mühl02, S. 52ff.]. Anreize zur sparsamen Mittelverwendung durch die Leistungserbringer und Patienten fehlen in der traditionellen Gesundheitsversorgung weitgehend [Meye04, S. 176].

- **Intransparenz**

   Durch die dezentral gesteuerte und dokumentierte Leistungserbringung bleibt das Leistungsgeschehen sowohl für die Leistungserbringer als auch für die Patienten insgesamt undurchschaubar. Gerade bei komplexen Krankheitsverläufen, die sich über einen langen Zeitraum erstrecken, wären die Transparenz der Versorgungsstrukturen und die Nachvollziehbarkeit der Entscheidungen und Informationsströme für eine Optimierung der Prozesse essenziell, um eine qualitativ hochwertige, ganzheitliche Versorgung zu gewährleisten [MüBe03, S. 5f. und S. 257f.; Gotz02, S. 20].

- **Koordinationsdefizite**

   Die Vielzahl der Leistungserbringer und damit auch der Schnittstellen stellt hohe Anforderungen an die Koordination der einzelnen Akteure (vgl. Abschnitt 2.2 sowie Abschnitt 4). Eine professionell anbieterübergreifende Steuerung der Behandlungsprozesse, die an den Bedürfnissen des Patienten ausgerichtet ist, fehlt im deutschen System [Meye04, S. 176]. Die traditionell dezentrale Informationshaltung sowie die Menge der schwach strukturierten Schnittstellen führen zu einer Desinformation der Leistungserbringer trotz eines hohen Kommunikationsaufwandes. Aufgrund der Koordinationsmängel in der Gesundheitsversorgung kommt es damit zu Diskontinuitäten in der Behandlung. Diese führen zu erheblichen ökonomischen und medizinischen Problemen [Mühl02, 52ff.; GISS04, S. 24]. Eine übergreifende Steuerung und Koordination muss daher heute oft vom Patienten selbst erbracht werden.

1.2 Forschungsgegenstand und Zielsetzung

Eine bedeutende Rolle bei der Modernisierung sowie der effizienten Vernetzung des Gesundheitswesens nimmt die Informationstechnologie ein[5]. Zahlreiche Forschungsaktivitäten beschäftigen sich mit der Integration von Daten im Gesundheitswesen, beispielsweise der Einführung der elektronischen Gesundheitskarte (eGK) oder elektronischen Patientenakte (ePA) [JäNa04, S. 2ff.; BaKi05, S. 211ff.; Jäck05, S. 10ff.]. Dabei stellt die Datenintegration lediglich eine wichtige Voraussetzung zur Lösung der o. g. Probleme dar. Um die vorhandenen Potenziale zur Effizienzsteigerung zu

---

[5] Vgl. hierzu auch Ausführungen von [Haas05, S. 2ff.], [HaDr07, S. 1ff.] sowie [Func79, S. 239ff.].

realisieren, ist darüber hinaus die Integration interorganisatorischer Versorgungs-prozesse notwendig [Kirn05, S. 165]. Die vorliegende Arbeit fokussiert auf die Koor-dination und das Controlling interorganisatorischer Management-, Behandlungs- und Supportprozesse in Praxisnetzen[6]. Grund ist die zunehmende Bedeutung der Ver-netzung im Gesundheitswesen (vgl. Abschnitt 2.2.2) sowie die hohe Relevanz von Praxisnetzorganisationen (vgl. Abschnitt 3).

Eng mit der Frage der effizienten interorganisatorischen Vernetzung und Prozess-unterstützung verknüpft sind die Entwicklungen in der Informations- und Kommunika-tionstechnologie (IuK), welche einen wichtigen Beitrag zur Umsetzung innovativer Konzepte und Lösungen leisten. Dabei sind insbesondere die Potenziale der Inter-nettechnologie und hierbei die Nutzung elektronischer Dienste im Rahmen Service-orientierter Architekturen von Bedeutung.

Ziel der Arbeit ist es, die Vernetzung der Akteure in Praxisnetzen durch Einsatz und passgenaue Bereitstellung von elektronischen Diensten[7] zu unterstützen. Die Koordi-nations- und Controllingbedarfe der beteiligten Netzakteure (z. B. Patienten, Leis-tungserbringer[8], Netz-Management) sind zu befriedigen, indem elektronische Dienste zum richtigen Zeitpunkt an der richtigen Stelle entlang interorganisatorischer Prozesse zur Verfügung gestellt werden.

Ausgehend von den genannten Rahmenbedingungen und der formulierten Ziel-setzung ergeben sich folgende **Forschungsfragen**, die im Verlauf der vorliegenden Arbeit zu beantworten sind:

1. Welche Kommunikations-, Koordinations- und Kooperationsaufgaben und -bedarfe existieren in Praxisnetzen, und mithilfe welcher Mechanismen können diese befriedigt werden?

2. Wie kann die operative Koordination durch Einsatz von elektronischen Diensten – aus Sicht des Netzmanagements, der Leistungserbringer und der Patienten – dabei unterstützen, die Zusammenarbeit in Praxisnetzen zu verbessern?

---

[6] Vgl. Abschnitt 3 zum Erkenntnisobjekt „Praxisnetze" sowie zur begrifflichen Einordnung.

[7] In der Arbeit werden die Begriffe „elektronische Dienste" sowie „E-Services" synonym verwendet. Zum Begriffsverständnis vgl. Abschnitt 6.1.2.2.

[8] In der vorliegenden Arbeit wir der Begriff „Leistungserbringer" als Sammelbegriff für netzinterne und netzexterne Institutionen und Personen verwendet, welche Leistungen gegenüber dem Patien-ten oder anderen Netzakteuren verrichten (z. B. Fachärzte, Hausärzte, Kliniken, Labore, Apothe-ken). Koordinationsärzte (vgl. Abschnitt 3.5.1) stellen eine Spezialform der Leistungserbringer im Netz dar.

3. Wie muss ein Interorganisationssystem aussehen, welches elektronische Dienste zur Koordinations- und Controllingunterstützung entlang vernetzter Behandlungsprozesse bereit stellt?

4. Wie kann das Controlling in Praxisnetzorganisationen gestaltet und mithilfe der Prozessdaten eines Interorganisationssystems unterstützt werden?

Die **Ergebniserwartung** umfasst

- die Erhebung des Status quo, wichtiger Trends und Herausforderungen in Praxisnetzorganisationen in den Bereichen Netzmanagementsystem, Prozesse und Strukturen sowie Informations- und Kommunikationstechnologie,

- die Optimierung der interorganisatorischen Prozesse in Praxisnetzen mithilfe eines Konzepts zur Bereitstellung elektronischer Dienste zur Koordinations- und Controllingunterstützung,

- ein Performance Measurement-Konzept für Praxisnetze,

- die prototypische Entwicklung eines integrierten Systems, seiner Koordinations- und Controllingkomponenten sowie entsprechender Portalsichten für Patienten, Leistungserbringer und Netzmanager,

- die Definition und Bewertung der zu erwartenden Nutzenpotenziale des erarbeiteten Konzeptes sowie der Implikationen des Einsatzes in Praxisnetzen.

1.3 Vorgehensweise

Abbildung 3 skizziert den Aufbau der Arbeit und gliedert die Inhalte in vier Teile.

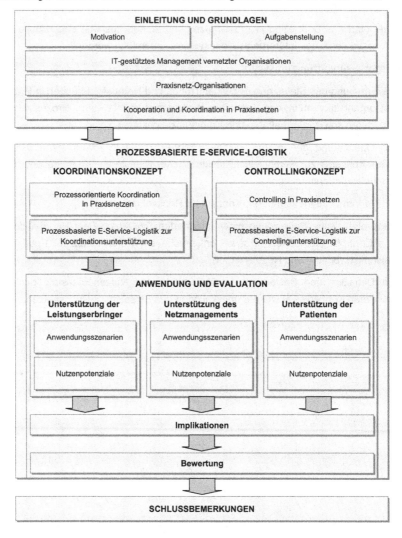

Abbildung 3: Aufbau der Arbeit

Nach der Einleitung, die einen Überblick über die Motivation und Aufgabenstellung der Arbeit gibt, befasst sich **Teil I** mit theoretischen Grundlagen der Vernetzung von Organisationen, insbesondere Gesundheits- und Praxisnetzen. Darüber hinaus werden auf Basis einer empirischen Erhebung der aktuelle Entwicklungsstand von Praxisnetzorganisationen dargestellt sowie Ineffizienzen und Optimierungspotenziale aufgezeigt. Anschließend wird der Stand der Forschung in Bezug auf die Kooperation und Koordination in Praxisnetzen skizziert. In diesem Zusammenhang werden die Koordinationsobjekte und -ebenen, konkrete Koordinationsbedarfe sowie die daraus ableitbaren Aufgaben zum Management von Praxisnetzorganisationen erörtert. Der Abschnitt schließt mit einer Bewertung und Einordnung der in Praxisnetzen zur Verfügung stehenden Koordinationsmechanismen und -instrumente.

In **Teil II** wird der Ansatz einer *prozessbasierten E-Service-Logistik* als Koordinationskonzept erläutert. Basis hierfür sind Mechanismen der prozessorientierten Koordination. Daher sind Prozessbegriff im Kontext des Gesundheitswesens, Eigenschaften von Behandlungsprozessen und daraus ableitbare Anforderungen an die IT-Unterstützung zu beschreiben. Nachfolgend werden bestehende Ansätze der prozessorientierten Koordination skizziert und deren Defizite aufgezeigt. Zur Behebung dieser Defizite wird der Gesamtlösungsansatz der *prozessbasierten E-Service-Logistik* vorgestellt. Die Lösungsarchitektur für das Interorganisationssystem wird beschrieben. Im Anschluß erfolgt die detaillierte Erläuterung der daraus abgeleiteten zentralen Koordinationsfunktionen und Lösungskomponenten. Prototypische Realisierungen visualisieren den Ansatz.

Teil III der Arbeit beschäftigt sich mit dem Controlling in Praxisnetzen. Zunächst werden Grundlagen erläutert und Anforderungen an das Praxisnetz-Controlling abgeleitet. Bestehende Ansätze werden vorgestellt, deren Grenzen und Innovationspotenziale aufgezeigt. Das Performance Measurement wird als Controllingkonzept für Praxisnetze motiviert. Dabei wird der Ansatz der Balanced Scorecard (BSC) als Mittel zur Ziel-, Strategiedefinition und -implementierung in Praxisnetzen adaptiert. Das Konzept der *prozessbasierten E-Service-Logistik*, welches in Teil II zur operativen Koordinationsunterstützung dient, wird um Komponenten zur Unterstützung des Controllings erweitert. Die Lösung unterstützt bei der Aggregation und Aufbereitung von Prozess- und Leistungsdaten. Sie dienen zur Ermittlung von Kennzahlen und Metriken, die mit bisher eingesetzten Informationssystemen nicht zu gewinnen sind.

Szenarien veranschaulichen in **Teil IV** jeweils aus Sicht der drei Hauptakteure – Patienten, Leistungserbringer, Netzmanagement – die Anwendung des in der Arbeit beschriebenen Koordinations- und Controllingkonzeptes. Anhand konkreter Use Cases und ausgewählter *E-Services* wird die Funktionsweise der *prozessbasierten E-Service-Logistik* beschrieben. Zu diesem Zweck erfolgt die Darstellung nutzerspezifischer Oberflächen sowie Systemkomponenten, welche im Zuge des Forschungsvorhabens prototypisch implementiert wurden (z. B. Behandlungsprozessportal für Patienten oder Performance Cockpit für Netzmanager). Anschließend werden jeweils die Nutzenpotenziale für jede der Zielgruppen diskutiert. Darüber hinaus werden die potenziellen betriebswirtschaftlichen und informationstechnologischen Implikationen erläutert, die mit der Umsetzung des Konzeptes der *prozessbasierten E-Service-Logistik* verbunden sind. Es folgt eine kritische Bewertung des Gesamtansatzes. Das letzte Kapitel der Arbeit bietet eine Zusammenfassung sowie einen Ausblick. Innovationspotenziale und weiterer Forschungsbedarf im Zusammenhang mit der *prozessbasierten E-Service-Logistik* werden aufgezeigt.

2   Management vernetzter Organisationen

Einleitend werden Begriff, Entwicklung und Relevanz von Netzwerkorganisationen domänenneutral sowie domänenspezifisch erläutert.

2.1 Netzwerkorganisation – Begriff und Entwicklung

Im Bereich der Wirtschaftswissenschaften existiert bislang keine einheitliche Definition von Unternehmensnetzwerken. Vergleiche verschiedener Begriffe, Definitionsmerkmale und Konzepte liefern u. a. [Sydo92, S. 61ff.] und [Raup02, S. 10ff.][9]. Nach Schubert spricht man von einem Netzwerk, wenn Personen oder Organisationen Beziehungen zu anderen Personen oder Organisationen unterhalten oder suchen, so dass sich ein Geflecht von Beziehungen ergibt [Schu94, S. 9]. Sobald Unternehmungen und deren Verflechtungen als Bezugsobjekte herangezogen werden, spricht man von Unternehmensnetzwerk. Ein Unternehmensnetzwerk ist nach [Sydo92, S. 79] „eine auf die Realisierung von Wettbewerbsvorteilen zielende Organisationsform [...], die sich durch komplex-reziproke, eher kooperative denn kompetitive und relativ stabile Beziehungen zwischen rechtlich selbstständigen, wirtschaftlich jedoch zumeist abhängigen Unternehmen auszeichnet". Unternehmensnetzwerke zeichnen sich durch engere Austauschbeziehungen im Vergleich zu marktförmigem Tausch aus [Seml93, S. 347]. Semlinger verweist darauf, dass durch dieses Begriffsverständnis der Netzwerkansatz in die Nähe der Systemtheorie gelangt, die auf die Existenz von Verbindungen zwischen Elementen abstellt [Stöl99, S. 91].

Netzwerke bestehen aus autonomen Akteuren, die sich zusammenfinden, um ein gemeinsames Ergebnis zu erreichen [Powe90, S. 300ff.]. Der Begriff der **Autonomie** umschreibt die rechtliche und wirtschaftliche Selbstständigkeit, wobei v. a. die wirtschaftliche Selbstständigkeit kontrovers diskutiert wird [Cors00, S. 3]. Man spricht in diesem Zusammenhang häufig von relativer Autonomie, d. h. Netzwerkpartner sind in ihren Handlungen interdependent [Morg91, S. 69f.]. Da Netzwerke kooperative Systeme darstellen, die eine Koordination zum Erreichen gemeinsam angestrebter Ziele erfordern, wird die wirtschaftliche Selbstständigkeit zumindest teilweise eingeschränkt [Meye95, S. 143]. Wirtschaftliche Autonomie schlägt sich nach Sydow in Netzwerken darin nieder, dass eine Unternehmung in der Lage ist, strategische Wahlentscheidungen selbst zu treffen und umzusetzen [Sydo92, S. 90f.]. Mindest-

---

[9] Raupp leitet aus einer Analyse der Netzwerkdefinitionen folgende Definitionsmerkmale ab: Multilaterale und bilaterale Akteursstrukturen, Multiplexität, rechtliche Selbstständigkeit, Kombination von Kooperation und Wettbewerb, Zielfokussierung [Raup02, S. 9ff.].

voraussetzung hierfür ist die Netzwerkbeitrittsfreiheit und die Netzwerkaustritts-
freiheit, ohne dass hierdurch eine Gefährdung der Existenz der Teilnehmer auftritt
[Kosi72, S. 29].

Corsten verweist darauf, dass der Netzwerkansatz primär deskriptiv ist, da er nicht
auf kausale Zusammenhänge ausgerichtet ist und keine Netzwerktheorie existiert. Er
unterscheidet in der Netzwerkforschung[10] zwei Gruppen wissenschaftlicher Arbeiten
[Gotz03, S. 10ff.][11].

- Arbeiten, die auf der Grundlage theoretischer Ansätze die **Entstehung von Netzwerken** insbesondere auf Basis der Neuen Institutionenökonomik zu erklären versuchen. Dies erfolgt u. a. auf der Basis der Transaktionskostentheorie, Interor-
  ganisationstheorie, Spieltheorie oder Resource-Dependence-Theorie[12].
  Wesentliche Ziele, die bei der Gründung von Netzwerkorganisationen im Vordergrund stehen, sind die Steigerung der Innovationsfähigkeit, der Qualität, der Effizienz und des Kundennutzens [Sydo92, S. 168ff.; PiRW03, S. 581ff.; Raup02;
  Sieb06, 16ff.].

- Die zweite Gruppe beschäftigt sich mit dem **Management von Netzwerken**, d. h.
  mit der Planung, Steuerung und Kontrolle von Strukturen und Abläufen im Netz
  und der Koordination derselben[13]. Dabei wird zwischen der Netzwerkebene und
  der Ebene der einzelnen Netzwerkunternehmungen unterschieden [Cors00, S. 2].

2.2 Vernetzung im Gesundheitswesen

Betrachtungsgegenstand dieser Arbeit bilden das Management von Gesundheitsnetzen und vor allem Fragen der Koordination und des Controllings in Praxisnetzen.
Dabei liegt der Fokus der Überlegungen auf der Netzwerkebene. Nachfolgend werden theoretische Grundlagen, Relevanz und Entwicklung der Vernetzung im Gesundheitswesen skizziert.

2.2.1 Begriff

Ein Gesundheitsnetz ist nach Schlicht eine „Kooperation von Dienstleistern im Gesundheitswesen zur Steigerung der Qualität im Hinblick auf Medizin, Betriebswirt-

---

[10] Zum Stand der Netzwerkforschung vgl. [Gotz03, S. 10ff.].
[11] Einen Überblick zu Interorganisationstheorien gibt [Alt04, S. 79ff.].
[12] Vgl. hierzu u. a. Arbeiten von [Hirs98, Sydo92, Schu94].
[13] Vgl. hierzu u. a. Arbeiten von [SyWi00, Raup02, BeDH05, ÖsFA00].

schaft, Zeitmanagement, Gesundheitsökonomie und Patientenzufriedenheit" [Schl01, S. 252]. Auch Gotzen hebt aufgrund des Fehlens einer allgemeingültigen Definition, die sie auf die vielfältigen Netzausprägungen zurückführt, gemeinsame Ziele der Akteure als konstitutive Merkmale hervor und nennt die Verbesserung der Wirtschaftlichkeit sowie der Qualität der medizinischen Versorgung [Gotz03, S. 6].

Nach Gotzen ist ein Gesundheitsnetzwerk „ein freiwilliger Zusammenschluss von rechtlich und wirtschaftlich selbständigen, ambulant tätigen Ärzten, die ein definiertes Netzwerkziel verfolgen, welches durch eine Kooperation aller Beteiligten erzielt werden kann und zu dessen Erreichung sich die Mitglieder verpflichten, Ressourcen („Patienten", Informationen, Dienstleistungen) auszutauschen und gemeinsame Netzwerkregelungen einzuhalten" [Gotz03, S. 103].

Zusätzlich lässt sich in Anlehnung an die von [Sydo92, S. 82] erarbeitete Definition von Unternehmensnetzen ein Gesundheitsnetzwerk als eine Organisationsform bezeichnen, die Gesundheitsleistungen erbringt und sich durch komplex-reziproke[14], eher kooperative und relativ stabile Beziehungen auszeichnet.

Beim Aufbau und Betrieb von Gesundheitsnetzen stehen verschiedene Gestaltungsoptionen zur Wahl. Je nach Organisationsform wird dabei die Steuerungsmacht in der Integrierten Versorgung eher dem ambulanten Sektor oder dem stationären Sektor zugeordnet (vgl. Abbildung 4).[15]

---

[14] Darunter sind Beziehungen zu verstehen, die vor allem auf gegenseitigen Vorteilen und Interessen, Verlässlichkeit und Vertrauen sowie auf Freiwilligkeit basieren [Sydo92, S. 82].

[15] Zu Vor- und Nachteilen der Verbundführung durch Krankenhäuser oder Arztnetze vgl. [Sohn06, S. 83ff.]

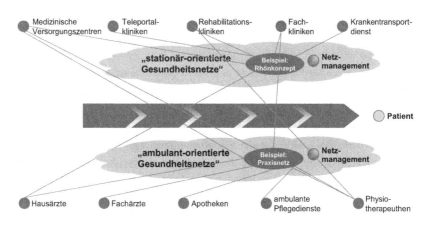

Abbildung 4: Stationäre vs. ambulante Steuerungsmacht bei Gesundheitsnetzen

Praxisbeispiele für Verbünde unter der Führung des stationären Sektors („stationär-orientierte Gesundheitsnetze") finden sich u. a. bei [Sohn06, S. 83], wonach z. B. die Rhön-Klinikum AG 30 Medizinische Versorgungszentren (MVZ) vorgelagert zum Klinikbetrieb plant. Ambulant-orientierte Gesundheitsnetze (u. a. Praxisnetze) stehen im Mittelpunkt der Arbeit und werden nachfolgend vertieft behandelt.

Abbildung 5 zeigt exemplarisch Formen der Vernetzung im Gesundheitswesen, wobei ambulante Kooperationsformen aufgrund der thematischen Fokussierung der Arbeit bewusst im Vordergrund stehen. Die Praxisnetz-Studie 2006 [ScBK06, S. 19ff.] gibt dabei Hinweise auf die Bedeutung der einzelnen Vernetzungsformen aus Sicht der Praxisnetze und der niedergelassenen Ärzte.

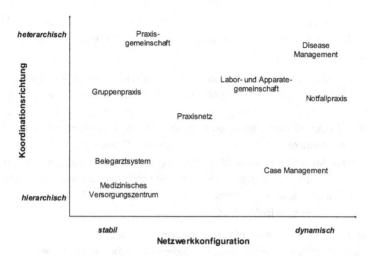

Abbildung 5: Netzwerktypologien im Gesundheitswesen;

in Anlehnung an [Günt06a, S. 6]

Weitgehend stabile, d. h. dauerhaft angelegte, und hierarchisch koordinierte Netzformen finden sich dabei z. B. an der Schnittstelle zwischen ambulantem und stationärem Sektor. 10 % der Studienteilnehmer sind im Rahmen eines Belegarzt-Systems, 5 % über ein Medizinisches Versorgungszentrum (MVZ)[16] vernetzt [ScBK06, S. 20].

Stabile, jedoch stark heterarchisch[17] geprägte Vernetzungsformen sind u. a. Praxisnetze. Auch Praxisgemeinschaften und Gruppen- bzw. Gemeinschaftspraxen als langjährig etablierte Formen der Vernetzung im ambulanten Sektor sind hier einzuordnen. Während Praxisgemeinschaften eine gemeinsame Nutzung von Behandlungs-, Empfangs- und Warteräumen und ggf. medizinischem Personal verfolgen, zielen Gemeinschaftspraxen darüber hinaus auf eine gemeinschaftliche Berufsausübung und Abrechnung ab [LiSS04, S. 3]. Die Praxisnetz-Studie 2006 ergab, dass 13 % der Befragten in Praxisgemeinschaften organisiert sind. Wesentlich häufiger arbei-

---

[16] Gemäß § 95a Abs. 1 SGB V handelt es sich bei Medizinischen Versorgungszentren um fachübergreifende ärztlich geleitete Einrichtungen, in denen Ärzte, die in das Arztregister nach Abs. 2 Satz 3 Nr. 1 eingetragen sind, als Angestellte oder Vertragsärzte tätig sind.

[17] Der Begriff der Heterarchie beschreibt die Organisationsform eines Systems. McCulloch untersuchte die Organisation von Nervennetzen und entwickelte das Konzept der Heterarchie als Gegenstück zur Hierarchie. Eine Heterarchie setzt sich aus zwei Grundkomponenten zusammen: einem Netzwerk (1) und den Knoten in diesem Netzwerk (2), die gleichzeitig das Netz bilden. Die Beziehung dieser Knoten zueinander ist dezentral [McCu45, S. 89ff.]. Vgl. hierzu auch Abschnitt 3.4.

ten die niedergelassenen Ärzte in Gemeinschaftspraxen (44 %) zusammen. Diese Formen der Zusammenarbeit im ambulanten Sektor stellen damit die Vorläufer von Praxisnetzorganisationen dar.

Leistungserbringer (z. B. niedergelassene Ärzte) können verschiedenen Netz- bzw. Versorgungsformen gleichzeitig angehören. Diese losen Kooperationen werden als heterarchisch und – trotz vertraglicher Bindung – dynamisch bezeichnet [Günt04, S. 100ff.]. Zu derartigen Kooperationsformen zählen u. a. Apparate-/Laborgemeinschaften, Notfallpraxen sowie Disease Management Programme[18]. Fast die Hälfte der befragten Ärzte (47 %) versucht, durch die gemeinsame Nutzung von teuren Geräten (z. B. Computertomograph) oder Laboreinrichtungen Sachkosten zu sparen. 19 % der Studienteilnehmer betreiben eine Notfallpraxis außerhalb der üblichen Sprechstundenzeiten [ScBK06, S. 20].

Nicht immer führt die Vernetzung zu einer generellen Integration der Versorgungsleistungen. Stattdessen beschränken sich Kooperationsformen häufig auf bestimmte Patientengruppen, die im Zuge eines Disease Managements die integrierte, indikationsbezogene Betreuung für chronische Erkrankungen wie z. B. Herzinsuffizienz oder Diabetes zum Ziel haben (vgl. auch Abschnitt 5.5.3). Die o. g. Befragung ergab, dass 53 % an einem Disease Management Programm teilnehmen. Seit der Einführung von strukturierten Behandlungsprogrammen im Jahr 2002 hatten sich bereits 1,3 Millionen gesetzlich Krankenversicherte in derartige Kooperations-Programme eingeschrieben.

Ziel des Case Managements in der Gesundheitsversorgung ist die effiziente und kosteneffektive Gestaltung der Abläufe rund um die Patientenbehandlung unabhängig von der Erkrankung. Im Gegensatz zu Disease Management fokussiert das Fallmanagement weniger auf krankheitsspezifische diagnostische und therapeutische Prozesse [BeHe06, S. 21]. Case Management ist eine unmittelbar auf das Versorgungsgeschehen einwirkende, einzelfallbezogene und sektorübergreifende Methode der kontinuierlichen und integrierten Versorgung. Es findet ein kooperativer Prozess statt, bei dem eine verantwortliche Person, Gruppe oder Organisation auf Basis einer multiperspektivischen Bedarfserhebung die Versorgung des Patienten oder des Patientensystems plant, implementiert, koordiniert, überwacht und abschließend evaluiert [EwSc00, S. 7f.].

---

[18] Disease Management Programme verfolgen das Ziel, eine ganzheitliche, integrale Betrachtung effektiver und effizienter Behandlungs- und Betreuungspfade über ganze Krankheitsverläufe hinweg zu realisieren. Sie verknüpfen für bestimmte Erkrankungen alle Maßnahmen von der Prävention bis zur Nachbetreuung zu einem Prozess [BeHe06, S. 26]. Vgl. auch Abschnitt 5.5.3.

2.2.2 Relevanz

Die Vernetzung im Gesundheitswesen nimmt an Bedeutung zu. Zu diesem Ergebnis kommt eine empirische Studie, die im Rahmen der vorliegenden Arbeit bei 90 Praxisnetzen in Deutschland und in der Schweiz durchgeführt wurde. Sie ergab, dass 81 % der Beteiligten eine weitere Zunahme der vernetzten Arbeitsteilung im Gesundheitswesen erwarten [ScBK06, S. 21] (vgl. Abbildung 6)[19].

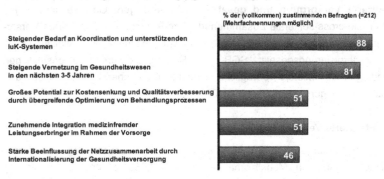

% der (vollkommen) zustimmenden Befragten (=212)
[Mehrfachnennungen möglich]

Steigender Bedarf an Koordination und unterstützenden IuK-Systemen — 88

Steigende Vernetzung im Gesundheitswesen in den nächsten 3-5 Jahren — 81

Großes Potential zur Kostensenkung und Qualitätsverbesserung durch übergreifende Optimierung von Behandlungsprozessen — 51

Zunehmende Integration medizinfremder Leistungserbringer im Rahmen der Vorsorge — 51

Starke Beeinflussung der Netzzusammenarbeit durch Internationalisierung der Gesundheitsversorgung — 46

Abbildung 6: Steigende Vernetzung und erhöhter Koordinationsbedarf

Gründe für die zunehmende Vernetzung und den steigenden Koordinationsbedarf sind insbesondere:

- **Konzentration auf Kernkompetenzen**: In den nächsten Jahren wird die Spezialisierung auf Kernkompetenzen weiter zunehmen, um hohe Qualitätsstandards bei begrenzten Kosten realisieren zu können. Zur Abdeckung komplexer Kundenprozesse müssen daher zahlreiche Spezialisten in einem Netzwerk von Prozessen eng zusammenarbeiten, was verstärkte Koordination bedingt[20] und damit zu einem hohen Kommunikations- und Informationsbedarf führt. Bereits heute werden 20 bis 40 % der Kosten im Gesundheitswesen durch Kommunikation und Datenerfassung verursacht [JäNa04, S. 2ff.].

- **Gestaltung neuer Leistungsangebote**: Die WHO beschreibt Gesundheit als einen Zustand vollständigen körperlichen, geistigen und sozialen Wohlbefindens, der über die Abwesenheit von Krankheit hinausgeht [WHO07]. Zukünftig stehen

---

[19] Vgl. hierzu auch [Grön05, S. 12; Amel06, S. 3ff.]

[20] Dass aus einem höheren Grad der Arbeitsteilung ein verstärkter Koordinationsbedarf resultiert, argumentiert u. a. Hanker: „Die durch Zerlegung erzeugte Komplexität bestimmt zugleich die Komplexität der Koordination eines Systems, ceteris paribus" [Hank90, S. 39]. Tendenziell steigen mit zunehmender Spezialisierung die Interdependenzen und damit auch die Abstimmungserfordernisse [Kepp96, S. 86; KiKu92, S. 73ff.].

nicht nur Leistungsprozesse im Vordergrund, die der Heilung von Krankheiten dienen (z. B. Diagnose, Therapie). Vielmehr geht es um die Gestaltung neuer Leistungsangebote, indem Prozesse in den Geschäftsfeldern „Gesund leben" (z. B. gesunde Ernährung und Kleidung) sowie „Gesund fühlen" (z. B. Wellness-angebote) mit herkömmlichen Leistungsprozessen intelligent vernetzt werden, um Leistungserweiterungen zu realisieren.[21]

-   **Integrierte Versorgung und gesetzliche Neuerungen**: Gesetzesänderungen fördern die cross-sektorale Zusammenarbeit im Rahmen von integrierten Versor-gungsstrukturen und damit die Vernetzung der Gesundheitsdienstleister (z. B. GKV-Modernisierungsgesetz[22] SGB V §§ 140a-h). Es wurden die gesetzlichen Grundlagen für flexiblere vertragliche Regelungen zwischen Krankenkassen und Leistungserbringern geschaffen [Gotz03, S. 8].[23]

2.2.3   Integrierte Versorgung

Die Integrierte Versorgung (SGB V §§140a-h) ist neben den schon länger existieren-den Versorgungsformen Modellvorhaben (SGB V §§63-65) und Strukturvertrag (SGB V §73a), eine Möglichkeit, einzelne Elemente eines Managed Care-Ansatzes in Deutschland zu implementieren und dadurch das deutsche Gesundheitssystem effi-zienter und qualitätsorientierter zu gestalten[24]. Unter dem Begriff Managed Care werden verschiedene Steuerungsinstrumente subsumiert, die das Ziel verfolgen, durch eine zielorientierte Steuerung der Anbieter- und Nachfragerseite, der Koordina-tion und der Qualität, zu einer Effizienzsteigerung beizutragen. Auf diese Weise soll eine qualitativ hochwertige und kosteneffiziente Gesundheitsversorgung sicherge-stellt werden [Rach00, S. 54; LiSS04, S. 7][25]. Mühlbacher betont, dass Modelle der

---

[21]   Vgl. hierzu auch [Mühl03, S. 23ff.; BöSV05, S. 91ff.; Horx03, S. 38ff.].

[22]   Das GKV-Modernisierungsgesetz (GMG) verfolgt folgende Ziele [Bund05]: Kostensenkung im Ge-sundheitswesen und Stabilisierung der Beitragssätze für Versicherte, Qualitätssteigerung durch das Hausarztsystem; die Möglichkeit Ärzte anhand von Erfolgsquoten zu wählen und die Einrich-tung medizinischer Versorgungszentren, Steigerung der Effizienz durch die Preisfreigabe bei re-zept-freien Medikamenten und den Versandhandel, Steigerung der Patientenmitsprache durch bessere Aufklärung und die Einsichtnahme in Dokumente (Patientenquittungen), Einführung der eGK sowie der Auftrag, eine gemeinsame Telematikrahmenarchitektur (TRA) für das Gesund-heitswesen zu schaffen.

[23]   Eine Übersicht über neue Versorgungsformen, welche die Vernetzung im Gesundheitswesen vorantreiben, findet sich bei [Amel06, S. 3ff.].

[24]   Zum Stand der Forschung im Bereich Managed Care vgl. u. a. [BeHe06]. Für detaillierte Informati-onen zu den Bereichen Vertragsgestaltung, Evaluationsverfahren sowie Qualitäts- und Kos-tensteuerung sei auf die Ausführungen bei [AmSc04] und [CoHu06] verwiesen.

[25]   Für eine umfassendere Auseinandersetzung mit dem Begriff des „Managed Care" vgl. [Rach00, S. 52ff.; Baum01, S. 44ff.; Roge98, S. 134].

Integrierten Versorgung langfristig nur dann erfolgreich sein können, wenn es gelingt, die Qualität der medizinischen Versorgung zu erhalten oder zu verbessern, und wenn gegenüber bestehenden Versorgungsformen Einsparungen erzielt werden können [Mühl02, S. 74ff.].

Ziel der Integrierten Versorgung (IV) ist das Erreichen des bestmöglichen Ergebnisses in der medizinischen Versorgung durch sektorenübergreifende Zusammenarbeit. Abbildung 7 verdeutlicht einige grundlegende Unterschiede zwischen dem traditionellen Verständnis von Gesundheitsversorgung in Deutschland („Cure") und den Ideen und Zielsetzungen integrierter Versorgungsansätze („Care").

	Cure	Care
Fokus	Krankheit - Heilung	Gesundheit, Gesunder-haltung, Prävention, Heilung
Inhalt	Behandlung von Einzelproblemen	Kontinuierliche und ganzheitliche Behandlung
Organisation	Unkoordiniert (Sub)-spezialisiert	Koordiniert Netzorientiert
Verantwortung für Gesamtprozess	Fehlt weitgehend, jeder handelt für sich	Orientierung an Gesund-heitszielen, Allokation der Ressourcen

Abbildung 7: Unterscheidung „Cure" vs. „Care"; in Anlehnung an [AQUA02, S. 4]

Die Integrierte Versorgung ist wesentlicher Treiber der Vernetzung im Gesundheitswesen. Im Folgenden werden daher wichtige Elemente der Integrierten Versorgung in Deutschland erläutert[26]:

- **Sektorübergreifende Kooperation**: Wie oben beschrieben, zielt die IV auf die Zusammenarbeit der Leistungserbringer aus allen Sektoren zur Gewährleistung von Qualität und Wirtschaftlichkeit der Gesundheitsversorgung ab. Im traditionell stark sektoral gegliederten deutschen Gesundheitswesen geht es dabei insbesondere um die Lösung der Schnittstellenproblematik. Verbessert werden soll v. a. die Kooperation zwischen der ambulanten, stationären und rehabilitativen

---

[26] Einen umfassender Überblick zu Instrumenten der Integrierten Versorgung findet sich bei [Sohn06, S. 21ff.] sowie [Amel06, S. 15ff.].

Versorgung. Darüber hinaus wird auch eine Vernetzung mit nicht-ärztlichen Leistungserbringern wie ambulanten Pflegediensten, Apothekern, Physio- und Psy-
chotherapeuten angestrebt [Bund05, S. 1; Ramm04, S. 147; Mühl02, S. 65].

- **Steuerung von Behandlungsprozessen**: Die Steuerung der Behandlungsprozesse durch die involvierten Leistungserbringer ist ein wesentliches Prinzip der
  Integrierten Versorgung [Mühl02, S. 66]. Eine wichtige Rolle besitzt der Koordinationsarzt (vgl. auch Abschnitt 3). Besonders schwierig ist die sektorenübergreifende Steuerung von Behandungsprozessen, für die der Koordinationsarzt mögli-
  cherweise Unterstützung benötigt [WaLF05, S. 21f.].

- **Übernahme von ökonomischer Verantwortung**: Eine Übertragung der Budgetverantwortung auf Leistungsersteller ist in dem Gesetz zur Regelung der Integrierten Versorgung (§§ 140 a - 140 h SGB V) explizit vorgesehen. Der Umfang
  der Budgetverantwortung kann in den Verträgen bestimmt werden. Möglich sind
  etwa die Übernahme der Verantwortung für bestimmte Leistungskomplexe (Vergütung über Fallpauschalen) oder für die gesamte Versorgung der Versicherten
  (Vergütung über Kopfpauschalen, so genannte Capitation). Bei einem Kopfpauschalensystem muss die Risikostruktur der Versichertengruppe bei der Berechnung der Höhe der Kopfpauschalen berücksichtigt werden. Ebenfalls möglich ist
  der Ausschluss der Verantwortungsübernahme (Vergütung von Einzelleistungen)
  oder Kombinationen und Variationen der einzelnen Ansätze. Das Risiko für die
  Leistungserstellergruppen kann dadurch gemindert werden, dass die Krankenkassen mögliche Defizite ab einer bestimmten Höhe zu einem definierten Pro-
  zentsatz übernehmen [Toph03, S. 253ff.].

- **Informationsintegration**: Die effektive und effiziente Koordination und Kooperation ist nur durch den Einsatz von geeigneten Informations- und Kommunikationstechnologien möglich [Ramm04, S. 147][27]. Aus diesem Grund wurde u. a. die Einführung der eGK in Deutschland beschlossen.[28] Zentrale Aufgabe ist es, die IV-
  technische Vernetzung der beteiligten Akteure des Gesundheitswesens zu unterstützen, die Effizienz der Prozesse zu steigern, die Betreuung und Informationsversorgung des Konsumenten durch die Einführung von elektronischen Patientenakten und den Aufbau von Telematikinfrastrukturen zu verbessern. Langfristig
  soll die elektronische Patientenakte der IV-technische „Unterbau" für die Integrier-

---

[27] Vgl. hierzu auch Ausführungen von [Haas05, S. 2ff.] sowie [Func79, S. 239ff.].

[28] Gesetzliche Grundlage zur Einführung der elektronischen Gesundheitskarte (eGK) ist das GKV-
Modernisierungsgesetz, welches zum 01.01.2004 in Kraft trat [Bund05]. Es verfolgt u. a. das Ziel,
die eGK einzuführen sowie eine gemeinsame Telematikrahmenarchitektur zu schaffen.

te Versorgung werden [Diet04, S. 5]. Wichtige Herausforderungen sind die Integration über die Grenzen von Anbietern und Gesundheitsnetzen hinweg, die Orientierung an Behandlungsprozessen [GISS04, S. 37f.] sowie die Berücksichtigung der informationellen Selbstbestimmung des Patienten und des Datenschutzes [ScSc04, S. 21].

3   Praxisnetz-Organisationen

Langfristig werden Modelle der Integrierten Versorgung nur dann erfolgreich sein können, wenn es gelingt, die Qualität der medizinischen Versorgung zu erhalten oder zu verbessern, und wenn gegenüber bestehenden Versorgungsformen Einsparungen erzielt werden können [Mühl02, S. 74ff.]. Derzeit existiert eine Vielzahl von integrierten Versorgungssystemen, die geschaffen wurden, um die Wirtschaftlichkeit und Qualität der Versorgung durch eine Kooperation der beteiligten Leistungserbringer zu erhöhen (vgl. Abbildung 5, S. 15). Eine bedeutende Kooperations- und Netzwerkform zur Unterstützung des integrierten Versorgungsansatzes sind Praxisnetze.

3.1 Begriff

Die Anzahl von Praxisnetzen in Deutschland liegt – je nach Definition – zwischen 200 und 500. Allerdings unterscheiden sich diese Netze hinsichtlich ihrer Ausprägung und ihres Entwicklungsstandes. Sie reichen von losen Treffen einzelner Ärzte bis hin zu professionellen unternehmensähnlichen Organisationen [LiSS04, S. 3]. Dabei werden unterschiedliche Schwerpunkte gesetzt und gegebenenfalls auch Krankenhäuser, Vorsorge-/Rehakliniken und Angehörige anderer Gesundheitsberufe in Praxisnetze einbezogen. Westebbe vertritt die Ansicht, dass eine allgemeingültige Definition des Begriffes Praxisnetz aufgrund der unterschiedlichen Namensgebungen[29] schwierig ist, da sich jedes Praxisnetz quasi neu erfindet [West99, S. 27]. Zu einem ähnlichen Resultat gelangt Gotzen [Gotz03, S. 6][30].

Nach Meyer schließen sich in einem Praxisnetz niedergelassene Ärzte zum Zwecke einer verbindlichen und strukturierten Zusammenarbeit bei der Patientenversorgung, der Praxisorganisation und der Honorierung ärztlicher Leistungen zusammen [Meye99, S. 58]. Rüschmann ergänzt, dass Praxisnetze die medizinische Versorgung einer Region verbessern wollen [RüRK00, S. 65].

Nach Ansicht von Lindenthal et al. impliziert die Vernetzung von Haus- und Fachärzten in Praxisnetzen eine intensive Kommunikation und Kooperation sowie eine verbindliche und strukturierte Zusammenarbeit. Durch eine enge Abstimmung der Versorgungsprozesse sollen vor allem die Patientenversorgung und -steuerung und

---

[29] Als Beispiele lassen sich die Begriffe Arztnetz, Arztverbund, Qualitätspraxen, vernetzte Praxen, Qualitätsgemeinschaft, Praxisverbund, Versorgungsnetz nennen.

[30] Gotzen verwendet den Begriff Ärztenetzwerke synonym mit den Begriffen Gesundheitsnetzwerke und Hausarztnetzwerke bzw. -netze.

damit die Patientenzufriedenheit verbessert sowie Kosteneinsparungen erreicht werden [LiSS04, S. 3].

In der Arbeit werden Praxisnetze als eine spezifische Ausprägung von Gesundheitsnetzen verstanden (vgl. Definition in Abschnitt 2.2.1). Praxisnetze stellen – die vorgenannten Eigenschaften und Ziele subsumierend – eine strukturierte und verbindliche Kooperation von niedergelassenen Ärzten (v. a. Haus- und Fachärzte) und weiteren Gesundheitsdienstleistern dar, die sich durch intensive Koordination und Kommunikation auszeichnen, regional für definierte Versicherte tätig werden und gemeinsame Ziele (v. a. Verbesserung von Versorgungsqualität, Versorgungseffizienz sowie Patientenzufriedenheit und -souveränität) verfolgen.

3.2 Motivation

Der Gesundheitssektor befindet sich in einem strukturellen Wandel. Mit Inkrafttreten des Gesetzes zur Modernisierung des Gesundheitswesens im Jahr 2004 hat sich die Landschaft im deutschen Gesundheitswesen erheblich verändert:

- **Steigende Kundenanforderungen**: Verändert haben sich die Erwartungen der Patienten an die Versorgungsprozesse. Sie stellen höhere Ansprüche an die Leistungsqualität, fordern dazu mehr Leistungstransparenz und wollen insgesamt mehr Souveränität [Bahl01, S. 33; WaLF05, S. 50]. Außerdem haben Patienten Interesse an Gatekeepingmodellen[31] und einer vernetzten Versorgung [Gotz03, S. 148].

- **Komplexität des Versorgungsbedarfs und der Leistungserstellung**: Chronische Krankheiten, Multimorbidität und Pflegebedürftigkeit, aber auch psychosoziale und psychosomatische Probleme nehmen zu. Diese Komplexität kann auch angesichts der Spezialisierung der Leistungserbringer nur durch anbieterübergreifende Versorgungsstrukturen und Qualitätsinitiativen bewältigt werden [Toph03, S. 229].

- **Wettbewerbsdruck**: Niedergelassene Ärzte fürchten die Macht der Kliniken, die verstärkt auch im ambulanten Bereich tätig werden (z. B. durch den Aufbau und Betrieb Medizinischer Versorgungszentren). Auch der Wettbewerb alternativer Versorgungskonzepte ist in vollem Gange (vgl. Abschnitt 2.2.1). Angesichts der Entwicklung müssen niedergelassene Ärzte die Effektivität und Effizienz der ambulanten Versorgung nachweisen [WaLF05, S. 9]. Auch innerhalb der Gruppe niedergelassener Ärzte entsteht durch die Existenz von Pioniernetzwerken Kon-

---

[31] Zu Begriff und Inhalt des Gatekeeping bzw. des Hausarztmodells vgl. Abschnitt 3.5.1.

kurrenz zu den traditionellen Einzelpraxen. Vor allem diese „Vorreiternetzwerke" ziehen den Aufbau weiterer Netze nach sich [Gotz03, S. 148]. Gotzen nennt als weitere Rahmenbedingungen, die die Gründung von Praxisnetzen forciert haben, den Zwang durch staatliche Institutionen zur Veränderung sowie ein normativer Druck der Gesellschaft oder konkurrierender Organisationen. So haben die gesetzlichen Veränderungen und die Initiativen der Krankenkassen maßgeblich zur Entstehung der Praxisnetze beigetragen [Gotz03, S. 148].

-   **Imageverbesserung**: Eine Motivation für die Aufnahme von Netzwerkaktivitäten liegt auch in dem Bestreben, einem schlechten öffentlichen Image aktiv zu begegnen, nach dem Ärzte als „Kostentreiber " im Gesundheitswesen angesehen werden [Gotz03, S. 148].

Westebbe kommt zu dem Schluss, dass die traditionelle Einzelpraxis den Anforderungen einer umfassenden, sektorübergreifenden und qualitativ hochwertigen Patientenversorgung auf Dauer nicht mehr gewachsen zu sein scheint [West99, S. 115].

Durch Organisation von niedergelassenen Ärzten in Praxisnetzen wird versucht, auf die o. g. Anforderungen zu reagieren, um gemeinsam „im Team" die alltäglichen und zukünftigen Herausforderungen besser zu meistern, die Effektivität und Effizienz der ambulanten Versorgung nachzuweisen, die Unwirtschaftlichkeiten der fragmentierten Versorgung zu beheben und die eigene Existenz zu sichern [LiSS04, S. 3f.; WaLF05, S. 9].

3.3 Ziele

Nachfolgend werden Ziele der Praxisvernetzung aufgeführt:

-   **Individualziele niedergelassener Ärzte**: Die „Koordination im Allgemeinen und die Koordination wirtschaftlicher Einheiten im Speziellen (...) ist stets zielorientiert [und somit] (...) eine Analyse der Koordination in Unternehmensnetzwerken nicht möglich ohne eine Analyse der verfolgten Ziele" [Sieb99, S. 23]. Das Zielsystem eines Praxisnetzes lässt sich daher nicht losgelöst definieren, sondern leitet sich u. a. aus den Individualzielen seiner Mitglieder ab.

-   **Steigerung der Lebensqualität**: Ein Aspekt, der zur Teilnahme an Praxisnetz-Initiativen führt, ist die Möglichkeit, z. B. durch Arbeitsteilung, gegenseitige Vertretungen oder gemeinsame Notfalldienste, Arbeitsentlastung zu erzielen. Auch die intensivere Kommunikation mit Kollegen und der verbesserte medizinische bzw. betriebswirtschaftliche Austausch von Know-how sind Argumente für eine Vernetzung.

-   **Finanzielle Vorteile**: Niedergelassene Ärzte versprechen sich von Praxisnetzen außerdem finanzielle Vorteile. Teilweise können die Praxiskosten durch Personal- und Gerätepools gesenkt werden. Darüber hinaus bestehen Möglichkeiten zur gemeinschaftlichen Investition (z. B. bei Soft- und Hardware) sowie die Chance, durch gebündelten Einkauf Preisvorteile zu erzielen.

- **Existenzsicherung**: Aus Sicht der beteiligten Arztpraxen ist die Sicherung ihrer Existenz von hoher Bedeutung und ein gewichtiger Grund, sich einem Praxisnetz anzuschließen.

- **Steigerung von Effektivität und Effizienz**: Um ihre Existenz zu sichern, müssen niedergelassene Ärzte die Effektivität und Effizienz der Patientenversorgung sicherstellen und nach außen nachweisen [WaLF05, S. 9]. Dies soll durch effiziente Koordinationsmechanismen bei gleichzeitiger funktionaler Spezialisierung geschehen [LiSS04, S. 9]. Niedergelassene Ärzte besitzen hier durchaus ein erhebliches Steuerungspotenzial. Zwar werden in der gesetzlichen Krankenversicherung nur 16,8 % der Behandlungskosten unmittelbar durch niedergelassene Ärzte verursacht, niedergelassene Ärzte können jedoch einen Großteil der Kosten anderer Sektoren direkt oder indirekt beeinflussen [Sohn06, S. 86]. Durch Koordination des Leistungsgeschehens innerhalb und außerhalb des Netzes können sie die Kosten für Arzneimittel über Verordnungen steuern und u. a. Mehrfachuntersuchungen, unnötige Krankenhauseinweisungen sowie Großgeräteuntersuchungen reduzieren [WaLF05, S. 9f.].

- **Steigerung der Qualität**: Die Gewährleistung einer möglichst hohen Qualität der medizinischen Versorgung ist das größte Anliegen von Patienten [Kron04, S. 44]. Nicht nur ethische Grundsätze, sondern auch unternehmerische Überlegungen verlangen eine Fokussierung des Netzes auf Verbesserung und Sicherung der Qualität. Kronhardt identifiziert Qualität als primäres Akzeptanzkriterium und unterscheidet verschiedene Dimensionen der vom Patienten wahrgenommenen Behandlungsqualität in medizinischen Versorgungsnetzen [Kron04, S. 45]. Ein hoher Qualitätsstandard kann nicht nur die Patientenzufriedenheit verbessern, sondern auch als Differenzierungsmittel gegenüber anderen Praxisnetzen einen Wettbewerbsvorteil schaffen [OrSc00, S. 222f.]. Neben der Steigerung der Behandlungsqualität können Praxisnetze den Nutzen für die Patienten erhöhen, indem sie die Servicequalität steigern und die Leistungstransparenz – und damit die Patientensouveränität – erhöhen. Die „Qualitätsentwicklung ist eine zentrale Aufgabe bei Aufbau und Reorganisation von Praxisnetzen und integrierten Versorgungsstrukturen" [Sieb03, S. 107]. Neben der Definition von Qualitätszielen und der Planung und Umsetzung von qualitätsorientierten Maßnahmen müssen auch Mechanismen zur Qualitätsmessung implementiert werden. Im Unterschied zu

Einzelanbietern können Praxisnetze auch Qualitätsstandards erarbeiten, die an anbieterübergreifenden Behandlungsprozessen orientiert sind.

- **Steigerung des Patientennutzens**: Praxisnetze steigern den Nutzen für Patienten, indem sie die Servicequalität verbessern und die Leistungstransparenz – und damit verbunden die Patientensouveränität – erhöhen [Hild01, S. 141; Bahl01, S. 33; GrKr03, S. 273f.]. Die Servicequalität bemisst sich unter anderem in Wartezeiten, telefonischer Erreichbarkeit sowie im Vorhandensein von Notfallstrukturen und Einrichtungen zur medizinischen Beratung und zum Umgang mit Beschwerden [WaLF05, S. 50ff.]. Vorteile, die durch Praxisnetze für Patienten realisierbar scheinen, sind:

- Bedarfsgerechte Versorgung durch Vermeidung nicht erforderlicher Leistungen (z. B. Krankenhausaufenthalte, Mehrfachuntersuchungen, etc.)

- Verbesserte Zusammenarbeit der Netzärzte zur Lösung von Patientenproblemen (Koordinationsarzt als „Lotse", Einholen einer Second Opinion)

- Verbesserung der Versorgungsqualität durch interkollegialen Erfahrungsaustausch und Anwendung von Leitlinien

- Erweiterte Präsenzzeiten und netzeigene Notfalldienste zur Versorgung außerhalb der normalen Sprechzeiten

Die wichtigsten Ziele, die Praxisnetze im Sinne ihrer Mitglieder verfolgen und die den Erfolg eines Netzes determinieren, sind zusammenfassend die Steigerung der Qualität, der Effektivität und der Effizienz der Versorgung sowie eine Verbesserung der Zufriedenheit und Souveränität der eingeschriebenen Patienten [LiSS04, S. 9; Sieb99, S. 24; WaLF05, S. 50]. Dies kommt auch in den Ergebnissen einer Studie von Kuhr aus dem Jahr 2002 zum Ausdruck. Hierbei dominieren die Qualitäts-, Wirtschafts- und Kooperationsziele fast gleichberechtigt die Netzarbeit. Bei den wirtschaftlichen Zielen wurden häufig Verträge mit den Krankenkassen angegeben. Bei Kooperationszielen wurde nicht nur die bessere Zusammenarbeit zwischen den niedergelassenen Ärzten angestrebt, sondern auch eine enge Kooperation mit den Krankenhäusern, um hiermit eine integrierte, sektorübergreifende Versorgung von Patienten unter Einhaltung der Qualitätsrichtlinien zu gewährleisten. Einige Befragte wollten mit der Netzgründung Ersatzstrukturen für Kassenärztliche Vereinigungen schaffen. Dies weist entweder auf eine Unzufriedenheit mit der momentanen wirtschaftlichen Situation hin oder drückt eine Tendenz der Kompetenzbeschneidung von Kassenärztlichen Vereinigungen durch die Politik aus [Kuhr02, S. 50f.]

3.4 Klassifikation

Zusätzlich zu o. g. Definition von Praxisnetzen dienen verschiedene Klassifikationen einer Einordnung existierender Netzorganisationen. Zur Einordnung der Erscheinungsformen wird zunächst auf die von Corsten entwickelte Netzwerktypologie zurückgegriffen, in der allgemeine Merkmale zugrunde gelegt werden (vgl. Tabelle 1). Durch die kombinative Verknüpfung der Merkmalsausprägungen entstehen unterschiedliche Netzwerktypen [Cors00, S. 6ff.]. Die dunkel markierten Bereiche zeigen die in Praxisnetzen dominierenden Merkmalsausprägungen und beschreiben damit Charakteristika von Praxisnetzen.

Merkmal	Ausprägung		
Netzzusammenstellung	stabil		instabil
Koordinationsrichtung	heterarchisch		hierarchisch
Kooperationsrichtung	horizontal	vertikal	diagonal
Stärke und Dauer der Wirkung	Strategisch		Operativ
Gesetzliche Grundlage	Modellvorhaben (§§ 63 - 65 SGB V)	Strukturvertrag (§ 73 a SGB V)	Integrierte Versorgung (§§ 140 a - h SGB V)
Versorgungsauftrag und -angebot	indikationsspezifisch		umfassend
Merkmale und Ziele	Zielstufe 1 (Individualziele der Ärzte)	Zielstufe 2 (Qualität, Wirtschaftlichkeit, Humanität der Versorgung durch Verbesserung von Service und Leistungsangebot)	Zielstufe 3 (Verbesserung von Qualität und Effizienz der Versorgung)
Einschreibung der Versicherten	(Einschreibemodell)		„Passive Teilnahme" als Patient von Leistungserbringern im Netz
Leistungsabrechnung	Praxis-Honorarmodelle		Individuelle Abrechnung mit der Kassenärztlichen Vereinigung (KV)
Netzmanagement	Ehrenamtlich durch Netzärzte		Vollzeitmanagement durch professionelle Netzmanager

Tabelle 1: Merkmale von Praxisnetzen; in Anlehnung an [Cors00, S. 6; LiSS04, S. 6]

Wird das Kriterium der **Netzwerkzusammenstellung** herangezogen, so lassen sich Praxisnetze als stabile Netzwerkorganisationen beschreiben, die langfristig und damit nicht nur temporär angelegt sind. Sie bilden den „aktivierten" Rahmen für sogenannte Ad-hoc-Strukturen, d. h. für die auftragsinduzierte Konfiguration des Netzwerkes, bei dem temporär und problembezogen Leistungen von Netzwerkpartnern oder mit einer Mischung von Mitgliedern und Nichtmitgliedern des Gesamtnetz-werkes (re-)konfiguriert werden. Für jede Instanz eines Patientenproblems wird – sofern die sich daraus abgeleitete Aufgabenstellung nicht durch ein Mitglied des Netzes gelöst werden kann – ein Netzwerk zur Lösung des Problems bestehend aus Netzwerkpartnern und ggf. externen Akteuren gebildet. Bei der **Koordinationsrich-**

tung lassen sich hierarchische und heterarchische (polyzentrische) Formen von Netzwerken unterscheiden. Während sich erstere dadurch auszeichnen, dass eine fokale Organisationseinheit strategisch die Führung des Netzes übernimmt und über eine beherrschende Stellung im Netzwerk verfügt, zeichnen sich Praxisnetze i. d. R. durch gleichberechtigte Beziehungen zwischen den Akteuren aus (heterarchische Koordinationsrichtung). In Bezug auf die **Kooperationsrichtung** können in Praxisnetzen sowohl horizontale (z. B. Zusammenarbeit zweier Hausärzte im Rahmen des Second-Opinion-Verfahrens), vertikale (z. B. Kooperation mit Laboreinrichtungen) als auch diagonale Formen (z. B. gemeinsame Organisation von betreuten Reisen für bestimmte chronische Erkrankungen) auftreten. Da die Errichtung von Praxisnetzen erhebliche Anstrengungen und u. a. auch vertragsrechtliche Festlegungen mit längerfristigem Charakter erfordern, um die in Abschnitt 3.1 beschriebenen Ziele zu realisieren, ist im Zusammenhang mit der **Stärke und Dauer der Wirkung** typischerweise von strategischen Erscheinungsformen auszugehen.

Lindenthal et al. zieht zur Typisierung von Praxisnetzen u. a. folgende Kriterien heran: **gesetzliche Grundlage, Versorgungsauftrag und -angebot, Merkmale und Ziele, Einschreibung der Versicherten, Leistungsabrechnung sowie Netzmanagement** [LiSS04, S. 6]. Er unterscheidet darüber hinaus Praxisnetze der ersten und zweiten Generation, die sich durch die Ausprägung der o. g. Merkmale unterscheiden. Die Mitte der 90er Jahre entwickelten Praxisnetze der ersten Generation erfüllten die Erwartungen hinsichtlich der Verbesserung der Qualität und Wirtschaftlichkeit nicht[32]. Während Ziele und Erfolgsfaktoren der ersten Netzgeneration Bestand haben, versuchen Praxisnetze der zweiten Generation, die positiven und negativen Erfahrungen zu berücksichtigen, dabei v. a. die Verbindlichkeit gemeinsam im Netz erarbeiteter Ziele und Maßnahmen zu gewährleisten und damit Verhaltensänderungen zu bewirken.[33]

Gotzen untersucht empirisch, welche Netzstrukturen und Netzregelungen den Erfolg von Gesundheitsnetzen positiv beeinflussen und unterstellt, das theoretisch unterschiedliche Formen effizienter Netzwerkkonstellationen existieren können. Sie unterscheidet drei erfolgreiche Netzwerktypen („bürokratisches", „informelles" und „markt-

---

[32] Als Gründe für fehlende Verhaltensänderung und nicht erreichte Ziele werden mangelnde Instrumente und (finanzielle) Anreize für die „Steuerung" von Leistungserbringern und Patienten sowie unzureichende Regelverbindlichkeit genannt [LiSS04, S. 1]. Valide Ergebnisse der ersten Netzgeneration liegen nur unzureichend vor, da eine begleitende Evaluation nicht im erforderlichen Umfang stattfand. Eine Übersicht über positive und negative Ergebnisse der ersten Generation findet sich bei [LiSS04, S. 9ff.].

[33] Lindenthal et al. nennen als grundlegendes Merkmal der nächsten Netzgeneration die Übernahme der ökonomischen Verantwortung für eine definierte Versichertenpopulation [LiSS04, S. 2].

orientiertes" Netzwerk), die dadurch gekennzeichnet sind, dass sie annähernd mit den Organisationsmerkmalen der Koordinationsformen Hierarchie und Markt übereinstimmen. Eine eindeutige Überlegenheit eines der drei Netzwerktypen konnte Gotzen nicht nachweisen [Gotz03, S. 146ff.].

Nach [Shor93, S. 445ff.] eignen sich zur Typisierung von medizinischen Versorgungsnetzen das Spektrum der angebotenen Versorgungsleistungen (Versorgungsbreite[34], -tiefe[35], geographische Konzentration) sowie die Intensität[36] und Stabilität (z. B. Alter und Reifegrad) der medizinischen Kooperation.

Ein weiterer Ansatz zur Klassifikation von Praxisnetzen auf Basis der Netzreife wird im Rahmen der Arbeit (vgl. Abschnitt 3.6) vorgestellt.

3.5 Gestaltungsinstrumente

In der Praxis existieren unterschiedliche Möglichkeiten der Ausgestaltung der Netzwerkarrangements[37]. Es werden nachfolgend zwei Gestaltungsoptionen behandelt, die erheblichen Einfluss auf die in der Arbeit fokussierten Koordinations- und Controlling-Anforderungen in Praxisnetzen ausüben: Hausarztmodell und Capitation-Modell.

3.5.1 Hausarztmodell

Wie in Abschnitt 2.2.3 erläutert, stellt die Steuerung von Behandlungsprozessen sowie die Koordinationsunterstützung für den Patienten ein wesentliches Element des Managed Care sowie der Integrierten Versorgung zur Qualität- und Kostensteuerung dar [Mühl02, S. 66].[38] Unter Gatekeeping wird ein Steuerungssystem bezeichnet, in welchem ein Leistungserbringer bei Gesundheitsstörungen als erste Anlaufstelle für die Versicherten auftritt, um Intransparenz in der Versorgungskette sowie mangelnde Abstimmung einzelner Versorgungsschritte zu vermeiden [BeHe06, S. 19]. Die Notwendigkeit dieser Koordinationsfunktion führt zu einer zunehmenden Bedeutung des

---

[34] Zahl der verschiedenen Funktionen und Dienstleistungen entlang der Versorgungskette.

[35] Zahl der Einheiten, die eine bestimmte Funktion oder Dienstleistung entlang des indikationenorientierten Patientenflusses offerieren sowie die Spezialisierung auf eine oder mehrere Indikationen.

[36] Einen Bezugsrahmen für die Analyse der Integrationsprozesse innerhalb medizinischer Versorgungsnetze liefert [Deve94, S. 7ff.].

[37] Gotzen verwendet diesen Begriff und beschreibt damit die Gesamtheit aller Netzwerkregelungen sowie die Netzwerkstruktur eines Gesundheitsnetzwerkes [Gotz03, S. 68].

[38] Im Kontext der Weiterentwicklung von Versorgungsstrukturen im deutschen Gesundheitswesen sieht auch das Gesetz zur Modernisierung der gesetzlichen Krankenversicherung die Einführung eines Hausarztsystems vor [Gese03, S. 2201].

Gatekeepers bzw. Hausarztes [AmSc04, S. 101], wenngleich wissenschaftliche Studien zum Nachweis der erhofften Effizienz- und Qualitätsvorteile heterogene Ergebnisse aufweisen [LiSS04, S. 64ff.; Roux06, S. 16f.].[39] Empirisch belegbar ist jedoch die verbesserte Transparenz über das Netzwerkgeschehen [Gotz03, S. 138]. Ein Grund für die zunehmende Relevanz ist die Erkenntnis, dass ein Großteil der Leistungsausgaben der gesetzlichen Krankenversicherung direkt oder indirekt durch niedergelassene Ärzte beeinflusst werden kann (vgl. Abbildung 8). Der Koordinationsarzt verfügt daher über ein erhebliches Steuerungspotenzial.

Abbildung 8: Einfluss der niedergelassenen Ärzte auf Leistungsausgaben [Sohn06, S. 86]

Nach Erkenntnissen der Praxisnetz-Studie liegt der Verbreitungsgrad des Gatekeepersystems in deutschen Praxisnetzen bei circa 60 Prozent. Noch höher ist der Anteil bei Praxisnetzen in der Schweiz (83,3 %), was u. U. mit dem längeren Einsatz von Managed Care-Elementen in der Schweiz erklärt werden kann [ScBK06, S. 16].

Im Hausarztmodell[40] fungiert der Hausarzt innerhalb des Praxisnetzes als Lotse für den Patienten und koordiniert den individuellen Behandlungsprozess und die damit verbundenen Leistungen und Akteure. Er agiert an der Schnittstelle zwischen Patient und Netzwerk und übernimmt eine wichtige Funktion zur Steuerung der Versicherten sowie nachgelagerter Leistungserbringer [WaLF05, S. 21f.]. Abbildung 9 macht deutlich, dass Gatekeeper als „Knotenpunkte innerhalb eines komplexen Expertennetzwerkes" [LiSS04, S. 57] fungieren und als solche für ganzheitliche, abgestimmte Behandlungsabläufe innerhalb des Praxisnetzes sorgen können [AmSc04, S. 98]. Die Aufgabe des Koordinationsarztes ist es, die notwendigen Behandlungen entweder durch eigene medizinische Leistungen oder durch eine Überweisung der Patienten an andere Leistungserbringer so zu organisieren, dass die Leistungen qualitäts- und kostenoptimal erbracht werden. Er entscheidet, ob und wenn ja, welche an-

---

[39] Berchthold und Hess finden in ihrer Literaturanalyse Evidenz dafür, dass ein auf das Gatekeeping beschränktes Managed Care einen dämpfenden Effekt auf Gesamtleistungskosten, Ressourcenaufwand pro Konsultation, Einsatz apparativer Medizin, Konsultationszahl und die Anzahl an Überweisungen hat, wenngleich die Wirkung weiterer Effekte nicht ausgeschlossen werden kann [BeHe06, S. 20].

[40] Es werden die Begriffe Hausarzt-, Lotsen-, Koordinationsarzt-, Primär- oder Gatekeepersystem weitgehend synonym verwendet.

deren Leistungserbringer hinzugezogen werden [SeKS97, S. 12; PrRS02, S. 278f.; Oliv02, S. 100; Meye04, S. 175].

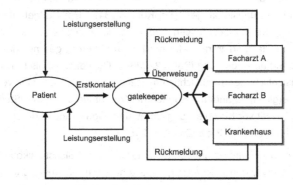

Abbildung 9: Gatekeepersystem; in Anlehnung an [Amel00; S. 98]

Der Hausarzt soll einen Beitrag leisten, um die Schnittstellenproblematik einer sektoralisierten Gesundheitsversorgung zu lösen und dabei für einen koordinierten Informationsfluss zwischen den beteiligten Leistungserbringern sorgen. Informationen werden von ihm gebündelt, Zusammenhänge zwischen Diagnosen hergestellt und geeignete Behandlungspläne in Abstimmung mit anderen Leistungserbringern und dem Patienten erstellt [LiSS04, S. 58].

Eine kontinuierliche und koordinierte Versorgung erfordert die Bereitschaft des Patienten, gewisse Verhaltensweise und Regeln zu akzeptieren und einzuhalten. Daher wird die aktive und freiwillige Einschreibung als wesentliche Voraussetzung für erfolgreiche Praxisnetze, die das Hausarztmodell umsetzen, gesehen [LiSS04, S. 22 sowie S. 55ff.]. Bei diesem Einschreibemodell verpflichtet sich der Patient, bei jeder Behandlungsepisode seinen selbst gewählten Hausarzt zu konsultieren.[41] Da damit auf die „freie Arztwahl"[42] seitens des Versicherten verzichtet wird, ist die Einschreibung sowie ein „regelkonformes" Verhalten wesentlich davon abhängig, welche Anreize und Vorteile die Netze und Krankenkassen für die Versicherten bieten (u. a. Qualitätsvorteile, Verzicht auf die Erhebung von Praxisgebühren) [LiSS04, S. 56].

---

[41] Die Einschreibung von Patienten in das Hausarztmodell bzw. Praxisnetze verhindert nicht zwangsläufig kontraproduktive Verhaltensweisen der Patienten. [LiSS04, S. 55] nennt als Beispiel Erfahrungen des Praxisnetzes Berlin, bei denen trotz Einschreibung 60 % der Versicherten regelmäßig außerhalb des Netzes behandelt wurden.

[42] Zu Untersuchungen der Einstellung der Bevölkerung gegenüber Gatekeepermodellen und dem Verzicht auf die „freie Arztwahl" vgl. [LiSS04, S. 61ff.].

3.5.2 Capitation Model

Die Finanzierung der Leistungen durch die Kostenträger erfolgt derzeit i. d. R. auf Basis der EBM-Leistungskataloge[43] [ScBK06, S. 34]. Um Budget- und Entscheidungskompetenz zusammenzufassen und dadurch eine integrierte Steuerung zu Gunsten von Qualität und Wirtschaftlichkeit zu realisieren, gewinnt das Capitation Model zunehmend an Bedeutung [BaSt02, 238ff.]. Capitation ist als mögliche Vergütungsform hinsichtlich der beabsichtigten Steuerungswirkungen viel versprechend und weist im Vergleich zu anderen Formen der Vergütung die größte Steuerungseffizienz und -effektivität vor Einzelleistungsvergütung, Gehalt und anderen pauschalierten Formen auf [Sohn06, S. 21; BrZw92, S. 245ff.].[44]

Unter einer Capitation wird ein im voraus festgelegter, möglichst risikoadäquater Euro-Betrag verstanden, den eine Ärztegruppe erhält, um die Versorgung bestimmter versicherter Personen in bestimmten Leistungsbereichen und innerhalb einer definierten Zeitspanne sicherzustellen [LiSS04, S. 20].

Capitation impliziert die Übernahme ökonomischer Verantwortung für eine definierte Versichertenpopulation durch das Praxisnetz [LiSS04, S. 15]. Netze schließen zu diesem Zweck einen Versorgungsvertrag mit einer Krankenkasse und vereinbaren für eine definierte Versichertenzahl eine Pauschalvergütung je Versichertem (z. B. in Abhängigkeit von Krankheitsstatus, Alter, Geschlecht, Berufs-/Erwerbsunfähigkeit). Das vereinbarte Budget deckt alle vom Versicherten in Anspruch genommenen Leistungen ab, unabhängig davon, ob sie einen Leistungserbringer innerhalb oder außerhalb des Praxisnetzes aufsuchen [LiSS04, S. 20ff.].

Mithilfe eines derartigen Vergütungsansatzes wird das Denken und Handeln in Versorgungsprozessen forciert, da sich angebotsinduzierte Nachfrage, Schnittstellenprobleme und Prozessabweichungen für alle (netzinternen) Leistungsanbieter negativ auf das Betriebsergebnis auswirken [Toph03, S. 233]. Da dem Praxisnetz für die betreuten Versicherten die Gesamtsumme der Pauschalen zur eigenständigen Verwaltung überlassen wird, steigen die Einflussmöglichkeiten der Netzkoordinatoren erheblich.[45] Gleichzeitig erhöht sich jedoch der Koordinationsaufwand im Netzwerk, da

---

[43] Der Einheitliche Bewertungsmaßstab (EBM) ist die Abrechnungsgrundlage der Vertragsärzte. Es handelt sich um ein Verzeichnis, nach dem ambulante Leistungen in der GKV abgerechnet werden. Gemäß § 87 Abs. 2 Satz 1 SGB V bestimmt der EBM den Inhalt der abrechnungsfähigen Leis-tungen und stellt ihr wertmäßiges, in Punkten ausgedrücktes Verhältnis zueinander dar.

[44] Eine kritische Bewertung der Evidenz unterschiedlicher Vergütungsmodelle im Allgemeinen sowie der Capitation findet sich bei [BeHe06, S. 37ff.].

[45] Für diese These spricht auch, dass 80 % der Leistungsausgaben der Gesetzlichen Krankenversicherung durch direkte oder indirekte Entscheidungen niedergelassener Ärzte der Primärver-

Fortsetzung nächste Seite

nur durch eine aktive Gestaltung der Zusammenarbeit im Netz die beabsichtigten Potenziale (u. a. Kostensenkung, Qualitätssteigerung) realisiert werden können.[46] Dabei ist die Vergütung des Praxisnetzes mittels Capitation von der netzinternen Vergütung der Leistungserbringer gedanklich zu trennen [LiSS04, S. 21]. Letztere ist an den gemeinsamen Zielen des Praxisnetzes auszurichten, wobei gerade eine geeignete Anreizsetzung für den Netzerfolg entscheidend ist (vgl. Abschnitt 8.2.4). Der „Netzgedanke geht davon aus, dass die vertragsärztlichen Leistungserbringer über finanzielle Anreize in einem gewissen Rahmen zu steuern sind" [RüRK00, S. 37] und somit eine bessere Erreichung der gemeinsamen Netzziele erwirkt werden kann. Deshalb wird die Höhe der Vergütung der Netzärzte an Parameter wie Engagement, Fallzahl sowie qualitative Kriterien gekoppelt (vgl. Abschnitt 8.2.2). Gleichzeitig ergeben sich aus der Budgetverantwortung aber auch neue, hohe Anforderungen an ein Praxisnetz und seine Mitglieder. Während in der herkömmlichen vertragsärztlichen Versorgung die wirtschaftliche Verantwortung für den einzelnen Arzt kaum von Bedeutung war, müssen die Netzmitglieder nun durch Qualitätssicherung, Kostenkontrolle und umfassende interne Kommunikation eigenständig mit dem finanziellen Risiko umgehen. Kritiker warnen jedoch auch vor den Gefahren der Kostenverlagerungen und der Risikoselektion [AmSc04, S. 131].

3.6 Reifegrad der Vernetzung

Während zahlreiche Veröffentlichungen den Umsetzungsstand von Pilotprojekten der Praxisvernetzung aufzeigen, fehlt bislang ein empirischer Nachweis über den Reifegrad der Praxisnetze in Deutschland. Meist wird der Erfolg oder Misserfolg von Netzinitiativen oder Gestaltungsinstrumenten anhand von Einzelbeispielen diskutiert [Hell01, S. 188ff.; Weat07, S. 129ff.]. Nachfolgend werden die verschiedenen Reifegrad-Typen sowie die zu deren Erhebung betrachteten Netzwerk-Ebenen kurz charakterisiert. Der Reifegrad der Netze in Deutschland und in der Schweiz wird erläutert. Ineffizienzen und Optimierungspotenziale werden aufgezeigt. Für weitere Details wird auf die Praxisnetz-Studie 2006 verwiesen [ScBK06].

---

sorgung beeinflusst wurden, obwohl diese nur 16,1 % der Ressourcen für sich beansprucht haben [LiSS04, S. 19].

[46] Zu Erfahrungen mit Capitation sowie kombinierten Modellen in Deutschland und in der Schweiz vgl. [LiSS04, S. 30ff.].

3.6.1   Bewertungsmodell und Reifeportfolio

Wie in Abschnitt 3.1 dargestellt, soll in Praxisnetzen eine intensive Kommunikation und Kooperation sowie eine verbindliche und strukturierte Zusammenarbeit ermöglicht werden, mit dem Ziel, die Behandlung von Patienten qualitativ besser sowie kosteneffizienter zu gestalten. Dazu ist es notwendig, dass Praxisnetzteilnehmer ihre Behandlungsprozesse und Informationssysteme aufeinander abstimmen und ihre operativen Tätigkeiten überbetrieblich koordinieren.

Da eine Erhebung der Ergebnisqualität (z. B. durch Indikatoren zur Patientenzufriedenheit, Versorgungsqualität und -effizienz) aufgrund fehlender Informationsbasis der Netze nicht erfolgversprechend erscheint, konzentriert sich die Studie auf die Erhebung der Prozess- und Strukturqualität von Praxisnetzen. Die darin enthaltenen Reifekriterien fungieren damit als „Zwischengröße" und sollen wichtige Voraussetzungen für das Erreichen der Ergebnisqualität abbilden.

Zur Strukturierung und Analyse der Vernetzungsaktivitäten in Praxisnetzen wurde das von Österle, Fleisch und Alt entwickelte „Drei-Ebenen-Modell des Business Networking" auf Praxisnetze adaptiert (vgl. Abbildung 10). Dieses Modell verteilt den Gestaltungs- und Handlungsrahmen von Kooperationen auf die Ebenen „Strategie", „Prozesse" sowie „Informations- und Kommunikationssysteme" [ÖsFA00, S. 58].

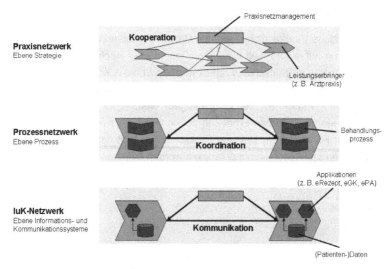

Abbildung 10: Drei-Ebenen-Modell der Praxisnetzkooperation; in Anlehnung an [ÖsFA00, S. 58]

Der Reifegrad eines Praxisnetzes wird durch die drei genannten Dimensionen determiniert. Anhand des in der Studie ausführlich beschriebenen Bewertungssystems kann jedem Praxisnetz für jede Dimension ein normierter Wert zugeordnet werden [ScBK06, S. 13]. Dies ermöglicht die Positionierung der Praxisnetze in einem Portfolio. Zum Zwecke der Übersichtlichkeit erfolgt die Darstellung in einem zweidimensionalen Raum. Aus diesem Grund sind die beiden Dimensionen „Netzmanagement-System" sowie „Prozesse und Strukturen" durch Mittelwertbildung zu einer Dimension verdichtet. Diese Hilfsdimension bildet mit der Dimension „Informations- und Kommunikationssysteme" die Achsen des Portfolios (vgl. Abbildung 11). Die befragten Praxisnetze erreichen je nach ihrer Position im Portfolio einen niedrigen (Feld III), mittleren (Feld II) oder hohen Gesamtreifegrad (Feld I).

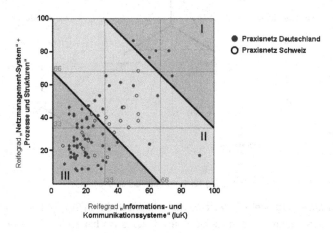

Abbildung 11: Reifegrad-Portfolio

Auffällig ist, dass der Großteil der existierenden Praxisnetze in Deutschland noch erhebliche Defizite in der Netzreife aufweist. Nur fünf der 90 teilnehmenden Praxisnetze können gute oder sehr gute Ergebnisse bezüglich Management, Prozesse und Strukturen sowie Informationstechnologie vorweisen. Dabei sind überdurchschnittlich viele deutsche Netze im oberen und unteren Bereich, während überdurchschnittlich viele Schweizer Netze im mittleren Bereich rangieren. Im Durchschnitt weisen die Netze in der Schweiz eine höhere Gesamtreife auf.

3.6.2 Praxisnetz-Typologie

Zur Untersuchung des Gesamtreifegrades der Praxisnetze wird jede Dimension in einen niedrigen (0-33 Indexpunkte), einen mittleren (33-66 Indexpunkte) und einen hohen Reifegrad (66-100 Indexpunkte) kategorisiert. Bildet man die Praxisnetze anhand ihrer in den Dimensionen erzielten Reifegrade ab und berücksichtigt dabei die Lebensdauer der einzelnen Netze, ergeben sich fünf charakteristische Typen von

Praxisnetzen, die in Abbildung 12 dargestellt sind.

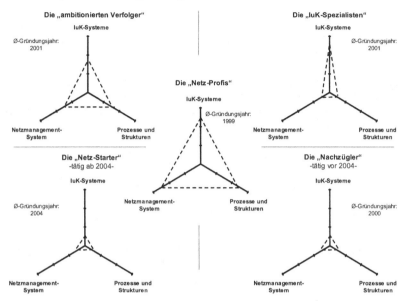

Abbildung 12: Typologien der Netzreife

Die in der Mitte dargestellten „**Netz-Profis**" (durchschnittlich tätig seit dem Jahr 1999) zeichnen sich dadurch aus, dass sie in mindestens ein bis zwei Dimensionen einen hohen und in keiner Dimension weniger als einen mittleren Reifegrad aufweisen. In diesen Praxisnetzen existieren sehr gute Rahmenbedingungen für eine effizientere und qualitativ höherwertige Patientenbehandlung. Eine Balance von strategischen, prozessualen, strukturellen sowie IuK-technischen Fähigkeiten und Kompetenzen bilden die Grundlage für eine aufeinander abgestimmte effektive und effizi-ente Netztätigkeit.

Einen weiteren Praxisnetz-Typ (links oben) bilden die „**ambitionierten Verfolger**" (durchschnittlich tätig seit dem Jahr 2001). Diese Praxisnetze weisen zwar in keiner Dimension einen hohen Reifegrad auf, haben aber nur in maximal einer Dimension einen niedrigen Reifegrad. Sie haben bereits die ersten Schritte zum „Netz-Profi" getan und zeigen durch ihre Bewertungsergebnisse das Bestreben, sich in den nächsten Jahren noch verbessern zu wollen.

Die „**IuK-Spezialisten**" (rechts oben) zeichnen sich durch einen hohen Entwicklungsstand in der Dimension „Informations- und Kommunikationssysteme" aus, erreichen allerdings in den beiden anderen Dimensionen nur geringe Reifegrade. In diesen Praxisnetzen besteht die Gefahr, dass die Netzarbeit wenig strukturiert und koordiniert abläuft. Als Folge könnten die eingesetzten Informations- und Kommunikationssysteme zwar auf technologisch hohem Niveau und damit effizient unterstützen, aber dabei gleichzeitig die meist hohen Anschaffungs- und Implementierungskosten nicht amortisieren, da es an Effektivität mangelt. Eine klare Richtung, welche Strategien für das Praxisnetz relevant sind und, daraus abgeleitet, welche Prozesse wie durch IT zu unterstützen sind, fehlt bzw. ist schwach ausgeprägt.

„Nachzügler" bilden den Gegenpol zu den in der Mitte dargestellten „Netz-Profis" und sind der am kritischsten zu bewertende Praxisnetztyp (rechts unten). Es handelt sich dabei um Praxisnetze, die schon länger als zwei Jahre existieren (durchschnittlich seit dem Jahr 2000) und sowohl in mehr als einer Dimension einen niedrigen als auch in keiner Dimension einen hohen Reifegrad aufweisen. Für solche Netze stellt sich die Frage, ob durch die Zusammenarbeit wirklich Effizienzgewinne in der Patientenbehandlung realisiert werden können und diese möglichen Effizienzgewinne den Mehraufwand, der mit der Netztätigkeit verbunden ist, rechtfertigen. Ist dies nicht der Fall, wird dies zu Unzufriedenheit und mangelndem Engagement der Praxisnetzmitglieder führen.

„Netzstarter" haben den gleichen Reifestatus wie „Nachzügler", existieren aber erst seit max. zwei Jahren. Diese Praxisnetze befinden sich noch in der Startphase und können ihre Netzstrukturen noch ausbauen. Hier wird sich in den nächsten Jahren zeigen, ob und wie sie sich entwickeln.

Abbildung 13 zeigt die Anzahl der Netze in der jeweiligen Typenkategorie[47]. Über die Hälfte der untersuchten Praxisnetze weisen einen niedrigen Gesamttreifegrad bei gleichzeitiger Netztätigkeit von mehr als zwei Jahren auf und fallen somit in die Kategorie der „Nachzügler". Genau 10 % der Praxisnetze sind als „Netz-Profis" und etwa ein Drittel als „ambitionierte Verfolger" zu bezeichnen. Die befragten Schweizer Praxisnetze erreichen tendenziell höhere Typenkategorien als die deutschen Praxisnetze. Mehr als die Hälfte der Netze in Deutschland sind „Nachzügler", d. h. Netze mit geringer Netzreife, die aber bereits über zwei Jahre existieren. In der Schweiz hingegen lassen sich dieser Kategorie lediglich 5 von 18 teilnehmenden Netzen zuordnen. Wenngleich die Fallzahl keine repräsentativen Aussagen zulassen, weisen die Ergebnisse trotzdem darauf hin, dass Schweizer Netze tendenziell eine höhere Reife aufweisen.

---

[47] Aufgrund der geringen Fallzahl werden die „Netzstarter" und die „IuK-Spezialisten" nicht berücksichtigt.

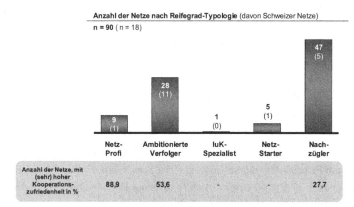

Abbildung 13: Zufriedenheit der Netze nach Typenkategorie

Darüber hinaus gibt es einen starken Zusammenhang zwischen dem Netztyp und der Zufriedenheit der Beteiligten: In den Typenkategorien „Netzprofis" (88,9 %) und „ambitionierte Verfolger" (53,6 %) herrschte eine deutlich höhere Kooperationszufriedenheit als in der Kategorie „Nachzügler" (27,7 %).

3.6.3 Management-Systeme

Die Untersuchungsdimension Management-Systeme umfasst Kriterien zur Beurteilung der Ziele und Strategien, des Controllings, der Finanzierung sowie der Organisationskultur von Praxisnetzen. Wesentliche Ergebnisse, die den Reifegrad der Management-Systeme in Praxisnetzen aufzeigen, werden nachfolgend aufgeführt:

- Vollzeit- vs. Teilzeit-Management: Zahlreiche Praxisnetze werden durch Leistungserbringer im Rahmen eines Teilzeitmodells, d. h. „neben der eigentlichen Arzttätigkeit" geführt. Dabei zeigt sich, dass Praxisnetze mit mindestens einem Vollzeit-Manager deutlich bessere Ergebnisse in allen Untersuchungsdimensionen aufweisen als teilzeitgeführte Netze.

- Zufriedenheit der Netzakteure: Mit höherem Reifegrad des Netzes steigt auch die Zufriedenheit der Netzwerkakteure. „Netzprofis" weisen im Vergleich zu anderen Kategorien höhere Zufriedenheitswerte auf.

- Praxisnetz-Controlling: Während ¾ der Befragten klar definierte Netzziele angeben, verfügen nur 17 % über ein strukturiertes Controllingsystem, um das Erreichen der Leistungsziele analysieren und bewerten zu können. Nur 8 % der Netze übernehmen bislang Budgetverantwortung. Und nur jedes elfte Praxisnetz verfügt über ein Datenmanagement, welches ein Controlling systematisch, regelmäßig und in automatisierter Form erlaubt.

- Barrieren: Fast die Hälfte der befragten Netzärzte fühlt sich durch den hohen Organisationsaufwand in ihrer Netztätigkeit behindert. Das Netzmanagement bemängelt vor allem das fehlende Engagement der Netzteilnehmer.

3.6.4 Prozesse

Die Prozess-Ebene umfasst das Netzwerk aller Management-, Behandlungs- und Supportprozesse. Es handelt sich hierbei um einen übergreifenden Verbund von Prozessen, der die auf strategischer Ebene entwickelte Kooperationsstrategie auf operativer Ebene umsetzt. Die Einzelaktivitäten im Behandlungsprozess sind so zu koordinieren, dass die gemeinsamen strategischen Ziele (z. B. dokumentiert im Netzkodex) erreicht werden. Ergebnisse der Erhebung in dieser Untersuchungsdimension sind u. a.:

- Leitlinien: Bereits die Hälfte aller Netze verfügt über gemeinsame medizinische Leitlinien, wenngleich nur ein Drittel deren konsequente Anwendung und nur 6 % Sanktionen bei Abweichungen bestätigen.

- Verfahrensanweisungen: Circa ein Drittel der Netze hat Arbeits- und Verfahrensanweisungen erstellt. Hier bestätigen lediglich 10 % ein konformes Handeln sowie die Existenz von Sanktionsmechanismen.

- Doppeluntersuchungen: In drei von vier befragten Praxisnetzen treten noch immer Doppeluntersuchungen im Rahmen der normalen Patientenbehandlung auf, obgleich die Vermeidung von Mehrfachuntersuchungen eines der meist genannten Ziele von Praxisnetzen ist.

- Arzneimittelverordnung: 17 % der Netze haben klare Vereinbarungen zur Arzneimittelverschreibung getroffen (z. B. Medikamentenliste).

3.6.5 Informations- und Kommunikationssysteme

Diese Ebene konzentriert sich auf die Gestaltung des Informations-/ Kommunikationssystem-Netzwerkes. Ziel ist es, die Prozesse des Praxisnetzes (vgl. Prozess-Ebene) effektiv und effizient durch Informations- und Kommunikationstechnologien (IuK) zu unterstützen. Die IuK-Ebene lässt sich nach Applikationen (z. B. Praxisverwaltungssystemen), (Patienten-)Daten sowie Technologien (z. B. Netze, Hardware) unterteilen. Der Status der Informations- und Kommunikationssysteme in Praxisnetzen wird nachfolgend skizziert [ScBo07]:

- EDV-Systeme: Die Internetpräsenz ist derzeit die einzige weit verbreitete Anwendung auf Netzebene (50 %) und enthält i. d. R. Informationen für Patienten (z. B. Kontaktdaten der Netzärzte und Veranstaltungstermine). Weitergehende Systeme zur Unterstützung der gemeinsamen Netztätigkeit (z. B. Patientenakte, Controllingsystem) sind die Ausnahme.

- Elektronische Gesundheitskarte: 71 % der befragten Netze haben sich noch nicht mit der Einführung der elektronischen Gesundheitskarte befasst.

- Kommunikationsmittel: Während in der Schweiz 94 % der Befragten über einen E-Mail-Account verfügen, haben dies in Deutschland nur 35 % der Praxisnetz-Mitglieder bestätigt.

- Harmonisierung und IT-Beschaffung: Nur ca. ein Viertel der Befragten gibt an, den gemeinsamen Einkauf von Soft- und Hardware sowie die Harmonisierung der Anwendungssysteme voranzutreiben. Allerdings existieren hier je nach Reifegrad-Typ (vgl. Abschnitt 3.6.2) erhebliche Unterschiede.

- IT-Sicherheit: Auch bei der IT-Sicherheit für den elektronischen Datenaustausch existieren erhebliche Defizite in Deutschland (nur 9 % verfügen über ein zertifiziertes Konzept) und signifikante Unterschiede im Vergleich zur Schweiz (36 %).

3.7 Ineffizienzen und Optimierungspotenziale

Wie die Studienergebnisse exemplarisch zeigen, stößt man, sobald das theoretische Ideal mit der Realität bestehender Praxisnetze verglichen wird, schnell auf Ineffizienzen, erhebliche Defizite und ungelöste Probleme, die den Erfolg der Kooperationen gefährden. In einer SWOT-Analyse (vgl. Tabelle 2) werden die bedeutendsten Schwächen und Risiken heutiger Praxisnetze den Stärken und Chancen gegenübergestellt, die sich im Rahmen einer Weiterentwicklung der Zusammenschlüsse hin zur „nächsten Netzgeneration" ergeben.

Stärken	Schwächen
o Ausgeprägte horizontale Integration als Basis für weitreichende sektorenübergreifende Kooperationen o Deutliche Verbesserungen bei Management, Prozessen und Strukturen sowie IuK-Einsatz bei professionell geführten Netzen o Verbesserte Kommunikation und bessere Incentivierung von Patienten o Erste Erfolge bei Effizienzverbesserungen (z. B. durch Vermeidung von Doppeluntersuchungen und leitliniengestützte Therapien	o Fehlende oder unprofessionelle Managementstrukturen bei einem Großteil der Netze o Kaum vorhandenes professionelles Controlling der Praxisnetz-Aktivitäten o Fehlende Konsequenz bei der Umsetzung und dem Controlling prozessbezogener Aktivitäten (z. B. Leitlinien, Behandlungspfade) o Interessenkonflikt bei Verankerung gemeinsamer Budgets und der Vereinbarung konkreter, verbindlicher Ziele und Maßnahmen

o Zahlreiche Initiativen und Projekte zur Verbesserung der Problembereiche	o Unzureichende Umsetzung sektoren-übergreifender Zusammenarbeit o Geringer Grad an technischer Vernetzung
o Deutliche Verbesserung der Praxisnetzreife durch den Aufbau professioneller Managementstrukturen o Geschäftsausweitung durch verstärkte Einbindung von Rehabilitations- und Pflegeeinrichtungen sowie Anbietern ergänzender Produkte und Dienstleistungen o Chance zur Vermarktung erfolgreicher Praxisnetz-Konzepte oder Teillösungen im Sinne eines „Franchising" o Spürbare Verbesserung der Effizienz durch Realisieren von Synergien (z. B. Bündelung in Einkauf und/oder IT) sowie durch Anreizkonzepte und -lösungen	o Scheitern von Modellen wegen unprofessionellem Management, mangelnder Organisationsstruktur und unzureichender Patientenbindung bzw. Netztreue o Rückzug der Kostenträger bei negativen Evaluationsergebnissen o Zu große Netze; „Mitläuferprobleme" o Verzetteln in zahlreichen Initiativen und Projekten – fehlende Konsequenz in der Umsetzung und „Produktivierung" o Projektstau bei IT-Initiativen durch juristisch ungeklärte Aspekte der Zusammenarbeit (z. B. Datenschutz) o Konfliktpotenzial durch unterschiedliche Interessen von Netzakteuren und Verbänden
Chancen	**Risiken**

Tabelle 2: SWOT-Analyse für Praxisnetze, in Anlehnung an [LiSS04, S. 15]

Neben den in Tabelle 2 genannten Aspekten zeigt auch die von Westebbe durchgeführte Delphi-Studie „Ärzte im Netz" Erfolgs- und Misserfolgsfaktoren von Praxisnetzen und gibt Hinweise auf Optimierungspotenzial. Er verweist u. a. auf die Bedeutung der Organisationsentwicklung, eine kompetente wissenschaftliche Begleitung, Investitions- und Veränderungsbereitschaft [West99, S. 106ff.].

Ansatzpunkte für Verbesserungen zeigen sich auch bei der nach Teilnehmergruppen (Netzarzt, Vorstand) differenzierten Auswertung der offenen Frage nach „Optimierungspotenzialen" im Praxisnetz. Die qualitative Analyse der Teilnehmer-Statements und deren Häufigkeit im Zuge der Studie zeigt (vgl. Tabelle 3), in welchen Bereichen hoher Verbesserungsbedarf besteht [ScBK06, S. 23]:

Optimierungsbereiche	Gesamt		Netzarzt		Vorstand	
	Rang	Nennungen	Rang	Nennungen	Rang	Nennungen
IT / Kommunikation	1	35	1	23	1	12
Entbürokratisierung / Prozessoptimierung	2	19	2	11	3	8
Kooperation	3	17	3	7	2	10
Engagement	4	13	4	5	3	8
Erlös-/ Anreizsystem	5	11	5	3	6	4
Politische Rahmenbedingungen	6	10	5	3	5	7
Versorgungsqualität / Patientenzufriedenheit	7	5	7	2	7	3

Tabelle 3: Optimierungspotenziale

Bei den offenen Nennungen werden Optimierungspotenziale im Bereich der Informationstechnologie und Kommunikation am häufigsten thematisiert. Rang zwei nehmen Themen rund um die Entbürokratisierung und Effizienzsteigerung durch Prozessoptimierung ein. Die exogen gegebenen, d. h. nicht unmittelbar vom Netz beeinflussbare Kategorie der politischen Rahmenbedingungen, enthalten nur zehn Nennungen. Der überwiegende Teil der Optimierungsbereiche ist durch Praxisnetze selbst gestaltbar.

Legt man die Ergebnisse der Praxisnetz-Studie sowie der SWOT-Analyse zugrunde, fallen v. a. zwei Problembereiche in Praxisnetzen auf, die aus Sicht der Wirtschaftsinformatik einer umfassenderen Betrachtung bedürfen: die Prozess- und Schnittstellengestaltung sowie das Informations- und Kommunikationsmanagement. Der Sachverständigenrat kommt 2003 zu einer ähnlichen Einschätzung, wonach eine mangelnde Qualität von Behandlungsprozessen zumeist auf Kommunikations- und Koordinationsmängel zurückzuführen ist (v. a. ungenügende Absprache/Koordination und Dokumentationsmängel) [Sach03, S. 145].

3.7.1 Prozesse und Schnittstellen

Aus ökonomischen und medizinischen Gründen wird vom Sachverständigenrat die Desintegration der Leistungserbringung kritisiert. Ein medizinischer Behandlungsprozess, der auf den Patienten ausgerichtet ist, ist dem sektoralen Gesundheitswesen eher fremd [Eiff97, S. 2]. Integrationsmängel gibt es sowohl zwischen den einzelnen Leistungssektoren, insbesondere zwischen dem ambulanten und dem stationären Bereich, als auch innerhalb der Sektoren.

Die Desintegration führt zu einer starken Arbeitsteilung bei der Gesundheitsversorgung [Feue94, S. 233; PiKo99, S. 20] und damit zu zahlreichen Schnittstellen – speziell bei komplexeren Behandlungsprozessen [Feue94, S. 234]. Gründe für die Desintegration sind die funktionale Spezialisierung und die historisch gewachsenen Strukturen [Mühl02, S. 52ff.]. Schnittstellen treten überall dort auf, „wo zur Bewältigung medizinischer, pflegerischer und therapeutischer Probleme verschiedene Subsysteme mit unterschiedlichen Aufgabenstellungen, Interessen, Deutungen, Wertungen und Verhaltensprogrammen zuständig sind" [Dief02b, S. 53].

Es zeigt sich, dass erhebliche Ineffizienzen und Optimierungspotenziale bei der Koordination der Prozesse und dem Management von Schnittstellen existieren. Konflikte bei der Leistungs- und Prozessintegration sowie Reibungsverluste an den Schnittstellen erschweren den Behandlungsprozess und führen zu suboptimalen Ergebnissen [BoOh02, S. 255]. Grund dafür ist, dass „keiner der beteiligten Akteure [...] dem ärztlichen und pflegerischen Handeln über die eigenen Institutionsgrenzen hinweg eine patientengerechte Orientierung geben [kann], die für den Gesamtkontext verbindlich ist" [Feue94, S. 234].

Aufgrund der Koordinationsmängel in der Gesundheitsversorgung kommt es damit zu Diskontinuitäten in der Behandlung. Diese Behandlungsdiskontinuitäten führen zu erheblichen ökonomischen und medizinischen Problemen [Mühl02, 52ff.; Gotz03, S. 20]. Diese sind nicht zuletzt aufgrund auf die Intransparenz des Leistungsgeschehens sowohl für Leistungserbringer als auch für Patienten zurückzuführen.

- Die traditionell dezentrale Informationshaltung sowie die Menge der schwach strukturierten Schnittstellen führen zu einer Desinformation der Leistungserbringer trotz eines hohen Kommunikationsaufwandes. Häufig werden wichtige Informationen nur sehr langsam von einem Leistungserbringer zum Nächsten weitergegeben [Mühl02, 52ff.].

- Weitere Beispiele nennen u. a. Glock, Sohn und Schöffski [GISS04, S. 24ff.]: Einweisungen enthalten zu wenige oder unleserliche Informationen über Vordiagnosen oder Terminabsprachen erfolgen verspätet.

Als Folge kommt es zur Überdimensionierung und Wiederholung von Behandlungsleistungen, zu höheren Behandlungskosten oder Zusatzbelastungen für Patienten, zu Konflikten bei der Terminabstimmung und der Bereitstellung wichtiger Dokumente sowie zu unnötigen Leer- und Wartezeiten [Feue94, S. 235; BoOh02, S. 255; Beye04, S. 264ff.].

Eine professionell anbieterübergreifende Steuerung der Behandlungsprozesse, die an den Bedürfnissen des Patienten ausgerichtet ist, fehlt im traditionellen deutschen System [Meye04, S. 176]. Die übergreifende Steuerung und Koordination muss daher oft vom Patienten selbst erbracht werden. Um dennoch ein reibungsloses und effizientes Ineinandergreifen der einzelnen Behandlungsschritte zu gewährleisten, bedarf es einer intensiven interprofessionellen Abstimmung [Feue94, S. 233; BoOh02, S. 255]. Zum einen müssen innerhalb einer Institution (z. B. einer Arztpraxis) auftretende Schnittstellen an den Funktions- und Berufsgruppengrenzen (z. B. zwischen Arzt und Arzthelfer) gemanagt werden. Weitaus schwerer regulierbar sind aber die Schnittstellenprobleme, die im Rahmen einer interorganisatorischen Leistungserstellung an den Institutionsgrenzen auftreten [Feue94, S. 233]. Denn hierbei handelt es sich um autonome Organisationen mit unterschiedlichen Zielen und Behandlungsphilosophien, deren Handlungen jedoch „über die Grenzen ihrer Professionsdomäne hinauswirken, also die Bedingungen des Handelns und Handlungserfolgs anderer Teile des Systems" wesentlich tangieren [Feue94, S. 234f.].

Diese Problematik stellt sich auch in Praxisnetzen, da bei einer Zusammenarbeit niedergelassener Haus- und Fachärzte sowie einer Einbindung netzexterner Gesundheitsinstitutionen eine große Zahl an Schnittstellen zwischen autonomen Partnern zu managen sind. Die Vielzahl der Leistungserbringer und damit auch der Schnittstellen stellt hohe Anforderungen an die Koordination der einzelnen Akteure. Daher überrascht es nicht, dass für circa die Hälfte der Teilnehmer der Praxisnetz-Studie (51 %) die organisationsübergreifende Optimierung von Behandlungsprozessen und deren IuK-Unterstützung ein sehr großes Potenzial zur Kostensenkung und Qualitätsverbesserung bietet (vgl. Abbildung 6, S. 17).

3.7.2 Informations- und Kommunikationsmanagement

Informations- und Kommunikationstechnologien werden die Entwicklung der Medizin und des Gesundheitswesens in den nächsten Jahren entscheidend beeinflussen. Haas argumentiert, dass Medizinische Informationssysteme unabdingbare Voraussetzung für eine effektive Vernetzung und Kooperation im Gesundheitswesen sind [Haas05, S. 1ff.]. Glock, Sohn und Schöffski verweisen darauf, dass die informationstechnischen Potenziale vermutlich auch in Praxisnetzen zu einer erheblichen Verbesserung von Qualität und Effizienz der Leistungserstellung beitragen können [GlSS04, S. 2]. Dazu muss die Koordination eines Praxisnetzes durch Informationssysteme angemessen unterstützt werden. Besonders für prozessorientierte Behandlungsabläufe, die im Zuge der Integrierten Versorgung angestrebt werden, nehmen Informationssysteme eine Schlüsselrolle ein [Schu03, S. 83ff.]. Jedoch wird dem Gesundheitssektor im Vergleich zu anderen Wirtschaftszweigen ein informationstechnischer Rückstand von fünf bis zehn Jahren bescheinigt [Szat99, S. 72].

Grundlage für das Aufzeigen von Ineffizenzen und Optimierungspotenzialen im Bereich des Informations- und Kommunikationsmanagement bilden die Ergebnisse der empirischen Untersuchung. Der Optimierungsbedarf in diesem Bereich lässt sich bereits beim Vergleich der Netzreife mit den anderen Untersuchungsdimensionen vermuten. In der Gesamteinschätzung der Dimension „Informations- und Kommunikationssysteme" erreichten die befragten deutschen Praxisnetze im Vergleich mit den beiden anderen Dimensionen („Management-System" sowie „Prozesse und Strukturen") den niedrigsten Reifegrad (Ø 26,06). Nachfolgend werden die Aspekte IT-Strategie, Anwendungssysteme sowie Infrastruktur und Technologie näher beleuchtet.

Erhebliche Unterschiede in der Bewertung ergeben sich allerdings, wenn man die in Abschnitt 3.6.2 definierten Typ-Kategorien berücksichtigt (vgl. Abbildung 14).

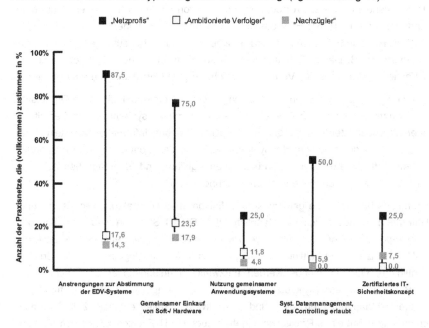

Abbildung 14: Typologievergleich von Reifekriterien der „IuK-Systeme"

Fast 90 % der „Profi-Netze" unternehmen Anstrengungen zur Abstimmung der EDV-Systeme, während dies bei den „Nachzüglern" und „ambitionierten Verfolgern" lediglich bei ca. 14 bzw. 17 % der Befragten der Fall ist. 26 % der untersuchten Praxisnetze versuchen durch einen gemeinsamen Einkauf von Soft- und Hardware sowohl die EDV-Systeme aufeinander abzustimmen als auch Größenvorteile in Form von Rabatten zu realisieren. Während der gemeinsame Einkauf von Hard- und Software für „Netz-Profis" üblich ist, werden nur 23,5 % der „Ambitionierten Verfolger" und 17,9 %

der „Nachzügler" hier aktiv. Ein systematisches Management von Daten für Controllingzwecke findet sich bei 50 % der „Profi-Netze", andere Typkategorien befinden sich hier noch im Anfangsstadium. Gemeinsame Anwendungssysteme (z. B. für Dokumentation, Controlling) sind in allen Typenkategorien die Ausnahme, ebenso wie zertifizierte IT-Sicherheitskonzepte.

3.7.2.1 IT-Strategie

Aus strategischer Sicht stellen kompatible Praxisverwaltungssysteme (PVS) der Netzmitglieder eine Grundvoraussetzung für die Implementierung netzweiter elektronischer Datenverarbeitungssysteme (EDV-Systeme) dar. In 75 % der befragten Praxisnetze gibt es allerdings keine Anstrengungen zur Abstimmung der EDV-Systeme der Praxisnetzmitglieder. Vor dem Hintergrund von ca. 200 verschiedenen auf dem Markt befindlichen Praxis-EDV-Systemen und einer netzimmanenten[48] Heterogenität, die i. d. R. dauerhaft bestehen wird, erscheint es umso bedeutender, gemeinsame Standards (z. B. Daten, Schnittstellen) zu schaffen, um dauerhaft, flexibel und auf einfache Art und Weise die Vernetzung der beteiligten Netzakteure zu ermöglichen.

Nur wenige Netze verstehen sich bislang als eine unternehmensähnliche Organisationsform mit gemeinsamen Zielen und Prozessen, die der systematischen Gestaltung oder zumindest der Abstimmung der Applikations- und Informationsarchitektur bedarf. Aufeinander abgestimmte Systeme (z. B. für das Controlling) sind notwendig, um eine effizientere Zusammenarbeit zu ermöglichen und bürokratischen Aufwand zu reduzieren. Es herrscht erheblicher Nachholbedarf.

Grundlage hierfür ist die gemeinsame Definition einer IT-Strategie, wie sie in vielen Unternehmen heute selbstverständlich ist[49]. Die IT-Strategie setzt die richtigen Schwerpunkte bei der Gestaltung der Praxisnetz-IT, d. h. sie definiert u. a. Ziele der IT-Unterstützung und Leitlinien im Umgang mit IuK-Technologien (z. B. Sicherheitsrichtlinien). Darüber hinaus werden netzweite Handlungsfelder und IT-Initiativen (z. B. Aufbau eines IT-gestützen Praxisnetz-Controllings) erarbeitet und funktionsfähige IT-Managementprozesse und –Verantwortlichkeiten etabliert. Zum Informationsmanagement eines Praxisnetzes gehört auch ein IT-Fachzirkel, der sich – neben

---

[48] Eine netzimmanente IT-Heterogenität wird damit begründet, dass sich Netzwerkorganisationen durch eine rechtliche und teilweise auch wirtschaftliche Autonomie der Mitglieder auszeichnen. Daher spiegelt die „Gleichschaltung" der Prozesse und unterstützenden Informationssysteme bestenfalls ein theoretisches Ideal, jedoch i. d. R. nicht die Realität in Praxisnetzen wider.

[49] Hinsichtlich der netzwerkspezifischen Rahmenbedingungen und Anforderungen ist nach Raupp ein unmittelbar gesamtnetzwerkbezogener Gestaltungsbedarf der Informations- und Kommunikationsaktivitäten evident, der sich weitgehend aus den Erfordernissen einer organisationsübergreifenden, arbeitsteiligen Leistungserstellung ergibt [Raup02, S. 173].

den o. g. grundlegenden Fragen der IuK-Gestaltung im Netz – auch mit den Auswirkungen der landesspezifischen Telematikinitiativen sowie der Einführung der elektronischen Gesundheitskarte beschäftigt. Der gemeinsame Einkauf und ggf. der gemeinsame Betrieb von Anwendungssystemen (z. B. PVS) ermöglicht kurzfristig Kosteneinsparungen durch Bündelungseffekte und bietet mittel- und langfristig erhebliche Chancen im Hinblick auf die Reduktion von Wartungs- und Betriebskosten sowie der Vermeidung von Systemintegrationsaufwand. Auch die Absicherung der IuK-Landschaft sowie der Schutz vor Daten-Missbrauch (Stichwort IT-Sicherheit) lassen sich auf diese Weise einfacher und kostengünstiger gewährleisten.

3.7.2.2 Anwendungssysteme

Betrachtet man die Informations- und Anwendungslandschaft der Praxisnetze (vgl. Abbildung 15), so zeigt sich, dass derzeit die Internetpräsenz die einzige weit verbreitete Anwendung auf Netzebene darstellt (50 %). Sie enthält meist nützliche Informationen für den Patienten (z. B. Adressdaten und Veranstaltungstermine) oder kann als Einstiegsseite für das Intranet des Praxisnetzes dienen.

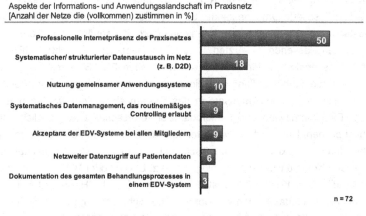

Aspekte der Informations- und Anwendungslandschaft im Praxisnetz
[Anzahl der Netze die (vollkommen) zustimmen in %]

Professionelle Internetpräsenz des Praxisnetzes — 50

Systematischer/ strukturierter Datenaustausch im Netz (z. B. D2D) — 18

Nutzung gemeinsamer Anwendungssysteme — 10

Systematisches Datenmanagement, das routinemäßiges Controlling erlaubt — 9

Akzeptanz der EDV-Systeme bei allen Mitgliedern — 9

Netzweiter Datenzugriff auf Patientendaten — 6

Dokumentation des gesamten Behandlungsprozesses in einem EDV-System — 3

n = 72

Abbildung 15: Informations- und Anwendungslandschaft

Nur jedes 11. Praxisnetz (9 %) verfügt über ein soweit fortgeschrittenes Datenmanagement, dass Controllingmaßnahmen systematisch, regelmäßig und in automatisierter Form erhoben werden können. Um die Existenz der Netze langfristig zu sichern und zu diesem Zweck nachprüfbare Qualitäts- und Effizienzvorteile nachzuweisen, sind zukünftig professionelle Controllingkonzepte zu konzipieren und durch entsprechende IuK-Systeme zu unterstützen. So sollten – unter Berücksichtigung von Datenschutzaspekten – relevante Leistungsdaten in einer Praxisnetz-Datenbank gesammelt und aufbereitet werden können. Gemeinsame Anwendungssysteme

(z. B. Abrechnungssysteme) werden in 10 % der befragten Praxisnetze eingesetzt; in nur 3 % der Praxisnetze wird der gesamte Behandlungsprozess in einem EDV-System dokumentiert. Nur 6 % der Praxisnetze haben einen netzweiten Zugriff auf Patientendaten realisiert. Dies würde den Ärzten eine effizientere und qualitativ bessere Patientenbehandlung ermöglichen, da sie alle notwendigen Informationen schnell und vollständig einsehen können. Denkbar wäre sowohl eine zentrale als auch eine dezentrale Datenhaltung (vgl. Abschnitt 5.5.2). Im Bereich der netzweit genutzten Anwendungssysteme ist die Definition und das Management einer abgestimmten IT-Architektur zukünftig notwendig, um die genannten Ineffizienzen zu beseitigen und Optimierungspotenziale zu realisieren.

3.7.2.3 Infrastruktur und Technologie

Auch hinsichtlich der Rahmenbedingungen für einen effizienten Einsatz von Informations- und Kommunikationssystemen ergeben sich bei den befragten Praxisnetzen erhebliche Defizite. Nur in 17 % der Praxisnetze werden Informationen bislang primär digital ausgetauscht.[50] Darüber hinaus verfügen lediglich 35 % der Befragten über einen E-Mailzugang. Eine erhebliche Anzahl von unterschiedlichen Leistungserbringern „besitzen" isolierte Datenbestände. Schnittstellen zur Integration der einzelnen Datenbestände von Krankenkassen, Krankenhäusern, Kassenärztlichen Vereinigungen, niedergelassenen Ärzten usw. bestehen nicht [Preu98, S. 259ff.]. Dies erschwert den Einsatz von netzweiten EDV-Systemen zur Unterstützung der Patientenbehandlung erheblich, da nicht digital ausgetauschte Behandlungsinformationen entweder mühsam in das System eingepflegt werden müssen und damit Eingabeaufwand und Fehlerpotenzial verursachen oder gänzlich unberücksichtigt bleiben. Daher erfolgt der Datenaustausch zwischen den Netzpartnern in nur jedem fünften Praxisnetz systematisch und strukturiert. Möglich machen dies standardisierte Kommunikationstechnologien wie z. B. D2D oder VDAP Communication Standard[51]. Eine Kompatibilität ist durch unterschiedliche Hard- und Software-Standards, und durch das Fehlen von Normen und Richtlinien zur medizinischen Do-

---

[50] Im Rahmen einer vom Bundesverband Informationswirtschaft Telekommunikation und neue Medien e. V. (BITKOM e. V.) durchgeführten Analyse im Jahr 2003 wurde die Nutzung des Internets für den Austausch von Patientendaten untersucht. Während in Deutschland nur 6 % der Ärzte angeben, über die notwendige Infrastruktur zu verfügen und den PC für den Austausch von Patientendaten zu verwenden, nutzten bereits 81 % der dänischen Ärzte das Internet für diese Zwecke [Pols02, S. 19].

[51] Offener Schnittstellenstandard für eine interoperable und sektorenübergreifende Kommunikation im Gesundheitswesen, der vom Verband Deutscher Arztpraxis-Softwarehersteller unterstützt wird (http://www.svitg.de). Die Abkürzung VDAP steht dabei für Verband Deutscher Arztinformationssystemhersteller und Provider e. V. Einen Überblick über Standards im Gesundheitswesen gibt [GlSS04, S. 57ff.] sowie [QuGo01, S. 154ff.].

kumentation beinahe unmöglich [Schu03, S. 83ff.]. Auch bei der IT-Sicherheit herrscht Nachholbedarf: Nur 9 % der befragten Praxisnetze verfügen über ein IT-Sicherheitskonzept, welches eine Grundvoraussetzung für den Austausch von sensiblen Patientendaten darstellt.

Über die netzspezifischen (Haus-)Aufgaben im Bereich der Infrastruktur und Technologie hinaus ist die Umsetzung eines landesweiten Telematikkonzeptes mit Einführung der elektronischen Gesundheitskarte eine wesentliche Voraussetzung für die vernetzte Zusammenarbeit im Gesundheitswesen[52]. Auch eine elektronische Gesundheits- bzw. Patientenakte ist notwendig, um durch die verbesserte, d. h. strukturierte Dokumentation, zu einer Integration der heute noch oft isoliert arbeitenden Leistungsanbieter zu führen [Schu03, S. 83]. Rund 20 % der Ausgaben im deutschen Gesundheitswesen werden durch Informationsverluste verursacht. Folglich kommen mehrere Studien zu dem Schluss, dass in Zukunft keine qualitätsgerechte und kostenvertretbare medizinische Versorgung ohne den Einsatz von entsprechenden Telematikdiensten möglich sein wird [PaBr00].

---

[52] Zum Stand der Telematikinitiative in Deutschland vgl. [Deut07].

4   Kooperation und Koordination in Praxisnetzen

Der Stand der Forschung in Bezug auf die Kooperation und Koordination in Praxisnetzen wird nachfolgend skizziert. Koordinationsobjekte und -ebenen, Koordinationsbedarfe sowie Koordinationsmechanismen und -instrumente werden erörtert.

4.1   Einordnung

Die Arbeit beschäftigt sich hauptsächlich mit den Aspekten der Koordination in Praxisnetzen. Erfolgskritische Faktoren wie Qualität und Wirtschaftlichkeit der Leistungsprozesse sind im Gegensatz zu umfeldbezogenen Erfolgsfaktoren (z. B. strukturelle
oder rechtliche Rahmenbedingungen) Faktoren, die Leistungsanbieter durch ein entsprechendes Management gezielt beeinflussen können. In diesem Sinne identifiziert
Mühlbacher Integration, Kooperation, Koordination und Kommunikation als „Erfolgsfaktoren" von Praxisnetzen, da ihre Ausgestaltung die Erreichung der Netzziele wesentlich determiniert [Mühl02, S. 81]. In diesem Zusammenhang ist die enge Verknüpfung zwischen den Begriffen Kooperation, Koordination und Kommunikation hervorzuheben und eine Einordnung vorzunehmen (vgl. Abbildung 16).

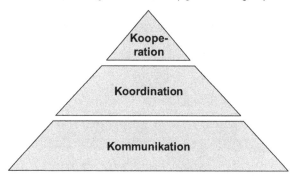

Abbildung 16: Kooperation, Koordination, Kommunikation [GISS04, S. 28]

Die Aufgaben- und Arbeitsteilung, wie sie für Kooperationen charakteristisch ist, bedingt Koordination [KiKu92, S. 103]. Auch Dieffenbach betont, dass Koordination als
organisierende Tätigkeit den ausführenden Aktivitäten voraus geht [Dief02b, S. 54].
Die Abstimmung zwischen den Subsystemen im Rahmen der Koordination basiert
auf dem Austausch von Informationen, der Kommunikation. Sie ist damit eine zwin-
gende Voraussetzung für die Koordinierung arbeitsteiliger Prozesse [Fres95, S. 64].
Die Informationstheorie versteht unter Kommunikation den „Austausch von Informationen jedweder Art, wobei die zwischen Teilsystemen ausgetauschten Informationen
von den Systemen aufgenommen, gespeichert und/ oder umgeformt werden können"

[Mühl02, S. 24]. Daher können moderne Informations- und Kommunikationssysteme Koordination in ihrer Wirksamkeit wesentlich unterstützen [Mühl02, S. 23].

4.2 Kooperation

4.2.1 Begriff

Kooperation ist definiert als das Zusammenwirken mehrerer Systeme, mit dem Ziel, eine Aufgabe zu erfüllen. Kooperation umfasst dabei die Arbeitsleistung, den Leistungsaustausch und die Koordination [BoRo03, S. 146]. Bezogen auf Organisationen und Gruppen bezeichnet Kooperation das kontinuierliche Zusammenwirken zwischen den Gruppenmitgliedern, das erst durch ihre bewusst aufeinander abgestimmte (koordinierte) Ausrichtung zielorientiert wird [Piep91, S. 82; Seit95, S. 6; Rein98, S. 12], wodurch eine optimierte Ressourcenallokation ermöglicht wird [Seid78, S. 124f.].

Aufgrund des geringeren Formalisierungsgrads des Netzwerkes gegenüber Hierarchien und der rechtlichen Autonomie bedürfen Praxisnetze einer engen Interaktion und Koordination der Akteure (Leistungskoordinatoren, Leistungserbringer und Kunden), um die Ziele des Netzes zur erreichen und Vorteile des Netzwerks realisieren zu können.[53] Fleisch und Österle sprechen bei derartigen Kooperationen von „Business Networking" [ÖsFA00, S. 2]. Um dessen Potenziale auszuschöpfen, müssen Organisationen passende Kooperationspartner finden, Kooperationsstrategien entwickeln und diese mithilfe der Geschäftsprozesse implementieren.

4.2.2 Kooperationsbeziehungen

4.2.2.1 Formelle Kooperationsbeziehungen

Im Rahmen der Kooperation in Netzwerken werden formelle und informelle Kooperationsbeziehungen unterschieden [Raup02, S. 309f.]. Formelle Kooperationsbeziehungen basieren grundsätzlich auf der im Netzwerk geplanten Kooperationsstrategie (z. B. Rahmenverträge).[54] Bei der Netzwerkstrategie lassen sich zwei Ebenen unter-

---

[53] Zur Vorteilhaftigkeit der Organisationsform des Netzwerks gegenüber Markt und Hierarchie im Gesundheitswesen vgl. [Gotz03, S. 26ff.]. Aus institutionenökonomischer Sicht gelten Netzwerke gegenüber integrierten Organisationen im Allgemeinen als die effizientere Organisationsform [Will96, S. 212]. Es fehlen derzeit allerdings empirische Belege für die ökonomische Vorteilhaftigkeit von Gesundheitsnetzwerken. Gotzen fundiert empirisch die Relevanz der Netzwerkstruktur (Netzwerkgröße, Zentralisierungsgrad, Netzwerkdichte, Wettbewerbsgrad) und unterschiedlicher Netzwerkregelungen (Formalisierungsgrad, Kontrollintensität und Sanktionsmechanismen, Ökonomisierungsgrad, Selektionsgrad) für den Erfolg von Gesundheitsnetzwerken [Gotz03, S. 145ff.].

[54] Die Begriffe Netzwerkstrategie und Kooperationsstrategie werden synonym verwendet.

scheiden (vgl. Abbildung 17).

Abbildung 17: Rahmenmodell zur strategischen Planung in Netzwerken;

in enger Anlehnung an [Raup02, S. 309ff.]

Aus der Gesamtnetzwerkperspektive sollen zum einen durch eine geeignete Strategieausgestaltung Wettbewerbsvorteile gegenüber dem netzexternen Wettbewerbsumfeld erzielt und zum anderen die netzwerkinterne Konsistenz über eine geeignete Ausgestaltung der Koordinationsmechanismen gewährleistet werden (kollektive Netzwerkstrategie). Auf Ebene der einzelnen Netzwerkunternehmungen soll eine wechselseitige Stimmigkeit zwischen dem individuellen Programmkontext und der kollektiven Netzwerkstrategie sichergestellt werden. D. h. es muss eine Abstimmung zwischen den unternehmensindividuellen Zielen für das Netzwerk und den kollektiv vereinbarten Zielen des Netzwerkes erfolgen (Netzwerkstrategie auf Unternehmensebene). Die Netzwerkstrategie auf Unternehmensebene dient somit als Schnittstelle hinsichtlich der Integration der kollektiven Netzwerkstrategie in die Strategie eines jeden Netzwerkakteurs [Raup02, S. 309f.]. Der Fokus der Betrachtung liegt im weiteren Verlauf der Arbeit auf der kollektiven Netzwerkstrategie.

Die **kollektive Netzwerkstrategie** definiert sich als „(…) bewusst geplante, ex ante gemeinsam verabredete und abgestimmte strategische Zusammenarbeit von mindestens zwei rechtlich selbstständigen Unternehmen" [Raup02, S. 338]. Kollektivstrategien werden als bewusst und systematisch geplante Handlungsweisen konzeptionalisiert, welche von mehreren Organisationen mit der Zielsetzung des Managements gemeinsamer Umweltinterdependenzen implementiert werden. Die Umweltdynamik und -komplexität sind hierbei die wesentlichen Einflussfaktoren auf das kollektive strategische Handeln. Diesbezüglich bildet die Unsicherheitsreduktion über eine proaktive Beeinflussung der Organisationsumwelt, die zentrale Zielsetzung von Kollektivstrategien. D. h. durch den kollektiven Einsatz und die gemeinsame Bildung von Ressourcen sowie durch Verhaltensabstimmung zwischen den beteiligten Unternehmen sollen Umweltbedingungen geschaffen werden, die durch eine einzelne Unternehmung im Alleingang nicht realisiert werden können. Kollektive Netzwerk-strategien basieren, ebenso wie Unternehmensstrategien, auf vorab definierten Zielen. Meist liegen allerdings in Unternehmensnetzwerken Differenzen zwischen den beteiligten Akteuren bezüglich der Ziele vor. Aufgrund dieser unterschiedlichen Zielvorgaben sowie bestehender wechselseitiger Abhängigkeiten zwischen den Unternehmen ist die kollektive strategische Zusammenarbeit neben einem netzwerkexternen Marktrisiko, auch durch ein netzwerkinternes Kooperations- bzw. Opportunismusrisiko beeinträchtigt. Die Beherrschung der dadurch entstehenden Koordinationsprobleme und interorganisatorischen Interdependenzen erfordert den Einsatz geeigneter Koordinationsmechanismen. Sie legen den Fokus auf die Abstimmung und die Sicherstellung des kollektiven strategischen Handelns und determinieren letztlich die Wahl der geeigneten Form der Netzwerkorganisation [Sjur00, S. 162ff.]. Die Aufgabe der **kollektiven Koordinationsstrategie** besteht dabei in der Eingrenzung der grundsätzlich zulässigen Koordinationsmechanismen für eine Geschäftsprozessklasse [BoRo03, S. 147] (vgl. Abschnitt 4.3).

4.2.2.2   Informelle Kooperationsbeziehungen

Informelle Kooperationsbeziehungen sind kein Bestandteil der formalen Netzwerkstruktur. Zwei bedeutende Vertreter sind die auf den gemeinsamen Werten und Normen aller am Netzwerk beteiligten Akteure basierende Netzwerkkultur sowie das Vertrauen zwischen den Kooperationspartnern und in die Institution. Diese beiden Faktoren entfalten auf der operativen Ebene eine koordinierende Wirkung. Hierbei ist zu beachten, dass die Koordinationseffizienz der informellen Kooperationsbezie-hungen deutlich höher ist als diejenige der expliziten Regelungen und Programmen. Somit sollte diesen beiden Aspekten innerhalb von Unternehmensnetzwerken besondere Beachtung geschenkt werden [PiRW96, S. 272f.] (vgl. hierzu Abschnitt 4.3.3).

4.2.3   Kooperationsintensität

Nach der Strukturierung der Kooperationsbeziehungen wird untersucht, welche Beteiligte in welcher Intensität miteinander in Praxisnetzen zusammenarbeiten. Durch die Teilnahme an einem Praxisnetz intensiviert sich die Zusammenarbeit zwischen den Haus- und Fachärzten. 58,4 % der befragten Hausärzte schätzen ihre Zusammenarbeit mit Fachärzten als (sehr) intensiv ein. Dieser Wert ist bei Fachärzten noch höher. 66,7 % sehen hier eine (sehr) intensive Zusammenarbeit mit den Hausärzten. Abbildung 18 zeigt die unterschiedlichen Kooperationsintensitäten von befragten Haus- und Fachärzten mit verschiedenen Leistungserbringern im Gesundheitswesen auf [ScBK06, S. 21].

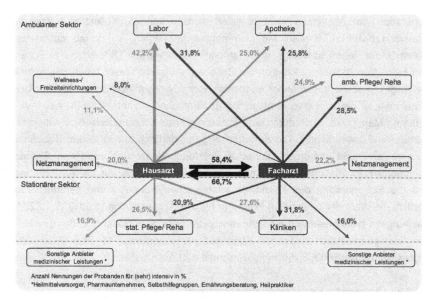

Abbildung 18: Kooperationsintensität [ScBK06, S. 21]

Die intensivere Zusammenarbeit mit dem Labor lässt sich aus Sicht des Hausarztes wohl durch die häufiger durchgeführten routinemäßigen Untersuchungen sowie durch eine hohe Anzahl an Erstdiagnosen rechtfertigen. Fachärzte erhalten die relevanten Laborergebnisse anschließend per Arzt- oder Befundbrief. Nur jeder fünfte befragte Netzarzt schätzt seine Zusammenarbeit mit dem Netzmanagement als (sehr) intensiv ein. Nur ca. 10 % der befragten Praxisnetzteilnehmer arbeiten intensiv mit medizin-fremden Leistungserbringern, wie z. B. Wellness- und Freizeiteinrich-tungen, zu-sammen. Denkbar sind vor allem Kooperationsbeziehungen im Rahmen der Primär-prävention von Patienten (vgl. hierzu auch

Abbildung 1 sowie Abschnitt 2.2.2).

Die Ergebnisse zeigen, dass in Praxisnetzen intensive, sektorenübergreifende Ko-operation stattfindet. Die Kooperation erfordert zahlreiche Koordinations- und Kom-munikationsaufgaben entlang interorganisatorischer Management-, Behandlungs- und Unterstützungsprozesse.

4.3 Koordination

Um die vereinbarte Kooperationsform des Praxisnetzes umzusetzen ist es notwen-dig, dass alle Mitglieder ihre Geschäftsprozesse, Versorgungsinfrastrukturen und Informationssysteme aufeinander abstimmen und ihre operativen Tätigkeiten überbetrieblich koordinieren. Die Prozesse laufen über die Grenzen der Partner hinweg ab und werden durch integrierte Informationssysteme unterstützt. [DaLe93, S. 1; HuMW95, S. 14].

4.3.1 Begriff

Der Begriff der **Koordination** spielt in der wirtschaftswissenschaftlichen Literatur eine wichtige Rolle, wenngleich hinsichtlich seiner Abgrenzung unterschiedliche Ansichten und Richtungen in der Koordinationsforschung existieren [Benk87, S. 16ff.; Fres89, S. 913ff.; KiMe70, S. 20ff.]. Er ist eng mit dem Begriff der **Kooperation** verknüpft (vgl. Abschnitt 4.2.1).

Nach Staehle versteht man unter Koordination in Organisationen „(...) die Abstimmung und Harmonisierung von Handlungen der Organisationsmitglieder (...) in Hinblick und Richtung auf die Ziele und Zwecke der Organisation (...)" [Stae91, S. 520f.]. Eine Vielzahl weiterer Beiträge existiert zum Begriffsverständnis [Nawa94, S. 12ff.]. Den meisten Definitionen ist jedoch gemein, dass es sich bei der Koordination um eine **wechselseitige Abstimmung** einzelner Aktivitäten in einem arbeitsteiligen System auf ein übergeordnetes Gesamtziel handelt [Hoff80, S. 302; Kosi72, S. 77; Ritt98, S. 46; Fres95, S. 63].

Neben der wechselseitigen Abstimmung wird die **Arbeitsteilung** als zweites notwendiges Merkmal der Koordination beschrieben [Adam69, S. 618]. Der Koordination obliegt demnach die Aufgabe, die Gesamtaufgabe in Teilaufgaben zu zerlegen und die durch Zerlegung entstandenen Teilaufgaben den unterschiedlichen Aufgabenträgern zuzuordnen und aufeinander abzustimmen.

Malone und Crowston definieren Koordination als „the act of managing interdependencies between activities performed to achieve a goal" [MaCr94, S. 88]. Im Zentrum stehen demnach neben einem gemeinsamen Zielsystem die **Interdependenzen**, die im Zuge einer arbeitsteiligen Leistungserstellung auftreten und als Ursache für die Entstehung von Koordinationsbedarfen gelten [BoRo03, S. 146; Hert98, S. 28]. Demnach ist Koordination „immer dann notwendig, wenn Interdependenzen zwischen den Aktivitäten mehrerer Systeme (...) bestehen" [BoRo03, S. 146].

Reinheimer verweist in seiner Arbeit auf die Multifunktionalität der Koordination. Die Aufgaben der Koordination sind demnach **analytischer, organisatorischer** und **synthetischer** Natur. Im Rahmen der Analyse werden komplexe Aufgabenstel-lungen in Teilaufgaben zerlegt und operationalisiert, um sie der Organisation zu übergeben. Organisation der Koordination umfasst die Selektion der Kooperationspartner, die räumliche und zeitliche Verteilung der Kooperationspartner und -aufgaben (distributiver Charakter), die Festlegung von Entscheidungskompetenzen (bezüglich Ressourcen, Teilaufgaben, Handlungsspielräume, Ziele) sowie Festlegung von Kommunikationsformen und -strukturen. Abstimmungsprozesse beinhalten den Austausch von Informationen in Form von Fragen, Anweisungen usw., so dass Kommunikation[55] unumgänglich ist [Piep91, S. 81ff.]. Im Zuge der Synthese werden die Teilergebnisse der Organisationseinheiten gesammelt und zielgerichtet zu einer Problemlösung zusammengeführt [Rein98, S. 13ff.].

Der Koordinationsbedarf in Praxisnetzen nimmt zu [ScBK06, S. 17] (vgl. Abschnitt 2.2.2). Um die Koordinationsaufgabe in Praxisnetzen situationsspezifisch zu präzisieren, werden folgende Koordinationsfragen erörtert:

- Wie entsteht Koordinationsbedarf (Ursachendimension)?

- Mit welchen Mechanismen wird koordiniert (Instrumentaldimension)?

- Was wird koordiniert (Objektdimension)?

4.3.2 Koordinationsbedarf

Bei Netzwerken bestehen wirtschaftliche Austauschbeziehungen zwischen autonomen, gleichberechtigten, interdependenten Organisationen. Die Beziehungen sind flexibel, gleichzeitig ist bei der Koordination sicherzustellen, dass die gemeinsamen, i. d. R. strategischen Ziele erreicht werden. Domänenunabhängig begründet sich der Bedarf an Koordination in Netzwerken im Wesentlichen auf drei Aspekte:

- **Informationsasymmetrien**: Zum einen besitzen die einzelnen Akteure i. d. R. nicht sämtliche Informationen, die zur Abstimmung der eigenen Aktivitäten auf die Handlungen aller anderen Akteure und damit für ein effektives Zusammenwirken erforderlich sind.

- **Gefahr opportunistischen Verhaltens**: Neben den Informationsasymmetrien stellt die Gefahr der Verfehlung der gemeinsamen Netzziele aufgrund opportunistischen Verhaltens der Leistungserbringer eine weitere wichtige Ursache für Koordinationsbedarfe dar [Wild97, S. 422; ScBK06, S. 51]. Die Berührungspunkte zwischen den verschiedenen Aufgabenträgern und den Einflussbereichen einzelner Abteilungen oder Einrichtungen stellen Schnittstellen dar, die es zu managen gilt. An den Schnittstellen können aufgrund der Autonomie der Akteure sowie aufgrund unterschiedlicher Interessen, Verhaltenswiesen oder Techniken Probleme

---

[55] Zu Details der wesentlichen Aspekte der Kommunikation siehe z. B. [PrRG96] oder [ShWe49].

und Ineffizienzen auftreten [GISS04, S. 23ff.] (vgl. Abschnitt 3.7.1).

- **Interdependenzen**: Generell existiert ein Bedarf an Koordination überall dort, wo interdependente Organisationsstrukturen vorliegen und Individualentscheidungen hinsichtlich der Erreichung der gesetzten Ziele wechselseitig aufeinander abgestimmt werden müssen. Für Unternehmensnetzwerke haben prozess-, ressourcen- und marktseitige Interdependenzen zur Folge, dass die Entscheidungen der dezentralen Netzwerkunternehmungen nicht isoliert voneinander getroffen werden können. Stattdessen müssen sie, sofern nachteilige Wirkungen hinsichtlich der Erreichung der Gesamtnetzwerkziele vermieden werden sollen, aufeinander abgestimmt werden [Sjur00, S. 250; Wall00, S. 121].

Auch Corsten greift zur Strukturierung der Koordinationsaufgabe auf das Prinzip der Aufgabensegmentierung und der daraus resultierenden Interdependenzen zurück. Interdependenzen liegen ihm zufolge immer dann vor, wenn die Entscheidung einer Entscheidungseinheit die Entscheidung einer anderen zielrelevant beeinflusst [Laßm92, S. 20ff.]. Daraus folgt, dass in Netzwerken eine Menge interdependenter Entscheidungen vorliegt, wobei der Einfluss auf andere Entscheidungsträger direkt oder indirekt sein kann. „Das Koordinationsproblem wird somit zum zentralen Problem einer Theorie interdependenter Entscheidungen." [Kirs71, S. 62]. Koordinationsbedarf ergibt sich somit aus der Existenz von Entscheidungsinterdependenzen. Dabei lassen sich Sach- und Verhaltensinterdependenzen unterscheiden [EwWa00, S. 446ff.] (vgl. Abbildung 19).

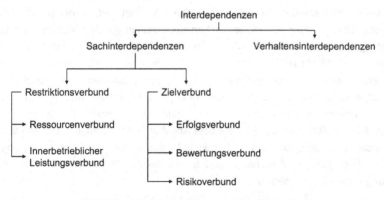

Abbildung 19: Interdependenzarten [Cors00, S. 13]

Ursache für Sachinterdependenzen sind Überschneidungen von Entscheidungsfeldern, die sich aus Restriktions- und Zielverbünden ergeben. Restriktionsverbünde bauen auf den restringierenden Abhängigkeiten zwischen Bereichen auf, die einerseits aus der begrenzten Verfügbarkeit von Ressourcen (Ressourcenverbund) und andererseits aus der innerbetrieblichen Leistungsverflechtung (innerbetrieblicher Leistungsverbund) resultieren [Cors00, S. 12]. Als Zielverbund werden wechselseitige Abhängigkeiten von Teilentscheidungen bezeichnet, die sich aus der Struktur der Ziel- und Präferenzfunktion ergeben [Küpp97, S. 31ff.]. Spezifische Ausprägungen des Zielverbundes sind der Erfolgs-, der Bewertungs- und der Risikoverbund.

Verhaltensinterdependenzen liegen vor, wenn das Entscheidungsverhalten eines Entscheidungsträgers, welches von den Erwartungen über das Entscheidungsverhalten eines anderen Entscheidungsträgers abhängt, Einfluss auf das Entscheidungsverhalten dieses Entscheidungsträgers hat [CoFr99, S. 8ff.]. Derartige Interdependenzen sind auf Informationsasymmetrien und Zielkonflikte zurückzuführen [EwWa00, S. 449ff.].

Bei Verhaltensinterdependenzen handelt es sich um den Sachverhalt, dass das Entscheidungsverhalten eines Entscheidungsträgers, das von den Erwartungen über das Entscheidungsverhalten eines anderen Entscheidungsträgers abhängt, Einfluss auf das Entscheidungsverhalten dieses Entscheidungsträgers hat [CoFr99, S. 8ff.]. Derartige Interdependenzen sind auf Informationsasymmetrien und Zielkonflikte zurückzuführen [EwWa00, S. 449ff.].

4.3.3   Koordinationsformen und -mechanismen

Es wird zwischen den Koordinationsformen Hierarchie (z. B. in einer Unternehmung) und Markt unterschieden [Rein98, S. 22]. Die Koordinationsform der persönlichen Weisung wird mit einer rein hierarchischen Koordination gleichgesetzt. Bei der Betrachtung von Praxisnetzen als Netzwerkorganisationen scheiden hierarchische Instrumente, die Macht zur Koordination einsetzen, aus, denn definitionsgemäß zeichnen sich Unternehmensnetzwerke durch die Eigenschaften von zwischenbetrieblichen Kooperationen rechtlich selbstständiger Unternehmen aus, die als Partner in einem Gleichordnungsverhältnis stehen [Rein98, S. 23; Hirs98, S. 19]. Ähnliches gilt für die marktliche Koordination, die über Angebot und Nachfrage sowie den damit verbundenen Preismechanismus funktioniert. Sie findet bei reinen Leistungsaustauschbeziehungen Anwendung und ist nur bedingt für kooperative Zweckbeziehungen geeignet [Hirs98, S. 19].

Netzwerke sind zwischen diesen beiden Endpunkten eines Kontinuums an Koordinationsformen einzuordnen (vgl. Abbildung 21, S. 67), denn ihre Koordinationsmechanismen können verschiedene Kombinationen marktlicher und hierarchischer Elemente aufweisen [Rein98, S. 22; Hirs98, S. 18].

Interdependenzen stellen keine unbeeinflussbaren Phänomene dar, sondern sind vielmehr das Ergebnis früherer organisatorischer Gestaltungsmaßnahmen [Fiet77, S. 59]. Die Beherrschung der interorganisatorischen Interdependenzen erfordert den Einsatz geeigneter Koordinationsmechanismen, die ihren Fokus auf die Abstimmung und die Sicherstellung des kollektiven strategischen Handelns legen und letztlich die Wahl der geeigneten Form der Netzwerkorganisation determinieren [Sjur00, S. 165]. Als Koordinationsmechanismen bzw. Koordinationsinstrumente werden nach Hirsch die Regelungen bezeichnet, die der Beherrschung der Interdependenzen und der Abstimmung und Ausrichtung der Tätigkeiten auf das Gesamtziel dienen [Hirs98, S. 18]. Durch die Wahl geeigneter Koordinationsmechanismen sollen Transaktionskosten minimiert werden. Dazu gehören Such- und Informationskosten, Verhandlungs- und Entscheidungskosten, Kontroll- und Anpassungskosten, Kosten durch opportunistisches Verhalten oder Vollstreckungskosten. Demnach ist jeder Koordinationsmechanismus unter Effizienz- bzw. Kosten-/Nutzengesichtspunkten auszuwählen.

4.3.3.1 Strukturelle Koordination

Unter struktureller Koordination in Unternehmensnetzwerken werden traditionell Koordinationsorgane verstanden, die, dauerhaft oder auf einen bestimmten Zeitraum beschränkt, Koordinationsaufgaben bewältigen. Corsten bezeichnet diese Koordinationsmechanismen auch als strukturelle Ansatzpunkte zur Reduktion des Koordinationsbedarfs, da durch Schaffung relativ geschlossener Verantwortungsbereiche übergreifende Koordinationsprobleme vermieden werden sollen und auf diese Weise die o. g. Interdependenzen internalisiert werden [Cors00, S. 2ff.]. In Praxisnetzen repräsentieren die in Abbildung 20 skizzierten Koordinationssubjekte die strukturelle Koordination [BrGü05, S. 65ff.; WaLF05, S. 45ff.].

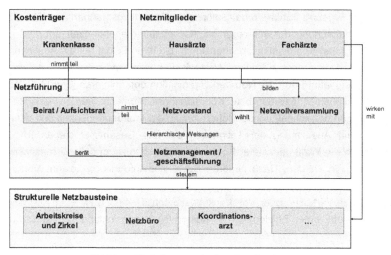

Abbildung 20: Aufbauorganisation eines Praxisnetzes;
in Anlehnung an [BrGü05, S. 65ff.]

Praxisnetze werden durch eine **Netzvollversammlung** im Rahmen einer konstituierenden Sitzung durch die Mitglieder gegründet und i. d. R. mit Organen mit definierter Entscheidungskompetenz und Verantwortung ausgestattet.

Sofern das Praxisnetz gemeinsam mit Krankenkassen integrierte Versorgungsstrukturen vertraglich festlegt (z. B. Capitation-Modelle), nimmt neben der Netzvollversammlung der aus Vertretern aller Vertragsparteien gegründete **Netzbeirat** bzw. Aufsichtsrat eine wichtige Kontroll- und Lenkungsfunktion wahr. Der Status der Zielerreichung auf Gesamtnetz-Ebene wird ebenso diskutiert wie zentrale strategische Fragestellungen (z. B. Definition geeigneter Maßnahmen zur Gegensteuerung bei Zielabweichungen).

Das für die Führung des Netzwerkes verantwortliche Organ in den meisten Praxisnetzen ist das Gremium des **Praxisnetzvorstands**, der normative und strategische Koordinationsaufgaben auf Netzwerkebene übernimmt. Hierzu gehören u. a. Aufgaben des Controllings wie Planung, Kontrolle, Informationsversorgung, Organisation und Personalführung. Ziel der strategisch-normativen Koordination ist es, die Ziele von Praxisnetzen durch Realisieren von Synergien zu erreichen.

Die Ausführungsunterstützung bei der Koordination der normativ-strategischen Aufgaben leistet ein **Praxisnetzmanagement**, häufig unterstützt durch administrative Kräfte eines Netzbüros. Die Praxisnetz-Studie ergab, dass 22 % der befragten deutschen Praxisnetze mindestens einen Vollzeit-Manager beschäftigen [ScBK06,

33ff.]. In den meisten Netzen wird diese Funktion derzeit noch durch Ärzte im Nebenberuf ausgeübt.

Die funktionsorientierte Koordination zur Bewältigung konkreter Fachthemen übernehmen in Praxisnetzen häufig **Arbeitskreise** oder **Zirkel**. Sie werden z. B. für die Entwicklung, Abstimmung und Implementierung indikationsspezifischer Leitlinien (z. B. Koronare Herzkrankheiten, Diabetes) ebenso gegründet wie für die Gestaltung netzweiter Qualitäts- und Prozessthemen (z. B. Erarbeitung von Arbeits- und Verfahrensanweisungen).

Das **Netzbüro** übernimmt i. d. R. administrative Aufgaben der Praxisnetzkoordination und -verwaltung (z. B. Organisation netzweiter Veranstaltungen, Netz-Hotline, Abrechnungen, Statistiken und operatives Controlling) und wird durch das Netzmanagement ausgesteuert.

In Praxisnetzen mit Hausarztsystem werden die genannten Koordinationssubjekte um eine weitere - auf operativer Ebene tätige - Koordinationsinstanz ergänzt. Durch einen **Gatekeeper bzw. Koordinationsarzt** erfolgt die prozessorientierte, interorganisatorische Koordination auf Behandlungsprozessebene. Koordinationsärzte sind die „Eintrittspforte" in Praxisnetze und stellen in der Regel die Schnittstelle zu Fachärzten dar. Sie haben den Auftrag einer allumfassenden Patientensteuerung [WaLF05, S. 64] (vgl. Abschnitt 5.1.2).

4.3.3.2 Technokratische Koordination

Strukturelle Koordinationsmechanismen sind nur punktuell als Lösungsansatz für Koordinationsprobleme geeignet, da sie dem Trend zur stärkeren Spezialisierung und damit der Zunahme der Arbeitsteilung bei den wertschöpfenden Prozessen (medizinische Behandlungsprozesse sowie Querschnittsprozesse) widersprechen. Sie werden ergänzt durch technokratische Koordinationsmechanismen.

Gemeinsam ist sämtlichen in Netzwerken eingesetzten Mechanismen das Fehlen einer klassischen, hierarchischen Weisungsinstanz. Die Abstimmung der Netzwerke auf die kollektiven Zielsetzungen wird vielmehr über eine differenzierte Ausgestaltung der beiden Grundinstrumente Planung und generelle Regelungen bzw. Programme sichergestellt [Wall00, S. 123]. Programme und Pläne werden ebenso wie der Koordinationsmechanismus des Marktes als unpersönlich oder „technokratisch" charakterisiert [KiWa03, S. 108]. Sie geben den Handlungsspielraum der Partner vor und werden bei Kooperationen für die sog. „Vorauskoordination" eingesetzt [Hirs98, S. 19; KiKu92, S. 100ff.]. Steinmann und Schreyögg sprechen im Kontext des Managements medizinischer Versorgungsnetze diesbezüglich auch von „strategischer Vorsteuerung" [StSc00, S. 260f.]. Mithilfe einer ökonomischen und medizinischen Maßnahmenplanung werden die strategischen Handlungsvorgaben in medizinischen Versorgungsnetzen konkretisiert und standardisiert [StSc00, S. 260f.]. Dadurch soll ein strategischer Orientierungsrahmen geschaffen werden, der die Netzzielkon-formität der operativen Koordination sicherstellt [Kron04, S. 70f.].

Ein **Plan** stellt einen Koordinationsmechanismus für arbeitsteilige Prozesse dar, sofern er den beteiligten Organisationseinheiten Angaben für Handlungen in spezifischen zukünftigen Perioden vorgibt. Mithilfe einer Planung soll eine Abstimmung der interdependenten Individualentscheidungen und Einzelmaßnahmen im Hinblick auf die übergeordneten Ziele sowie deren Integration in einen sachlich-zeitlich übergreifenden Wirkungszusammenhang ermöglicht werden [Hoff80, S. 247]. In Unternehmensnetzwerken kommt – aus der Gesamtperspektive betrachtet – den Planungen auf Sachzielebene sowie den Maßnahmenplanungen eine wichtige Bedeutung zu. Die strategische Planung, die gerade in langfristig orientierten und stabilen Netzwerken eine hohe Bedeutung einnimmt, umfasst dabei folgende Aspekte [Wall00, S. 127ff.]:

1. Generelle Zielplanung des Unternehmensnetzwerkes: Sicherstellung eines gemeinsamen Netzwerkverständnisses und Einigung auf gemeinsame Ziele des Netzwerks

2. Strategische Planung auf Sachzielebene: ex ante kollektiv abgestimmte Zusammenarbeit der Netzwerkakteure im Bereich der Wettbewerbsstrategie

3. Strategische Maßnahmen- und Ressourcenplanung: netzwerkbezogene Kapazitätsplanung und Kompetenzplanung im Sinne der Identifizierung des Bedarfs an neuen, zusätzlichen Netzwerkmitgliedern

Gerade im Rahmen der Zielplanung und der Vereinbarung von Verteilungsmodalitäten ergeben sich erhebliche Opportunitätsspielräume. Aus diesem Grund ist ein hohes Maß an Vertrauen zwischen den Netzwerkakteuren erforderlich (vgl. unten). Auf die strategische Planung in Praxisnetzen wird in Abschnitt 8 näher eingegangen.

Generelle **Regelungen und Programme** bilden neben der Planung einen zweiten grundlegenden Mechanismus der technokratischen Koordination. Im Vergleich zur Planung sind generelle Regelungen und Programme jedoch längerfristig ausgerichtet und bieten folglich auch eine geringere Flexibilität. Sie dienen zur Festlegung von Verhaltens- und Handlungsspielräumen zwischen den Partnern im Netzwerk und können als Verhaltensrichtlinien sowohl schriftlich als auch in impliziter Form vorliegen. Grundsätzlich haben sie eine standardisierende und stabilisierende Wirkung auf die Netzwerkinteraktionsprozesse und reduzieren damit tendenziell den laufenden

Koordinationsaufwand [Hoff80, S. 345ff.]. Beispiele hierfür sind z. B. der Netzkodex bzw. der Netzvertrag zwischen Arzt und Praxisnetz, der Ziele der Kooperation sowie Rechte und Pflichten der Akteure definiert. Leitlinien und Behandlungspfade sind weitere Koordinationsmechanismen, die dieser Kategorie zuzurechnen sind. „Praxisnetz-Leitlinien" geben eine Empfehlung, welche diagnostischen und therapeutischen Handlungen für den einzelnen Arzt unter rationalen Gesichtspunkten sinnvoll sind. Interdisziplinäre Behandlungspfade sind abteilungs- und berufsgruppenübergreifende, medizinisch und ökonomisch abgestimmte Handlungsleitlinien für den gesamten Behandlungsablauf einer Gruppe homogener Behandlungsfälle [GrBe04, S. 45].

Neben den geschilderten Koordinationsmechanismen, die unmittelbar auf die Abstimmung der Akteure einwirken (direkte Koordinationsrichtung), sind in Netzwerken indirekte Koordinationsmechanismen – v. a. Vertrauen und Kultur – von Bedeutung für den Netzerfolg.

4.3.3.3   Direkte Koordination

Neben den technokratischen und strukturellen Koordinationsmechanismen ist die Koordinationsrichtung für die Wirkungsweise der Koordination in Praxisnetzen von Bedeutung. Man unterscheidet Mechanismen mit direkter und indirekter Koordinationsrichtung. Direkte Koordinationsrichtung wird den Mechanismen zugeschrieben, die unmittelbar auf die Abstimmung der Netzakteure durch Auflösung von Abhängigkeiten, Zielkonflikten, Informationsasymmetrien einwirken. Es werden in diesem Zusammenhang heterarchische und hierarchische Mechanismen unterschieden. Anders als bei den Koordinationsreinformen Markt und Hierarchie fällt bei der Koordinationsform des Netzwerks eine eindeutige Zuordnung von Koordinationsmechanismen schwer.

Heterarchie: Hauptsächlich findet in Netzwerken die Selbstabstimmung als heterarchisches Koordinationsinstrument Anwendung [Hirs98, S. 19; LiSS04, S. 37ff.], wobei unter domänenbezogen die „eigendynamische Selbststeuerung der einzelnen Leistungserbringer eines medizinischen Versorgungsnetzes auf operativer Ebene" verstanden werden kann [Kron04, S. 70].[56] Es erfolgt damit eine dezentrale Abstimmung der interdependenten Entscheidungsträger [Blei68, S. 282ff.], bei der zwischen den Entscheidungsträgern gleichwertige Beziehungen angenommen werden [Litt65, S.

---

[56] Güntert gibt zu bedenken, dass die Integrationspotenziale durch rein heterarchisch organisierte Gesundheitsnetze nicht realisiert werden dürften und daher im Zeitverlauf stärker hierarchisch ausgeprägte Netze entstehen werden [Günt06a, S. 7].

213ff.]. Im Rahmen einer Selbstabstimmung wird durch unmittelbare Interaktionen eine Abstimmung der Entscheidungsträger herbeigeführt. Es ist sowohl eine Abstimmung auf schriftlichem als auch auf mündlichem Wege möglich. Die Selbstabstimmung kann institutionalisiert oder im Rahmen von Ad-hoc-Ko-ordinationen, d. h. fallweise nach dem Ermessen der Kooperationspartner, erfolgen [KiWa03, S. 103ff.]. Regelmäßige Treffen und Verhandlungen zwischen Partnern sind Beispiele für die institutionalisierte Form der Selbstabstimmung [Hirs98, S. 19]. Es können aber auch zusätzliche Einheiten zur Abstimmung (institutionalisierte Interaktion, vgl. Abschnitt 4.3.3.1) gebildet werden [KiKu92, S. 108ff.], die sich auf derselben hierarchischen Ebene befinden wie die interdependenten Einheiten [LaLo67, S. 54ff.].

Hierarchie: Kennzeichen einer hierarchischen Koordination ist, dass ein Teil der Organisationsmitglieder mit Entscheidungs- und Weisungsrechten ausgestattet ist. Nachgeordnete Organisationsmitglieder sind verpflichtet, diesen Weisungen Folge zu leisten, d. h. es besteht eine klare Über- und Unterordnungsbeziehung [LaLi87, S. 811]. Den Organisationsmitgliedern werden damit Entscheidungskompetenzen zugesprochen, mit denen eine inhaltliche Spezifikation und eine Spezifikation des Entscheidungsspielraumes einhergeht, d. h. die Entscheidungsautonomie bzw. der Delegationsgrad werden festgelegt [Fres89, Sp. 915]. Die Hierarchie vereinfacht den Prozess der Informationsbeschaffung, -verarbeitung und -verteilung und bewirkt eine Reduktion der Planungsaktivitäten und Verringerung der Informationskosten [Cors00, S. 19 ff.; LaLi87, S. 807 und S. 816]. Folgende Instrumente der hierarchischen Koordination lassen sich nach Corsten nennen: persönliche Weisungen, Programme (generelle Handlungsvorschriften), Planung[57] [Cors00, S. 20]. Die Koordination durch Planung findet Ihre Konkretisierung in der Gesamtheit der strategischen Ziel- und Budgetsysteme (vgl. Abschnitt 7) sowie in der Festlegung von Prozessen, die eine spezielle Form von Plänen im Sinne der Koordinationstheorie darstellen.

4.3.3.4   Indirekte Koordination

Die bisher diskutierten Koordinationsmechanismen der technokratischen und strukturellen Koordination reichen häufig nicht aus und bedürfen einer Erweiterung um übergreifende Koordinationsmechanismen. Im Rahmen der indirekten Koordination kommen dabei Vertrauen und Unternehmungs- bzw. Netzwerkkultur zum Tragen. Diese sind jedoch nicht als eigenständige, losgelöste Koordinationsmechanismen zu

---

[57] Planung bezeichnet nach Corsten den rein geistigen Prozess, der interdependente Entscheidungen in Bezug auf übergeordnete Ziele aufeinander abstimmt [Cors00, S. 20].

verstehen. Vielmehr wirken sie auf grundlegender Ebene als Voraussetzung für die Funktionsfähigkeit der anderen Koordinationsmechanismen[58].

Vertrauen: „Netzwerke bezeichnen kooperative Koordinationsformen zwischen autonomen, aber interdependenten Unternehmungen. Netzwerkförmige Austauschbeziehungen sind durch Reziprozität gekennzeichnet und basieren im Wesentlichen auf sozial abgestützten Mechanismen der Koordination und Integration, insbesondere Vertrauen." [Klei96, S. 100] Aufgrund der ausgeprägten interpersonellen Beziehungen in Netzwerken stellt Vertrauen, als „vereinfachter Code zur schnellen und sicheren Kommunikation" [Bach00, S. 110], gerade dort die Grundlage für eine erfolgreiche Koordination der Akteure dar [Rein98, S. 26; Bach00, S. 110].

Vertrauen als ein sozialer Mechanismus basiert auf den positiven Erfahrungen, die sich im Rahmen wiederholter Austauschprozesse mit anderen Partnern ergeben, wodurch Unsicherheit reduziert und die Berechenbarkeit erhöht wird [Cors00, S. 21]. Basis dieses Vertrauens ist das mehrmals wechselseitig verifizierte Schema von Erwartungen an die Partner und Erwartungserfüllung durch die Partner [Mild98, S. 169]. Vertrauen stellt als Koordinationsinstrument auf die Reduktion von Unsicherheit ab, indem es die Berechenbarkeit des Verhaltens der Partner erhöhen soll [Cors00, S. 21]. Nach Diller/Kusterer ist Vertrauen die zentrale Drehscheibe der Beziehungsgestaltung und -entfaltung. Faktoren wie die Werthaltung, der Zeithorizont, die innere Verpflichtung und der ökonomische Anreiz bilden das Gerüst der Beziehung zwischen zwei Kooperationspartnern. Aus diesen Faktoren lässt sich Vertrauen definieren als die Entwicklung von Zuversicht in ein bestimmtes Ergebnis bzw. das Sich-Verlassen auf eine Person. In Erwartung eines Gewinnes wird dabei bewusst ein Risiko eingegangen [DiKu88, S. 211]. Dieser Begriff des Vertrauens bezieht sich grundsätzlich auf personale Akteure und dient der Überbrückung eines Unsicherheitsmoments im Verhalten anderer Menschen. Im Rahmen eines Netzwerks gilt die Beobachtung von Vertrauen allerdings nicht nur den Personen, sondern auch dem Vertrauen in das System, d. h. dem Netzwerk an sich [Luhm89, S. 54].

Betrachtet man Vertrauen aus ökonomischer Sicht, ist es dann von Bedeutung, wenn Verträge nicht durch die Sanktions- bzw. Legitimationsmacht Dritter abgesichert werden können, wie dies üblicherweise in funktionsfähigen Märkten und Hierarchien der Fall ist. Darüber hinaus können marktliche und hierarchische Koordinationsmecha-

---

[58] Gotzen weist in einer empirischen Untersuchung nach, dass informelle und soziale Kontrollen elementare Bedeutung für die Einhaltung von Netzwerkverpflichtungen haben. Solange diese indirekten Kontrollmechanismen greifen, sind formale Kontrollen und Sanktionen keine Voraussetzung für den Netzwerkerfolg [Gotz03, S. 145ff.].

nismen sehr transaktionskostenintensiv werden, so dass sich der Einsatz von Vertrauen als Koordinationsinstrument auszahlt [Raup02, S. 396]. U. a. erfordert der Aufbau von Vertrauen die Implementierung eines vertrauensbewussten Netzmanagements [Raup02, S. 412ff.].

Netzwerkkultur: Unter Netzwerkkultur ist die Gesamtheit netzwerkbezogener Werte und Normen zu verstehen, die das Verhalten aller Mitglieder prägen [Guss88, S. 259; Hein97, S. 15; Schr96, S. 426ff.]. Grundlage der Kultur ist ein Wertesystem, welches von möglichst allen Teilnehmern des Netzwerkes getragen werden soll. Dieses Wertesystem wird dann durch Ressourcen, Vorgehensweisen und Austauschbeziehungen, die Wertdarstellungen repräsentieren, ergänzt. Wertesystem und Wertdarstellungen bilden zusammen Organisationskultur [Hipp97, S. 261]. Diese stellt das Fundament für Entscheidungsprozesse dar, d. h. der Konsens der Organisationsmitglieder hinsichtlich Zielen, Zielerreichung, Strategien ist eine wesentliche Grundlage für die Entwicklung einer Kultur [Schei85, S. 52ff.]. Durch organisationsspezifische Sozialisationsprozesse werden diese Werte und Normen an neue Mitglieder weitergegeben und durch konformes Handeln immer wieder neu legitimiert [Cors00, S. 22].

Von Bedeutung ist die Wirkungsweise der Organisationskultur als Selektionskriterium, das die Entscheidungsalternativen auf diejenigen eingrenzt, die mit den jeweils zugrunde liegenden Werten in Übereinstimmung stehen. Je stärker und je häufiger die Werte zwischen den Organisationsmitgliedern übereinstimmen, desto eher können diese einen handlungsleitenden Charakter erlangen und damit die Koordination der individuellen Aktivitäten von Organisationsmitglieder herbeiführen [KiKu92, S. 120]. „Das Koordinationsinstrument der Organisationskultur basiert darauf, dass die Organisationsmitglieder zentrale handlungssteuernde Normen und Werte, die in einer Organisation bestehen, verinnerlicht haben und sich entsprechend verhalten." [KiWa03, S. 109]

Wie bereits in Abschnitt 4.2.2.2 erläutert, entfaltet sowohl die Organisationskultur als auch das Vertrauen eine koordinierende Wirkung, die in Bezug auf die Koordinationseffizienz höher ist als diejenige der expliziten Regelungen und Programme.

4.3.3.5 Einordnung

Die Beherrschung der interorganisatorischen Interdependenzen erfordert den Einsatz von Koordinationsmechanismen, die ihren Fokus auf die Abstimmung und die Sicherstellung des kollektiven Handelns legen und letztlich die Form der Netzwerkorganisation determinieren [Sjur00, S. 165]. Durch die Wahl geeigneter Koordinationsmechanismen sollen Transaktionskosten minimiert werden. Demnach ist jeder Koor-

dinationsmechanismus unter Effizienz- bzw. Kosten-/Nutzengesichtspunkten auszuwählen. Abbildung 21 zeigt zusammenfassend die zuvor beschriebenen Koordinationsmechanismen, die in Praxisnetzen eingesetzt werden und unternimmt den Ver-
such einer Einordnung. Es kommen hybride Koordinationsmechanismen zur Anwendung, welche Kombinationen von heterarchischen und hierarchischen, strukturellen
und technokratischen Koordinationsmechanismen verwenden.

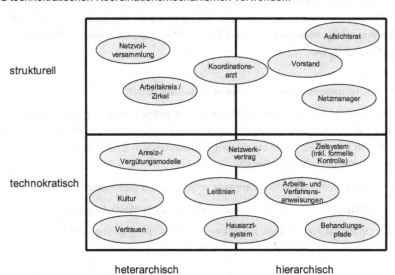

Abbildung 21: Koordinationsmechanismen

Bei den Koordinationseinheiten (strukturelle Koordination) lassen sich die Netzvollversammlung, Arbeitskreise und Zirkel relativ klar der heterarchischen Koordination
zuordnen. Ein Über- und Unterordnungsverhältnis zeigt sich dabei ebenso deutlich in
den Koordinationsinstanzen Netzbeirat, Vorstand und Netzmanager. Lediglich der
Koordinationsarzt weist auch heterarchische Charakterzüge auf, da eine klare Wei-
sungsbefugnis häufig nicht formalisiert wird und die zugewiesene Rolle als Coach
und Lotse des Patienten die Handlungsfreiheit der anderen beteiligten Leistungserbringer i. d. R. nicht explizit einschränkt.

Eine Zuordnung der technokratischen Koordinationsmechanismen fällt schwerer. Kultur und Vertrauen wirken eindeutig auf heterarchischer, gleichberechtigter Ebene.
Koordinationsmechanismen wie das netzbezogene Zielsystem inklusive formeller
Kontrollmechanismen, die Anwendung und Ausgestaltung von Hausarztmodell, Leitlinien oder Anreizsystemen werden zwar mehrheitlich durch die Koordinationsorgane
verabschiedet, deren Umsetzung ist dabei jedoch i. d. R. verbindlich und erfolgt im

Sinne einer hierarchischen Über- und Unterordnungsbeziehung. Ähnliches zeigt sich bei Arbeits- und Verfahrensanweisungen oder Behandlungspfaden, welche meist von Zirkeln konzipiert, durch übergeordnete Netzgremien wie der Netzvollversammlung verabschiedet und anschließend formal implementiert werden.[59]

Auf eine umfassende Bewertung der Wirksamkeit der Koordinationsmechanismen in Gesundheits- bzw. Praxisnetzen wird an dieser Stelle verzichtet und auf die Arbeit von Gotzen verwiesen, der Vor- und Nachteile sowie die Effizienz verschiedener Netzwerkarrangements einer empirischen, institutionenökonomischen Analyse unterzog [Gotz03, S. 146].[60]

4.4 Koordinationsobjekte und Managementaufgaben

Nachfolgend wird das Objekt der Koordination näher untersucht, um zu definieren, was der Koordination im Rahmen von Praxisnetzen bedarf. Um die Koordinationsaufgabe in Praxisnetzen zu präzisieren, werden die von Benkenstein definierten Koordinationsfragen adaptiert [Benk87, S. 11ff.].

Es werden zwei Koordinationskomplexe unterschieden (vgl. Abbildung 22): [61] [62]

1. Strategische / normative Koordination auf Gesamtnetz-Ebene sowie

2. Operative Koordination auf Ebene der Behandlungsprozesse[63].

---

[59] Auf die Koordinationsmechanismen Leitlinien, Arbeits- und Verfahrensanweisungen und Behandlungspfade wird in Abschnitt 5, auf das Zielsystem sowie Anreiz- und Sanktionsmechanismen in Abschnitt 8 näher eingegangen.

[60] Gotzen unterscheidet obligatorische und optionale Elemente, um das Netzwerkergebnis positiv zu beeinflussen. Obligatorisch sind der Netzwerkvertrag, informelle, soziale Kontrollen und Vertrauen. „Flankierende" Elemente sind ein mit umfassenden Kompetenzen ausgestatteter Vorstand sowie das Gatekeepermodell. Formale Kontrollen und Sanktionen sind keine wesentliche Voraussetzung für den Netzwerkerfolg, solange andere Mechanismen wie soziale und informelle Kontrollen existieren [Gotz03, S. 146].

[61] Wie schon bei der Netzwerkstrategie (vgl. Abbildung 17, S. 66) wird auf eine Betrachtung der Koordinationsaufgaben innerhalb der einzelnen Netzwerkeinheiten (z. B. Praxen) verzichtet. Koordination im Sinne der Arbeit findet demnach an der Schnittstelle zwischen den autonomen Einheiten statt.

[62] Mittelfristig könnten sich durch die Weiterentwicklung und Spezialisierung von Praxisnetzen „Strategische Geschäftseinheiten" als eine weitere Koordinationsebene herausbilden. So könnten sich innerhalb der Netze Leistungserbringer, z. B. zur Behandlung bestimmter Indikationen (z. B. Herzinsuffizienz), virtuell zusammenschließen. Die Geschäftseinheit würde sich aus der Summe der im Netzwerk für den Kundenprozess Herzinsuffizienz potenziell tätigen Serviceanbieter bilden.

[63] Die Begriffe „Behandlungspfad" und „Behandlungsprozess" werden in der Arbeit synonym verwendet und bezeichnen die interorganisatorischen, medizinisch-wertschöpfenden Prozesse der Leistungserbringer zur Betreuung bzw. Behandlung von Patienten.

		Gesamtnetz-Ebene	Behandlungspfadebene
Objekt-dimension	Was wird koordiniert?	Dauerhafte Zusammenarbeit im stabilen Netz (normative, strategische Managementprozesse).	Ad-hoc, aufgabenorientierte Konfiguration der Leistungserbringer entlang des Behandlungspfades (operativ)
Ursachen-dimension	Warum wird koordiniert?	Erreichung der Netzziele	Patienten-Heilung unter Berücksichtigung der Netzziele
Subjekt-dimension	Wer koordiniert?	Netzbeirat, -vorstand und -management	Koordinationsarzt (Gatekeeper)
Kontext-dimension	In welchem Zusammenhang wird koordiniert?	Netzvollversammlung, Beiratssitzungen, Zirkelarbeit, Zielvereinbarungsgespräche	Vorbereitung, Durchführung und Nachbereitung von Patientenbesuchen, Abstimmung mit anderen Leistungserbringern (z. B. Fachärzten)
Instrumental-dimension	Mit welchen Mitteln wird koordiniert (Mechanismen und Instrumente)?	Vertrauen, Kultur, Konsens-/ Zielbildung, Anreizschaffung, Definition koordinationsbedarfsreduzierender Maßnahmen wie Gatekeepership (verstärkt heterarchisch)	Leitlinien, Prozesse, Verfahrens- und Arbeitsanweisungen (verstärkt hierarchisch)

Abbildung 22: Ebenen und Dimensionen der Koordination in Praxisnetzen

4.4.1 Strategisch-normative Koordination auf Gesamtnetz-Ebene

Die Koordination auf Gesamtnetz-Ebene erfolgt primär im Rahmen der strukturellen Koordination durch Netzbeirat, Netzvollversammlung und Netzvorstand sowie durch deren exekutives Organ, das Netzmanagement (vgl. Abbildung 23 sowie Abschnitt 5.2.1).

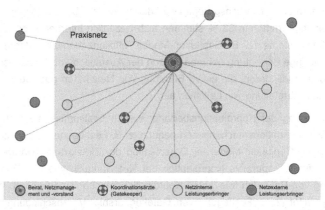

Abbildung 23: Strategische Koordination auf Gesamtnetz-Ebene

Es werden die für eine dauerhafte, stabile Zusammenarbeit im Netzwerk relevanten Koordinationsaufgaben bearbeitet, um die Netzziele zu erreichen. Dabei geht es v. a. um normative und strategische Koordinationsbedarfe auf Gesamtnetz-Ebene, wie Abbildung 24 exemplarisch aufzeigt:

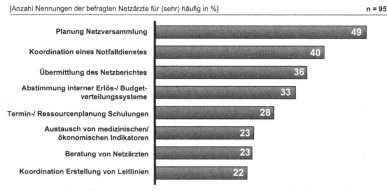

[Anzahl Nennungen der befragten Netzärzte für (sehr) häufig in %]   n = 95

Planung Netzversammlung	49
Koordination eines Notfalldienstes	40
Übermittlung des Netzberichtes	36
Abstimmung interner Erlös-/ Budget-verteilungssysteme	33
Termin-/ Ressourcenplanung Schulungen	28
Austausch von medizinischen/ ökonomischen Indikatoren	23
Beratung von Netzärzten	23
Koordination Erstellung von Leitlinien	22

Abbildung 24: Koordinationsbedarfe auf Gesamtnetz-Ebene [ScBK06, S. 51]

Für die befragten Vorstände bzw. Netzmanager stellt die Terminplanung bzw. Organisation der Netzversammlung und der Arbeitskreise den am häufigsten auftretenden Koordinationsbedarf dar. Immerhin 40 % der Vorstände bzw. Netzmanager führen (sehr) häufig Koordinationsaktivitäten zur Organisation des Notfalldienstes aus. Das Schaffen von Transparenz innerhalb des Netzes sowie in der Kommunikation mit externen Partnern und Anspruchsgruppen wird durch den Netzbericht von 36 % der Befragten bestätigt. Immerhin 33 % stimmen sich bezüglich interner Erlös- bzw. Budgetverteilungssysteme (z. B. Capitation-Modell, effizienzorientierte Vergütung) ab. Auffallend geringe Bedeutung nehmen bislang der Austausch von medizinischen und ökonomischen Indikatoren, die aktive Beratung von Netzärzten aber auch die Koordination bei der Erstellung von Leitlinien ein.

Zur Beherrschung der Koordinationsbedarfe werden bestimmte, in Abschnitt 4.3.3 behandelte Koordinationsmechanismen genutzt (z. B. Festlegung der Netzziele, Ausgestaltung von Capitation-Modellen, Organisation der Zirkelarbeit). Darüber hinaus werden die für die operative Koordination der Netzwerkaktivitäten im Rahmen der Behandlung von Patienten relevanten Koordinationsmechanismen eruiert, festgelegt und ausgestaltet (z. B. Festlegung von Gatekeepership, Verabschiedung von Leitlinien sowie Arbeits- und Verfahrensanweisungen).

Im Zuge der weiteren Ausführungen beschäftigt sich Abschnitt 7 schwerpunktmäßig mit der Koordination auf Gesamtnetz-Ebene mithilfe eines auf der Balanced Scorecard-Methode basierenden Controlling-Ansatzes (z. B. Definition von strategischen Zielen, Ableitung von Kennzahlen, Planung und Budgetierung, Festlegung und Ausgestaltung von Anreizmechanismen).

4.4.2 Operative Koordination auf Behandlungsprozess-Ebene

Die Steuerung von Behandlungsprozessen sowie die Koordinationsunterstützung für den Patienten stellt ein wesentliches Element des Managed Care sowie der Integrierten Versorgung zur Qualität- und Kostensteuerung dar [Mühl02, S. 66]. Um die Zusammenarbeit in Praxisnetzen zu ermöglichen und die Netzziele zu erreichen, ist es notwendig, dass Praxisnetzteilnehmer ihre Behandlungsprozesse und Informationssysteme aufeinander abstimmen und ihre operativen Tätigkeiten überbetrieblich koordinieren [LiSS04, S. 3ff.].

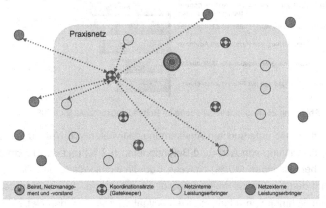

Abbildung 25: Operative Koordination auf Behandlungsprozess-Ebene

Bezogen auf den Behandlungsprozess entsteht ein Bedarf an Koordination vor allem an den Schnittstellen zwischen den Leistungserbringern im Netz. An jeder Schnittstelle kann es zu Problemen kommen, da unterschiedliche Interessen, Verhaltensweisen oder Techniken aufeinander treffen. Aufgrund dieses mangelnden Ineinandergreifens entstehen Ineffizienzen in Form von Verzögerungen, Fehltherapien oder höheren Behandlungskosten.

Neben den Koordinationsbedarfen auf Gesamtnetz-Ebene identifiziert die Praxisnetz-Studie relevante Abstimmungsaktivitäten zwischen den einzelnen Praxisnetzakteuren und deren internen und externen Kooperationspartnern entlang des Behandlungsprozesses (vgl. Abbildung 26).

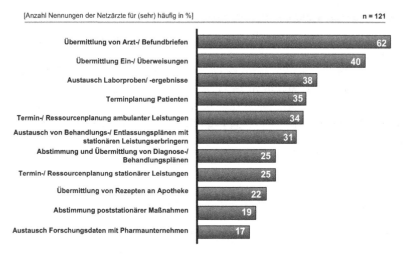

[Anzahl Nennungen der Netzärzte für (sehr) häufig in %]   n = 121

Übermittlung von Arzt-/ Befundbriefen — 62

Übermittlung Ein-/ Überweisungen — 40

Austausch Laborproben/ -ergebnisse — 38

Terminplanung Patienten — 35

Termin-/ Ressourcenplanung ambulanter Leistungen — 34

Austausch von Behandlungs-/ Entlassungsplänen mit stationären Leistungserbringern — 31

Abstimmung und Übermittlung von Diagnose-/ Behandlungsplänen — 25

Termin-/ Ressourcenplanung stationärer Leistungen — 25

Übermittlung von Rezepten an Apotheke — 22

Abstimmung poststationärer Maßnahmen — 19

Austausch Forschungsdaten mit Pharmaunternehmen — 17

Abbildung 26: Koordinationsbedarfe im Behandlungsprozess [ScBK06, S. 53]

Betrachtet man alle untersuchten Abstimmungsaktivitäten von Netzärzten, so stellen z. B. die Übermittlung von Arzt- und Befundbriefen (62 %) und die Übermittlung von Ein- und Überweisungen (40 %) typische Koordinationsbedarfe dar. Die Praxisnetz-Studie zeigt darüber hinaus weitere Koordinationsbedarfe, die im Zuge der Prävention oder im Rahmen von administrativen Aufgaben zwischen den Netzakteuren auftreten, auf die in diesem Zusammenhang nicht weiter eingegangen wird [ScBK06, S. 52].[64]

Während die Auswahl und Ausgestaltung der auf Behandlungspfad-Ebene anzuwendenden Koordinationsmechanismen auf Ebene des Gesamtnetzes stattfindet, erfolgt die operative Anwendung der in diesem Zusammenhang notwendigen Koordinationsaktivitäten auf operativer Ebene des Behandlungsprozesses.

Zentrales Organ für die operative Koordination auf Behandlungsprozessebene ist der Koordinationsarzt, sofern das Hausarztmodell bzw. die Gatekeepership im Netz als Koordinationsmechanismus und Managed Care-Instrument definiert und implementiert ist[65]. Koordinationsärzte sind für Patienten die „Eintrittspforte" in Praxisnetze und stellen in der Regel die Schnittstelle zu Fachärzten dar. Sie haben den Auftrag einer

---

[64] Die Relevanz der Koordinationsbedarfe wird bei der Betrachtung des Mengengerüsts, d. h. der Anzahl der Vorgänge p. a. im deutschen Gesundheitswesen, deutlich: 700 Mio. Rezepte, 45 Mio. Untersuchungs- und 15 Mio. Entlassungsberichte sowie 60 Mio. Überweisungen [EiKN02, S. 10ff.].

[65] Wie die Praxisnetz-Studie zeigt, nutzen 60 % der Praxisnetze in Deutschland das Hausarztsystem als Koordinationsinstrument [ScBK06, S. 16].

allumfassenden Patientensteuerung [WaLF05, S. 64]. Im Hausarztmodell fungiert der Hausarzt innerhalb des Praxisnetzes als Lotse für den Patienten und koordiniert den individuellen Behandlungsprozess und die damit verbundenen Leistungen und Akteure. Der Hausarzt soll einen Beitrag leisten, um die Schnittstellenproblematik einer sektorisierten Gesundheitsversorgung zu lösen und dabei für einen koordinierten Informationsfluss zwischen den beteiligten Leistungserbringern sorgen. Informationen werden von ihm gebündelt, Zusammenhänge zwischen Diagnosen hergestellt und geeignete Behandlungspläne in Abstimmung mit anderen Leistungserbringern und dem Patienten erstellt [LiSS04, S. 58] (vgl. Abschnitt 3.5.1).

Mangelnder Austausch von Informationen, Abstimmungsprobleme zwischen einzelnen Versorgungsstufen, zahlreiche Schnittstellen, mangelnde Vernetzung der Leistungsbereiche, Defizite an gemeinsamen Zielvorstellungen und Werthaltungen sowie fehlende Zuordnungen von Funktionen und Positionen im System der Versorgungsprozesse erschweren in ihrem Zusammenwirken eine ganzheitliche, am Einzelfall orientierte Versorgung. Das Versorgungskontinuum bzw. der vergangene und zukünftige Krankheitsverlauf des Menschen wird in der direkten Behandlung von Krankheiten kaum wahrgenommen. Doch gerade bei chronisch kranken Patienten hat die Kontinuität und Ganzheitlichkeit der Versorgung einen erheblichen Einfluss auf den Behandlungserfolg, an dem die Qualität der Behandlung zu messen ist. Fehlt es im Praxisnetz an Koordination und behandlungsübergreifender Kommunikation bei der kooperativen Leistungserstellung, überblickt jeder Leistungserbringer nur einen Ausschnitt des Behandlungsverlaufs und die Transparenz über den Gesamtprozess geht verloren [Mühl02, S. 54ff.]. Fehlende Transparenz über den gesamten Behandlungsprozess und die Entwicklung des Krankheitsbildes eines Patienten wiederum können unzureichende oder fehlende Prävention und Nachsorge zur Folge haben [MüWS01, S. 213]. Auch kommt es zu unnötigen und belastenden Doppeluntersuchungen [Mühl02, S. 52]. Ein Mangel an Koordination hat daher negative Auswirkungen auf Qualität, Effektivität und Effizienz der Patientenversorgung. Im Umkehrschluss führt eine Verbesserung der Koordination im Praxisnetz zu Kosteneinsparnissen und somit letztlich zu einer höheren Effizienz der Behandlungen im Netz [Mühl02, S. 58].

Es wird deutlich, dass dem Koordinationsarzt sowie der operativen Koordination entlang von Behandlungsprozessen eine bedeutende Rolle zukommt, um Netzziele zu erreichen und Patienten erfolgreich zu betreuen. Aus diesem Grund fokussieren die nachfolgenden Abschnitte auf die operative Koordination der Behandlungsprozess-Ebene mithilfe von Informations- und Kommunikationstechnologien.

Teil II: Prozessbasierte E-service-Logistik – ein Koordinationskonzept

„Aufgrund der enormen Fächerdifferenzierung bzw. Spezialisierung in der Medizin sind an einem konkreten Behandlungsprozess eine Vielzahl medizinischer Mitarbeiter verschiedenster Professionen aus verschiedensten Einrichtungen in den verschiedenen Versorgungssektoren beteiligt. Die [...] einrichtungsübergreifende Koordination und Transparenz des Behandlungsgeschehens [...] ist vordringliche Aufgabe der Reformierung bestehender Gesundheitssysteme." [Haas05, S. 128]

5   Prozessorientierte Koordination in Praxisnetzen

Definitorik, Relevanz der Prozessorientierung sowie die Klassifikation von vernetzten Prozessen in Praxisnetzen werden erläutert. Im Vordergrund stehen dabei die Eigenschaften von interorganisatorischen Behandlungsprozessen sowie die daraus ableitbaren Anforderungen an deren IT-Unterstützung. Anhand dieser Anforderungen werden bestehende Lösungsansätze gegenüber gestellt und bewertet.

5.1 Grundlagen

Nachfolgend wird der Prozessbegriff erläutert. Die Relevanz der Prozessorientierung bzw. der prozessorientierten Koordination im Gesundheitswesen wird dargestellt sowie eine Einordnung der Prozesse in Praxisnetzen vorgenommen.

5.1.1   Domänenneutraler Prozessbegriff

Generalisierend und domänenneutral lässt sich ein Prozess verstehen als eine Menge von Tätigkeiten, die in einer vorgegebenen Ablauffolge zu bearbeiten sind, um unter Beachtung von Richtlinien und Anweisungen eine bestimmte Dienstleistung zu erbringen oder ein bestimmtes Endprodukt zu erzeugen [Kirs99, S. 7; Schi92, S. 103]. Durch das Zusammenwirken von Menschen, Maschinen, Material und Verfahren [Schi92, S. 103] sowie die Unterstützung durch Informationstechnik, soll ein messbarer Input in einen messbaren Output transformiert und dabei Wert geschaffen werden [ScKl94, S. 24f.]. Eiff definiert den Prozess als „eine zeitlich-logische Verkettung von Tätigkeiten, die zielorientiert einen oder mehrere Inputs in ein Ergebnis transformieren, das einen Wert für den Kunden hat" [Eiff92, S. 139]. Die Aktivitäten innerhalb eines Prozesses stehen in einer Art Kunden-/Lieferantenverhältnis [ScKl94, S. 24f.], zueinander. Die einzelnen Tätigkeiten können erst dann durchgeführt werden, wenn die logisch vorhergehende Tätigkeit abgeschlossen ist. „Ebenso wie einzelne Aktivitäten durch einen Eingangszustand des Inputs sowie durch einen Ausgangszustand des Outputs definiert sind, kann jede Verkettung von Aktivitäten eindeutig durch einen Prozessbeginn (Trigger) und ein Prozessende abgegrenzt werden" [Eiff92, S. 140]. In diesem Sinn stellen Prozesse abgeschlossene, teilautonome Subsysteme dar. Diese Subsysteme setzen sich aus Aktivitäten zusammen und können ihrerseits in untergeordnete Aktivitäten zerlegt werden. Dabei leistet jede einzelne Tätigkeit direkt oder indirekt einen Beitrag zur Wertschöpfung [Hess96, S. 20; Eiff92, S. 139].

5.1.2 Domänenspezifischer Prozessbegriff

Von hoher Bedeutung für die prozessorientierte Koordination ist die Modellierung von Behandlungsprozessen (vgl. Abschnitt 6.1.5). Durch Prozessmodelle werden die Teilleistungen in eine zeitlich-logische Reihenfolge gebracht und es wird der jeweils verantwortliche Leistungserbringer zugeordnet.

In der Literatur werden zur Bezeichnung medizinischer Prozesse bzw. Prozessmodelle u. a. die Begriffe Leitlinien, klinische Pfade, Patientenbehandlungspfade, interdisziplinäre Versorgungspfade, Clinical Pathways, Critical Pathways oder Pathways of Care verwendet [GrMW03, S. 22ff.; GISS04, S. 19; John02, S. 13]. Die Begriffe stehen dabei neben der Herkunft des Ansatzes zum Teil auch für unterschiedliche Zielsetzungen und Betrachtungsperspektiven, die nachfolgend kurz skizziert werden.

5.1.2.1 Leitlinien

Leitlinien werden als nachweisbar sinnvolles Instrument des Managed Care betrachtet. Viele Arbeiten belegen, dass eine evidenzbasierte Orientierung der Behandlung deren Ergebnis, Effektivität und Effizienz optimieren kann [BeHe06, S. 6]. Mit Leitlinien bezeichnet man i. d. R. systematische Entscheidungshilfen für das Vorgehen eines Arztes bei bestimmten Indikationen. Dabei steht die medizinische Qualität im Vordergrund der Betrachtung [GISS04, S. 19]. „Leitlinien stellen den nach einem definierten, transparent gemachten Vorgehen erzielten Konsens mehrerer Experten aus unterschiedlichen Fachbereichen und Arbeitsgruppen (ggf. unter Berücksichtigung von Patienten) zu bestimmten ärztlichen Vorgehensweisen dar." [Baue99, S. 73] Zu unterscheiden sind medizinische Leitlinien und „institutions-interne" Leitlinien, die medizinische Leitlinien in Form von konkreten Handlungsanweisungen für eine bestimmte Einrichtung des Gesundheitswesens umsetzen [GrBe04, S. 54]. Medizinische Leitlinien[66] sind wissenschaftlich begründete, praxisorientierte Entschei-

---

[66] Eine Übersicht über die Leitlinien der medizinisch wissenschaftlichen Fachgesellschaften Deutschlands findet sich unter http://www.awmf-leitlinien.de.

dungshilfen bzw. Empfehlungen über die angemessene ärztliche Vorgehensweise bei speziellen gesundheitlichen Problemen [Baue99, S. 73; Rych99, S. 102]. Sie basieren in der Regel auf den Erkenntnissen der „Evidence-based Medicine"[67] und stellen damit die Dokumentation des medizinischen Wissensstandes auf Ebene inländischer und ausländischer Fachgesellschaften[68] dar [GrBe04, S. 54; Rych99, S. 102].

„Im Gegensatz zu Richtlinien sind Leitlinien zwar nicht juristisch, aber normativ verbindlich." [Perl99, S. 67] Leitlinien sind als „Handlungs- und Entscheidungskorridore" zu begreifen, die in der Regel befolgt werden sollen. In begründeten Fällen kann jedoch oder muss sogar davon abgewichen werden [LiSS04, S. 79; Bund97, S. A 2154]. Institutionsinterne Leitlinien bilden zusätzlich zu den medizinischen Leitlinien auch organisatorische Faktoren und innerbetriebliche Ressourcenallokationen zu deren Umsetzung ab [GISS04, S. 19]. Folgende Nutzenaspekte des Einsatzes von Leitlinien lassen sich exemplarisch nennen:

- Nachvollziehbarkeit und wissenschaftliche Fundierung medizinischer Behandlungsentscheidungen [BoOh02, S. 258],

- bessere (interne) Qualitätssicherung durch Evidenzbasiertheit [Szat99, S. 216],

- Sicherung von Konsistenz und Effizienz der Gesundheitsversorgung [LiSS04, S. 78],

- Hilfestellung bei der medizinischen Entscheidungsfindung, insbesondere in Gebieten mit großen Divergenzen in der Versorgungsqualität und Versorgungsroutine [LiSS04, S. 81],

- Beitrag zum Schließen von Lücken zwischen ärztlichem Tun in der Praxis und wissenschaftlicher Erkenntnis [KiOl03, S. 63f.] sowie

- Steigerung des Vertrauens in ärztliche Entscheidungen [Rych99, S. 102].

5.1.2.2   Behandlungs- und Versorgungspfade

Behandlungspfade finden bislang vornehmlich intraorganisatorisch Anwendung, z. B. in Krankenhäusern als sogenannte „Clinical Pathways" [GrBe04, S. 45]. Unter

---

[67] Evidence-based Medicine ist der gewissenhafte, ausdrückliche und vernünftige Gebrauch der gegenwärtig besten externen, wissenschaftlichen Evidenz für Entscheidungen in der medizinischen Versorgung individueller Patienten [Sack96, S. 71f.]. Evidenzbasierte Medizin beruht auf dem statistischen Nachweis medizinischer Sachverhalte aus der Praxis. Danach gilt eine Behandlung erst dann als erfolgreich, wenn sich deren Nutzen im fraglichen Umfeld bewährt hat [Szat99, S. 212].

[68] Beispielhaft seien die Deutsche Gesellschaft für Allgemeinmedizin und Familienmedizin (DEGAM) und die Arzneimittelkommission der deutschen Ärzteschaft (AkdÄ) genannt [LiSS04, S. 80].

Clinical Pathways (Klinischen Behandlungspfaden) versteht man eine auf klinische Behandlungsergebnisse gestützte, populationsbezogene sowie nach aktuell bester externer und interner wissenschaftlicher Evidenz abgesicherte Empfehlung für die interdisziplinäre Strukturierung medizinischer und pflegerischer Interventionen mit konkretem Patientenbezug [Fisc02, S. 209].

Interdisziplinäre Behandlungspfade sind abteilungs- und berufsgruppenübergreifende, medizinisch und ökonomisch abgestimmte Handlungsleitlinien für den gesamten Behandlungsablauf einer Gruppe homogener Behandlungsfälle [GrBe04, S. 45; DyWh02, S. 34]. Dabei herrschen keine festen, einmalig definierten Strukturen vor. Vielmehr findet eine kontinuierliche Modifikation und Verbesserung der Behandlungspfade auf Grundlage der praktischen Erfahrungen bei vergangenen Anwendungen und neusten wissenschaftlichen Erkenntnissen statt [GrBe04, S. 52f.].

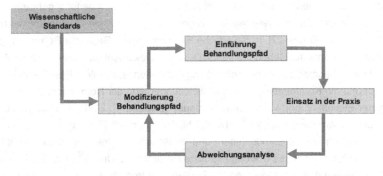

Abbildung 27: Prozess der kontinuierlichen Verbesserung von Behandlungspfaden; in Anlehnung an [GrBe04, S. 53]

Die Entwicklung klinischer Behandlungspfade erfolgt in Teams aus Vertretern verschiedener Berufsgruppen. Durch das Überschreiten funktionaler Abteilungsgrenzen werden die an der Behandlung beteiligten Akteure gezwungen, zum Wohle des Patienten und des Krankenhauses zusammen zu arbeiten. Mithilfe eines Clinical Pathway sollen nicht einzelne Teilleistungen, sondern der gesamte Behandlungsablauf inklusive aller Tätigkeiten von der Aufnahme bis zur Entlassung prozessbezogen koordiniert werden [GrBe04, S. 45].

Auch in Praxisnetzen werden Behandlungspfade unter Einbezug von Leitlinien von den Anwendern, also den Netzärzten, selbstständig in Qualitätszirkeln entwickelt [LiSS04, S. 80]. Die beschränkten finanziellen und zeitlichen Ressourcen von Praxisnetzen reichen in der Regel nicht aus, um wissenschaftlich fundierte Leitlinien selbst zu entwerfen. Daher ist es für Praxisnetze sinnvoll, zentral entwickelte medizinische Leitlinien auf die lokalen, netzspezifischen Bedürfnisse, Anforderungen und Besonderheiten zu adaptieren [LiSS04, S. 81]. Diese „Praxisnetz-Leitlinien" geben eine Empfehlung, welche diagnostischen und therapeutischen Handlungen für den einzelnen Arzt unter rationalen Gesichtspunkten sinnvoll sind.

5.1.2.3 Verfahrensanweisungen und geplante Behandlungsabläufe

Ziel ist die Optimierung der Pfade im Hinblick auf Zeit, Qualität und Kosten [GrMW03, S. 26; GlSS04, S. 19f.]. Um sicherzustellen, dass Leistungserbringer diese Pfade auch konsequent in der Praxis bei der Patientenbehandlung umsetzen, bedarf es verbindlicher Regelungen. Zu diesem Zweck können sogenannte leitlinien-basierte **Verfahrensanweisungen** zum Einsatz kommen, die die eher abstrakten, wissenschaftlich fundierten Leitlinien in operative, handlungsverbindliche Operationsregeln „übersetzen" [LiSS04, S. 82f.]. Dazu werden die einzelnen Arbeitsschritte knapp inhaltlich beschrieben, in eine Reihenfolge bezüglich der Abarbeitung gebracht und jedem Teilschritt wird ein Netzmitglied zugeordnet, das für die Ausführung verantwortlich ist [BaAm00, S. 22]. In die gleiche Richtung zielen „**Geplante Behandlungsabläufe**". Ein geplanter Behandlungsablauf ist ein „Dokument, das den üblichen Weg der Leistung multidisziplinärer Behandlung für einen speziellen Patiententyp beschreibt und die Kommentierung von Abweichungen von der Norm zum Zwecke fortgesetzter Evaluation und Verbesserung erlaubt" [BoBe02, S. 239]. Dafür werden Leitlinien zur Bestimmung der medizinischen Maßnahmen mit Prozessbeschreibungen zur Festlegung der Zuständigkeiten und zeitlichen Abfolge verknüpft [BoOh02, S. 257]. Hintergrund ist die Überlegung, dass Effizienz und Qualität einer Behandlung nicht alleine von den medizinischen Merkmalen, sondern ebenso durch ablauforganisatorische Gestaltungsmaßnahmen bestimmt werden [BoOh02, S. 256f.]. Nutzenaspekte geplanter Behandlungsabläufe:

- Sicherstellung einer gleichartigen, hochwertigen Behandlung für gleichartige Fälle [BoBe02, S. 240],

- Vermeidung doppelter, unnötiger Behandlungen [GrBe04, S. 56],

- stärkere Beteiligung des Patienten am Behandlungsprozess [BoBe02, S. 241],

- Verbesserung der interprofessionellen und interdisziplinären Zusammenarbeit [BoBe02, S. 240],

- Verbesserung der Prozesstransparenz als Voraussetzung für Transparenz über Qualität und Kosten der Behandlung [SeVo02, S. 23],

- Akzeptanzsicherung und Rückgriff auf Erfahrungspotenzial aufgrund eigenständiger Entwicklung durch Anwender [BoOh02, S. 258],

- Effizienzsteigerung und verbesserte Koordination der Behandlung durch prozessorientierte Vorgehensweise [BoOh02, S. 258],

- effiziente Ressourcensteuerung [MüWe04, S. 5],

- Unterstützung der standardisierten und zeitnahen medizinischen Dokumentation [BoOh02, S. 258],

- Unterstützung des Risikomanagements durch dokumentierte Ablaufpläne [GrBe04, S. 56],

- Vermeidung von Flüchtigkeits- oder Behandlungsfehlern bei Arztwechsel [GrBe04, S. 55],

- Ermöglichen eines internen und externen Benchmarking [Szat99, S. 216].

5.1.2.4 Versorgungsketten

Versorgungsketten stellen nach Dieffenbach eine Sonderform der einrichtungsübergreifenden Kooperation dar, bei der kein Hierarchiegefüge vorgegeben wird. Sie lenken den Blick der beteiligten Akteure über die eigene Institution hinaus auf die vor- und nachgelagerten Leistungsinstanzen, die für die „eigenen" Patienten ebenfalls zuständig sind [Dief02b, S. 55]. Dieffenbach sieht in einer Anwendung von Versorgungsketten daher den grundlegenden Schritt auf dem Weg zur Vernetzung im Gesundheitswesen und nimmt eine Unterteilung in additive und integrative Versorgungsketten vor. **Additive Versorgungsketten** entstehen zufällig durch die nicht abgestimmte Leistungserbringung von autonomen Subsystemen entlang der individuellen Behandlungsverläufe von Patienten [Dief02b, S. 55]. Die überwiegend singulären Leistungen werden dabei nur ungenügend organisationsübergreifend integriert, was Dieffenbach zu einem Vergleich mit dem Ist-Zustand der Patientenversorgung im deutschen Gesundheitswesen veranlasst. Im Gegensatz dazu können **integrative Versorgungsketten** als ein Mechanismus zur institutionalisierten Selbstabstimmung eingestuft werden. „Integrative Versorgungsketten konstituieren sich über institutionalisierte Formen der einrichtungsübergreifenden Zusammenarbeit entlang typischer Patientenpfade und werden damit jeglicher Zufälligkeit enthoben. [...] Integrative Versorgungsketten sind die tragenden Bestandteile, aus denen sich Kooperationsmodelle und Versorgungsnetze zusammensetzen." Sie symbolisieren „derzeit den Soll-Zustand auf dem Weg zu vernetzten Versorgungsstrukturen" [Dief02b, S. 55ff.].

Die vorliegende Arbeit folgt dem Verständnis integrativer Versorgungsketten und verwendet die Begriffe Behandlungsprozess und Behandlungspfad synonym. Abbildung 28 visualisiert exemplarisch das zugrunde liegende Verständnis eines interorganisatorischen Behandlungsprozesses. Er gliedert sich auf Makroebene nach den Leistungserbringern und orientiert sich an sektoralen Grenzen. Auf der Mesoebene werden die einzelnen Teilprozesse der jeweiligen Leistungserbringer abgebildet. Auf Mikroebene werden Einzelaktivitäten eines Teilprozesses dargestellt [GISS04, S. 8].

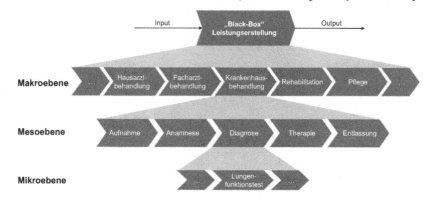

Abbildung 28: Interorganisatorischer Behandlungsprozess; in Anlehnung an [GISS04, S. 8]

Betrachtungsgegenstand ist vorwiegend der interorganisatorische Aspekt der Behandlungspfade aufgrund der Zielsetzung, die operative Koordination im Praxisnetz entlang der Behandlungsprozesse gerade an den Schnittstellen der beteiligten Leistungserbringer zu verbessern[69]. Innerorganisatorische Strukturen und Abläufe werden daher nur dann berücksichtigt, wenn diese für die interorganisatorische Koordination relevant sind.

5.1.3   Relevanz

Die Bedeutung der prozessorientierten Koordination steht in engem Zusammenhang mit den Vorteilen der Prozessorganisation – sowohl allgemein als auch in Bezug auf die Steuerung von Praxisnetzen. Organisationsstrukturen, die sich nicht am Kunden ausrichten oder dies mit unnötigen Umwegen tun, gelten als ineffektiv und nicht überlebensfähig [Eich99, S. 11]. Gewichtige Defizite funktionsorientierter Organisationen sind die Intransparenz der Verflechtungen zwischen den Organisationseinheiten und damit einhergehende Inflexibilität, Reibungsverluste durch die Schnittstellen an den Organisationsgrenzen, ein überhöhter Bedarf an Kommunikation und Koordination, zeitliche Verzögerungen in Form von Übergabe-, Warte- und Liegezeiten,

---

[69] Zur theoretischen Fundierung des Managements überbetrieblicher Prozesse vgl. [Alt04, S. 119ff.] Alt bewertet den Beitrag existierender Theorien wie z. B. der Neuen Institutionenökonomik zur Gestaltung überbetrieblicher Prozesse. Darüber hinaus ordnet er die Theorieansätze entlang der institutionellen, organisatorischen und technischen Integrationsebene ein.

redundante Ausführungen von Funktionen sowie Medienbrüche. [Sche95, S. 26; Bull95, S. 780f.]

Feuerstein sieht eine „anschlussfähige Schnittstellengestaltung" als eine „unverzichtbare Grundlage für die angemessene Informationsübertragung, die Verstehenssicherung und die Herstellung von Kontinuität in kooperativen Abläufen" [Feue94, S. 211]. Eine besondere Bedeutung kommt der Koordination im Kontext der interorganisatorischen Leistungserstellung zu. Denn Schnittstellen treten dort nicht nur zwischen den unternehmensinternen Akteuren und Abteilungen, sondern insbesondere an den Unternehmensgrenzen auf [Hirs98, S. 37], wobei es zu erheblichen Ineffizienzen kommen kann.

„Um die Reibungsverluste möglichst gering zu halten und einen effizienten Ablauf sicherzustellen, bedarf es im Fall unternehmensübergreifender Prozesse der Abstimmung zwischen den beteiligten Unternehmen." [Hirs98, S. 37]

Die Dynamik des Unternehmensumfelds, die heute in fast allen Branchen vorherrscht, hat daher die organisatorischen Gestaltungsüberlegungen in Richtung „Schnelligkeit, Reaktionsfähigkeit, Innovationsfähigkeit und Flexibilität verlagert" [Eich99, S. 11].

Die prozessorientierte Koordination als Methode der Ablaufgestaltung versucht, die o. g. Defizite zu beheben, indem sie die funktions- und bereichsisolierte Sichtweise aufgibt „zugunsten einer ganzheitlichen [prozessorientierten] Perspektive, die es erlaubt, zeitlich-logisch zusammenhängende Tätigkeiten zu integrieren" [Eiff01, S. 137; Rupp02, S. 17]. Sie bietet allgemein anerkannt erhebliche Vorteile, wovon die wichtigsten nachfolgend aufgeführt sind [PiKo99, S. 18f.; BoOh02, S. 256ff.; Eiff01, S. 140ff.; Kirs99, S. 13]:

- **Schnittstellenreduktion und verbesserte Koordination**

    o Durch die organisatorisch-konzeptionelle Reintegration von Funktionen werden Schnittstellen reduziert. Der damit verbundene Koordinationsbedarf entfällt.

    o Die bereichsübergreifende Kommunikationsnotwendigkeit wird durch eine Bündelung der Aufgaben verringert. Lange, ineffiziente Abstimmungsgespräche werden überflüssig.

    o Die Ausrichtung aller Aktivitäten auf ein gemeinsames Prozessziel führt dazu, dass die Prozessbeteiligten an einem Strang ziehen und die einzelnen Prozessteilschritte entsprechend koordiniert werden.

    o Die Steuerung der Abläufe der Leistungserstellung wird verbessert, wodurch Wirtschaftlichkeits- und Qualitätspotenziale an den Schnittstellen zwischen den Funktionsgrenzen gehoben werden.

- **Optimierung wertschöpfender Aktivitäten**

  o Durch die Orientierung an den wertschöpfenden Geschäftsprozessen können diejenigen Aktivitäten identifiziert werden, die einen direkten oder indirekten Beitrag zum Gesamtergebnis leisten. Die an der Leistungserstellung Beteiligten können sich in höherem Maße ihren Kernkompetenzen widmen.

  o Nicht-wertschöpfende (z. B. administrative) und damit ineffektive Tätigkeiten können eliminiert bzw. reduziert werden

  o Die Fokussierung auf funktionsübergreifende Wertschöpfungsprozesse im Unternehmen verbessert die Kundenorientierung.

- **Transparenz und Ganzheitlichkeit**

  o Die klare Strukturierung und Ausrichtung der Prozesse macht die Ziele und die Wege zur Zielerreichung transparent. Dies fördert das ganzheitliche, vernetzte Denken der Mitarbeiter, verdeutlicht ihren eigenen Beitrag zum Prozessergebnis und erhöht dadurch ihre Motivation und Eigenverantwortung.

  o Prozesse sind einfach und deutlich abgrenzbar. Mit ihrer Hilfe lassen sich Mängel und Verbesserungsbedarfe aufdecken und zuordnen. Die Analyse und Modifikation von Prozessen stellt einen wichtigen Ansatzpunkt für eine kontinuierliche Verbesserung der organisationalen Strukturen dar.

  o Die ganzheitliche Betrachtung der Geschäftsprozesse erleichtert die Planung, Steuerung und Kontrolle der Tätigkeit einer Organisation.

  o Prozesse und deren Modellierung sind Voraussetzung für eine effektive und effiziente Unterstützung durch Informations- und Kommunikationstechnologie.

Trotz der positiven Aspekte dominiert in der Unternehmenspraxis nach wie vor die Funktionsorientierung [BoSc06, S. 4]. Im Gesundheitssystem schlagen sich die Spezialisierung und die Aufgabenvielfalt der medizinischen Versorgung in einer funktionalen, segmentierten Differenzierung der Versorgungsstrukturen nieder (vgl. auch Abschnitt 1). Zusätzlich zur traditionell im deutschen Gesundheitswesen stark ausgeprägten Trennung in ambulanten und stationären Sektor, herrscht auch innerhalb der Sektoren eine hohe Spezialisierung auf Teilbereiche der Patientenversorgung vor

(z. B. durch Facharztdifferenzierung, Spezialkliniken) [Feue94, S. 233; PiKo99, S. 20].

Die Defizite einer überwiegend funktionalen Organisation führen im Gesundheitssektor u. a. zu erheblichen Ineffizienzen sowie Qualitätseinbußen in der Patientenversorgung. Besonders problematisch ist die Tatsache, dass für medizinische Einrichtungen, anders als z. B. für industrielle Unternehmen, im deutschen Gesundheitssystem kein Konkurrenzdruck existiert, der eine Beseitigung funktionaler Defizite bewirken könnte. Ineffizienzen stellen aufgrund fehlender finanzieller Verantwortung nur in den seltensten Fällen eine direkte Bedrohung der Existenz medizinischer Institutionen dar[70] [Feue94, S. 237]. Daher wird im Gesundheitswesen langsam von einer funktionsorientierten zur einer am Prozess und am Patienten orientierten Sichtweise umgedacht [GrHo02, S. 30f.].

Auch in der Politik gibt es seit einigen Jahren verstärkt Bemühungen, durch eine stärker prozessorientierte Gestaltung des Gesundheitssektors eine Steigerung von Effizienz und Effektivität der Versorgung zu erreichen. Dieser Ansatz manifestiert sich im Konzept der Integrierten Versorgung (vgl. Abschnitt 2.2.3). Auch Sohn hebt den Prozessgedanken hervor und verweist darauf, dass es zur Realisierung der Effizienzverbesserungen durch eine Integrierte Versorgung konkreter Schritte auf Ebene des Leistungserbringungsprozesses bedarf. Als theoretisches Fundament und Präzisierung des Transaktionskostenansatzes verweist er auf die Prozesstheorie, speziell auf den Wertketten-Ansatz von Porter[71] [Sohn06, S. 91f.].

Güntert sieht in der Ausrichtung auf die gemeinsame und ganzheitliche Betreuung von Patienten, d. h. die Optimierung der „Patientenkarriere" als Ganzes und nicht einzelner Patientenepisoden, eine große Herausforderung [Günt04, S. 100ff.]. Er empfiehlt, bereits bei der Etablierung von integrierten Versorgungssystemen mit den beteiligten Leistungserbringern ihre bisherigen berufs- und institutionsspezifischen Verhaltensweisen zu überdenken und eine neue gemeinsame Prozessorientierung zu erarbeiten, in deren Mittelpunkt die Patientenkarrieren stehen [Günt06a, S. 7]. Auch Schmalenbach sieht im Zusammenhang mit der Schnittstellenproblematik die Prozesssteuerung als zielführendes Instrument zur Optimierung von Qualität, Zeit und Kosten [Schm99, S. 211f.].

Diesem Verständnis folgend, wird in der Arbeit die prozessorientierte Koordination

---

[70] Innerhalb von Praxisnetzen stellt die Übernahme von Budgetverantwortung einen wichtigen Schritt dar, die partizipierenden Ärzte zu effizienterem Handeln zu motivieren (vgl. Abschnitt 3.5.2).

[71] Vgl. [Port00, S. 63].

als zentrale, übergeordnete Koordinationsform für die operative Koordination in Praxisnetzen verfolgt. Zu den in Abschnitt 4.3.3 definierten Koordinationsmechanismen, die der prozessorientierten Koordination zuzurechnen sind, gehören u. a.

- domänenspezifische Pläne und Richtlinien, wie medizinische Leitlinien („was ist im Sinne der Evidence Based Medicine zu tun" aus primär medizinischer Sicht),

- Behandlungspfade sowie Arbeits- und Verfahrensanweisungen („was ist wie zu tun" im ablauforganisatorischen Sinne, z. B. Anweisung zur Einholung einer „second opinion" vor der Überweisung in den stationären Sektor) sowie

- das Hausarzt- bzw. Gatekeepermodell („wer ist wofür verantwortlich", Festlegung des Koordinationsarztes als Process Owner und Lotse des Patienten entlang des gesamten Behandlungsprozesses).

5.1.4 Prozessklassifikation

Wenngleich die Behandlungsprozesse in Praxisnetzen im Vordergrund stehen, lassen sich darüber hinaus weitere Prozessgruppen und -typen unterscheiden, die für das Erreichen der Zielsetzung der jeweiligen Organisation eine Rolle spielen (vgl. Abbildung 29).

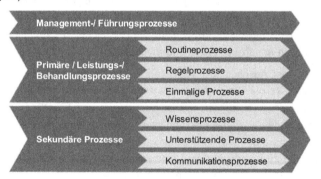

Abbildung 29: Prozessklassifikation

Management- oder Führungsprozesse dienen der Strategiebildung und -umsetzung sowie der Steuerung und Überwachung des Unternehmens auf Leitungsebene [Kirs99, S. 10]. Entsprechend den Unternehmenszielen definieren und steuern sie die Leistungs- und Supportprozesse, mit denen sie über Prozess-Schnittstellen sowie Inputs und Outputs verbunden sind [ScBo05, S. 19]. Beispiele für Management- und Führungsprozesse in Praxisnetzen sind die Zieldefinition und -abstimmung, die Auswahl und Gestaltung von Koordinationsmechanismen, wie z. B. Anreizmodelle sowie das Performance Monitoring und Reporting.

Die zweite Gruppe besteht aus **Leistungsprozessen**, die als primäre Prozessabläufe direkt wertschöpfend, meist auf den externen Kunden ausgerichtet und insofern mit den klassischen Geschäftsprozessen im Unternehmen vergleichbar sind [Koch05, S. 107; Töpf97, S. 7; Sohn06, S. 91]. In der Domäne Gesundheits- bzw. Praxisnetze handelt es sich hierbei v. a. um Behandlungsprozesse. Picot rückt von einer einheitlichen Charakterisierung von Geschäftsprozessen ab und nimmt stattdessen eine Unterteilung in Routine-, Regel- und Einmalige Prozesse vor [PiRo95, 28ff.]. Die Indikatoren von fünf „Prozessvariablen" dienen ihm dabei zur Klassifikation der Geschäftsprozesstypen [Schw01, S. 4]:

- Komplexität: Zahl, Anordnung und Abhängigkeiten der Teilaufgaben

- Prozessstabilität: Wiederholungshäufigkeit ohne Strukturveränderungen, Offenheit des Prozessergebnisses

- Detaillierungsgrad: Eindeutigkeit des erforderlichen Inputs, der Transformationsschritte und des Outputs

- Grad der Arbeitsteilung: Anzahl der am Prozess beteiligten Mitarbeiter

- Interprozessverflechtung: Schnittstellen zu anderen Prozessen

Routineprozesse lassen sich aufgrund ihrer geringen Komplexität und Veränderlichkeit sowie ihrer guten Strukturiertheit nach festen Regeln abarbeiten. Es handelt sich dabei typischerweise um standardisierte Abläufe mit klaren, flachen Strukturen (z. B. Aufnahme und Anamnese im Krankenhaus).

Im Vergleich zu Routineprozessen sind Regelprozesse häufigen Änderungen unterworfen, wobei ihre Struktur aber kontrollierbar bleibt [Schw01, S. 3]. Ein Beispiel für derartige Regelprozesse ist die Bearbeitung von Kostenübernahmeanträgen bei Hilfs- und Heilmitteln zwischen Patient, medizinischem Dienst des Kostenträgers und dem behandelnden Arzt.

Im Gegensatz zu Routineprozessen ist ein einmaliger Prozess hoch komplex, schlecht strukturiert und veränderlich, so dass sein Ablauf kaum vorherbestimmt werden kann. Typische Beispiele sind individuelle Management- oder Projektaufgaben, deren Prozessabläufe meist sehr kommunikationsintensiv von einzelnen Mitarbeitern oder Teams durchgeführt werden [Schw01, S. 3]. Der Grad der Arbeitsteilung ist dadurch im Gegensatz zu Routineprozessen gering. Während Routineprozesse häufig Interprozessverflechtungen aufweisen, besitzen einmalige Prozesse keine vorab definierbaren Schnittstellen zu anderen Prozessen.

Interorganisatorische Behandlungsprozesse in Praxisnetzen lassen sich am ehesten mit dem Geschäftsprozesstyp des „Einmaligen Prozesses" vergleichen. Sie umfassen vor allem Prozesse in den Bereichen der Anamnese, Diagnostik, Therapie, Rehabilitation und Pflege. Die Wertschöpfung des Leistungserstellungsprozesses entsteht für den Patienten durch die Aneinanderreihung von medizinischen Behandlungsaktivitäten. Insbesondere die Merkmale der hohen Komplexität und Änderungshäufigkeit besitzen sowohl für einmalige Prozesse als auch für Behandlungsprozesse eine große Relevanz. Allerdings ist der Grad der Arbeitsteilung durchaus als hoch einzustufen, weshalb Interprozessverflechtungen und zahlreiche Schnittstellen ebenfalls charakteristisch sind (vgl. 5.2 zu Prozesseigenschaften).

Die dritte Prozessgruppe umfasst sogenannte **Sekundäre Prozesse**. Dies sind Begleit- oder Supportprozesse, die der administrativen Absicherung der Management- und Leistungsprozesse dienen und somit der Zielerfüllung indirekt zuarbeiten. Koch identifiziert drei unterschiedliche Typen von sekundären Prozessen [Koch05, S. 107]. Unter Wissensprozessen versteht er „Abläufe, durch die Wissen entwickelt, genutzt, verteilt, gesichert, wieder verwendet oder evaluiert wird" (vgl. auch Abschnitt 6.3.1). Als unterstützende Prozesse bezeichnet Koch Hilfsprozesse, die beispielsweise bei der Beschaffung parallel zu den primären Prozessen ablaufen und diese dabei nicht nur unterstützen, sondern häufig überhaupt erst ermöglichen [MüBe03, S. 32; Koch05, S. 107]. Darüber hinaus besitzen steuernde und koordinierende Kommunikationsprozesse für den Informationsaustausch besonders bei einrichtungsübergreifenden Prozessabläufen eine herausragende Bedeutung, denn sie integrieren die überbetrieblichen Geschäftsprozesse mit den unterstützenden Prozessen und überwinden so die Grenzen zwischen den beteiligten Einrichtungen.

5.2 Prozesseigenschaften

Für eine prozessorientierte Koordination in Praxisnetzen ist ein Verständnis der Charakteristika von Behandlungsprozessen notwendig, u. a. um daraus Anforderungen an eine adäquate IT-Unterstützung ableiten zu können. Im Fokus stehen dabei Prozesse, die im Rahmen der Behandlung langwieriger, vor allem chronischer Krankheiten (z. B. Herzinsuffizienz, Diabetes mellitus) ablaufen. Derartige Erkrankungen stellen hohe Anforderungen an die Koordination der Abläufe in Praxisnetzen, weshalb sie als geeignetes Beispiel dienen, um die Anforderungen an die informationstechnische Unterstützung abzuleiten. Die Eigenschaften interorganisatorischer Behandlungsabläufen weisen eine hohe Ähnlichkeit mit „projekthaften Prozessen"[72] auf [Rupp02, S. 30f.]. Sie zeichnen sich daran angelehnt durch folgende

---

[72] Projekte sind zeitlich befristete, relativ innovative und risikobehaftete Aufgaben von erheblicher Komplexität [Gabl92, S. 2686]. Projekte unterscheiden sich von Prozessen in erster Linie durch ih-

Fortsetzung nächste Seite

Merkmale aus:

- Einmaligkeit

- lange Dauer

- hoher Grad der Arbeitsteilung und Vernetzung

- hohe Relevanz

- hohe Wissensintensität

- hohe Änderungshäufigkeit von Behandlungsprozessen.

Zwar können Behandlungsprozesse standardisierte Abschnitte enthalten, jedoch ist die Kombination der Teilleistungen bei Behandlungsprozessen notwendigerweise individuell und damit einmalig [Rupp02, S. 30]. Da kein Patient und kein Krankheitsverlauf einem anderen in allen Aspekten gleicht, zeichnet sich eine Behandlung stets durch **Einmaligkeit** aus [Müll01, S. 95]. Eine bezogen auf den Behandlungsprozess ganzheitliche, individualisierte Versorgungsleistung im Netz ist daher für den Patienten von besonderem Nutzen. Sie stellt eine strategische Ressource dar, die dem Praxisnetz als Differenzierungsmittel gegenüber den Wettbewerbern dient.

Bei projekthaften Prozessen nennt Rupp das Merkmal der hohen Wertigkeit und bezieht sich dabei vornehmlich auf die finanzielle Komponente, da aufgrund des Projektumfangs meist große Investitionssummen anfallen. Bei medizinischen Behandlungsprozessen liegt der Fokus der Betrachtungen jedoch sowohl bei wirtschaftlichen als auch ethisch-moralischen Gesichtspunkten. Im Kontext von Praxisnetzen wird daher nachfolgend von einer **hohen Relevanz** gesprochen, die ein Behandlungsprozess sowohl für die Arbeit der Ärzte im Netz als auch für die Wertschöpfung beim Patienten besitzt. Vor allem langwierige, behandlungsintensive und allen voran chronische Erkrankungen der eingeschriebenen Patienten schlagen sich in hohen Kosten nieder (z. B. kostspieliger Einsatz von Großgeräten, Medikamente, stationäre Aufenthalte). Je höher die Relevanz eines Prozesses ausfällt, desto höhere Risiken gehen damit einher. Medizinische Behandlungsprozesse bergen neben finanziellen auch medizinische Risiken, die beispielsweise auf ärztliches Fehlverhalten (z. B. falsche Diagnose), schädliche Doppeluntersuchungen, nicht aufeinander abgestimmte Therapiemaßnahmen, ungewollte Nebenwirkungen von Medikamenten oder mangelnde

---

re Einmaligkeit [StHa99, S. 237]. Forschungs- und Entwicklungsprojekte (z. B. in der Pharmaindustrie) oder der Anlagenbau können als Beispiele für projekthafte Prozesse angeführt werden [Rupp02, S. 30f.].

Compliance des Patienten[73] zurückzuführen sind.

Behandlungsprozesse weisen v. a. im Falle chronischer Erkrankungen eine **große zeitliche Ausdehnung** auf [Müll01, S. 95]. Im Sinne der Ganzheitlichkeit der Betreuung ist die Langfristigkeit der Patientenbeziehung auch ein erklärtes Ziel von Praxisnetzen als Organisationsform zur Umsetzung integrierter Versorgungsformen.

Da lang laufende Prozesse u. a. aufgrund der Arbeitsteiligkeit und Spezialisierung eine **hohe Wissensintensität** aufweisen, ist für ihre erfolgreiche Abwicklung viel Know-how, Fach-, Erfahrungs- und Prozesswissen notwendig [Rupp02, S. 31]. Bei medizinischen Behandlungsprozessen handelt es sich um wissensintensive Prozesse (vgl. ausführlich Kapitel 6.3.1). Am einfachsten wird dieser Umstand am Beispiel des umfangreichen Spezialwissens deutlich, dass sich jeder Facharzt während des Studiums und in jahrelanger Praxis aneignet, um es im Behandlungsprozess schließlich wertschöpfend anzuwenden.

Die Tatsache, dass sehr viel interdisziplinäres Wissen in die Prozessabläufe einfließt, macht es notwendig, viele Prozessbeteiligte als Know-how-Träger mit einzubeziehen (hoher Grad der **Arbeitsteilung**[74]). Analog zu projekthaften Prozessen [Rupp02, S. 31] sind vorrangig qualifizierte Spezialisten involviert, die sich durch langjährige Erfahrung, gutes Prozessverständnis und ausgeprägtes fachliches Wissen auszeichnen. Ein Praxisnetz stellt definitionsgemäß einen Zusammenschluss niedergelassener Ärzte unterschiedlicher Fachrichtungen dar. An einem Behandlungsprozess sind stets ein Koordinationsarzt, ein oder mehrere Fachärzte und bei Bedarf externe Institutionen des Gesundheitswesens, wie Krankenhäuser oder Rehabilitations-Einrichtungen, beteiligt. Auch der Patient selbst kann als Prozessbeteiligter angesehen werden, da er im Sinne der Co-Produzenten-These[75] als externer Faktor in die Dienstleistungserstellung integriert ist. Insgesamt kommt es bei der Abwicklung eines Behandlungsprozesses zu einer starken Arbeitsteilung mit zahlreichen Schnittstellen (vgl. Kapitel 3.7), was sich in hohen Anforderungen an die Koordination und Kommunikation der Beteiligten niederschlägt. An der Durchführung eines interorganisatorischen Geschäftsprozesses sind Organisationseinheiten verschiedener Unternehmen

---

[73] Als Patientencompliance bezeichnet man die Mitarbeit bzw. Kooperation des Patienten bei einer medizinischen Behandlung (z. B. regelmäßige Einnahme von Medikamenten, Befolgen von Ernährungsempfehlungen).

[74] Badura konstatiert, dass die „Bewältigung einer chronischen Krankheit [...] zahlreiche unterschiedliche Qualifikationen und Fertigkeiten [...] [erfordert und] sich daher nur interdisziplinär durchführen" [Badu94, S. 268] lässt.

[75] Der Kunde wird bei der Dienstleistungserstellung zum wichtigen Inputgeber und externen Produktionsfaktor und erhält in diesem Zusammenhang auch die Bezeichnung „Co-Produzent" oder „Prosument" (Produzent und Konsument) [PiZa01, S. 91].

beteiligt [Hirs98, S. 37]. Bei medizinischen Prozessen entspricht dies der Zusammenarbeit mehrerer Leistungserbringer zur gemeinsamen Leistungserstellung für den Patienten. Aufgrund der rechtlichen Autonomie und der auch wirtschaftlich hohen Selbstständigkeit der Netzmitglieder und externen Partner handelt es sich auch hier um interorganisatorische Prozesse.

Ein letztes Kennzeichen ist die **hohe Änderungshäufigkeit von Behandlungsprozessen** während der Umsetzung. Dies hat zur Folge, dass die Planung des Prozessablaufs nicht vor Beginn der Umsetzung abgeschlossen werden kann, sondern vielmehr parallel erfolgen muss. Auch das Krankheitsbild eines Patienten, welches den Kontext eines Behandlungsprozesses beschreibt, ändert sich während der Durchführung des Prozesses ständig, denn jede einzelne Teilbehandlung des Gesamtprozesses zielt ja gerade auf eine Verbesserung des Gesundheitszustandes des Patienten ab. Dabei kann es aber auch zu ungewollten Verschlechterungen, Unverträglichkeiten oder Nebenwirkungen kommen, die eine Adaption des Behandlungsprozesses (z. B. durch eine neue Therapieform) erfordern. Diese Sichtweise wird auch durch systemtheoretische Erkenntnisse gestützt. Domänenneutral erläutert Malik die Notwendigkeit, konstruktivistische Problemlösungsprozesse vor allem bei Prozessen hoher Komplexität evolutionär zu überlagern. Eine rein konstruktivis-tische, also sequenzielle Art des Vorgehens „ist deshalb unbrauchbar, weil bei der Lösung einigermaßen komplexer Probleme eben gerade wegen ihrer Komplexität, die einzelnen Schritte nicht in sich abgeschlossen behandelt werden können" [Mali02, S. 367f.]. Analog beschreibt auch das kybernetische Modell ärztlichen Handelns (vgl. Abbildung 30) einen Regelkreis, der die Informationssammlung (z. B. im Rahmen der Anamnese) als Basis zur Entscheidungsfindung nutzt, weitere diagnostische und therapeutische Maßnahmen einleitet und permanent neue Informationen über den Gesundheitszustand (bzw. Behandlungsprozesskontext) aufnimmt, bewertet und wiederum in Maßnahmen überführt [Prok05, S. 6].

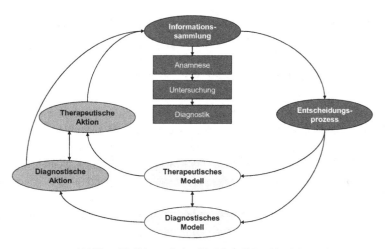

Abbildung 30: Kybernetisches Modell ärztlichen Handelns

Als übergeordnetes Merkmal von Behandlungsprozessen lässt sich aufgrund der zuvor beschriebenen Charakteristika die **Komplexität** herleiten. Die Komplexität eines Systems wird durch die Art und Anzahl der Elemente des Systems (Varietät), die Zahl der möglichen Beziehungen zwischen diesen Elementen (Konnektivität) und die Verschiedenartigkeit der Beziehungen bestimmt [Luhm80, S. 1064f.; Rupp02, S. 30]. Die Komplexität von Leistungsprozessen hängt davon ab, wie komplex die Anforderungen bzw. die Probleme der Nachfrager sind, die damit gelöst werden sollen. Schackmann führt folgende Variablen als Einflussfaktoren von Komplexität an [Scha03, S. 24f.]:

- Anzahl der Teilleistungen

- Multipersonalität

- Heterogenität der Teilleistungen

- Länge der Leistungserstellung

- Individualität der Leistung

Die Variablen machen deutlich, dass Komplexität an sich keine weitere weitgehend disjunkte Eigenschaft von Behandlungsprozessen ist. Vielmehr lassen sich die oben beschriebenen Merkmale von Behandlungsprozessen unter dem Begriff der Komplexität weitgehend subsumieren. „Komplexität bezieht sich auf die Ursachen und die zahlreichen, [insbesondere] mit chronischen Krankheiten verbundenen Problemlagen" [Müll01, S. 95]. Denn diese haben eine große Vielfalt an Aufgaben und damit komplexe Strukturen und Versorgungsabläufe in Praxisnetzen zur Folge [Mühl02,

S. 256; Rupp02, S. 30].

5.3 Anforderungen

„Ein wichtiger Ansatzpunkt [für die Effizienzverbesserung im Gesundheitswesen] ist die weitergehende Unterstützung und Verbesserung des Informations- und Kommunikationsmanagements rund um den Primärprozess direkt am Patienten." [Sohn06, S. 91].

Im Mittelpunkt des Kapitels 5.3 steht die Frage, wie die operative Koordination auf Ebene der Prozesse, insbesondere Behandlungsprozesse, durch Informations- und Kommunikationstechnologien unterstützt werden kann. Die Klärung dieser Fragestellung ist Voraussetzung für die Beantwortung der Forschungsfrage: Wie muss ein Interorganisationssystem aussehen, welches elektronische Dienste zur Koordinations- und Controllingunterstützung entlang vernetzter Behandlungsprozesse bereit stellt?

Interpretiert man den Behandlungsprozess als zentrale Koordinationsform (vgl. Abschnitt 5.1), hat die Suche nach einer angemessenen Unterstützung der Koordination durch Informationstechnologie an den spezifischen Merkmalen des Prozesses anzusetzen (vgl. Abschnitt 5.2). Deshalb werden nachfolgend Anforderungen an eine informationstechnische Unterstützung abgeleitet, die sich aus den Prozesseigenschaften ergeben (vgl. Abbildung 31). Dabei beschränken sich die Erläuterungen auf funktionale Anforderungen. Allgemeine, nicht-funktionale Kriterien, die sich beispielsweise im Hinblick auf Bedienbarkeit, Kompatibilität oder Datenschutz und Datensicherheit ergeben, werden bewusst vernachlässigt[76].

---

[76] Vgl. hierzu u. a. [Haas05, S. 79ff.]. Zu den nicht-funktionalen Anforderungen gehören u. a. auch Aspekte der Rechtssicherheit in der elektronischen Kommunikation [Thie06, S. 195ff.] und Archivierung sowie einheitliche Daten- und Kommunikationsstandards. Vgl. hierzu [GISS04, S. 72ff.].

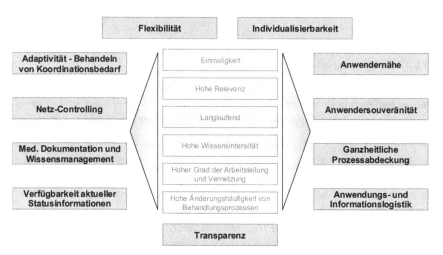

Abbildung 31: Anforderungen an die IT-Unterstützung in Praxisnetzen

Da der Behandlungsprozess als Ganzes aufgrund seiner Komplexität, Individualität und hohen Dynamik weder strukturiert noch vorab planbar ist, bestehen hohe Anforderungen an die Flexibilität und Adaptivität des unterstützenden IT-Systems [Abec02, S. 19]. So bemängelt u. a. [Trill02, S. 117] die Flexibilität in der Abbildung des Workflows für eine adäquate Prozessunterstützung (vgl. Abschnitt 6.3.2.2.1). **Flexibilität**[77] ist bei der Modellierung von Prozessen in verschiedenen Bereichen nötig. Bezogen auf die Ablauflogik soll das IT-System eine flexible Konfiguration der Teilleistungen zu einem Gesamtprozess ermöglichen, d. h. es muss möglich sein, einzelne Aktivitäten einzufügen, auszutauschen, zu eliminieren oder die Ausführungsreihenfolge zu ändern. Diese Flexibilität zum Konzeptionszeitpunkt ist von der Flexibilität während der Prozesslaufzeit zu unterscheiden. Diese erlaubt dem System die Adaption bereits modellierter Prozesse an auftretende Änderungen während der Ausführung. Kirn verweist in diesem Zusammenhang darauf, dass die Planung und Koordination der diagnostischen, therapeutischen sowie pflegerischen Behandlungsprozesse auf den aktuellen, sich im Zeitablauf unter Umständen kurzfristig ändernden Gesundheitszustand des einzelnen Patienten ausgerichtet werden müssen [Kirn05, S. 165]. Ein weiteres Flexibilitätskriterium sind die Wahlmöglichkeiten, über die ein IT-System bei der Ausführung der Prozesse verfügt (z. B. durch die Zuordnung verschiedener Rollen, Rollenträger oder die (teil-)automatisierte Durchführung).

---

[77] „Flexibilität ist die Fähigkeit eines soziotechnischen Systems, sich auf der Basis seiner Handlungsspielräume an relevante system- und umweltinduzierte Veränderungen, die sowohl Risiken als auch Chancen bedeuten können, zielgerichtet anzupassen." [Hock04, S. 25]

Übertragen auf Behandlungsprozesse in Praxisnetzen existieren in allen Bereichen erhebliche Flexibilitätsbedarfe.

Da jeder Patient und jeder Krankheitsverlauf einmalig ist, muss der Behandlungsprozess entsprechend individualisiert werden, um eine optimale Versorgung zu garantieren[78]. **Individualisierbarkeit** bezeichnet die Fähigkeit des unterstützenden Systems, Prozessabläufe an die Bedürfnisse der Patienten und ihr spezifisches Krankheitsbild anzupassen. Die konkrete Ausgestaltung eines Versorgungsprozesses im Praxisnetz ist in hohem Maß vom patientenindividuellen Behandlungskontext abhängig und kann daher ohne Einbezug des Patienten nicht abschließend modelliert werden. Sollen jedoch die Behandlungsprozesse als Planungs- und Koordinationsinstrument dienen, ist die Definition und Modellierung des Prozessverlaufes unabdingbar, wie es bei Behandlungspfaden bzw. -leitlinien bereits praktiziert wird (vgl. Kapitel 5.1.2). Dies kann prinzipiell auf zwei Arten geschehen: Entweder wird ein Referenzmodell des Behandlungsprozesses mit ausreichend Freiheitsgraden entwickelt, oder es werden Methoden berücksichtigt, die eine automatisierte Individualisierung erlauben. Da der konkrete Ablauf von Behandlungsprozessen erst zur Laufzeit bestimmt werden kann, sind dynamische Aspekte zur „Run-Time-Modellierung" zu berücksichtigen [Remu02, S. 115]. Die Modifizierbarkeit muss auch während der Prozessausführung gewahrt bleiben, um eine zeitnahe Adaption der Prozessschritte an geänderte Kontextbedingungen zu ermöglichen [Schw01, S. 10]. Dazu ist es nötig, den beteiligten Leistungserbringern, die bei der Durchführung der Behandlungsteilschritte im direkten Kontakt mit dem Patienten und seinen aktuellen Bedürfnissen stehen, die dezentrale, verteilte Bearbeitung der Prozesse zu erlauben.

Da „die Möglichkeit der Nutzung adaptiver, flexibler Informationssystem-Architekturen [...] durch eine hohe Komplexität dieser Systeme erkauft" [Kirs99, S. 39] wird, ist gleichzeitig auf die Handhabbarkeit und **Anwendernähe** des Systems zu achten. Auch angesichts der fehlenden IT-Kenntnisse medizinischer Leistungserbringer sowie der Gefahr von Akzeptanzproblemen sollte sich das System gut in den Praxisalltag integrieren lassen und möglichst einfach zu bedienen sein. Die Konfiguration der steuernden Aktivitäten muss durch den Anwender selbst definiert werden können [GISS04, S. 136]. Im Rahmen der Prozessausführung sollte ein geeignetes System dem Leistungserbringer kontextabhängige Unterstützung bieten, d. h. genau die Informationen auf einfache Weise zur Verfügung stellen, die zur Bearbeitung des jeweiligen Prozesses, Teilprozesses oder eines Aufgabenschrittes passen [Dief02a, S. 278]. Ergänzend zur Kontextorientierung kann eine Personalisie-

---

[78] Zur Anforderung der Individualisierung im Behandlungsmanagement vgl. auch [Haas05, S. 553ff.].

rung der Informationen helfen, die Informationsmenge und damit die Komplexität zu reduzieren [Dief02a, S. 278]. So kann z. B. durch ein elektronisches Prozessportal für Leistungserbringer ein personalisierter Zugang angeboten werden, der rollenspezifisch (z. B. Hausarzt, Facharzt) prozessrelevante Funktionalität und Informationen als Bausteine über Applikationsgrenzen hinweg an einer Stelle zusammenfasst. Weitergehende Personalisierungsmöglichkeiten ergeben sich durch Nutzung von Collaborative Filtering, indem für ähnliche Leistungserbringer die gleichen Dienste vorgeschlagen werden.

Die hohe Relevanz und Wissensintensität von Behandlungsprozessen machen es unerlässlich, dass der Leistungserbringer jederzeit die „Entscheidungshoheit" und die Kontrolle über die Prozessabläufe behält. Dies impliziert die generelle **Souveränität des Anwenders** gegenüber dem System, so dass dieser stets die letzte Instanz im Hinblick auf die Modifikation und endgültige Ausgestaltung des Behandlungsprozesses und der darin verwendeten IT-Funktionalitäten darstellt.[79] Das bedeutet auch, dass das Informationssystem lediglich optionale und keine bindenden Vorschläge zum Ablauf eines Prozesses unterbreiten darf, denn es soll zur Unterstützung der Abwicklung der Behandlungsprozesse dienen und die Nutzer nicht zu einer obligatorischen Abarbeitung der vorgegebenen Prozessschritte zwingen. Darüber hinaus muss der Anwender jederzeit vom System vorgeschlagene Dienste modifizieren oder eliminieren können. Der Fokus liegt auf der Unterstützung der Tätigkeiten von Leistungserbringern entlang vernetzter Behandlungsprozesse, nicht auf der Bereitstellung von Expertenwissen im Sinne eines medizinischen Expertensystems[80].

Eine besondere Herausforderung besteht für Anwendungssysteme darin, die Steuerung und das Management eines Geschäftsprozesses in seiner Gesamtheit zu übernehmen [Kirs99, S. 39]. In den meisten Fällen beschränken sich Konzepte und Lösungen der IT-Unterstützung auf die Abbildung institutionsinterner bzw. intraorganisatorischer Pfade – nicht zuletzt wegen der Begrenztheit technologischer Mittel bei der Abbildung interorganisatorischer „Workflows" [Oste97, S. 2]. Wegen der großen Bedeutung von Versorgungskontinuität für die Qualität und Effizienz der Behandlung ist die **ganzheitliche Prozessabdeckung** jedoch gerade in Praxisnetzen wichtig,

---

[79] Auch Beyer et al. zeigen im Rahmen einer Literaturanalyse, dass das adäquate Design der Benutzerinteraktion eines der meist genannten Herausforderungen von Health Information Systems ist [Beye04, S. 265]. Kirn verweist ebenfalls darauf, dass der individuellen Autonomie der Akteure bei der Gestaltung von Informationssystemen im Gesundheitswesen Rechnung zu tragen ist [Kirn05, S. 165].

[80] Vgl. [Haas05, S. 580ff.] zur Entscheidungsunterstützung durch medizinische Informationssysteme.

denn nur so ist eine effiziente Verfolgung und Steuerung der Ablauflogik und des In-
formationsflusses zu gewährleisten. Das Informationssystem sollte daher Behandlungsprozesse sektorenübergreifend und ganzheitlich abbilden, steuern und ihre
Ausführung unterstützen können (vgl. auch [GISS04, S. 136]).

Grundvoraussetzung einer erfolgreichen Zusammenarbeit ist die Kommunikation
zwischen den Prozessbeteiligten, die durch Informationstechnologie weitreichend unterstützt werden soll (**Anwendungs- und Informationslogistik**). Denn ein interdisziplinär zusammengesetztes Team kann nur dann mit Erfolg arbeiten, „wenn es gelingt, die Interaktion der Leistungserbringer derart zu fördern, dass ein intensiver Informationsaustausch bzw. Kommunikationsprozess stattfindet" [Mühl02, S. 254]. Neben den Basistechnologien zur asynchronen Kommunikation (z. B. Portale für Leistungserbringer bzw. Extranets) sind Informations- und Anwendungs-Dienste zum
richtigen Zeitpunkt im Prozess den richtigen Netzbeteiligten zur Verfügung zu stellen.
Über das passive Bereitstellen von Funktionalität und Informationen hinaus sollte ein
System zur Behandlungsprozessunterstützung selbstständig (teil-)automatisierbare
Koordinationsaufgaben übernehmen und beteiligte IT-Systeme sowie Netzakteure
proaktiv einbinden. Ein Beispiel könnte die evidenzbasierte Steuerung des Behandlungsprozesses durch Bereitstellung von Leitlinienwissen in der jeweiligen Situation
des Arztes sein [Sohn06, S. 110]. Auch Hinweise auf fällige Arztbriefe oder die Prüfung verschriebener Arzneimittel gegen die Wirkstoffliste des Praxisnetzes könnten
dadurch einen Beitrag zur Effizienzsteigerung leisten.

Eine IT-gestützte Kommunikation im Praxisnetz hat darüber hinaus dafür zu sorgen,
„dass die im Versorgungszusammenhang erfassten Informationen (Patientendaten,
Diagnosen, Medikation, Röntgenbilder, usw.) unter den beteiligten Leistungserbringern ausgetauscht und zu jeder Zeit und an jedem Ort den Berechtigten zur
Verfügung gestellt werden können" [Mühl02, S. 24]. Um ein Ineinandergreifen der
einzelnen Teilleistungen zu ermöglichen, muss außerdem eine ausreichende **Transparenz** über den gesamten Behandlungsprozess gewährleistet sein.[81] Gerade bei
komplexen Krankheitsverläufen, die sich über einen langen Zeitraum erstrecken, sind
die Transparenz der Versorgungsstrukturen und die Nachvollziehbarkeit der Entscheidungen und Informationsströme für eine Optimierung der Prozesse essenziell

---

[81] Kim spricht im Zusammenhang mit der aktuellen Situation im Gesundheitswesen von mikroökono-
    misch fundierter Intransparenz als Marktgestaltungsprinzip, die keinerlei durchgängige Gesamt-
    sicht auf die einen speziellen Patienten betreffenden medizinischen Daten und Prozessinforma-
    tionen erlaubt. Dabei kommt es entscheidend darauf an, dass die verantwortlichen Akteure zeit-,
    orts-, patienten- und problemgerecht mit allen für die konkrete Behandlungssituation erforderlichen
    Informationen versorgt werden können [Kirn05, S. 165].

[Mühl02, S. 257f.].

Die Forderung nach Transparenz impliziert die zeitnahe **Verfügbarkeit aktueller Statusinformationen** über die Instanzen laufender Behandlungsprozesse [Jaco02, S. 31ff.]. Die beteiligten Netzmitglieder und insbesondere der Gatekeeper benötigen geeignete Funktionalität, um sich jederzeit über den Prozessfortschritt informieren zu können. Dazu gehören auch proaktive Funktionalitäten (z. B. Push-Nachrichten und Alarme), die aus der großen Menge der Prozess-Statusinformationen relevante bzw. erfolgskritische Aspekte herausfiltern und an Verantwortliche im Behandlungsprozess melden. Eine große Menge an Informationen und Daten ist bei der Bearbeitung wissensintensiver Aufgaben typisch [Schw01, S. 7]. Notwendigerweise erfordert die Modellierung wissensintensiver Behandlungsprozesse daher auch eine Speicherung und zeitnahe Bereitstellung von Informationen, die kontextbezogen zu Wissen rekonstruiert werden [Remu02, S. 108].

Da die Erfassung der Daten und die Kommunikationsleistungen insgesamt 20 bis 40 % der Leistungen im Gesundheitswesen ausmachen, sind Instrumente notwendig, die die Akteure bei den zu erbringenden Leistungen sinnvoll unterstützen [DiWi02, S. 16]. Durch eine Speicherung aller prozess- und patientenbezogenen Daten mithilfe des Informationssystems sollte das medizinische Leistungsgeschehen eines Netzes dokumentiert werden (**medizinische Dokumentation**). Dokumentation muss nach Prokosch als Nebenprodukt der eigentlich Arbeit entstehen. Anwender müssen in der Lage sein, Behandlungsabläufe in einem EDV-System zu hinterlegen, und die medizinische Dokumentation durch einfaches „Wandern" entlang eines solchen Pfades zu erledigen [Prok06, S. 222]. Relevant erscheint hier, die rechtlichen Dokumentationspflichten nach § 10 Abs. 1 der (Muster-)Berufsordnung der deutschen Ärzte zu unterstützen, da die medizinische Dokumentation eine Hauptaufgabe im Behandlungsprozess darstellt [GISS04, S. 12]. Leiner verweist darauf, dass ohne eine „rechtzeitige, zuverlässige und vollständige" medizinische Dokumentation der Behandlungsauftrag und eine Patientenkoordinierung im Behandlungsprozess gar nicht durchzuführen wären [LeGH97, S. 10]. Sohn detailliert den Begriff der medizinischen Dokumentation und unterscheidet dabei inter- und intrainstitutionelle Dokumentationsarten [Sohn06, S. 94f.].

Die medizinische Dokumentation sowie die Speicherung, Explizierung und Erfassung des prozessbezogenen Wissens ist Grundvoraussetzung für ein **Wissensmanagement** auf Ebene des Praxisnetzes. Mithilfe des IT-Systems soll das „implizite Wissen des einzelnen Mitarbeiters über die Vorgehensweisen und Best Practices dokumentiert und langfristig auch anderen Netzmitgliedern zur Verfügung gestellt werden" [Remu02, S. 115]. Die Leistungserbringer können neue Erkenntnisse gewinnen und

Wissen aus- bzw. aufbauen, um dieses wieder in die nächsten Patienten-behandlungsprozesse einfließen zu lassen. Die medizinische Dokumentation ist deshalb eine primäre Funktion für die „Informations- und Wissenslogistik", die unmittelbar zur Wertschöpfung beiträgt [GISS04, S. 13]. Eine Schwierigkeit ergibt sich aus dem Umstand, dass sich sowohl fachliches, medizinisches Wissen wie auch Prozesswissen laufend ändert. Deshalb sind eine kontinuierliche Überprüfung sowie regelmäßige Updateprozesse notwendig, um die Aktualität des Wissens, das den Netzmitgliedern bereitgestellt wird, sicherzustellen [Remu02, S. 116f.].

Die hohe Relevanz des Behandlungsprozesses und das Zusammenwirken einer Vielzahl von Leistungserbringern machen ein **Netz-Controlling** erforderlich, welches durch geeignete informationstechnische Werkzeuge und Verfahren zur Verdichtung und Auswertung zu unterstützen ist (vgl. ausführliche Anforderungen an das Controlling in Abschnitt 7.2). Um den effizienten Einsatz des Informationssystems und damit die zeitliche, kapazitative und kostenoptimale Steuerung der Geschäftsprozesse gewährleisten zu können, muss das Informationssystem dem Prozessverantwortlichen geeignete Kontrolldaten zur Verfügung stellen [Kirs99, S. 37]. Metzger argumentiert, dass Ärztenetze bessere, eigene und v. a. vollständige Datengrundlagen über die gesamte Behandlungskette brauchen, um die Möglichkeiten zur Optimierung von medizinischen Versorgungsprozessen genau auszuloten, da die begrenzten Möglichkeiten, welche z. B. einzelne Kostenträger anbieten, nicht ausreichen (vgl. Abschnitt 8). Es werden Daten über das betreute Patientenkollektiv, die Behandlungspfade der Patienten sowie eine Übersicht über verschiedene Therapiemaßnahmen und deren Auswirkungen auf die Kosten benötigt [Metz06, S. 18]. Auch die Wirksamkeit der Maßnahmen, d. h. der jeweilige Therapieerfolg, ist zu dokumentieren. Zudem müssen die zeitlich-logischen Abhängigkeiten zwischen Transaktionen einer Prozesskette durch das IT-System erfassbar sein und ein Bezug zu den von den Transaktionen manipulierten Daten hergestellt werden können [Kirs99, S. 40].

Abschließend ist das automatisierte **Erkennen und Behandeln von Koordinationsbedarfen (Adaptivität)** als Anforderung zu diskutieren. Jacob fordert die Benachrichtigung durch das System bei bestimmten, v. a. kritischen Ereignissen [Jaco02, S. 31]. In vielen Fällen hat diese Information und Reaktion auch präventiven Charakter. Burkowitz zeigt in einer empirischen Analyse, dass die Kontinuität der Behandlung oftmals deshalb nicht gewährleistet ist, da Patienten nach erfolgter fachärztlicher Behandlung nicht zum Hausarzt zurückkehren oder das Resultat nicht zurückgemeldet wird. Für über die Hälfte der Ein- und Überweisungen konnte in der empirischen Untersuchung keine Rückmeldung gefunden werden [Burk99, S. 2]. Eine Anforderung ist es daher, dass Informations- und Koordinationsbedarfe, die im Praxisnetz zwischen den Netz-Akteuren auftreten (z. B. zum Versand an nachgelagerte Leistungserbringer fällige Arztbefunde), automatisiert identifiziert und geeignete (elektronische) Koordinations- und Kommunikationsmechanismen im Prozess zur Verfügung gestellt werden.

5.4 Interorganisationssysteme

Es werden die Grundlagen von Interorganisationssystemen skizziert, um anschließend die Eignung domänenspezifischer IT-Konzepte und -Lösungen vor dem Hintergrund der definierten Anforderungen an die IT-Unterstützung interorganisatorischer Behandlungsprozesse zu diskutieren und zu bewerten.

In der Literatur zur Unterstützung von Netzwerken durch Informations- und Kommunikationstechnologien hat der Begriff der Interorganisationssysteme (IOS) eine zentrale Bedeutung. Bakos definiert IOS als „(...) systems based on information technology that cross organizational boundaries and whose purpose is the exchange of information-based products or services; an IOS is an information system with more than one participating organization" [Bako87, S. 44]. Interorganisationssysteme[82] stellen damit eine Verknüpfung zwischen verschiedenen Organisationen her. Dabei werden IOS in verschiedenen Definitionen unterschiedlich weitreichend definiert [Geba96, S. 127]. Als konstituierend lassen sich folgende Merkmale zur Beschreibung eines IOS ableiten:

- Zwei oder mehrere rechtlich autonome Organisationseinheiten sind beteiligt.

- Computergestützte Informationssysteme bilden die Grundlage.

- Datentransfer oder gemeinsame Nutzung von Daten und Anwendungen sind die Zielsetzung des IOS-Einsatzes [Raup02, S. 174].[83]

Reinheimer verweist auf die Arbeiten von Cathomen, der das Begriffsverständnis noch weiter fasst [Rein98, S. 21]: „Das zweite wesentliche Kernelement von IOS neben der Dynamik ist deren Mehrdimensionalität. IOS vereinen nicht nur technologische, sondern auch organisatorische, soziale und juristische Elemente." [Cath96, S. 3][84]

Als Bausteine von IOS nennt Raupp die „Marktsprache" (Nachrichtentypen und Stan-

---

[82] Ein Überblick über die begrifflichen Varianten findet sich bei [Raup02, S. 174; Klei96, S. 39f.].

[83] Zu weiteren Merkmalen von IOS vgl. auch [Cash85, S. 200; Klei96, S. 41; Suom92, S. 94].

[84] Auch Klein folgt dieser umfassenden Definition, in der IOS sowohl durch eine organisatorische als auch eine technische Perspektive gekennzeichnet sind [Klei96, S. 40].

dards), Kommunikationsprotokolle und -applikationen, Telekommunikationsnetze und -dienste sowie Marktdienste (z. B. Informations-, Vermittlungs-, Management- oder Sicherheitsdienste) [Raup02, S. 176]. Auf eine umfassende Klassifikation von IOS wird an dieser Stelle verzichtet.[85] Während der Begriff des Interorganisationssystems im Kontext aller drei Organisationsreinformen (Markt, Hierarchie und Netzwerk) Verwendung findet, soll nachfolgend die IOS-Differenzierung entsprechend den zugrunde liegenden Formen nicht weiter vertieft werden[86]. In Anlehnung an Raupp wird daher von IuK-basierten Praxisnetzen gesprochen, in denen integrierte Mensch-Aufgabe-Technik-Systeme zur Information und Kommunikation zwischen rechtlich selbstständigen Netzwerkakteuren eingesetzt werden und hierüber eine Unterstützung oder eine Realisierung von organisationsübergreifenden wirtschaftlichen Aktivitäten ermöglichen. IOS zum Austausch von oder zur gemeinsamen Nutzung von Daten- und/oder Anwendungsdiensten unterstützen einzelne oder alle Phasen der vertikalen und/oder horizontalen interorganisatorischen Leistungskoordination zwischen den Netzwerkteilnehmern [Raup02, S. 181]. IOS erfüllen dabei Sach- (Leistungs- und Leistungsaustauschs-) und Organisations- (vor allem Koordinations-) Aufgaben in der Anbahnungs-, Vereinbarungs- und Abwicklungsphase [BoRo03, S. 155]. Durch IOS kann die Zusammenarbeit von Organisationen mittels Kommunikations-, Koordinations- und Kooperationssystemen unterstützt werden [BoSc06, S. 113].

---

[85] Vgl. [Raup02, S. 177ff.].

[86] Raupp analysiert netzwerkspezifische Besonderheiten und Anforderungen, die bei der Gestaltung von IOS zu berücksichtigen sind [Raup02, S. 163ff.]: Begrenzte Nutzungsdauer, Machtverteilung, Schnittstellenanforderungen, Systemsicherheit, Verfügungsrechte, Informationsreichhaltigkeit, räumliche Verteilung, Intensitätsgrad der Zusammenarbeit sowie Anzahl der Teilnehmer.

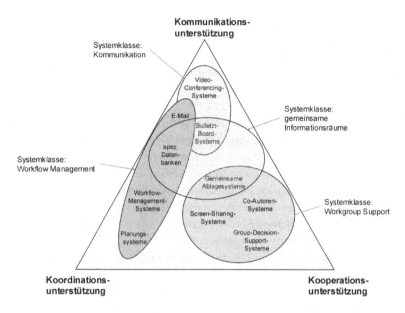

Abbildung 32: Kommunikations-, Koordinations- und Kooperationssysteme [BoSc06, S. 113]

- **Kommunikationssysteme** umfassen die Endgeräte, physische und logische Netze sowie die Software zur elektronischen Informationsübertragung räumlich getrennter Partner.

- **Kooperationssysteme im weiteren Sinne** sind computerbasierte Hilfsmittel (bestehend aus Hard- und Software), die kooperierende Partner bei der Erfüllung ihrer gemeinsamen Aufgaben unterstützen.

- **Kooperationssysteme im engeren Sinne** sind Anwendungssysteme zur Unterstützung unstrukturierter kooperativer Prozesse, bei denen die Koordination nicht oder nur wenig vom IV-System übernommen werden kann (Systeme zur Unterstützung der Leistungserbringung, wie z. B. Screen-Sharing-Systeme, Group-Decision-Support-Systeme).

- **Koordinationssysteme** werden v. a. für die Unterstützung bzw. Automatisierung der Abstimmungsprozesse der Kooperation herangezogen. Bodendorf verweist darauf, dass hierzu strukturierte Geschäftsprozesse notwendig sind, für welche das Koordinationssystem z. B. den Ablauf oder die Nutzung gemeinsamer Ressourcen steuern kann und nennt als Beispiel für derartige Systeme ein Workflow-Management-System [BoRo03, S. 151].

5.5 Bestehende Ansätze

In Praxisnetzen bzw. Arztpraxen werden bereits heute zahlreiche IT-Systeme genutzt [GISS04, S. 65ff.]. Es wird untersucht, inwieweit bestehende domänenspezifische[87] IT-Konzepte und -Lösungen die Anforderungen aus Abschnitt 5.3 erfüllen. Dieser Abschnitt beschäftigt sich mit Praxisverwaltungssystemen, elektronischen Patientenakten sowie Disease- und Case Management-Systemen[88]. Der Fokus der Betrachtung liegt dabei auf der IT-Unterstützung der prozessorientierten Koordination[89].

5.5.1 Praxisverwaltungssysteme

5.5.1.1 Grundlagen

Neunzig Prozent der niedergelassenen Ärzte in Deutschland verwenden – primär zur Abrechnung der Leistungen mit der Kassenärztlichen Vereinigung (KV) – Praxisverwaltungssysteme (PVS) bzw. Arztpraxisinformationssysteme [SaSp01, S. 125ff.]. Abbildung 33 zeigt wichtige Module und Funktionen von PVS [GISS04, S. 66ff.].

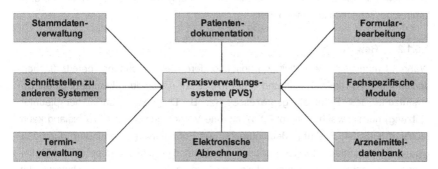

Abbildung 33: PVS-Module und –Funktionen; in enger Anlehnung an [GISS04, S. 66ff.]

Die Stammdatenverwaltung umfasst Informationen zur jeweiligen Praxis, den Kosten-

---

[87] Der Begriff der Domäne wird im Folgenden verwendet, um auf das Anwendungsgebiet der Praxisnetze spezialisierte IT-Systeme von allgemeinen, branchenneutralen IT-Systemen zu unterscheiden.

[88] Einen Überblick über wichtige medizinische Informationssysteme gibt [Vhit07]. U. a. werden Krankenhaus-Informations-Systeme (KIS), Patientendatenmanagementsysteme (PDM), Radiologie-Informations-Systeme (RIS), Picture Archiving und Communication Systeme (PACS) sowie Krankenhausverwaltungssysteme genannt. In der Analyse und Bewertung wird auf Systeme fokussiert, die für den Einsatz im niedergelassenen Bereich konzipiert und entwickelt wurden. Es werden ausschließlich Systeme betrachtet, die ein breites Aufgabenspektrum und nicht lediglich Einzeltätigkeiten (z. B. EKG-Software, elektronische Medikamentenliste) unterstützen.

[89] Anforderungen an das Controlling in Praxisnetzen werden in Abschnitt 7 behandelt.

trägern sowie zu Medikamenten bzw. Heil- und Hilfsmitteln. Darüber hinaus werden Bezugssysteme für medizinische Dokumentationszwecke sowie Abrechnungstarifwerke abgebildet. Mithilfe einer elektronischen Karteikarte werden patienten- und behandlungsbezogene Informationen wie Stammdaten, Termine, Labordaten und Befunde erfasst und gespeichert (Patientendokumentation bzw. Patientendaten- und Falldatenverwaltung). Darüber hinaus werden Formulare abgebildet, um das Ausfüllen von Rezepten, Überweisungen oder Abrechnungen zu unterstützen (z. B. werden Eingaben automatisch vervollständigt). Fachspezifische Module ermöglichen die Dokumentation im Rahmen von Disease Management-Programmen, z. B. für die Diabetes-Versorgung (vgl. Abschnitt 5.5.3). Eine Arzneimitteldatenbank ist ebenso zentrales Element eines PVS wie eine Komponente zur Abrechnung der Leistungsdaten mit der KV. Zulassungen der Kassenärztlichen Vereinigung stellen in diesem Fall die ordnungsgemäße Funktionalität der Kassenabrechnung sicher.[90] Viele PVS stellen darüber hinaus standardisierte oder individualisierbare Statistiken zur Verfügung, um Abrechnungs- und Patientdaten auszuwerten. Darüber hinaus sind in PVS Module zur Terminverwaltung enthalten. Da PVS mit zahlreichen Organisationen Daten austauschen müssen (z. B. Labor-, Geräte-, Abrechnungsdatenträger)[91], werden i. d. R. zahlreiche Schnittstellen angeboten.

5.5.1.2 Bewertung

Während administrative Aktivitäten, insbesondere die Abrechnung, bereits flächendeckend in PVS realisiert sind und in der Praxis zur Anwendung kommen, ist die Unterstützung des Behandlungsprozesses (z. B. Diagnostik- und Therapieunterstützung) nur schwach ausgeprägt. Auch eine Vernetzung der PVS ist bislang kaum realisiert [GISS04, S. 64ff.]. Medienbrüche und Formularwege verhindern durchgängige und konsistente Informationsflüsse. Unvollständige und widersprüchliche Definitionen, unterschiedliche Datenmodelle und inkompatible Systeme erschweren den ganzheitlichen Einsatz von Kommunikationsstandards [Kaed04, S. 8], deren Schnittstellen oft nur eine „Einbahnstraßen-Kommunikation" bieten [Noel04, S. 4]. Aus diesen Problemen entwickeln sich Informationsdefizite, weshalb Statistiken und Analysen nur eigens erhobene Daten berücksichtigen. Überdies bieten PVS wenig bis keine Unterstützung bei wichtigen Koordinationsaufgaben. Der Behandlungs-Teilprozess im Rahmen einer Überweisung ist für den überweisenden Arzt nur transparent, wenn dieser explizit Informationen anfordert. Die tatsächlich durchgeführten Aktivitä-

---

[90] Die Zulassungen sind u. a. für den Datenaustausch mit xDT-Standard und die Labordatenträger, Patientenstammdatenverwaltung notwendig, vgl. [Kass07a].

[91] Zu Datenformaten und Kommunikationsstandards vgl. [GISS04, S. 67; Kass07a; Arbe07; Verb06].

ten bleiben bis zur Einsicht des Arztbriefes verborgen. Zeitnahes Monitoring und das Anstoßen von Alarmen – die umgehende Benachrichtigung verantwortlicher Akteure bei kritischen Entwicklungen – sind i. d. R. nicht Teil eines PVS. Ebenso beschränkt sich ein PVS auf eine Einzelpraxis und berücksichtigt daher nicht die Anforderungen interorganisatorischer Zusammenarbeit entlang des Behandlungsprozesses.

5.5.2 Elektronische Patientenakte

5.5.2.1 Grundlagen

Medizinische Leistungserbringer dokumentieren bislang häufig ihre Befunde in jeweils eigenen Karteikarten oder Patientenakten (vgl. hierzu auch Abschnitt 3.6.5). Prokosch nennt als Nachteile der traditionellen Krankenakte u. a. Übertragungsfehler, uneindeutige bzw. missverständliche Informationsinhalte, Verlustgefahr bzw. die Problematik verteilten Arbeitens mit einer physischen Akte [Prok05, S. 3]. Demgegenüber stellt die elektronische Patientenakte (ePA) eine lebenslang begleitende Dokumentation dar, die administrative und medizinische Daten digital verwaltet und bündelt [Ward05, S. 62][92]. Ziele des Einsatzes einer ePA sind die Verbesserung der Behandlungsqualität, Effizienzsteigerungen sowie die Stärkung der Patientenrechte (nach dem Prinzip „der Bürger ist Herr seiner Daten"). Funktionale Nutzenpotenziale, die diese Ziele unterstützen, sind u. a. ein schneller und gezielter Zugriff auf Informationen, die Möglichkeit, Akten parallel und verteilt zu nutzen, verschiedene „virtuelle" Sichten auf den Datenbestand, eine höhere Transparenz und höhere Qualität der medizinischen Dokumentation sowie die Vermeidung von Medienbrüchen [Haas05, S. 202ff.].

---

[92] Zum Begriffsverständnis sei auf die umfassenden Ausführungen von Haas und Prokosch [Prok01, S. 1ff.] verwiesen. Prokosch unterscheidet arzt- und patientenmoderierte sowie einrichtungsbezogene und -übergreifende Akten. Auch primäre (zur Versorgungsunterstützung) oder sekundäre bzw. tertiäre Verwendungszwecke der Akte bilden Definitions- und Abgrenzungskriterien (z. B. für die Abrechnung und das Qualitätsmanagement) [Haas05, S 188ff.].

Elektronische Patientenakten stellen folgende Funktionen zur Verfügung (vgl. Tabelle 4):

Funktion	Beschreibung
Verwaltung und Pflege	- Eingabe persönlicher Informationen (z. B. Adresse, Angehörige) und administrativer Daten (Arbeitgeber, Krankenkasse usw.) über ein Web Interface - Upload und Zuordnung von Dokumenten (z. B. Arztbriefe, Röntgenbilder) - Strukturierter Import aus Primärsystemen (Praxis- und Klinik-EDV) - Aufnahme von Werten aus dem Labor oder von medizinischen Geräten zu Hause (z. B. Gewicht, Blutzucker)
Visualisierung und Aufbereitung	- Übersichtliche, verständliche und schnell erreichbare Gesamtdarstellung - Notfallzugriff auf relevante Daten - Druckansicht
Monitoring	- Kontraindikationscheck: Warnhinweis, falls verordnete Medikamente gegen die Diagnose oder den Zustand des Patienten sprechen - Interaktionscheck: Warnhinweis, falls verordnete Medikamente untereinander problematische Wechselwirkungen erzeugen - Erinnerungsfunktion: Benachrichtigung bei wichtigen Terminen, Medikamenteneinnahmen, Kundenaufgaben usw. über mehrere Kommunikationskanäle (z. B. E-Mail, SMS)
Berechtigungs-konzept	- Vergabe von Rollen und Sichten für behandelnde Ärzte durch den Patienten - Vergabe von Lese- und Schreibrechten über das TAN-Verfahren („Ticket-Prinzip")

Tabelle 4: Funktionen einer ePA, in Anlehnung an [Ward05, S. 67ff.]

Waegemann stellt ein **fünfstufiges Modell** vor, welches organisatorische und strukturelle Kriterien sowie konkrete Anwendungsfälle berücksichtigt und eine begriffliche Abgrenzung vornimmt. Jede Stufe kennzeichnet zudem den technologischen Entwicklungsstand [Waeg99, S. 116ff.].

- In der ersten Stufe (**Automated Medical Record**) werden Patientendaten v. a. zu administrativen Zwecken verwaltet (Patientenstamm-, Fall- und Abrechnungsdaten).

- **Computerized Medical Records** erfassen darüber hinaus gehende Patientendaten der Krankenakte ganz oder teilweise, dies aber nur aus Gründen der Archivierung oder parallel zur papiergeführten Akte.

- Ziel des **Electronic Medical Record** ist es, Herkunft, Zeitraum, Struktur und Terminologie der Daten zu dokumentieren und durch die Aufnahme umfangreicher Kontextinformationen eine angemessene Zugriffskontrolle und die Integrität der Daten zu gewährleisten. Die originäre Dokumentation findet hier nicht mehr auf Papier, sondern mithilfe strukturierter und (teil-)formalisierter IT-Funktionen statt. Darüber hinaus unterstützt die Integrationsstufe die Abbildung von Koordinationsaufgaben wie Überweisung, Arztbrief oder Rezept.

- **Electronic Patient Records** beziehen die einrichtungsübergreifende Verwendung (z. B. andere Heil- und Hilfsberufe) mit ein und setzen syntaktische und semantische Fähigkeiten voraus, um die Interoperabilität zu gewährleisten.

- In der letzten Integrationsstufe des **Electronic Health Record** wird die indikationsbezogene, medizinische Dokumentation um gesundheitsrelevante Informationen zur Prävention, Trainingsplanung und Gestaltung der Lebensgewohnheiten erweitert.

Es existieren unterschiedliche Datenhaltungskonzepte bei der Konzeption und Umsetzung einer ePA [ScSc04, S. 19f.; Gröt06, S. 22ff.]. Der zentrale Ansatz sieht vor, bestimmte Informationen in einem Kommunikationsnetz zusammenzuführen und an einem Speicherort abzulegen. Ein Berechtigungskonzept gewährt mitwirkenden Einrichtungen Zugriff auf die Patientenakten. Bei der dezentralen Lösung verbleiben die Daten an ihrem Entstehungsort. Beteiligte Einrichtungen können nach Anfrage darauf zugreifen.[93]

Unabhängig von der Entscheidung, welches Datenhaltungskonzept sich durchsetzt, soll die ePA in Deutschland im Anschluss an die Einführung der elektronischen Gesundheitskarte (eGK) in drei Stufen implementiert werden [Bund06b]. Zunächst werden Medikationsdaten, Notfalldaten, Informationen über Grunderkrankungen, Allergien oder Risiken des Versicherten abgelegt. Die zweite Phase beinhaltet die Integration von Arztbriefen zu Befunden nach Untersuchungen und nach Krankenhausaufenthalten. Dadurch wird die sektorübergreifende Kommunikation zwischen den behandelnden Ärzten sowohl im ambulanten als auch im stationären Bereich erleichtert. Insbesondere Behandlungsprozesse multimorbider Patienten, die viele Ärzte konsultieren müssen, werden durch diese Ausbaustufe unterstützt. Phase drei sieht vor, „die vollständige elektronische Patientenakte" zu realisieren, indem neben den bereits beschriebenen Informationen auch digitalisierte Röntgenbilder, Sonografieaufnahmen, EKG-Befunde oder weitere Bilddaten medizinischer Diagnosegeräte aufgenommen werden. Der zentrale Zugriff am Behandlungsprozess beteiligter Leistungserbringer ermöglicht eine bessere Verzahnung interorganisatorischer Untersuchungen und Therapien. Mehrfachuntersuchungen werden verringert [Bund06b].

---

[93] Ein vergleichender Überblick von ePa-Konzepten findet sich bei [Schw05, S. 187ff.]. Informationen zu einer aktuellen ePA-Initiative finden sich unter http://www.fallakte.de/. Darin wird die Spezifikation einer interoperablen Lösung für den effizienten, einrichtungs- und sektorübergreifenden Austausch von medizinischen Daten unter Beteiligung von Wissenschaft und Praxis erarbeitet.

5.5.2.2   Bewertung

Auf Basis der epA werden erste Ansätze zur prozessorientierten Unterstützung der Leistungserbringer und Patienten entwickelt. So bietet z. B. e-health.solutions eine zentrale epA zur organisationsübergreifenden Unterstützung von stationären Behandlungen mit ihren Arbeitsabläufen und Kommunikationsvorgängen in den Phasen der Einweisung, Durchführung und Nachsorge [Gese07]. Im Mittelpunkt stehen die Integration, Organisation und Verteilung verfügbarer klinischer Informationen. Der Ansatz zielt darauf ab, bestehende IT-Systeme zu verknüpfen und den medizinischen und administrativen Workflow sowohl im Krankenhaus als auch zur Nachsorge zu verbessern. Die realisierenden Komponenten ergänzen die epA um Workflow-Management-Module und ein System zur Auftrags- und Befundkommunikation [CIOO06]. Es ergeben sich sektorspezifische Einsatzmöglichkeiten zur Verknüpfung von Krankenhäusern (Master Patient Index MPI) oder zur Integration von externen Ärzten (Zuweiserportal) [Gese06, S. 2ff.]. Externe Ärzte können über das Zuweiserportal patientenbezogene Daten über den stationären Aufenthalt im Krankenhaus zur Planung und Steuerung der Nachbehandlung einsehen. Das Portal bildet ausgewählte Workflows ab, die behandlungsorientierte und ablauforganisatorische Aufgaben wie Terminvereinbarungen, Konsiliaranfragen[94] oder Überweisungen zur Nachsorge unterstützen.

Auch wenn das Konzept der epA im Vergleich zu PVS zahlreiche Informationsdefizite und Ineffizienzen behebt und Ansätze zur Prozessunterstützung erkennen lässt, bleiben Anforderungen offen. Zum einen sind die in epA-Systemen abgebildeten Workflows statisch und auf die Koordination von Routineprozessen oder -aufgaben beschränkt. Sie greifen punktuell wie etwa zur Abwicklung von Überweisungen oder zur Vereinbarung von Terminen und erfassen demnach nur kleine Ausschnitte eines langfristigen, sektorübergreifenden Behandlungsprozesses. Darüber hinaus stellt die epA die Daten in den Vordergrund. Nur in diesem Kontext ist die epA individuell und flexibel. Die Konfiguration und die Überwachung von Prozessen sowie die Koordination der am Leistungsgeschehen beteiligten Akteure werden unzureichend unterstützt.

---

[94] Unter einer Konsiliaranfrage versteht man das Hinzuziehen eines externen Arztes, mit dem Ziel, spezifisch medizinische Bedürfnisse von Patienten abzudecken.

5.5.3 Disease und Case Management Systeme

5.5.3.1 Grundlagen

Wie in Abschnitt 2.2 erläutert, existieren neben Praxisnetzen weitere, sich teilweise überschneidende Konzepte der Integrierten Versorgung, die den Wandel von einer funktionalen und sektoralen hin zu einer patienten- und prozessorientierten Patientenbetreuung unterstützen sollen.

Unter Disease Management wird ein integriertes Versorgungsmanagement verstanden, welches den gesamten Behandlungsprozess bei bestimmten Indikationen (z. B. Diabetes mellitus Typ 2 und 1, Brustkrebs, Koronare Herzerkrankung) von der Prävention über Therapie bis zur Pflege rational und nach dem neusten Stand der Wissenschaft gestaltet [ArLP97, S. 360; Wend97, S. 210; Mühl02, S. 138][95]. Disease Management fördert systematisch, sektorenübergreifend und populationsbezogen die kontinuierliche Versorgung von Patienten mit chronischen Erkrankungen [GISS04, S. 27]. Umgesetzt wird das Disease Management durch Programme, die auf evidenzbasierten Behandlungsleitlinien (vgl. Abschnitt 5.1.2) basieren und eine Zusammenstellung mehrerer aufeinander abgestimmter Maßnahmen beinhalten.

Arnold, Lauterbach und Preuß definieren Case Management als integriertes Gesundheitsmanagement von medizinisch schwierigen und kostenaufwändigen Einzelfällen [ArLP97, S. 358].[96] Als Strategie zur Förderung der effektiven Versorgung speziell pflegebedürftiger Patienten soll beim Case Management ein individueller Versorgungsprozess definiert, gesteuert und fortlaufend verbessert werden [Mühl02, S. 261]. Prozessverantwortlicher ist ein Case Manager, der den Patientenfall sektorenübergreifend koordiniert [GISS04, S. 27; Mühl02, S. 261]. Er sorgt dafür, dass der Patient zur richtigen Zeit, am richtigen Ort die für ihn effektivste und effizienteste Behandlung erhält [GISS04, S. 27].

Beiden Ansätzen – Case Management und Disease Management – ist die prozessorientierte Behandlungsunterstützung, die Koordination von Maßnahmen sowie die interorganisatorische, ganzheitliche Betrachtungsperspektive gemein [Szat99, S. 167]. Daher stehen diese Ansätze im Fokus der gesundheitspolitischen Diskussion [MüBe03, S. 10; GISS04, S. 27]. Neben der Optimierung der Versorgungsqualität

---

[95] Disease Management steht für eine Optimierung standardisierbarer Versorgungsabläufe für genau definierte Patientengruppen durch Interventionen auf einer der individuellen Behandlungssituation übergeordneten organisatorischen Ebene [Kass01, S. 2ff.].

[96] Zur Definition von Case Management in Kombination mit Disease Management vgl. [Kass01, S. 14].

werden vor allem die Kontrolle der damit verbundenen Kosten sowie die Kontinuität der Behandlung als Ziele des Disease und Case Managements hervorgehoben [ArLP97, S. 358; Szat99, S. 172].

Ein IT-gestütztes Behandlungsmanagement auf Basis von **Disease Management Systemen (DMS)** oder **Case Management Systemen (CMS)** umfasst die Planung, Steuerung, Überwachung und Auswertung von Behandlungsprozessen in den Bereichen Diagnostik und Therapie und orientiert sich dabei an Behandlungsplänen. Der Behandlungsplan definiert die Abfolge und den Zusammenhang durchzuführender medizinischer Maßnahmen, abgeleitet von diagnostischen bzw. therapeutischen Strategien und liegt in verschiedenen Abstraktions- und Komplexitätsstufen vor (vgl. Tabelle 5) [Haas05, S. 549ff.].

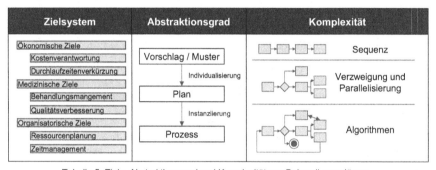

Tabelle 5: Ziele, Abstraktionsgrad und Komplexität von Behandlungsplänen;
in Anlehnung an [Haas05, S. 552ff.].

Zur IT-Unterstützung von Disease Management Programmen sind spezialisierte Systeme verfügbar, die i. d. R. über folgende Komponenten verfügen [Haas05, S. 555ff.]:

- Administration: Verwaltung und Pflege von Terminologien für medizinische Maßnahmen, Symptome, Diagnosen und Behandlungsziele

- Planverwaltung: Erstellung, Verwaltung und Bearbeitung von Behandlungsplänen

- Plangenerierung: Individualisierung von Behandlungsplänen und Prozessinstanziierung

- Dokumentation: Dokumentation der Maßnahmendurchführung und der Ergebnisse

- Planreporting: Vergleich abstrakter Pläne mit konkret durchgeführten Behandlungen

- Planimport: Schnittstelle zum Import definierter Leitlinien, Synchronisation

Die Übertragung der individualisierten und optimierten Behandlungspläne in die ePA machen einrichtungsübergreifende Versorgungspfade nutzbar. Daugs und Rittweger konstatieren, dass die elektronische Patientenakte für ein patientenorientiertes Disease Management unabdingbar sei. „Nur sie gewährleistet eine zeit- und orts-nahe Bereitstellung aller erforderlichen Daten" [DaRi04, S. 166]. Um die Distribution der Pläne und die Aktualisierung in den Informationssystemen der Leistungser-bringer zu automatisieren, ist ein Austauschformat in verarbeitbarer und konsens-fähiger Form zu entwickeln [Haas05, S. 554].

Eine weitere Herausforderung im Rahmen des IT-gestützten Behandlungsmanage-ments ist die Optimierung von patientenbezogenen Behandlungsstrukturen, insbe-sondere die Identifikation und Nutzung von Synergieeffekten gleichzeitig anzuwen-dender Pläne. Maßnahmen verschiedener Versorgungspfade, die doppelt an einem Patienten durchzuführen sind, lassen sich unter Berücksichtigung von Prioritäten und zeitlichen Aspekten mengentheoretisch vereinigen [Haas05, S. 556]. Besonders ent-scheidend ist dabei die Verteilung und Synchronisation von Behandlungspfaden in der gesamtheitlich bio-psychosozialen Versorgung von Patienten. Diese Strategie wird unter Case Management zusammengefasst und findet vor allem Anwendung bei „Schwerkranken, Behinderten, Älteren und chronisch Kranken", die von einer Vielzahl von Einrichtungen und Leistungserbringern integriert versorgt werden. Behandlungs-management und die in Versorgungsplänen abgebildeten Leitlinien können demnach auch das Case Management zur Konfiguration und Steuerung von Behandlungs-prozessen unterstützen [Haas05, S. 551].

5.5.3.2　Bewertung

Behandlungspläne sind stark prozessorientiert und gestatten die Abbildung kom-plexer Behandlungsstrukturen. Auf Basis von Stammdaten über Planbausteine und Indikationen ist es prinzipiell möglich, jeden Versorgungspfad individuell auszu-richten. Aus diesem Grund erfüllt das von Haas beschriebene Lösungskonzept der DMS-/CMS-Systeme zahlreiche Anforderungen, die in Abschnitt 5.3 gestellt werden. IT-Lösungen, die diese Individualisierungsanforderungen erfüllen, existieren derzeit nicht.[97] Des Weiteren ist bislang die Flexibilität der Systeme für Prozessänderungen zur Laufzeit nicht ausreichend, jedoch zwingend notwendig, da nicht planbare Maß-nahmen hinzugefügt werden müssen, die im patientenindividuellen Behandlungsplan ex ante nicht berücksichtigt sind [Haas05, S. 552f.]. Auch der Anforderung, sektor-übergreifende Pläne auf die beteiligten Akteure zu verteilen, steht die Problematik

---

[97]　Zu Softwarelösungen für Disease und Case Management vgl. [Butz05, S. 2ff.].

des Bedarfs einer geeigneten, bisher nur theoretisch entwickelten Synchronisationsplattform gegenüber [Haas05, S. 554]. Ebenso ist eine autonome Identifikation von Koordinationsaufgaben und die automatisierte, individuelle Integration und Bereitstellung elektronischer Dienste bislang nicht Teil derartiger Lösungen.

5.5.4　Bewertung, Defizite und Innovationspotenziale

Tabelle 6 fasst die Eignung der domänenspezifischen IT-Konzepte und -Lösungen im Hinblick auf die diskutierten Anforderungen zur Prozessunterstützung in Praxisnetzen zusammen. Dabei steht nicht die Bewertung technischer Einzellösungen und Tools, sondern die Adaptionsfähigkeit etablierter Ansätze zur Prozessunterstützung in Praxisnetzen im Vordergrund.

Anforderungen	Domänenspezifische Prozesstechnologien		
	Praxisverwaltungs-systeme	Disease / Case Management Systeme	Elektronische Patientenakte
Flexibilität	+	--	--
Automatisierte Individualisierung (Prozesse und E-Services)	--	+	-
Anwendernähe (Nutzermodellierung)	++	++	++
Anwendersouveränität	++	++	++
Verteilte, interorganisatorische Prozessabdeckung	--	-	+
Anwendungs- und Informationslogistik	--	-	+
Prozesstransparenz	--	+	+
Verfügbarkeit aktueller Statusinformationen	+	++	+
Medizinische Dokumentation und Wissensmanagement	+	+	+
Datenversorung für das Netzcontrolling	-	+	-
Behandeln von Koordinationsbedarfen	--	--	--

Tabelle 6: Bewertung domänenspezifischer IT-Konzepte und -Lösungen

Die Lösungen weisen Defizite auf, die nicht als Mängel im eigentlichen Sinne zu interpretieren sind, da die in Abschnitt 5.3 definierten Anforderungen den ursprünglichen Anwendungsbereich übersteigen. Vielmehr weisen die Defizite auf Forschungsbedarf und Innovationspotenzial hin, welche Grundlage für die Entwicklung des in Abschnitt 6 vorgestellten Ansatzes der *prozessbasierten E-Service-Logistik* darstellen (vgl. Tabelle 7):

Ausgewählte Anforderungen	IT-Status	IT-Innovationspotenziale
Flexibilität	Bestehende Lösungen sind zu starr, um individualisierte Prozessmodelle auszuführen. Sofern die Ablaufsteuerung von Prozessen überhaupt unterstützt wird (z. B. bei CMS/DMS), wird v. a. der hohen Änderungshäufigkeit während der zum Teil langen Laufzeit der Behandlungsprozesse nicht ausreichend Rechnung getragen (vgl. Abschnitt 6.3.2).	Die Flexibilität der Prozesse ist durch ein geeignetes technologisches Lösungskonzept zu verbessern, um v. a. im Zuge der Prozessausführung die Modifikation von Behandlungsprozessen zur Laufzeit zu unterstützen.
Individualisierung	Aktuell wird der Individualisierungsbedarf von Behandlungsprozessen nicht in Softwarekonzepten und -lösungen berücksichtigt. Individuelle Rahmenbedingungen erfordern individuelle Behandlungspfade (vgl. Abschnitt 6.3.1). Die Modellierung von Behandlungspfaden jenseits von Standardprozessen für Patienten ist zeitaufwändig. Verfahren zur automatisierten Suche von Behandlungsfällen mit ähnlichem Prozesskontext und deren automatisierte Anpassung existieren nicht.	Es sind Behandlungsprozess- und IT-Unterstützungsvorschläge für den patientenindividuellen Behandlungskontext automatisiert zu ermöglichen.
Anwendungs- und Informationslogistik	Bislang findet das Konzept der Serviceorientierten Architektur bzw. eine komponentenbasierte Bereitstellung von Softwarebausteinen in Praxisverwaltungs- sowie Disease-/Case-Management-Systemen kaum Anwendung (vgl. Abschnitt 6.1.2).	Die Modularisierung digitalisierbarer Leistungen ist notwendig, um die Flexibilitätsanforderungen softwareseitig zu unterstützen und die Wiederverwendung gleicher Funktionalität im Praxisnetz zu ermöglichen. Ein Konzept zur Allokation von adäquaten Informations- und Applikationsdiensten entlang des Behandlungsprozesses ist zu entwickeln.
Adaptive Behandlung von Koordinationsaufgaben	Das zeitnahe Monitoring von Prozessen und die autonome Identifikation von Koordinationsaufgaben der am Leistungsgeschehen beteiligten Akteure (z. B. durch Anstoßen von Alarmen und Benachrichtigungen) werden unzureichend unterstützt.	Koordinationsaufgaben zwischen Netz-Akteuren sind kontextbezogen zu identifizieren und proaktiv und automatisiert zu unterstützen. Ein Lösungskonzept ist zu erarbeiten, welches die Autonomie- und Adaptivitätsanforderungen erfüllt.

Tabelle 7: Anforderungen und IT-Innovationspotenziale

6   Prozessbasierte E-Service-Logistik zur Koordinationsunterstützung

Es wird das Konzept der *prozessbasierten E-Service-Logistik (PEL)* und dessen Funktionsprinzip zur Koordinationsunterstützung in Praxisnetzen erläutert (vgl. Abbildung 34).

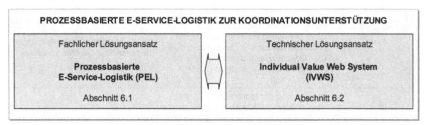

Abbildung 34: *Prozessbasierte E-Service-Logistik* zur Koordinationsunterstützung

In Abschnitt 6.1 wird der fachliche Lösungsansatz der *prozessbasierten E-Service-Logistik (PEL)* diskutiert. Um das Konzept technisch umzusetzen und die in Abschnitt 5.3 definierten Anforderungen zu erfüllen, wird in Abschnitt 6.2 das prototypisch entwickelte Individual Value Web System (IVWS) beschrieben. Es stellt den technischen Lösungsansatz zur Koordinationsunterstützung dar.

6.1   Fachlicher Lösungsansatz

Nachfolgend werden zunächst der Begriff, das der Arbeit zugrunde liegende Verständnis von *E-Services* sowie der Regelkreis der *prozessbasierten E-Service-Logistik (PEL)* erläutert, um die Ziele und Funktionsweise des Ansatzes zu vermitteln. Der Beitrag, den die *prozessbasierte E-Service-Logistik* zur Verbesserung der Koordinationsprozesse in Praxisnetzen leistet, wird diskutiert. Anschließend folgt eine Beschreibung des Modellierungskonzeptes, welches die fachlichen Anforderungen an die Koordination abbildet und damit die Schnittstelle zur technischen Implementierung darstellt (vgl. Abschnitt 6.2).

6.1.1   Begriff

Die Analyse der Anforderungen an die IT-Unterstützung (vgl. Abschnitt 5.3) und die daraus abgeleiteten Defizite in Abschnitt 5.5.4 führen zum Konzept der *prozessbasierten E-Service-Logistik* (PEL). Der Begriff ist dem Verständnis der Güterlogistik entliehen.[98] Das logistische System befasst sich in diesem Zusammenhang mit der

---

[98] Der Begriff ist darüber hinaus an den von Jablonski entwickelten Ansatz der *prozessbasierten Da-*

Fortsetzung nächste Seite

physischen Bewegung der Produkte zwischen Hersteller und Endverbraucher mit dem Ziel, das richtige Produkt zur gewünschten Zeit in der richtigen Menge an den gewünschten Ort zu schaffen [Meff91, S. 436].

Die *prozessbasierte E-Service-Logistik* dient der operativen Koordination in Praxisnetzen entlang der Behandlungsprozesse[99]. Ziel ist es, die richtigen elektronischen Dienste (*E-Services*) zur richtigen Zeit am richtigen Ort im Prozess zur Verfügung zu stellen und so die individuellen Koordinations- und Informationsbedarfe[100] der Netzakteure (z. B. Patienten, Leistungserbringer, Netzmanager) zu befriedigen (vgl. Abbildung 35).

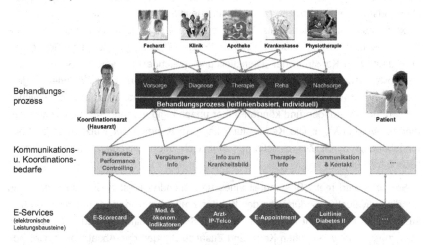

Abbildung 35: Ebenen der *prozessbasierten E-Service-Logistik*

Während im Zuge der Güterlogistik Prozesse zur Überbrückung von Raum (Transport) und Zeit (Lagerung) traditionell im Zentrum der Analyse stehen (raumzeitliche Gütertransformation), steht bei PEL der „Transport" und die bedarfsgerechte Bereitstellung immaterieller, durch Informationstechnologie repräsentierbarer Leistungen (*E-Services*[101]) im Vordergrund.

---

tenlogistik (PDL) angelehnt, da PEL konzeptionell darauf aufbaut (vgl. Abschnitt 6.3.2.2.4).

[99] Zum Prozessverständnis vgl. Ausführungen in Abschnitt 5.

[100] Zu Koordinationsbedarfen in Praxisnetzen vgl. Abschnitt 4.3 sowie Teil IV Anwendungsszenarien.

[101] Zum Begriff der *E-Services* vgl. Abschnitt 6.1.2.2.

6.1.2   E-Services

Im Rahmen der *prozessbasierten E-Service-Logistik* werden Leistungserbringern und Patienten individuelle *E-Service*-Bündel entlang des Behandlungspfades bereitgestellt. Begriffsverständnis, Klassifikation und technologische Implikationen werden nachfolgend erörtert.

6.1.2.1   Einordnung

E-Services liegt der Gedanke der Serviceorientierung zugrunde. Der Begriff der Serviceorientierung umfasst im Verständnis der vorliegenden Arbeit sowohl Aspekte des Dienstleistungsmanagements (z. B. Gesundheitsleistungen des Netzwerks als komplexe Dienstleistungsbündel) als auch IT-orientierte Aspekte (z. B. *E-Services* sowie Serviceorientierte Architektur). In einer weiten Begriffsauslegung kann ein Service mit dem deutschen Konstrukt der „Dienstleistung" gleichgesetzt werden. Services können sowohl Kern- als auch Zusatzleistungen darstellen. Kern- oder Primärleistungen, die materieller (Gut) oder immaterieller (Service) Natur sind, stiften den eigentlichen Nutzen für den Kunden und können daher unabhängig von anderen Leistungen vermarktet werden kann. Die Kernleistung kann im Rahmen der Nutzung eines Leistungsbündels durch Zusatzleistungen zeitgleich oder zeitversetzt ergänzt werden [Scho04, S. 9f.].

E-Services sind meist Bestandteil eines umfassenden Leistungsbündels, das eine auf die individuellen Bedürfnisse des Kunden maßgeschneiderte Problemlösung darstellt. Dabei bildet nicht ein Service bzw. *E-Service* alleine, sondern die zu einem Leistungsbündel verknüpften Kern- und Zusatzleistungen das Absatzobjekt, welches angeboten wird [Scho04, S. 9]. *E-Services* können einen Beitrag zur Wettbewerbsdifferenzierung leisten, indem sie das Primärleistungsspektrum erweitern und so die Kundenzufriedenheit steigern und Kundenbindung intensivieren [MeBl00, S. 279].

Ein Leistungsbündel kann sowohl Sachleistungen als auch Dienstleistungen enthalten. Diesbezüglich wird auch von „**hybriden Leistungsbündeln**" gesprochen, die digitale und konventionelle Dienstleistungen bzw. Services sowie materielle Güter kombinieren. Werden Services und *E-Services* als Sekundärleistungen ohne Bezug zu einer Primärleistung kombiniert, so spricht man von reinen Servicebündeln [Scho04, S. 70]. Im Kontext von Praxisnetzen lassen sich die entlang von Behandlungsprozessen erbrachten Leistungen des Netzes als hybride Leistungsbündel verstehen, die sich aus verschiedenen Dienstleistungen, Produkten und *E-Services* zusammensetzen können. Dienstleistungen (beratende, vor- und fürsorgende, therapeutische und pflegerische) stehen dabei jedoch im Mittelpunkt [Kuhl06, S. 9ff.].

Servicebündel können als eine Variante von Leistungsbündeln angesehen werden. Schobert weist darauf hin, dass beim Angebot elektronischer Services[102] die Nutzenbündel oftmals zur Laufzeit eines Prozesses an die Wünsche des Kunden anzupassen sind, da der Nutzer während der Anbieter-Nachfrager-Interaktion weitere Informationen entweder explizit oder implizit zur Verfügung stellt. Schrittweise lässt sich so der Bedarf des Nutzers konkretisieren. Vergleichbar mit einem Mensch-zu-Mensch-Beratungsgespräch wird auf der Basis der zusätzlichen Informationen das ursprüngliche Bündel rekonfiguriert [Scho04, S. 70]. Auch diese Erkenntnisse zeigen den hohen Grad an Flexibilität und Individualisierung, der notwendig ist, um ein den Kundenwünschen entsprechendes, Leistungs- bzw. Servicebündel zu konfigurieren. Während der Laufzeit ist die iterative Konfiguration der erforderlichen Dienste und der zugehörigen *E-Services* notwendig. Aktualisierte oder neue Prozesskontextinformationen sind aufzunehmen und in das Koordinationsmodell der Prozess- und *E-Service-Logistik* zu integrieren. Diese Handlungsflexibilität, die in erheblichem Maße die Komposition von Servicemodulen beeinflusst, lässt sich in eine sachliche und eine zeitliche Dimension untergliedern. Die sachliche Dimension hat die kombinatorischen Möglichkeiten zum Inhalt, die sich durch die Verknüpfung verschiedener Servicemodule und Teilleistungen zu Leistungsbündeln ergeben. In ihrer zeitlichen Dimension bezieht sich die Handlungsflexibilität auf die Wahl des optimalen Zeitpunktes, zu dem der externe Faktor[103] in die Leistungserstellung integriert und damit das Leistungsbündel endgültig konfiguriert und individualisiert wird [Maye93, S. 155].

6.1.2.2 Begriff

Bruhn überträgt in seiner Definition klassische Merkmale von Dienstleistungen (Leistungsbereitschaft des Dienstleistungsanbieters, Integration des externen Faktors, nutzenstiftende Wirkung an externen Faktoren) [Bode99, 2f.] auf *E-Services*. Er definiert *E-Services* als „selbständige, marktfähige Leistungen, die durch Bereitstellung von elektronischen Leistungsfähigkeiten des Anbieters (Potenzialdimension) und durch Integration eines externen Faktors mithilfe eines elektronischen Datenaustauschs (Prozessdimension) an den externen Faktoren auf eine nutzenstiftende Wirkung (Ergebnisdimension) abzielen" [Bruh02, S. 6].

---

[102] Engelhardt betont, dass generell elektronische Leistungsbündel statt einzelner Leistungen ins Zentrum der Vermarktungsbemühungen rücken [EnKR93, S. 395ff.].

[103] Die Integration eines externen Faktors besagt, dass der Kunde oder ein Objekt aus seinem Besitz direkt am Leistungserstellungsprozess beteiligt ist. Der Kunde wird zum Inputgeber und externen Produktionsfaktor und erhält in diesem Zusammenhang häufig die Bezeichnung „Co-Produzent" oder „Prosument" (Produzent und Konsument) [PiZa01, S. 91].

Krafzig definiert *E-Services* als Softwarekomponenten zur Unterstützung der einzelnen Elemente eines Prozesses. Sie bestehen aus Servicekontrakt, Schnittstellen und Implementierung und kapseln fachliche Funktionen auf grobgranularer Ebene [KrBS05, S. 56; BoSc06, S. 116]. Sie stellen dem Nutzer eines Systems Anwendungen (z. B. Kalorienrechner) und Informationen (z. B. Therapieinformationen) zur Verfügung und weisen dabei insbesondere die in Tabelle 8 skizzierten Merkmale auf [Scho04, S. 11].

Merkmal	Beschreibung
Interaktivität	Initialisierung des Leistungserstellungsprozesses durch Mensch-Maschine-Interaktion über elektronische Kundenschnittstelle
Integration des externen Faktors Information	Zumindest temporär aktives Einbringen von Informationen von und über den Nachfrager der Leistung und seine individuellen Bedürfnisse
Digitalisierbarkeit durch standardisierte Leistung	Leistung liegt zumindest während des Leistungserstellungsprozesses standardisiert in digitaler Form vor und ermöglicht die kundenseitige Nutzung von Services über elektronische Medien
Ubiquität	Zeit- und ortsunabhängige Verfügbarkeit durch Kommunikationsnetze (v. a. Internet)

Tabelle 8: Merkmale von *E-Services*; in enger Anlehnung an [Scho04, S. 11]

E-Services unterscheiden sich von klassischen Dienstleistungen durch die Digitalisierbarkeit des Leistungsergebnisses. Während klassische Services spätestens in der Durchführungsphase der Leistungserstellung der Integration eines materiellen externen Faktors bedürfen, können *E-Services* vollständig elektronisch abgewickelt werden [Scho04, S. 12]. Daher weisen elektronische Services i. d. R. geringe Grenzkosten, aber hohe Fixkosten, etwa für Entwicklung und Betrieb, auf [Öste02, S. 35]. Im Rahmen der Zuordnung von *E-Services* zu klassischen Services können zwei Arten unterschieden werden. Bei einer vollständigen Automatisierung wird der klassische durch den elektronischen Service abgelöst, so dass keinerlei menschliche Interaktion mit dem Anwender zur Erstellung des Services erforderlich ist. Darüber hinaus kann der Leistungerbringer durch *E-Services* bei der klassischen Leistungserstellung (z. B. Diagnose- und Therapieleistungen) unterstützt werden, indem beispielsweise für die Durchführung wichtige Informationen bereitgestellt werden. In Unternehmensnetzwerken beschreiben *E-Services* „überwiegend elektronisch erbrachte Dienstleistungen, die entweder im Netzwerk billiger als innerhalb eines Unternehmens erbracht werden können oder aber zur Koordination zwischen Unternehmen notwendig sind" [Öste02, S. 32].

6.1.2.3   Standardisierung und Modularisierung

Unternehmen und Netzwerke, die ihre Leistungen an den Bedürfnissen der Kunden ausrichten, müssen regelmäßig zwischen der Individualität des Produkts bzw. der Dienstleistung und den Kosten einer individualisierten Leistungserstellung abwägen. Das adäquate Verhältnis von Individualisierung und Standardisierung[104] der Leistung ist zu wählen. Während die Standardisierung auf eine ökonomisch sinnvolle Rationalisierung durch Skalen- und Erfahrungskurveneffekte abzielt, trägt die Individualisierung dazu bei, die Bedürfnisse der Kunden bestmöglich zu erfüllen [Cors98, S. 607ff.]. Schobert verweist darauf, dass zur Bestimmung des optimalen Standardisierungs- oder Typisierungsmaßes alle Möglichkeiten zur Vereinfachung (Standardisierung) genutzt werden müssen, die die Berücksichtigung der konkreten Bedürfnisse eines Kunden (Individualisierung) zulässt [Scho04, S. 81].

Im Zusammenhang mit einer effizienten Realisierung von Serviceorientierung in Organisationen ist daher das Konzept der Modularisierung von erheblicher Bedeutung. Allgemein ist Modularisierung die Zerlegung und Strukturierung von Gesamtsystemen in Teil- und Subsysteme, die Module genannt werden [Wohl99, S. 12]. Modularisierung basiert auf der Feststellung, dass der erfolgskritische Nutzen aus der kundenindividuellen Gestaltung des Leistungsergebnisses hervorgeht. Die Prozesse und Zwischenergebnisse, die zum Hervorbringen des Leistungsergebnisses notwendig sind, können hingegen standardisiert sein, ohne dass sich dies in einer Minderung des Kundennutzens niederschlägt [Gers95, S. 36]. Vor diesem Hintergrund ist es das Ziel der Modularisierung, einzelne Module bzw. Teilleistungen, die standardisiert oder individualisiert sind, in einer Art „Baukastensystem" zu einer kundenspezifisch individualisierten Gesamtleistung zu kombinieren [Scho04, S. 81; Gers95, S. 36]. Auf diese Weise können die spezifischen Bedürfnisse des Kunden exakter erfüllt und dadurch der Nutzen gegenüber einer standardisierten Leistungserbringung erheblich gesteigert werden. Durch die bedarfsorientierte Kombination von Modulen zur Ergänzung der Primärleistung entsteht ein individualisiertes Leistungsbündel, das den Anforderungen einer kundenspezifischen Problemlösung genügt [BuKl96, S. 169; Scho04, S. 81]. Dadurch ermöglicht die Modularisierung eine simultane Nutzung der Vorteile einer standardisierten und individualisierten Leistungserstellung und mindert die jeweiligen Nachteile ab. Es können sowohl Differenzierungsvorteile als Folge der Individualisierung als auch Kostenvorteile durch die Standardisierung genutzt werden (hybride Wettbewerbsvorteile).

---

[104] Standardisierung ist eine Vereinheitlichung von Gegenständen oder Verfahrensweisen [Gers95, S. 7f.].

Mayer identifiziert Flexibilität[105] als Voraussetzung, um das Spannungsfeld zwischen Individualisierung und Standardisierung zu überwinden und die Vorteile beider Strategien nutzen zu können [Maye93, S. 139]. Entsprechend dem Modularisierungs-Gedanken ist die flexible Kombination von standardisierten Service-Modulen zu einer individuellen Gesamtleistung zur Verwirklichung der Serviceorientierung sinnvoll. In dieser Arbeit spielt insbesondere die Modularisierung von IT-Komponenten zur Unterstützung der Behandlungsprozesse eine wichtige Rolle. Die heute zum Teil in monolithischen, lokal verfügbaren Systemen implementierte Applikationslogik (z. B. Termin- oder Patientenstammdatenverwaltung im Rahmen von Praxisverwaltungssystemen) sowie neue Dienste (z. B. netzspezifische Controlling-Funktionalitäten) sollen definiert, modularisiert bzw. gekapselt und über standardisierte Schnittstellen von Netz-Akteuren genutzt werden können.

6.1.2.4   Klassifikation

Es existiert eine Vielzahl von domänenunabhängigen sowie -spezifischen Merkmalen, die zur Einordnung von *E-Services* dienen. Tabelle 9 zeigt für das Verständnis des *E-Service*-Begriffes in dieser Arbeit relevante Klassifikationsmerkmale.

Domänenunabhängiges Merkmal	Ausprägungen				
Individualisierungsgrad	Standardisiert		Individualisiert		
Simultanität der Leistungserstellung	Unabhängig		Interaktiv („uno-actu")		
Marktstellung	Value-added		Stand-alone		
Rolle im Wertschöpfungsprozess	Serviceprodukt		Transaktions-Service		
SOA-Layer	Basic Service	Intermediary Service	Process-centric Service		Public Enterprise Service
Business Networking-Funktion	Basic Service	Integration Service	Business Networking Service	Information Service	Business Support Service
Technologie	Web Service	Web Service-Orchestrierung	(dynamische) Webseiten	CORBA	Enterprise Java Beans
Domänenspezifische Merkmale					
eHealth-Inhaltskategorie	Content	Community	Commerce	Care	Collaboration
Nutzer / Zielgruppe	Patient	Leistungserbringer		Netzmanager	
Unterstützter Prozess	Management-prozess	Medizinischer Behandlungsprozess		Supportprozess	

Tabelle 9: Klassifikation von *E-Services*

---

[105] „Flexibilität ist die Fähigkeit eines soziotechnischen Systems, sich auf der Basis seiner Handlungsspielräume an relevante system- und umweltinduzierte Veränderungen, die sowohl Risiken als auch Chancen bedeuten können, zielgerichtet anzupassen." [Hock04 S. 25]

Bruhn unterscheidet *E-Services* u. a. anhand folgender Kriterien [Bruh02, 12ff.]: Nach dem **Individualisierungsgrad** lassen sich standardisierte (z. B. Content-Providing für indikationsspezifische Informationen) sowie individualisierte *E-Services* (z. B. Online-Beratung) unterscheiden. Die **Simultanität der Leistungserstellung** differenziert nach dem Interaktionsmodus. Bei *E-Services* können Anbieter und Nachfrager simultan Informationen austauschen („uno actu"-Prinzip)[106] oder *E-Ser-vices* werden „unabhängig" zur Verfügung gestellt, d. h. es ist ausschließlich der Nachfrager am Prozess der Leistungserstellung durch Inanspruchnahme maschineller Leistungen beteiligt.

Bei der **Marktstellung** der elektronischen Dienstleistung lassen sich „stand-alone"- (Dienstleistung wird elektronisch angeboten und ist von anderen Produkten oder Dienstleistungen unabhängig, z. B. Online-Auktionen) und „value-added"-*E-Services* (Flankierung anderer Produkte oder Dienstleistungen, z. B. Online-Support-Services für Software) trennen (vgl. Abschnitt 6.1.2.1).

Bodendorf unterscheidet Service-Produkte und Transaktions-Services (**Rolle im Wertschöpfungsprozess**). Service-Produkte sind weitgehend immaterielle sowohl digitalisierte als auch konventionelle Dienstleistungen, die von einem Unternehmen erzeugt und verkauft werden. Transaktions-Services sind elektronische Dienste, die Transaktionsprozesse (Anbahnung, Vereinbarung, Abwicklung) mit Partnern im E-Business unterstützen [Bode05, S. 53ff.].

Jeder *E-Service* bezieht sich nach Krafzig auf einen fachlich klar abgrenzbaren Aspekt der Gesamtleistung einer Organisation. Er klassifiziert *E-Services* unter dem Aspekt, welche Funktion die Dienste im Rahmen einer **SOA** wahrnehmen (vgl. Abschnitt 6.2.2) [KrBS05, S. 67]. Basic Services repräsentieren die fachliche Implementierung und werden in datenzentrische Services zur Verwaltung beständiger Daten sowie logikzentrische Services, welche Algorithmen für komplexe Kalkulationen oder Geschäftsregeln kapseln, unterteilt [KrBS05, S. 72]. Intermediary Services sind Vermittlungsdienste, die technologische oder konzeptuelle Lücken in der Architektur schließen. Hierzu zählen z. B. Gateways, Adapter (z. B. für das Mapping von Daten) oder Services zur Funktionserweiterung [KrBS05, S. 69]. Process-centric Services kapseln das Wissen über die Geschäftsprozesse einer Organisationseinheit und kontrollieren den jeweiligen Prozessstatus (vgl. Abschnitt 6.3.2). Public Enterprise Services sind Dienste, die speziell für die Nutzung durch Kunden oder Geschäftspartner

---

[106] Das „uno-actu"-Prinzip beschreibt ein konstitutives Merkmal von Dienstleistungen. Die Erstellung und der Konsum der Leistung erfolgen zeitgleich. Daher kann die Leistung nicht im voraus „produziert" und gelagert werden [Bode99, S. 3f.].

eines Unternehmens konzipiert sind und durch entsprechende Schnittstellen die unternehmensübergreifende Integration ermöglichen. Dabei ergeben sich be-sondere Anforderungen z. B. bezüglich Sicherheit, Abrechnung oder Robustheit der Services [KrBS05, S. 81].

Alt und Österle unterscheiden verschiedene E-Services für das Business Networking. **Business Networking** wird verstanden als Koordination von Prozessen innerhalb einzelner und zwischen mehreren Unternehmen [ÖsFA00, S. 2]. Zur Unterstützung der internen und externen Beziehungen kommen *E-Services* zum Einsatz, die spezifische Geschäftsfunktionen erbringen. Basisdienste (z. B. Dienste eines Internet Service Providers) liefern die technische Infrastruktur für andere Dienste. Integrationsdienste dienen der Koordination zwischen Prozessen verschiedener Unternehmen (z. B. elektronische Produktkataloge). Business Networking Services sind Dienste, die Unternehmen für die Kooperation mit anderen Akteuren benötigt (z. B. Payment Services). Beispiele für Information Services sind Finanzinformationsdienste oder Abfrageservices für Online-Datenbanken. Business Support Services sind komplette, auslagerbare Prozesse (z. B. Lohnabrechnungsdienste) [AlÖs00, S. 65f.; Klim01, S. 14].

E-Services können auf unterschiedlichen **Technologien** basieren. In dieser Arbeit werden *E-Services* technisch in Form von Web Services oder deren Konfiguration in Form von Orchestrierungen oder Choreographien repräsentiert (vgl. Abschnitt 6.2). Zur Implementierung von *E-Services* sind jedoch prinzipiell alle Technologien nutzbar, durch die Aufrufe entfernter Dienste in verteilten Systemen realisiert werden können (z. B. dynamische Webseiten, CORBA[107] oder Enterprise Java Beans[108]).

Während die bisherigen Kriterien domänenneutraler[109] Natur sind, werden anschließend domänenspezifische Merkmale zur Einordnung von *E-Services* diskutiert. Von Relevanz ist dabei die **inhaltliche Differenzierung**. Jäckel und Schenk teilen E-Health-Angebote im Internet in folgende Ausbaustufen ein [JäSc04, S. 152]:

- Content: Informationsinhalte

- Community: interaktive Chats und Foren

---

[107] Die Common Object Request Broker Architecture (CORBA) definiert plattformübergreifende Protokolle und Dienste und ermöglicht das einfache Erstellen von verteilten Anwendungen.

[108] Enterprise Java Beans sind in der Programmiersprache Java implementierte, serverseitige Komponenten, die mit Clients kommunizieren und einen Dienst zur Verfügung zu stellen.

[109] Als domänenneutral werden Kriterien bezeichnet, die allgemein und daher branchenunabhängig gültig sind. Domänenspezifische Kriterien verweisen auf die Anwendung im Gesundheitswesen (vgl. auch Fußnote 87, S. 109).

- Commerce: kostenpflichtiges Angebot von Informationen oder Dienstleistungen

- Care: Unterstützung des eigentlichen Behandlungsprozesses

Eine Studie zum Thema „Gesundheitsportale 2001" ergänzt diese Einteilung um die Kategorie „Cycle", worunter Interaktionsprozesse innerhalb eines integrierten Netzwerkes verstanden werden [Pric01, S. 18f.; Krüg03, S. A 2671f.]. Bernhardt und Pechtl verwenden eine ähnliche Klassifikation. Sie prägen statt „Cycle" jedoch den Begriff „Connectivity" [BePe03, S. 48ff.]. Die inhaltliche Kategorisierung der *E-Services* in dieser Arbeit erfolgt in Anlehnung an die gerade erwähnten Systematisierungsansätze. Es erfolgt zudem eine weitere Einteilung in Subkategorien. An Stelle von „Cycle" bzw. „Connectivity" wird die Kategoriebezeichnung „Collaboration" gewählt, da diese die Vernetzung der Akteure im Sinne einer Integrierten Versorgung betont und zugleich die Notwendigkeit der Koordination zwischen den Akteuren deutlich macht.

Ergänzend können **Zielgruppen bzw. Nutzer** der *E-Services* unterschieden werden. In der Arbeit werden primär Patienten, Leistungserbringer und das Netzmanagement betrachtet. Die Aufzählung ist jedoch nicht vollständig, ebenso könnten z. B. Rollen für die technische Administration der Lösung Berücksichtigung finden.

Abschließend können *E-Services* auch danach klassifiziert werden, welche **Prozesse** sie unterstützen (vgl. Abschnitt 5.1.4).

- Management-Prozesse[110] (z. B. Reportingdienste für das Praxisnetz-Controlling),

- Medizinische Behandlungsprozesse (z. B. elektronischer Arztbrief),

- Support-Prozesse (z. B. *E-Services* zum Einkauf von Artikeln für den Praxisbedarf).

Zu den medizinischen Behandlungsprozessen zählen neben den krankheitsspezifischen Behandlungsprozessen auch weitere Patientenprozesse (z. B. Terminvereinbarung) innerhalb des Praxisnetzes sowie der gesamte Patientenlebenszyklus als „Makroprozess"[111].

---

[110] *E-Services*, die dem Controlling von Praxisnetzen dienen, versorgen u. a. das Netzmanagement mit relevanten Informationen zur faktenbasierten Steuerung der Netzaktivitäten (vgl. Abschnitt 8).

[111] Der Patientenlebenszyklus kann dabei als ein „Makroprozess" aufgefasst werden, in den einzelne „Life-Event-getriggerte Mikroprozesse" (Behandlungsprozesse, Reisen, etc.) eingebettet sind. Während diese Mikroprozesse in der Regel ad hoc auftreten und weitestgehend unabhängig vom Alter des Patienten sind, kann eine Unterstützung des Makroprozesses durch alters- bzw. zeitbezogene medizinische Informationen und Services angeboten werden (z. B. Informationen über und Erinnerungen an Vorsorgeuntersuchungen oder Impfungen).

6.1.2.5   Web Service-Technologie

Im Rahmen der Arbeit werden *E-Services* i. d. R. als Web Services im Rahmen einer Serviceorientierten Architektur (SOA) genutzt (vgl. Abschnitt 6.2). Web Services haben sich als geeignete Technologie zur Unterstützung verteilter und flexibler Geschäftsprozesse herausgestellt [BoSc06, S. 114ff.]. Web Services sind lose gekoppelte, wiederverwendbare Softwarekomponenten, die ihre Dienste über standardisierte Schnittstellen anbieten und über Netzwerkprotokolle aufgerufen werden können [Jeck04a; Egge06, S. 22].

Tabelle 10 zeigt die wichtigsten Differenzierungsmerkmale von Web Services aus wirtschaftlicher und technischer Sicht (vgl. Tabelle 10) [Scho04, S. 209f.; ÖsAH05, S. 4; BoSc06, S. 114; Spey04, S. 19].

Merkmale aus wirtschaftlicher Sicht	Merkmale aus technischer Sicht
- Übernahme einer klar abgrenzbaren Teilleistung aus einem Geschäftsprozess - Zeit- und/oder nutzenbasierte Verrechnung - Wiederverwendbarkeit - Möglichkeit der Einbindung in übergeordnetes Leistungsbündel - Grenzkosten aufgrund weitgehender Automatisierung und Standardisierung der Leistungserstellung nahe Null	- Modulare, selbstbeschreibende Anwendungen und Dienste - Komfortable Administration der Dienste (z. B. Suche über Service Registries bzw. Repositories) - Kapselung spezifischer Funktionalitäten - Flexibilität durch lose Kopplung[112] - Plattform-, Implementierungs- und Ortsunabhängigkeit

Tabelle 10: Merkmale von Web Services

Anders als bei herkömmlichen Konzepten der Softwareentwicklung ist die Integration bestehender Anwendungen wesentliches Entwurfsziel von Web Services [BoSc06, S. 114]. Von anderen Integrationstechnologien unterscheiden sie sich insbesondere dadurch, dass „sie in verteilten, heterogenen Umgebungen eine Unabhängigkeit von den eingesetzten Plattformen, Betriebssystemen und Programmiersprachen ermöglichen" [Egge06, S. 22]. Dies wird durch die Verwendung offener XML-Standards wie SOAP, WSDL und UDDI ermöglicht [ÖsAH05, S. 4; BoSc06, S. 119ff.][113]. Als Web Service implementierte Dienste können über standardisierte Schnittstellen dynamisch kombiniert werden, um eine komplexere Abfolge von *E-Services* prozessorientiert zu

---

[112] In der Software-Entwicklung ist mit Kopplung der Grad der Abhängigkeit der Software-Komponenten oder -Module untereinander gemeint. Bei eng gekoppelten Softwarekomponenten müssen zur Design- und Laufzeit alle Komponenten sowie zusätzliche, von diesen abhängige Objekte, vorhanden sein. Lose gekoppelte Komponenten können hingegen voneinander unabhängig arbeiten und erhöhen dadurch die Flexibilität der Gesamtlösung.

[113] Das PEL-Konzept kommuniziert über Internettechnologie mit den Netzakteuren und baut auf den in der Telematikrahmenarchitektur definierten Web Service-Standards SOAP und WSDL auf (vgl. Abschnitt 6).

konfigurieren. Es lassen sich zu diesem Zweck zwei Konfigurationsansätze unterscheiden (vgl. Abbildung 36): Web Service Orchestration (WSO) sowie Web Service Choreographie (WSC).

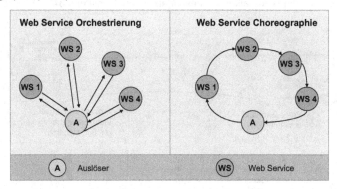

Abbildung 36: Dezentrale versus zentrale Ausführungsorganisation;
in Anlehnung an [Burg03, S. 64]

Während die **Web Service Orchestration** darauf abzielt, durch ein Prozessmodell einen zentral steuer- und ausführbaren Prozess abzubilden und mehrere Web Services geordnet aufzurufen, beschreibt die Web Service Choreographie die Zusammenarbeit im Kontext einer übergeordneten Geschäftstransaktion und die dabei zwischen den beteiligten Partnern ausgetauschten Nachrichten [NeLo05, S. 246]. Für die Web Service Orchestration ist eine zentrale Sichtweise und Ausführungsorganisation charakteristisch. Die **Web Service Choreographie** zeichnet sich hingegen durch eine dezentrale Organisation aus, bei der jeder Partner selbstständig festlegt, welche Rolle er bei der Durchführung der Services wahrnehmen will [LiWi04, S. 179]. Während bei der Orchestrierung der Auslöser des Prozesses die Verantwortung für die Koordination und Einhaltung der Ablauffolge trägt, findet bei der dezentralen Choreographie während der Prozessausführung in der Regel keine Rückkopplung der Aktivitäten mit dem Auslöser statt.[114]

---

[114] Auf detaillierte Ausführungen zur Orchestrierung und Choreographie von Web Services sowie zu den verwendeten Prozessbeschreibungsstandards (z. B. XLANG, BPML, BPEL) wird an dieser Stelle verzichtet, da sie für das Verständnis der *prozessbasierten E-Service-Logistik* nicht zwingend sind. Vgl. hierzu u. a. [Alt04, S. 194; NeLo05, S. 46ff.; LiWi04, S. 175ff.; Chan06, S. 201ff.]

6.1.3   Regelkreis-Modell

Nachfolgend wird die Anwendung des Konzepts der *prozessbasierten E-Service-Logistik* anhand eines Regelkreises beschrieben (vgl. Abbildung 37).

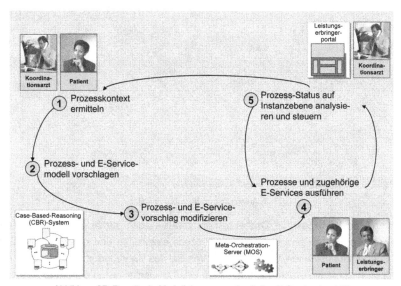

Abbildung 37: Regelkreis-Modell der *prozessbasierten E-Service-Logistik*

1. Der Regelkreis startet im Normalfall am Anfang einer Behandlungsepisode bei Beschwerden eines Patienten mit dem Besuch beim Haus- bzw. Koordinationsarzt. Nach erfolgter Anamnese und Diagnose werden die für die Behandlungsplanung relevanten Kontextparameter (im Falle einer Herzinsuffizienz u. a. Alter, Geschlecht, NYHA-Klassifikation[115], Manifestationsdauer) ermittelt und im Leistungserbringer-Portal (LE-Portal) erfasst.

2. Die Case-Based-Reasoning (CBR)-Komponente ermittelt anhand der Prozesskontext-Informationen den ähnlichsten im Praxisnetz bereits laufenden bzw. abgeschlossenen Behandlungsfall. Anschließend adaptiert das CBR-System diesen Fall (vgl. hierzu die dargestellten Adaptionsarten in Abschnitt 6.3.1) an die individuellen Gegebenheiten des aktuellen Falles. Ergebnis ist ein Behandlungsprozessvorschlag, der insbesondere die zur Unterstützung möglichen

---

[115] Die New York Heart Association (NYHA) ist eine US-amerikanische Institution, um kardiovaskuläre Erkrankungen zu reduzieren. Nach ihr ist eine klinische Einteilung des Schweregrades von Herzinsuffizienz benannt. Vgl. [Kard07].

elektronischen Dienste (*E-Services*) enthält.

3. Der Koordinationsarzt oder ein anderer Leistungserbringer kann Modifikationen vornehmen (z. B. neue Aktivitäten und *E-Services* hinzufügen, bestehende eliminieren oder die Ausführungsreihenfolge verändern). Nachdem das Behandlungsprozessmodell definiert ist, wird es instanziiert und durch die Meta-Orchestration-Komponente des Individual Value Web Systems (IVWS)[116] ausgeführt.

4. Durch die gewählten *E-Services* werden Informations- und Koordinationsaufgaben in Abhängigkeit vom Prozessmodell und -zustand zur Laufzeit abgearbeitet (z. B. Erinnerungsfunktion zum Schreiben von Arztbriefen, Information bei Veränderungen des Prozesses durch andere Leistungserbringer).

5. Der Koordinationsarzt besitzt durch das Leistungserbringer-Portal - wie alle anderen Leistungserbringer auch – Transparenz bezüglich des individuellen Behandlungsprozesses[117]. Darüber hinaus wird er proaktiv über Veränderungen im Prozessablauf informiert, um seine Lotsenfunktion wahrnehmen zu können. Parallel dazu verläuft der konventionelle Weg der Behandlung z. B. durch Diagnosen und/oder Therapien anderer Leistungserbringer. Sobald ein Netzakteur weitere Teilleistungen erbringt, verfügt er über die Möglichkeit, neue Kontextinformationen hinzuzufügen (z. B. Veränderung des Gesundheitsstatus) und den aktuell geltenden Behandlungsprozess des Patienten zu modifizieren. Der Regelkreis beginnt in diesem Fall von neuem bis die Behandlung abgeschlossen ist. Das in Abschnitt 5.3 beschriebene kybernetische Modell ärztlichen Handelns wird so durch die Lösungsarchitektur des Individual Value Web Systems umgesetzt und bildet die Behandlungsrealität ab.

Die im Zuge des Regelkreises genannten PEL-Funktionen und die zu diesem Zweck realisierten Architekturkomponenten werden in Abschnitt 6.3 erläutert.

6.1.4   Koordinationskonzept

Die prozessorientierte Koordination erfordert eine Abkehr vom Sektoren- und Funktionsdenken und stellt die interorganisatorischen Prozesse zur Versorgung des Patienten in den Mittelpunkt der Koordination in Praxisnetzen. Alt verweist auf die bedeutende Rolle der Prozessorientierung für die (Neu-)Gestaltung von Vernetzungsstrate-

---

[116] Das PEL-Konzept wird durch das „Individual Value Web System" umgesetzt. Vgl. Abschnitt 6.2.

[117] Dies gilt nur für die Leistungserbringer, die dem Patienten und dem zugehörigen Behandlungsprozess zugeordnet wurden.

gien [Alt04, S. 261][118]. Nach Österle realisieren die Prozesse im Netz operativ die auf strategischer Ebene entwickelte Kooperationsstrategie. Die Einzelaktivitäten sind dabei so zu koordinieren, dass gemeinsame strategische Ziele erreicht werden [ÖsFA01, S. 57f.].

Die Defizite bei der Koordination und Kommunikation von Behandlungsprozessen sind in Abschnitt 3.7 dargelegt. Besonders schwer wiegt in diesem Zusammenhang, dass durch die bisher dezentral gesteuerte und dokumentierte Leistungserbringung das Leistungsgeschehen sowohl für die Leistungserbringer als auch für die Patienten intransparent bleibt. Meyer führt darauf u. a. das Fehlen einer professionellen anbieterübergreifenden Steuerung der Behandlungsprozesse zurück, die an den Bedürfnissen des Patienten ausgerichtet ist [Meye04, S. 176]. Gezwungenermaßen wird die Koordinationsleistung häufig vom Patienten selbst erbracht. Aber auch die IT-Unterstützung zur Prozessgestaltung zeigt erhebliche Schwächen, während die Bedeutung der Informationstechnologie zunimmt [Hess96, S. 4]. Es existiert bislang kein konsensfähiges Konzept, wie die prozessorientierte Koordination in Praxisnetzen durch den Einsatz von Informationstechnologie über die vorgestellten (Teil-) Lösungen hinaus unterstützt werden kann.[119]

Im Mittelpunkt dieses Abschnitts steht daher die Frage, wie die prozessorientierte Koordination durch den elektronischen Koordinationsmechanismus der *prozessbasierten E-Service-Logistik* verbessert werden kann.

Der Behandlungsprozess bildet die gedankliche Klammer aller zusammengehörigen Koordinationsaufgaben im Rahmen der Behandlung eines Patienten. Die Koordination findet – bildlich formuliert – an der Kante zwischen zwei oder ggf. auch mehreren Akteuren (z. B. zwischen Koordinationsarzt und Facharzt) statt (vgl. Abbildung 38) [120]. Diese Koordinationsbedarfe werden durch einen oder mehrere *E-Services* unterstützt.

---

[118] Die Bedeutung der prozessorientierten Koordination wurde in Abschnitt 5.1.3 erläutert.

[119] Dies verwundert umso mehr, als bereits 1996 bemängelt wurde, dass der Fokus neuer Kommunikationssysteme auf abrechnungstechnischen Prozeduren liegt. Außerdem sollten im Zuge des Forum 2000 Wege in die Informationsgesellschaft für das deutsche Gesundheitswesen diskutiert werden. Als vordringliches Ziel wurden „Patienten orientierte Versorgungsabläufe und ihre Vernetzung" genannt [Diet00].

[120] Im Konzept der *prozessbasierten E-Service-Logistik* geht es nicht – wie z. B. im Rahmen der EPK-Methode [BoSc06, S. 46ff.] – primär um die Anordnung der Ereignisse und Aktivitäten im Prozess. Da für die interorganisatorische Koordination v. a. die Abstimmung zwischen Akteuren im Praxisnetz Koordinationsbedarf hervorruft, ist vor allem die Ablauffolge bzw. Beziehung der Akteure entscheidend. Der Prozess im Netz über alle Leistungserbringer hinweg wird daher abgebildet (vgl. Abschnitt 6.1.5).

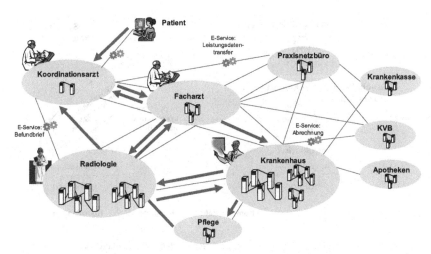

Abbildung 38: Koordination und IT-Unterstützung im Netz

Die Verknüpfung aller Kanten zwischen den Netzwerk-Akteuren in einem Prozessmodell stellt den Gesamtzusammenhang der Koordinationsaufgaben für eine Instanz des Behandlungsprozesses dar. Es wird definiert, welche Netzwerk-Akteure miteinander interagieren und welche Koordinationsaufgaben sich daraus ableiten. Koordinationsaufgaben werden durch individualisierte *E-Service*-Bündel unterstützt. Leistungserbringern und Patienten werden zum richtigen Zeitpunkt im Behandlungsprozess Informationen und Funktionalität zur Verfügung gestellt. Dabei wird das Prinzip der Modularisierung[121] angewandt, indem standardisierte *E-Service*-Module kombiniert werden. Die Ablauflogik des individuellen Behandlungspfades wird in eine *E-Service-Logistik* übertragen. Es findet dabei eine Verknüpfung[122] der medizinisch-fachlichen Elemente des Prozessmodells[123] (z. B. medizinische Dienstleistungen wie Blutuntersuchung) mit den relevanten *E-Services* statt (vgl. Abschnitt 6.1.2).

Um den Mehrwert der *prozessbasierten E-Service-Logistik* für die Unterstützung der Behandlungsprozesse in Praxisnetzen aufzuzeigen, bietet sich die Einordnung entlang der in Abschnitt 5.4 bereits diskutierten Systemkategorien an (vgl. Abbildung 39).

---

[121] Zur Modularisierung vgl. Abschnitt 6.1.2.3.

[122] Zur Serviceorientierung im technischen Sinne (z. B. SOA, *E-Services*) vgl. Abschnitt 6.2.

[123] Zur fachlichen und technischen Repräsentation des Prozessmodells vgl. 6.1.5.

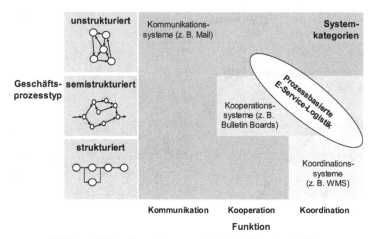

Abbildung 39: Einordnung der *prozessbasierten E-Service-Logistik*

Bislang werden Koordinationssysteme (z. B. WMS) nur für strukturierte, standardisierte Prozesse mit Wiederholungs- und Routinecharakter realisiert. Unstrukturierte bzw. zur Designzeit nicht exakt vorausplanbare Prozesse können nur bedingt in Prozessmodellen abgebildet werden. Derartige Prozesse werden bislang zumeist durch Kooperationssysteme unterstützt, da die Koordination nicht oder nur bedingt vom IT-System übernommen werden kann (z. B. Bulletin Boards, Video-Konferenzsysteme, Work Group Decision Systeme).

Die *prozessbasierte E-Service*logistik zielt darauf ab, auch unstrukturierte bzw. semistrukturierte Behandlungsprozesse durch ein Koordinationssystem für Praxisnetze zu unterstützen. Abstimmungsprozesse zur operativen Durchführung der Kooperation sind abzubilden und vollständig oder zumindest teilweise zu automatisieren. Voraussetzung für die Ausgestaltung der PEL-Lösung als Koordinationsinstrument ist die automatisierte Individualisierung und flexible Ausführungsunterstützung von unstrukturierten bzw. semistrukturierten Behandlungsprozessen.

In Anlehnung an die von Bodendorf und Robra-Bissantz definierten Koordinations-prozesse und -aufgaben wird in Tabelle 11 aufgezeigt, inwiefern die prozessbasierte *E-Service-Logistik* die Koordination in Praxisnetzen konkret unterstützt [BoRo03, S. 155ff.].

Koordinationsprozess: Management von Erzeuger-Verbraucher-Beziehungen		
Koord.-Aufgabe	**Bestehende Koordinationssituation**	**PEL-Koordinationsbeitrag**
Ablaufsteuerung, Leistungsfestlegung und -spezifikation	Sofern das Hausarzt-Modell implementiert ist, wird die Leistungsfestlegung und -spezifikation durch den Koordinationsarzt übernommen. Eine Ablaufsteuerung netzübergreifender Behandlungsprozesse oder eine Unterstützung der Leistungsfestlegung und -definition findet auf Netzebene i. d. R. ohne wesentliche IT-Unterstützung statt.	Leistungserbringer können mithilfe der Lösung medizinische Leistungen festlegen, spezifizieren und netzweit an relevante Akteure kommunizieren. PEL übernimmt die Ablaufsteuerung der definierten Prozess-Elemente (z. B. medizinische Leistungen, *Kundenaufgaben*) und die Ausführung elektronischer Dienste. Das Konstrukt der *Koordinationsaufgabe* ermöglicht die kontextsensitive Identifikation von Koordinationsbedarfen (z. B. Alarme).
Koordinationsprozess: Management zeitlicher Abhängigkeiten		
Koord.-Aufgabe	**Bestehende Koordinationssituation**	**PEL-Koordinationsbeitrag**
Benachrichtigung, Fortschritts-kontrolle, Tracking und Tracing	Benachrichtigungen und Fortschrittskontrollen in Behandlungsprozessen finden – wenn überhaupt – durch persönliche Interaktion oder postalische bzw. patientengeführte Übermittlung von Arzt- und Befundbriefen (mit entsprechender Verzögerung) statt. Ein Tracking und Tracing des Status aller in Behandlung befindlichen Patienten eines Leistungserbringers im Netz findet nicht statt bzw. wird systemtechnisch nicht unterstützt.	Leistungserbringer können jederzeit den Status der jeweiligen Patientenprozess-Instanz einsehen. Über Vor- und Nachbedingungen wird u. a. die termingerechte Abarbeitung von im Prozess notwendigen Arbeiten überprüft und dem Verantwortlichen sowie dem Koordinationsarzt avisiert.
Koordinationsprozess: Management der Logistik und der Informationssuche		
Koord.-Aufgabe	**Bestehende Koordinationssituation**	**PEL-Koordinationsbeitrag**
Physische Lager-haltung und Lieferkonzepte (z. B. Just in time), Verteilung immaterieller Leistungen	Informationen werden bislang ansatzweise über Intranetanwendungen oder Webseiten oder in Ausnahmefällen über – dezentral oder zentral geführte – ePA bereitgestellt. Eine prozess-, rollen- und nutzerspezifische Bereitstellung von Informationen für Patienten und Leistungserbringer findet nicht statt.	PEL steuert die Allokation elektronischer Dienste an die richtigen Akteure zur richtigen Zeit im richtigen Prozessschritt. Es werden Informationen an Patienten (z. B. Indikations- oder Therapieinformationen) und Leistungserbringer (z. B. Leitlinien, Arzneimittelliste) verteilt.

Koordinationsprozess: Management der Usability

Koord.-Aufgabe	Bestehende Koordinationssituation	PEL-Koordinationsbeitrag
Standardisierung, Schnittstellendefinition[124]	Eine Standardisierung auf Oberflächen-, Prozess-, Applikations- und Datenebene findet nicht statt. Schnittstellen existieren – wenn auch eingeschränkt – nur in Bezug auf Abrechnungsdaten (vgl. 8.2.3.1)	Der Zugriff auf das System ist über Browser und Web-Client möglich. Es werden über benutzer- und rollenspezifische Portale (Leistungserbringer-, Behandlungsprozessportal sowie Performance Cockpit) ausschließlich die jeweils notwendigen Informationen und Dienste angezeigt. Eine Konfiguration bzw. Modifikation der Prozesse und *E-Services* durch Anwender ist ohne Eingriff von IT-Experten möglich (gemeinsame Prozesslogik und -integration). Die Nutzung der *E-Services* für die Applikations- und Datenintegration wird durch den Einsatz der Web-Service-Technologie standardisiert gewährleistet.

Koordinationsprozess: Management der Aufgabenzerlegung, -zuordnung und -zusammenführung

Koord.-Aufgabe	Bestehende Koordinationssituation	PEL-Koordinationsbeitrag
Hierarchische Zerlegung, z. B. Modularisierungstechniken, Gruppenentscheidungen, Arbeitsanweisungen	Die Aufgabenzerlegung, -zuordnung und -zusammenführung wird entweder durch den Koordinationsarzt oder den Patienten selbst durchgeführt. Eine Unterstützung durch Informationssysteme findet – jenseits der in Abschnitt 5.5 dargestellten Systeme – nicht statt.	Die Aufgabenzerlegung wird durch die Prozessvorschläge des Systems unterstützt. Die Zuordnung kann durch Leistungserbringer erfolgen, aber auch davon abweichende Aktivitäten des Patienten können im System abgebildet werden. Die elektronische Zusammenführung der Einzelleistungen ist gewährleistet, sobald Leistungserbringer das System nutzen.

Koordinationsprozess: Management gemeinsamer Ressourcen

Koord.-Aufgabe	Bestehende Koordinationssituation	PEL-Koordinationsbeitrag
Hierarchische Zuordnung, Regeln (first come/first serve), Versteigerung	Koordinationsunterstützung wie im stationären Bereich bei der Verwaltung von Betten- oder OP-Kapazitäten sind kaum existent, da gemeinsame Dienste, z. B. Ressourcenpools für Großgeräte, bislang eher die Ausnahme sind.	Die Verwaltung von Terminen bzw. Kapazitäten für gemeinsam genutzte Räume, Geräte und sonstige Ressourcen ist durch *E-Services* möglich (vgl. Abschnitt 9.3). Die Verteilung finanzieller Mittel wird durch ein Controlling/Anreizsystem unterstützt (vgl. Abschnitt 8).

Tabelle 11: Koordinationsprozesse, -aufgaben, aktuelle Koordinationssituation und PEL-Unterstützung

---

[124] Alt unterscheidet Benutzer-, Prozess-, Applikations- und Datenschnittstellen [Alt04, S. 111].

6.1.5   Modellierungskonzept

Die Modellierung von Prozessen ist von Bedeutung, um die in Abschnitt 6.1.4 diskutierten Koordinationsprozesse und -aufgaben durch die *prozessbasierte E-Service-Logistik* zu unterstützen. Durch Prozessmodelle werden Teilleistungen eines Prozesses in eine zeitlich-logische Reihenfolge gebracht und dem jeweils verantwortlichen Leistungserbringer zugeordnet (vgl. Abschnitt 5). Die Modellierung ist daher eine wesentliche Voraussetzung für die Planung, Steuerung und Kontrolle der Leistungen. Besonders für die Unterstützung durch Informationstechnologie ist eine formale Beschreibung der Prozesse und Dienste in einem Modell erforderlich.

6.1.5.1   Modellierungszweck und -aufgaben

Der Begriff „Modell" bezeichnet das Ergebnis von subjektiven Erkenntnisleistungen und zweckgebundenen Strukturgebungsprozessen. Ein Modell ist damit „die durch einen subjektiven, zweckgebundenen und zeitbezogenen Konstruktionsprozess geschaffene Repräsentation eines Originals" in der Diskurswelt [Rupp02, S. 14ff.].

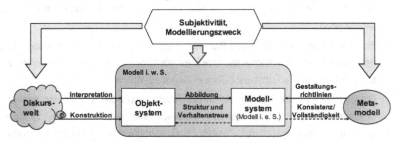

Abbildung 40: Modellbegriff, in Anlehnung an [Rupp02, S. 15]

Voraussetzung für eine systematische Verbesserung der Art und Weise, wie Arbeiten in Organisationen ausgeführt werden sollen, ist ein gemeinsames Verständnis der Prozessentwickler oder Prozessbeteiligten über die Struktur des Prozesses [Dave93, S. 5].

Es folgt die Darstellung eines Modellierungskonzeptes zur Unterstützung einer *prozessbasierten E-Service-Logistik* in Gesundheitsnetzen, um die interorganisatorische Koordination und Kooperation durch effektiven Einsatz von *E-Services* zu verbessern. Die kooperative Leistungserstellung im Praxisnetz wird durch patientenindividuelle Prozessmodelle koordiniert, indem die Handlungen der beteiligten Akteure zu einer ganzheitlichen Versorgungsleistung integriert und auf die Netzziele hin ausgerichtet werden (vgl. Abschnitt 6.3.2). Aus der fachlichen Konfiguration der Teilleistungen werden automatisiert Koordinationsbedarfe abgeleitet und passgenaue elektronische Dienste (*E-Services*) zu deren IT-Unterstützung identifiziert. Um den im

Prozess beteiligten Rollen die notwendigen *E-Services* zum richtigen Zeitpunkt am richtigen Ort in der richtigen Form zur Verfügung zu stellen, ist die *E-Service-Logistik* abzuleiten und zur Laufzeit auszuführen. Über die netzübergreifende Planung und Analyse der Behandlungsprozesse hinaus sollen Potenziale zur Prozessverbesserung identifiziert und umgesetzt werden. Die Modellierung bildet damit den „Blueprint" der Koordination und IT-Unterstützung des patientenindividuellen Behandlungsprozesses und schafft die Voraussetzung für eine flexible, individuelle und anwendergerechte Gestaltung der *prozessbasierten E-Service*-Unterstützung in Praxisnetzen. Das Modellierungskonzept unterstützt im Kontext der *prozessbasierten E-Service-Logistik* folgende Einsatzzwecke:

- Domänenexperten (z. B. Praxisnetz-Zirkel) können mithilfe der indikationsspezifischen Prozessdaten patientenübergreifende, leitlinienbasierte Referenzmodelle für Behandlungsprozesse erarbeiten.

- Koordinationsärzte können auf Basis der dokumentierten Prozesserfahrungen neue, auf individuelle Patientenbedürfnisse zugeschnittene Behandlungsprozesse gestalten, instanziieren und die zugehörige *E-Service*-Ausführung initialisieren.

- Patienten können mithilfe des Behandlungsprozessportals Informationen über den Status des Behandlungsprozesses einholen sowie dazu passende Zusatzdienstleistungen, insbesondere *E-Services*, nutzen.

- Praxisnetz-Manager können durch die Analyse und das Controlling von ausgeführten Behandlungsprozessen insbesondere auf Netzebene Entscheidungen zur Netzgestaltung ableiten (z. B. Identifikation fehlender Leistungen im Netz) und so die Netz-Performance verbessern.

Wegen des Subjektivitätsaspektes der Modellierung ist es notwendig [Rupp02, S. 13ff.], die Struktur von Prozessen in expliziten Modellen zu repräsentieren, um der Kommunikation unterschiedlicher Teilnehmer mit unterschiedlichen Sichten zu dienen [Essw99, S. 49ff.]. Zur Abbildung der Wirklichkeit sind unterschiedliche Perspektiven je nach Anwendungszweck notwendig. Die Modellierung umfasst daher zwei Sichten und daraus ableitbare Aufgaben:

1. Aus Sicht der Fachanwender (z. B. Leistungserbringer, Praxisnetzmanager, Patienten) steht die **Abfolge der fachlichen Aktivitäten** an einem Geschäftsprozess im Fokus. Es geht dabei um die fachliche Modellierung individueller, interorganisatorischer Behandlungspfade entlang des Patientenpfades durch das Netz einschließlich der beteiligten Rollenträger entsprechend des in Abschnitt 5 definierten Prozessverständnisses. Unter Berücksichtigung der spezifischen Eigenschaften von Behandlungsprozessen sind die konventionellen

Gesundheitsleistungen zu beschreiben sowie elektronische Dienste mit den fachlichen Leistungen bzw. Koordinationsbedarfen zu verknüpfen. Dabei ist der Benutzer (z. B. Arzt) selbst für die Modellierung verantwortlich, weshalb die Modellierung kein technisches Wissen über Implementierungsdetails erfordern darf.

2. Die Modellierung der **technischen Service-Konfiguration** ist notwendig, um die Ausführung der *E-Services* zur Laufzeit zu unterstützen. Implementierungsnahe Details sind zwar relevant, da sie für die Ausführung der Geschäftsprozesse notwendig sind [Schm99, S. 17], sie sollen dem Fachanwender jedoch verborgen bleiben. Es sind insbesondere die in Abschnitt 5.5.4 festgestellten Defizite (u. a. Anwendernähe und -souveränität) zu berücksichtigen, um aufwandsarm und automatisierbar die Innovationspotenziale des PEL-Ansatzes zu unterstützen.

6.1.5.2   Fachliche Modellierung

Nachfolgend steht der Gegenstand der Modellierung im Vordergrund. Zur Gestaltung des Modellierungskonzeptes wurden die Grundsätze ordnungsmäßiger Modellierung herangezogen[125] [Rose96, S. 94ff.]. Wesentlicher Grundsatz nach Rosemann ist dabei die Relevanz der Modellierung, d. h. nur die Aspekte sind zu modellieren, die zweckmäßig sind. Da die Optimierung interorganisatorischer, netzweiter Prozesse im Vordergrund steht, werden intraorganisatorische Aspekte (z. B. Abstimmungsaufgaben innerhalb von Arztpraxen) daher nur dann berücksichtigt, wenn diese für die interorganisatorische Koordination von Relevanz sind.

Im Mittelpunkt der Koordination mithilfe des PEL-Ansatzes stehen **Behandlungsprozesse**[126]. Im Fokus des Prozessmodells steht dabei nicht eine feste Abfolge von Aktivitäten, sondern eine Menge von Dienstleistungen (hybride Servicebündel), Kunden- und Koordinationsaufgaben, die von unterschiedlichen Akteuren im Praxisnetz ausgeführt werden.

---

[125] Grundsätze ordnungsmäßiger Modellierung: Richtigkeit, Relevanz, Vergleichbarkeit, systematischer Aufbau, Klarheit, Wirtschaftlichkeit [Rose96, S. 94ff.].

[126] Um Multimorbidität oder lebenslange Gesundheitsaspekte zu berücksichtigen, ist auf einer übergeordneten Aggregationsebene der Patientenlebensprozess abbildbar. Hier können Behandlungsprozesse im Verlauf des Lebens eines Patienten indikationsübergreifend angeordnet werden. Außerdem können sog. Life Events (z. B. Geburt, Einschulung) und andere Ereignisse, wie z. B. Schutzimpfungen und Vorsorgeuntersuchungen, die vorwiegend vom Alter des Patienten abhängen, dargestellt werden. Die Ebene des Patientenlebensprozesses ist speziell bei der Konzeption und prototypischen Realisierung eines Behandlungsprozessportals für Patienten berücksichtigt (vgl. Abschnitt 9.3). Für die operative Koordination fokussiert das Projekt auf die Ebene der Behandlungsprozesse.

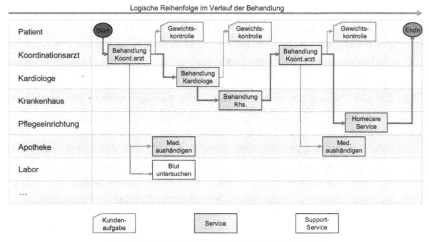

Abbildung 41: Ausschnitt eines Behandlungsprozesses

Ein Behandlungsprozess besteht aus einer Abfolge von *Services*, die von einem Leistungserbringer durchgeführt werden oder *Kundenaufgaben*, die vom Patienten selbst zu erledigen sind (z. B. Gewichtskontrolle und -reduktion, Einnahme von Medikamenten). Abbildung 41 zeigt die Abfolge von *Services* und *Kundenaufgaben* in einem Behandlungsprozess für Herzinsuffizienz. Anhand des Beispielprozesses werden die für die PEL-Koordination von Praxisnetzen relevanten Modellierungsobjekte beschrieben (vgl. Tabelle 12)[127].

Modellierungs-objekt	Beschreibung	Beispiel
Behandlungsprozess	Ein Behandlungsprozess besteht aus einer Abfolge von netzübergreifenden Dienstleistungen (nachfolgend als *Services* bezeichnet) und/oder *Kundenaufgaben*[128].	Behandlung der Indikation Herzinsuffizienz bei einem Patienten
Service	*Services* sind sachlich aggregierte Dienstleistungen auf Ebene eines Netz-Akteurs.	Herzinsuffizienz-Behandlung eines Kardiologen

---

[127] Es wurde bei der Konzeption und prototypischen Umsetzung der prozessbasierten E-Service-Logistik bewusst auf die Funktions- und Prozessintegration fokussiert, dagegen auf die Integration semantischer Ordnungssysteme (z. B. Diagnose-Codes, medizinische Prozeduren, Arzneimittel) verzichtet. Vgl. hierzu [Jeck04b, S. 211ff.; Haas05, S. 221ff.; Thun06, S. 70, Haas07, S. 62ff.] sowie Bemerkungen in Abschnitt 12.2.

[128] Zur begrifflichen Differenzierung und Detaillierung wird auf die Ausführungen in Abschnitt 5 – speziell auf das von Dieffenbach geprägte Verständnis integrierter Versorgungsketten – verwiesen.

Kundenaufgabe	Kundenaufgaben sind vom Patienten selbst zu erledigende Aktivitäten.	Gewichtskontrolle, Einnahme von Medikamenten
Sub Service	Sub Services sind Teildienstleistungen zur Detaillierung der akteursbezogenen Services.	Elektrokardiogramm (EKG), Röntgen-Thorax, Zwischenanamnese, Fortlaufende Beratung zum Umgang mit der Grunderkrankung[129]
Koordinationsbedarf	Koordinationsbedarfe dienen an der Schnittstelle zwischen Netzakteuren dazu, Informationsasymmetrien zu beseitigen und Interdependenzen zu managen, indem Abstimmungsbedarf durch Vor- und Nachbedingungen abgebildet wird.	Überweisung durch den Koordinationsarzt erstellt, Arztbrief gesendet
E-Service	Elektronische Dienste unterstützen die Services, Sub Services, Kunden- und Koordinationsaufgaben	e-Rezept, e-Appointment, elektronischer Kostenübernahmeworkflow, Kalorienrechner

Tabelle 12: Modellierungsobjekte der prozessbasierten E-Service-Logistik

Für jeden Service werden potenzielle Teildienstleistungen (Sub Services) sowie erforderliche Inputs (z. B. Vorbefunde) und Outputs (z. B. Arztbrief) spezifiziert. Welche Sub Services ausgeführt werden und welcher Input bzw. Output gefordert wird, hängt von dem Behandlungskontext, insbesondere vom Zustand des Patienten sowie vom Fortschritt der Behandlung ab. Relevante Attribute des Behandlungskontextes, die den Verlauf einer Handlung determinieren können, sind z. B. Alter, Gewicht, Patientenverhalten sowie die Schwere der Erkrankung (vgl. hierzu Abschnitt 6.3.1). Anhand von Services und Sub Services kann ein Leistungserbringer erkennen, welche Behandlungsschritte bereits durchgeführt wurden. Außerdem kann er Empfehlungen dafür abgeben, welche Sub Services innerhalb nachgelagerter Services erbracht werden sollen. Es werden mit der Überweisung eines Patienten zu einem anderen Leistungserbringer daher sowohl der Status der Behandlung (z. B. Vorbefunde) sowie Empfehlungen für den weiteren Verlauf der Behandlung übermittelt. Da sich der Prozesskontext im Verlaufe der Behandlung verändert (z. B. Veränderungen der Krankheitssymptome), kann ein patientenindividueller Behandlungsprozess zu Beginn der Behandlung nicht abschließend definiert werden. Die Abfolge eines Behandlungsprozesses wird über Verknüpfungen definiert, die auf Ebene der Sub Services modelliert werden. Zum Beispiel enthält der Sub Service „Überweisung zum Kardiologen" eine Verknüpfung zum Service „Herzinsuffizienzbehandlung Kardiologe", der Sub Service „Verhaltenshinweise" eine Verknüpfung zur Kundenaufgabe „Gewichtskontrolle".

---

[129] Sub Services entsprechen in ihrer Granularität den im EBM-Verzeichnis abgebildeten Abrech-

Fortsetzung nächste Seite

Zeitlich aufeinander folgende *Services* und *Sub Services* im Behandlungsprozess können voneinander fachlich unabhängig sein. Die Durchführung des einen ist u. U. nicht von den Ergebnissen des anderen abhängig. Wenn beispielsweise im Rahmen einer Behandlung eine Gewichtsmessung und ein EKG durchgeführt werden sollen, muss die Reihenfolge dieser beiden Aktivitäten nicht zwingend modelliert werden. Es ist sicherzustellen, dass prozesstechnisch beide parallel oder in beliebiger Reihenfolge abgearbeitet werden können. Verbindungen sollen nur zwischen abhängigen Aktivitäten bestehen.

Operative Koordination in Praxisnetzen findet an der Schnittstelle zwischen den am Behandlungsprozess beteiligten Leistungserbringern statt. Handlungen werden ziel- und zweckgerichtet abgestimmt (vgl. Begriffsverständnis in Abschnitt 4.3.1). *Koordinationsbedarfe* spezifizieren im Rahmen der *prozessbasierten E-Service-Logistik* Abstimmungen zwischen Akteuren. *Koordinationsbedarfe* werden über Vor- und Nachbedingungen modelliert. Während in Vorbedingungen spezifiziert wird, welche Voraussetzungen erfüllt sein müssen, damit ein *Service* oder ein *Sub Service* gestartet werden kann, werden über Nachbedingungen die Voraussetzungen dafür formuliert, dass ein *Service* oder ein *Sub Service* als abgeschlossen gelten kann. In dem Beispiel in Abbildung 42 ist eine Überweisung durch den Koordinationsarzt notwendig, bevor der Kardiologe mit seiner Behandlung beginnt (Vorbedingung). Zum Abschluss der Behandlung ist ein Arztbrief an den Koordinationsarzt zu senden (Nachbedingung).

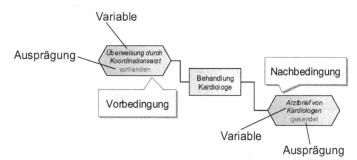

Abbildung 42: Beispiel für Koordinationsbedarfe

Bedingungen werden durch die Kombination aus einer Variablen, einer dazugehörigen Ausprägung und – im Falle komplexer Koordinationsbedarfe – einem Operator zum Verweis auf zusätzliche *Koordinationsbedarfe* definiert. Die Zuweisung von

---

nungsleistungen (vgl. Fußnote 43, S. 32).

Ausprägungen an eine Variable kann z. B. ein Ergebnistyp eines *Services* oder *Sub Services* sein. Die Erfüllung von Bedingungen kann entweder von den zuständigen Akteuren erfragt oder automatisiert aus dem Behandlungskontext abgeleitet werden.

E-Services unterstützen *Services, Sub Services, Kundenaufgaben* und *Koordinationsbedarfe* und stellen dabei Funktionalität und Information in gekapselter Form bereit. *E-Services* werden mit dem Prozessmodell verknüpft. Ein *Sub Service* „Herzkatheteruntersuchung" kann zum Beispiel den *E-Service* „Kostenübernahmeklärung" auslösen, der als gekapselte Orchestrierung von Web Services den „Workflow" zwischen Leistungserbringer, Medizinischem Dienst der Krankenkasse und Patienten abbildet. Zusätzlich könnte einem Patienten ein passender Informations-*E-Service* angeboten werden.

6.1.5.3   Technische Repräsentation

Abbildung 43 zeigt die Elemente des datenzentrischen Prozessmodells, um Behandlungsprozesse in Praxisnetzen zu definieren.

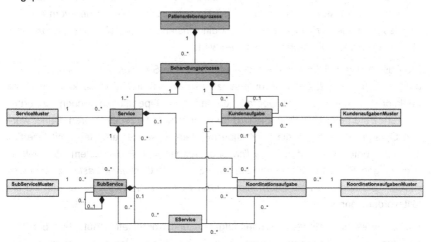

Abbildung 43: Datentechnische Repräsentation des Prozessmodells

Zu einem Patienten gehören einer oder mehrere Behandlungsprozesse. Ein Behandlungsprozess besteht aus einer Abfolge von *Services*, die von einem Serviceanbieter für einen Patienten erbracht werden, und/oder *Kundenaufgaben*.

Sub Services repräsentieren elementare Aktivitäten, die von Leistungserbringern ausgeführt werden. Ein *Service* kapselt eine Gruppe zusammengehöriger *Sub Services* eines Leistungserbringers. Der Prozess kann zusätzlich verschiedene *Kunden-*

aufgaben beinhalten, d. h. Aktivitäten, die der Patient selbst auszuführen hat[130].

Kundenaufgaben und *Sub Services* können rekursiv verknüpft sein und ermöglichen somit eine beliebige hierarchische Schachtelungstiefe. Reihenfolgebedingte Beziehungen werden nur auf Serviceebene modelliert. Die Prozesselemente *Services*, *Kundenaufgabe* und *Sub Service* enthalten optional Empfehlungen und *Koordinationsaufgaben*. *Sub Services* können Verbindungen zu *Services* und *Kundenaufgaben* aufweisen, welche die Abhängigkeiten der Aktivitäten untereinander repräsentieren.

Für Behandlungsprozesse, *Kundenaufgaben*, *Services* und *Sub Services* sind im Metadatenmodell sowohl Prozess-Element-Muster als auch individualisierte Prozess-Element-Instanzen abzubilden. Prozess-Element-Muster enthalten allgemeine Informationen zu den Prozesselementen (z. B. Name, Beschreibung, Funktion, Ziel). So gibt es z. B. im Metadatenmodell neben dem Element *Behandlungsprozess* auch das Element *Behandlungsprozessmuster*. Muster beschreiben die verschiedenen Fachdienste ohne Bezug zur jeweiligen Instanz. Die Prozesselement-Instanzen enthalten einen Verweis auf die Muster, patientenindividuelle Daten und Informationen über instanzspezifische Anpassungen sowie den Prozess-Status. Sie werden vom Anwender des Systems herangezogen, sobald eine Instanz eines Behandlungsprozesses für einen konkreten Patienten konfiguriert wird.

Die Ausführung von *Services*, *Kundenaufgaben*, *Sub Services* und *Koordinationsaufgaben* kann durch *E-Services* unterstützt werden. Jeder *E-Service* kann mehrere Funktionalitäten in Form von Operationen umfassen. Operationen können wiederum mehrere Parameter enthalten, die ihre Funktionalität näher spezifizieren. Dabei werden Operationen, welche die Interaktion mit dem Anwender erfordern, mit Oberflächen-Elementen verbunden. *Koordinationsaufgaben* sind Prozesselemente, welche zugehörigen Fachdiensten (*Services*, *Sub Services*, *Customer Tasks*) zugeordnet werden. Sie speichern die Information, durch welche *E-Service*-Operationen sie erfüllt werden können.

Alle Services, Sub Service, Kundenaufgaben und Koordinationsaufgaben beruhen auf Mustern, die allgemeine Informationen zu den Prozesselementen enthalten (z.B. Name, Beschreibung, Funktion, Ziel).

Die automatische Individualisierung wird in dem Modellierungskonzept durch den modularen Aufbau der Prozesse ermöglicht. *Koordinationsbedarfe* und Verknüp-

---

[130] Durch dieses Element soll der Bedeutung der Patientencompliance bei der Behandlung insbesondere chronischer Erkrankungen Rechnung getragen werden. Aufgaben des Patienten sind demnach ebenso wie Aufgaben der Leistungserbringer vom IVWS zu unterstützende Prozessinhalte.

fungslogik werden auf der Ebene von *Services*, *Kundenaufgaben* und *Sub Services* modelliert, die als Bausteine in einer zentralen Datenbank abgelegt werden. Diese Bausteine können bei der Planung von Musterprozessen, aber auch bei der automatischen und manuellen Prozessindividualisierung verwendet werden. Der Ansatz zur Ableitung individueller Prozessinstanzen aus dem Behandlungskontext wird nachfolgend erläutert.

6.2 Technischer Lösungsansatz

Das prototypisch entwickelte Individual Value Web System (IVWS) repräsentiert den technischen Lösungsansatz zur Koordinationsunterstützung (vgl. Abbildung 44).

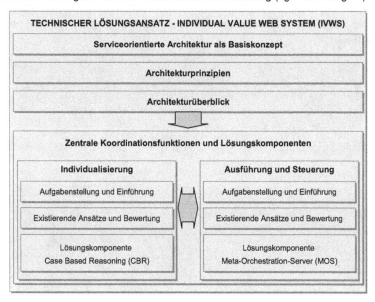

Abbildung 44: Technischer Lösungsansatz – Individual Value Web System (IVWS)

Zu Beginn werden Grundlagen der Serviceorientieren Architektur (SOA) skizziert, da die vorgestellte technische Lösung auf diesem Architekturkonzept basiert. Es werden grundlegende Zusammenhänge und Architekturprinzipien diskutiert und die IVWS-Architektur im Überblick dargestellt. Anschließend werden die Komponenten des Individual Value Web Systems und deren Funktionsweise beschrieben.

Wesentliche Koordinationsfunktionen und Lösungskomponenten, um die in Abschnitt 5.3 definierten Anforderungen an die Koordinationsunterstützung zu erfüllen, sind die Individualisierung sowie die Ausführung von Prozessen und *E-Services*. Sie werden in den Abschnitten 6.3.1 sowie 6.3.2 detailliert erläutert. Es erfolgt eine Vorstellung und Bewertung bestehender technischer Lösungskonzepte, bevor die im Zuge des Forschungsvorhabens entwickelten Lösungsansätze – Case Based Reasoning zur Individualisierung sowie Meta Orchestration zur Ausführung von Prozessen und *E-Services* – beschrieben werden.

6.2.1 Serviceorientierte Architektur

6.2.1.1 Begriff

Eine SOA ist in erster Linie ein Management-Konzept, in dessen Zentrum das Anbieten, Suchen und Nutzen von elektronischen Diensten über ein Netzwerk [Egge06,
S. 22] steht.

Krafzig, Banke und Slama definieren den Begriff der SOA durch die Beschreibung
ihrer Komponenten: "A Service-Oriented Architecture (SOA) is a software architecture that is based on the key concepts of an application frontend, service, service repository, and service bus. A service consists of a contract, one or more interfaces,
and an implementation (data or business logic) [KrBS05, S. 57].

Ein Gestaltungsprinzip ist die Kapselung von Daten und Applikationen zu wieder
verwendbaren, voneinander unabhängigen und lose gekoppelten Services. Zum anderen zeichnet sich eine SOA durch die Ortsunabhängigkeit der beteiligten Services
aus, die durch eine Trennung der Benutzeroberfläche von den Diensten erzielt wird
[KrBS05, S. 56f.]. Die Services können auf unterschiedliche technische Plattformen
verteilt sein, so dass eine Einbindung von internen wie externen Services in die SOA
möglich ist.

6.2.1.2 Formen

Auf Basis der verwendeten Architekturschichten (Layer) lassen sich unterschiedliche
Komplexitätsgrade Serviceorientierter Architekturen ableiten. Diesen ordnet Krafzig
verschiedene SOA-Formen zu (vgl. Abbildung 45).

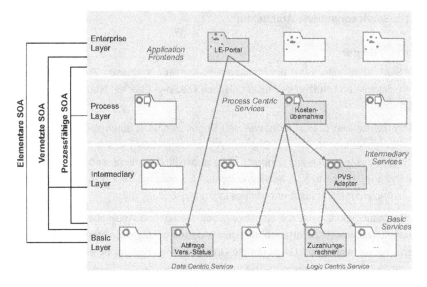

Abbildung 45: Formen und Ebenen einer SOA; in Anlehnung an [KrBS05, S. 87ff.]

Eine **elementare SOA** stellt die einfachste Form einer SOA dar, da sie sich lediglich aus einem Basic Layer und einem Enterprise Layer zusammensetzt [KrBS05, S. 91]. Grundlage jeder SOA ist der Basic Layer mit den darin enthaltenen elementaren Basic Services (z. B. mit einem Service zur Abfrage des Versicherungs-Status eines Patienten). Basic Services dienen auf der untersten SOA-Ebene zum Zugriff auf persistente Daten (Data-centric Services) oder kapseln Algorithmen für komplexe Berechnungen bzw. Geschäftsregeln (Logic-centric Services). Der Enterprise Layer enthält Application Frontends sowie Public Enterprise Services. Sie stellen die Zugangspunkte zur SOA dar, gewährleisten die Kommunikation zwischen den Anwendern und der SOA (d. h. den Frontends) und ermöglichen die interorganisatorische Integration. Public Enterprise Services dienen der Integration mit Kunden oder Geschäftspartnern [KrBS05, S. 69ff.]. In Application Frontends ist bei einer Elementaren SOA ein Großteil der Komplexität und Verantwortlichkeiten abgebildet.

Die nächste Entwicklungsstufe wird als **vernetzte SOA** bezeichnet und besitzt neben den beiden Schichten der Elementaren SOA zusätzlich einen Intermediary Layer. Die Intermediary Services integrieren Basic Services der untersten Schicht zu komplexeren Services. Sie sind technologisch orientiert und werden insbesondere zur Überbrückung von Schnittstellenproblemen eingesetzt (z. B. Adapter zur Anbindung von Praxisverwaltungssystemen) [KrBS05, S. 87].

Eine **prozessfähige (Process-enabled) SOA** ist eine vollständig ausgeprägte SOA, die als vierte Schicht den Process Layer beinhaltet. Den Process-centric Services wird dabei von den Application Frontends die Steuerung der Prozesse übertragen. Sie sind für die Speicherung des Prozess-Status und damit für die Prozessintegrität zuständig [KrBS05, S. 87]. Gründe für die Nutzung von Process-centric Services sind dabei die Kapselung der Prozesskomplexität, der Austausch des Status zwischen mehreren Clients sowie die Behandlung von lang laufenden Prozessen. Durch Nutzung von Process-centric Services ermöglicht eine Process-enabled SOA „leichte" Application Frontends, die ausschließlich für die Interaktion mit dem Anwender verantwortlich sind. Sie kapselt die Komplexität des Prozesses und deren Status und darüber hinaus die Komplexität von Backend-Systemen in Intermediary Services und Process-centric Services. Auf diese Weise wird die klare Trennung der Prozesslogik im Process Layer von anderen Code-Typen wie Dialog-Steuerung (Application Frontends) und Businesslogik (Basic Services) ermöglicht. Krafzig gibt jedoch zu bedenken: „From a technical view-point, process-centric services are the most sophisticated class of services" [KrBS05, S. 79]. Dementsprechend gehen mit einer Verwendung von Process-centric Services in der SOA neben weitreichenden Vorteilen auch spezielle Anforderungen an Design und Implementierung sowie eine hohe Komplexität einher [KrBS05, S. 79].

Die Strategie und Auswahl der geeigneten SOA-Form hängt entscheidend von dem Grad der interorganisatorischen Integration und der Komplexität der Prozesse einer Organisation ab [KrBS05, S. 90]. In der Praxis ist eine inkrementelle Entwicklung von einer Elementaren hin zu einer Prozessfähigen SOA sinnvoll und die Regel. Mit zunehmendem Reifegrad einer SOA steigen ihre Flexibilität und Integrationsfähigkeit, aber gleichzeitig auch ihre Komplexität und damit letztlich die Kosten [KrBS05, S. 89f.]. Für Organisationen, die lang laufende, komplexe sowie interorganisatorische Prozesse mithilfe einer SOA abbilden wollen, ist die Wahl einer Prozessfähigen SOA ratsam, denn anders als bei der Abbildung einfacher, leicht überschaubarer Prozesse übersteigt hier der Nutzen der zusätzlichen Prozessschicht und des darin gespeicherten Prozess-Status die Nachteile einer hohen Komplexität.

6.2.1.3 Nutzenpotenziale

Generell lassen sich die Nutzenpotenziale einer SOA aus einem technischen und einem wirtschaftlichen Blickwinkel betrachten (vgl. Tabelle 13).

Technischer Nutzen	Wirtschaftlicher Nutzen
- Effiziente Entwicklung - Technologieunabhängigkeit - Wiederverwendbarkeit - Möglichkeit der inkrementellen Einführung - Einfacher Betrieb und Weiterentwicklung	- Gesteigerte unternehmerische Agilität - Einheitliche Ausrichtung von Technologie und Unternehmenszielen - Verbesserte Kundenzufriedenheit - Kostensenkungspotenziale - Risikoreduktion von IT-Projekten

Tabelle 13: Nutzenpotenziale einer SOA, in Anlehnung an [NeLo05, S. 86ff.; KrBS05, S. 239ff.]

Eine SOA fördert durch die lose Kopplung der Services einen modularen Aufbau, der verschiedene positive Implikationen beinhaltet. Die Wiederverwendung von bestehenden Services in verschiedenen Applikationen sowie die Fähigkeit, durch die Kombination vorhandener Services schnell und einfach neue, komplexere Services zu erstellen, erhöht die Effizenz der Entwicklung [NeLo05, S. 5]. Langfristig kann es zu Einsparungen bei den Entwicklungs- und Betriebskosten kommen [BoSc06, S. 117]. Aufgrund der Abstraktion der Services von der zugrunde liegenden Technologie, kann die Modellierung der Services vorgenommen werden, ohne auf die spätere Ausführungsumgebung Rücksicht nehmen zu müssen. Die Modularität und lose Kopplung der Services vereinfachen den Betrieb und erlauben die schrittweise Einführung und einfache Weiterentwicklung der SOA-Anwendungen.

Die angeführten technischen Charakteristika einer serviceorientierten Architektur haben verschiedene wirtschaftliche Nutzenaspekte zur Folge. Das wohl wichtigste Argument für den Einsatz einer SOA ist deren Agilität[131]. Schnelligkeit und Flexibilität stellen die Kernelemente von organisatorischer Agilität dar. Mangelnde Agilität ist meist auf nicht beherrschbare Komplexität zurückzuführen, die an verschiedenen Stellen auftritt (z. B. im Bereich der Technologie, Geschäftsprozesse, Business-Funktionalität, Integration, Betrieb). Die Agilität einer SOA ist auf folgende Kernelemente zurückzuführen:

- Dekomposition komplexer Systeme in Application Frontends und Services

- Entkoppelung der Services von der zugrunde liegenden Technologie [KrBS05, S. 242]

- Kapselung der Services in geeigneter Granularität, um ein übergeordnetes Verständnis des Gesamtsystems zu gewährleisten [KrBS05, S. 242]

---

[131] Agilität beschreibt die Fähigkeit einer Organisation, schnell auf neue Kundenanforderungen zur Nutzung von Geschäftschancen zu reagieren [NeLo05, S. 94].

- Verwendung standardisierter Schnittstellen [KrBS05, S. 242]

- Dokumentation der Services in Servicekontrakten

- Wiederverwendung der bestehenden Komponenten

Neue Anwendungen können durch Orchestrierung bestehender, wieder verwendbarer Services realisiert werden]. Der Zeitbedarf zur Konfiguration neuer Applikationen aus bestehenden Services und IT-Funktionalitäten wird so erheblich reduziert. Durch die ausgeprägte Flexibilität der SOA wird es kostengünstiger und leichter, Services entsprechend neuer, unvorhergesehener Anforderungen zu adaptieren und wertschöpfend zu rekonfigurieren. Durch die Unabhängigkeit von Benutzeroberflächen und Services kann z. B. mit relativ geringem Aufwand eine Migration eines Systems erfolgen, da lediglich neue Frontends zu den existierenden Services neu zu entwickelt sind. Ein weiterer Vorteil besteht in der besseren Abstimmung zwischen Business- und IT-Funktionen im Hinblick auf eine gemeinsame Zielerreichung. Durch die Kapselung von Geschäftsaufgaben in einzelne Services und die inhaltliche Abstraktion wird die Kommunikation zwischen verschiedenen Zielgruppen wie Fachexperten und Softwareentwicklern ermöglicht [NeLo05, S. 96f.; BoSc06, S. 117]. Durch die Unabhängigkeit einer SOA von Technologie und Zielgruppe können Anwender über verschiedene Zugangsmechanismen auf den gleichen Service zugreifen. Lediglich die Oberflächen sind zielgruppen- bzw. rollenspezifisch anzupassen [NeLo05, S. 99]. Kostensenkungspotenziale entstehen beispielsweise durch die Flexibilität beim Wechsel von Prozess- und Service-Partnern, durch zügig durchführbare IT-Anpassungen und durch geringere Integrationskosten [KrBS05, S. 243]. Schließlich kann eine SOA die Risiken eines IT-Projektes abmildern. Beispielsweise erleichtert die Zerlegung der Gesamtaufgabe in einzelne Services das Projekt- und Ressourcenmanagement. Gleichzeitig fördert die Servicedokumentation im Rahmen der SOA eine klare Definition der Projektziele [KrBS05, S. 250].

6.2.2 Architekturprinzipien

Das PEL-Konzept zielt darauf ab, das Management interorganisatorischer Prozesse in Praxisnetzen durch Informationstechnologie zu unterstützen. Es wird systemseitig durch das sogenannte „Individual Value Web System" (IVWS) umgesetzt.

Das IVWS ist ein integriertes System, welches die Koordination individueller Behandlungsprozesse innerhalb von Gesundheitsnetzen, insbesondere Praxisnetzen, mithilfe elektronischer Dienste unterstützt. Es ermöglicht als Prozess- und Integrationsplattform die Konfiguration und Koordination individueller Behandlungsprozesse durch Koordinationsärzte und Netzmanager. Es macht den Nutzern zeitnah individuelle Behandlungsprozess- und E-Service-Vorschläge, um so die Informations- und

Koordinationsbedarfe der beteiligten Akteure im Praxisnetz zu erfüllen. Während auf Gesamtnetz-Ebene dezentrale Strukturen und Selbstorganisation dominieren, bedarf es auf Ebene der Patienteninstanz einer zentralen Koordination der operativen Behandlungsaktivitäten (vgl. Abschnitt 3.5.1 und Abschnitt 5), um die Qualität der Patientenbetreuung zu verbessern und Synergiepotenziale im Behandlungsprozess zu realisieren (Lotsenfunktion des Hausarztes). Die zu unterstützende Geschäftsarchitektur des Hausarztmodells erfordert deshalb die Konzeption einer adäquaten, d. h. in ihren Merkmalsausprägungen weitgehend übereinstimmenden[132], Systemarchitektur [AiDo06, S. 75ff.; AiDo05, S. 614ff.]. Technologisches Prinzip des IVWS ist daher die zentrale Ausführungsorganisation Web-Service-basierter Workflows [Burg03, S. 61ff.], um der Strategie der strukturellen Analogie von Business- und Systemarchitektur bestmöglich zu entsprechen. Daraus folgt, dass die instanziierten Prozess- und Service-Schemata zentral gespeichert und mithilfe des Meta-Orchestration-Servers (vgl. Abschnitt 6.3.2) ausgeführt werden. Die Prozess-Koordination wird durch ein IVWS je Praxisnetz unterstützt (vgl. Abbildung 46). Als Motivation zur Nutzung des IVWS wird das übergeordnete Interesse der Netz-Akteure an der Koordination des Behandlungsprozesses vorausgesetzt, mit dem Ziel, Effizienz, Qualität und Patientenzufriedenheit zu verbessern.

---

[132] Grundidee der strukturellen Analogie von Business- und Systemarchitektur ist, dass zentrale Eigenschaften der Businessarchitektur eine adäquate Entsprechung in der Systemarchitektur finden. Wesentliches Merkmal der Businessarchitektur im Forschungsprojekt ist die zentralisierte Prozess-Steuerung durch den Koordinationsarzt im Hausarztmodell (Lotsenfunktion). Die zentrale Steuerung ist daher in der Systemarchitektur zu berücksichtigen.

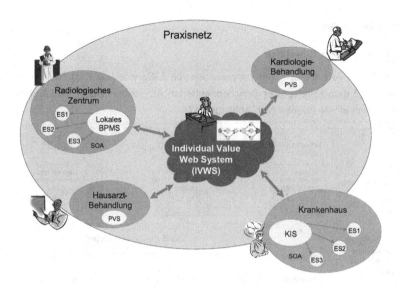

Abbildung 46: IVWS-Einsatz im Praxisnetz

Die Lösung unterstützt die Koordinationsaufgaben der Netzteilnehmer (vgl. Tabelle 11, S. 130). Die Plattform dient als Informationsdrehscheibe des Praxisnetzes und übernimmt Brokerfunktion für *E-Services*, die entweder selbst vom Netz konzipiert und implementiert oder durch Dritte angeboten und in das Netz integriert werden. Die Lösung erlaubt dabei die Anbindung weiterer Koordinationssysteme wie z. B. Praxis-verwaltungssysteme (PVS), Krankenhausinformationssysteme (KIS) oder Business Process Management-Systeme (BPMS). Die *E-Services* selbst werden ver-teilt ausgeführt, lediglich die Koordinationsunterstützung der Behandlungsprozesse durch das IVWS wird auf einem zentralen Server ausgeführt. Das Prozesswissen wird über die IVWS-Lösung im Netz gespeichert, um die Prozessintegrität und Pro-zesstransparenz zu gewährleisten. Dies ermöglicht, dass sowohl interne Netzbeteilig-te als auch externe Netz-Partner Kontrolle über ihre Prozesse behalten. Zugleich werden die für die Prozessabwicklung relevanten Statusinformationen kommuniziert sowie die daraus abgeleitete *E-Service-Logistik* zur Verfügung gestellt. Ein weiterer Aspekt, der für die gewählte Architekturlösung spricht, ist die aufwandsarme Imple-mentierbarkeit im Netz. Es sind bei den teilnehmenden Netz-Akteuren über die im Zuge der eGK-Einführung ohnehin zwingend erforderlichen Technologie- und Pro-zessanpassungen[133] hinaus keine weiteren Hard- und Softwarevoraussetzung not-

---

[133] Dazu gehören beispielsweise Konnektoren für den gesicherten Zugang zur Telematikarchitektur

Fortsetzung nächste Seite

wendig (vgl. Abschnitt 9.2.2).

6.2.3 Architekturüberblick

Die Software-Architektur[134] der *prozessbasierten E-Service-Logistik* bzw. des IVWS gründet auf dem Konzept der Serviceorientierten Architektur (SOA). Die Architektur gliedert sich in vier Ebenen (vgl. Abbildung 47).

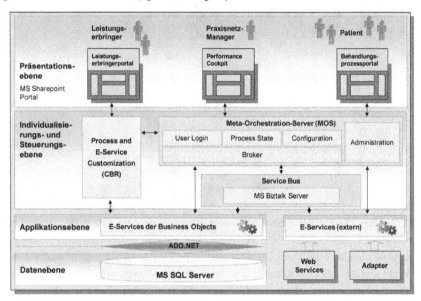

Abbildung 47: Individual Value Web System

6.2.3.1 Präsentationsebene

Application Frontends initiieren und steuern alle Aktivitäten des IVWS. Als aktive Elemente stoßen sie Geschäftsprozesse an, erhalten deren Ergebnisse, verarbeiten diese weiter und übermitteln sie an den Endanwender [KrBS05, S. 57ff.]. Typischerweise werden Application Frontends über graphische Benutzeroberflächen implementiert, welche die direkte Interaktion der Endanwender mit dem System ermöglichen. Es entstehen rollenspezifische (Prozess-)Portale für Patienten, Leistungser-

---

einschließlich der zugehörigen Heilberufsausweise und PKI-Infrastrukturen.

[134] Eine Software-Architektur definiert die Funktionalität des Gesamtsystems und seiner Komponenten. Sie beschreibt die technische Struktur, Restriktionen und Eigenschaften der Komponenten und Schnittstellen. Die Architektur ist damit der „Blueprint" für das System im Sinne eines „Bauplans".

bringer und Praxisnetzmanager. Das Leistungserbringerportal ermöglicht dem jeweiligen Leistungserbringer (z. B. Koordinationsarzt) einen Überblick über alle Behandlungsprozesse, an denen er beteiligt ist. Darüber hinaus kann er neue Prozesse konfigurieren bzw. die vom CBR-System generierten Prozessmodellvorschläge modifizieren. Koordinationsaufgaben werden vom System erkannt (z. B. Schreiben des Arztbriefes) und den beteiligten Leistungserbringern avisiert. Das Behandlungsprozessportal visualisiert für jeden Patienten den persönlichen Behandlungsprozess und liefert unterstützende E-Services (z. B. Therapieinformationen). Das Performance Cockpit liefert dem Praxisnetzmanagement konsolidierte Aussagen zur Leistung und zur Zielerreichung auf Gesamtnetz-Ebene. Konkrete Anwendungsszenarien und Dialoge werden in den Abschnitten 9.1, 9.2 und 9.3 dargestellt.

6.2.3.2 Individualisierungs- und Steuerungsebene

Diese Ebene besteht aus drei Komponenten – der Prozess- und E-Service-Customization, der Meta-Orchestration sowie dem Service Bus, welcher u. a. Funktionen für die Orchestrierung und Ausführung von Web Services beinhaltet.

Service Bus und Web Service Orchestration

Diese Komponente des IVWS verbindet alle Netzwerkakteure miteinander. Der Service Bus stellt die Verbindung zwischen E-Services und Application Frontends her und gewährleistet eine technologieunabhängige Kommunikation unter Einbezug unterschiedlicher Kommunikationskonzepte (z. B. synchron, asynchron) [KrBS05, S. 64f.]. Die erforderliche Funktionalität wird durch den MS BizTalk Server zur Verfügung gestellt [KrBS05, S. 65]. Sie ist charakterisiert durch:

- Konnektivität: Der Service Bus stellt die Verbindung der SOA-Teilnehmer sicher, um diesen das Aufrufen der in E-Services abgebildeten Funktionalität zu ermöglichen.

- Technologie- und Plattformunabhängigkeit: Der Service Bus ist in der Lage, mit unterschiedlichen Technologien umzugehen, d. h. er lässt SOA-Teilnehmer auch dann miteinander kommunizieren, wenn unterschiedliche Programmiersprachen, Betriebssysteme, Laufzeitumgebungen, Middlewareprodukte oder Kommunikationsprotokolle verwendet werden.

- Umgang mit unterschiedlichen Kommunikationskonzepten: Der Service Bus beherrscht eine Vielzahl unterschiedlicher Kommunikationskonzepte (z. B. synchrone und asynchrone Kommunikation).

- Technische E-Services: Obwohl der Service Bus primär für die Kommunikation zuständig ist, stellt er darüber hinaus technische Dienste bereit, die für den Betrieb einer SOA notwendig sind (z. B. Protokollierung, Nachrichtentransformation).

Prozess- und E-Service-Customization

Für die Individualisierung von Behandlungsprozessen und der Anpassung der zugeordneten *E-Service-Logistik* wird Case Based Reasoning (CBR)[135] genutzt. Das
CBR-System unterstützt und berät die Nutzer bei der Individualisierung von interorganisatorischen Behandlungsprozessen, indem es vollautomatisiert patienten- und
krankheitsindividuelle Prozessmodelle erstellt. Diese Prozessmodelle beschreiben
individualisierte Vorschläge zu Art, Reihenfolge und Verantwortlichkeiten bezüglich
der   Fachdienste[136].   Hierzu   zählen   neben   medizinischen
(z. B. Beratung) auch administrative (z. B. Erstellung Arztbrief) und koordinierende
(z. B. Terminvereinbarung) *Services, Sub Services* sowie *Kundenaufgaben* (vgl. Abschnitt 6.1.5). Darüber hinaus ermöglicht die CBR-Komponente die automatisierte
Zuordnung von *E-Services*. Attribut-Werte-Vektoren kennzeichnen den Prozesskontext und ermöglichen die Nutzung von Erfahrungswissen des Praxisnetzes, indem
auf ähnliche Fälle und das in diesem Zusammenhang genutzte Prozess- und
E-Service-Know-how zurückgegriffen werden kann. Die Repräsentation der Behandlungsprozesse sowie deren *E-Service-Logistik* erfolgt objektorientiert. Die vom CBR-
System adaptierte Prozess- und *E-Service*-Spezifikation wird zur Ausführung an die
Meta-Orchestration-Engine   übermittelt   (vgl.   hierzu   Abschnitt   6.3.1   „Individualisierung").

Meta-Orchestration

Die IVWS-Architektur basiert auf dem Prinzip Web-Service-basierter Workflows sowie dem Einsatz der Web-Service-Orchestration (WSO). Defizite bei der Anwendung
der WSO und der dafür bislang verfügbaren Systeme (z. B. MS Biztalk Server) sind
geringe Flexibilität, unzureichende Individualisierbarkeit und fehlende Benutzernähe
(vgl. Abschnitt 5.5.4). Das Konzept der Meta-Orchestration liefert einen Beitrag zur
Behebung dieser Defizite, indem sie als Zwischenschicht zur Orchestrierungsebene
(z. B. Biztalk Server) fungiert. Die Meta-Orchestration ist zuständig für die Konfiguration, die Ausführung und das Monitoring der Prozesse und dient als prozess-
bezogene Informationsplattform für die übrigen Komponenten des IVWS. Der Leistungserbringer kann die aus der CBR-Komponente übermittelten Prozessmodelle
und die zur *E-Service*-Koordination notwendigen Parameter zur Laufzeit modifizieren
(z. B. *E-Services* entfernen/hinzufügen) und das Modell instanziieren. Auf diese Wei-

---

[135] Case Based Reasoning (CBR) oder fallbasiertes Schließens ermöglicht das Lösen von Problemen
auf Basis von Erfahrungswissen, welches in Form von Fällen in einer Fallbasis abgelegt ist
[MaDS01, S. 1]. Vgl. hierzu Abschnitt 6.3.1.3.

[136] „Fachdienste" wird als Sammelbegriff für alle fachlichen Prozess-Elemente (z. B. *Service, Kundenaufgabe*) eingeführt. Vgl. hierzu Abschnitt 6.1.5.

se wird der Einmaligkeit und den ständigen Veränderungen eines patientenspezifischen Krankheitsbildes Rechnung getragen. Die technische Leistungskonfiguration wird in der Laufzeitumgebung ausgeführt, d. h. die Meta-Orchestration-Engine stößt die Ausführung „normaler" Web-Services, wie z. B. Kostenübernahmeworkflows oder Reportingdienste, an. Des Weiteren zentralisiert die Serverkomponente das Wissen über den Status des jeweiligen Behandlungsprozesses. Die Vorteile der Web-Service-Technologie können vollständig genutzt und um die spezifischen Stärken der Meta-Orchestration erweitert werden (vgl. hierzu Abschnitt 6.3.2 „Ausführung und Steuerung").

6.2.3.3 Applikationsebene

E-Services einer SOA sind Software-Komponenten, die fachliche Funktionen grobgranular kapseln[137]. Sie bestehen aus einem Service-Kontrakt zur inhaltlichen und funktionalen Spezifikation, einem Service-Interface zur Präsentation der Serviceleistungen und der Implementierung, d. h. der physischen Repräsentation der erforderlichen Geschäftslogik und der relevanten Daten (z. B. Programme, Konfigurationsdaten, Datenbank) [KrBS05, S. 59f.]. Neben den geschilderten IVWS-spezifischen CBR- und Orchestrierungs-Diensten kann jede Form existierender Web Services (Management-, Behandlungs- und Support-*E-Services*) den Netzwerk-Teilnehmern Informationen und Anwendungen zur Verfügung stellen, über SOAP und WSDL über den Service Bus aufrufen und in die *E-Service-Logistik* integrieren.

6.2.3.4 Datenebene

Diese Ebene stellt die für die Umsetzung der *prozessbasierten E-Service-Logistik* notwendige Datenbasis zur Verfügung. Auf Basis einer MS SQL-Datenbank werden die Prozess- und *E-Service*-Daten gespeichert und verwaltet. Das Service Repository stellt Suchfunktionen zur Verfügung, um das Auffinden eines geeigneten Services zu erleichtern. Außerdem werden Informationen gespeichert, die zur tatsächlichen Nutzung der einzelnen Dienste benötigt werden (z. B. physischer Ablageort, Nutzungsgebühren, Sicherheitsaspekte) [KrBS05, S. 60f.]. Eine wichtige Datenquelle für das Controlling der Praxisnetze stellen die mithilfe des Meta-Orchestration-Server ausgeführten Prozesse und die daraus gewonnenen Protokollinformationen dar. In Abschnitt 8 wird auf ein Lösungskonzept für das Praxisnetz-Controlling eingegangen, welches u. a. diese Protokollinformationen als Datenquellen heranzieht.

---

[137] Zur fachlichen Klassifikation und Modellierung vgl. Abschnitt 6.1.

6.3 Zentrale Koordinationsfunktionen und Lösungskomponenten

Der in Abschnitt 6.1.3 beschriebene Regelkreis der *prozessbasierten E-Service-Logistik* sowie die Systemarchitektur (Abschnitt 6.2) skizzieren den Gesamtlösungsansatz zur Unterstützung der prozessorientierten Koordination in Praxisnetzen. Um den in Abbildung 37 dargestellten Regelkreis durch Informationstechnologie zu unterstützen, lassen sich zwei Koordinationsfunktionen unterscheiden: Individualisierung sowie die Ausführung und Steuerung von Prozessen und *E-Services* (vgl. Abbildung 48).

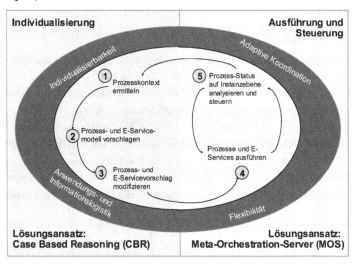

Abbildung 48: Koordinationsfunktionen und Lösungsansätze

Die Individualisierung (vgl. Abschnitt 6.3.1) zielt primär auf die Unterstützung der Regelkreis-Schritte eins bis drei ab, d. h. der Leistungserbringer soll einen patientenindividuellen Behandlungsprozess- und *E-Servicevorschlag* erhalten und modifizieren können. Kernanforderungen an das IVWS sind die aufwandsarme Individualisierbarkeit sowie die kontextspezifische Allokation von Anwendungs- und Informationsdiensten. Eine Lösung auf Basis des Case Based Reasoning (CBR)-Ansatzes wird vorgestellt.

Bei der Ausführung und Steuerung (vgl. Abschnitt 6.3.2) stehen die Regelkreis-Schritte vier und fünf im Fokus. Die im Zuge der Individualisierung erarbeiteten Prozess- und *E-Service*-Modelle sind auszuführen. Die IT-Lösung muss eine Modifikation durch die Individualisierungskomponente und neuerliche Ausführung zur Laufzeit unterstützen. Darüber hinaus sind aus dem Prozesskontext heraus Koordinationsbedarfe automatisiert zu erkennen und entsprechende *E-Services* bereitzustellen.

Kernanforderungen ergeben sich daher v. a. bei der Flexibilität der Ausführungsumgebung sowie bei der adaptiven Behandlung von Koordinationsaufgaben. Als Lösungsansatz wird ein sog. Meta-Orchestration-Server (MOS) präsentiert.

6.3.1 Individualisierung

Nach einer Begriffsklärung und Einordnung werden das Individualisierungskonzept der *prozessbasierten E-Service-Logistik* und die prototypisch realisierte Lösungskomponente dargestellt.

6.3.1.1 Aufgabenstellung und Einführung

Der Begriff der Individualisierung kann sowohl ein Geschehen als auch das Ergebnis eines Geschehens beschreiben [Dude97b, S. 276]. In der vorliegenden Arbeit wird Individualisierung als Vorgang, also im Sinne einer Geschehensbezeichnung, verstanden. Im Allgemeinen bedeutet Individualisierung, die Einzigartigkeit und Eigentümlichkeit eines Gegenstandes, einer Person, eines Falls hervorzuheben [Dude97a, S. 355; Rupp02, S. 32]. Das Ergebnis der Individualisierung ist somit stets ein Unikat [LiSc00, S. 195f.]. Schackmann definiert Individualisierung als den „Prozess der Erstellung eines individuellen Guts. Ein individuelles Gut ist ein Leistungsbündel, welches sich zusammensetzt aus den Teilleistungen Leistungsspezifikation, Leistungszuordnung und Leistungserbringung." [Scha03, S. 36]

Aufgabe der Individualisierung ist es, Behandlungsprozesse und deren *E-Service*-Unterstützung automatisch an den patientenindividuellen Behandlungskontext anzupassen (vgl. Abbildung 49, S. 154). Dies ist notwendig, da eine ex ante-Modellierung aller möglichen Prozess(-varianten) aufgrund der hohen Varianz und Individualität von Behandlungsprozessen nicht möglich ist. Eine Modellierung durch den Anwender (z. B. Koordinationsarzt) zur Laufzeit hingegen ist zeitaufwändig und würde die Akzeptanz des Lösungsansatzes erschweren. Mithilfe der Lösung sollen Leistungserbringer in die Lage versetzt werden, schnell und einfach die notwendigen medizinischen Leistungen im System zu spezifizieren und netzweit an relevante Akteure zu kommunizieren. Auch die kontextspezifische Zuordnung elektronischer Dienste an die richtigen Akteure zur richtigen Zeit im richtigen Prozessschritt soll unterstützt werden, um Informationen an Patienten (z. B. Indikations- oder Therapieinformationen) und Leistungserbringer (z. B. Leitlinien, Arzneimittelliste) zu verteilen.

6.3.1.2 Existierende Ansätze und Bewertung

Es ist erneut die Bedeutung der Informationstechnologie zur Verwirklichung einer prozessorientierten Patientenversorgung zu betonen. Krcmar und Schwarzer konsta-

tieren, dass die Zahl der zu modellierenden Prozesse und Prozessschritte, der Umfang (besser: Länge) der einzelnen Prozesse, die verschiedenen zu erfassenden Eigenschaften und der Teamcharakter des Modellierungsprozesses notwendigerweise
Computerunterstützung erfordern [KrSc94, S. 21]. Daher werden zur Personalisierung Informations- und Kommunikationssysteme eingesetzt. Vor dem Hintergrund
moderner IT-Unterstützung wird unter „Personalisierung [...] die Individualisierung der
Kommunikation mit den Abnehmern unter Einsatz neuer Internettechnologien" verstanden [PiZa01, S. 88]. Diese Arbeit folgt dem spezifischeren Verständnis von
Schackmann, der unter Personalisierung die Individualisierung unter Zuhilfenahme
eines Personalisierungssystems begreift [Scha03, S. 49]. Das Personalisierungs-
system übernimmt die Aufgaben menschlicher Berater, indem IT-Komponenten einzelne oder alle Teilleistungen der Individualisierung abdecken und somit die individuelle Humanberatung teilweise oder vollständig substituieren.

Bislang werden patientenindividuelle Behandlungspfade in der Praxis nicht definiert,
da der Aufwand für die Prozess- und Servicemodellierung durch den Nutzer ohne
Systemunterstützung zu hoch wäre und geeignete IT-Werkzeuge zu deren Ausführung fehlen. Im Folgenden wird die Individualisierung von Behandlungsprozessen
und E-Services[138] im Hinblick auf ihre systemseitige Umsetzung innerhalb der Gesamtarchitektur erläutert. Durch Eingabe weniger – ohnehin im Rahmen der Anamnese und Diagnose zu erhebender – Kontextinformationen zum individuellen Behandlungsfall unterbreitet die Individualisierungskomponente einen Behandlungsprozessvorschlag, der durch E-Services unterstützt und durch den Anwender beliebig
modifiziert werden kann (vgl. Abbildung 49).

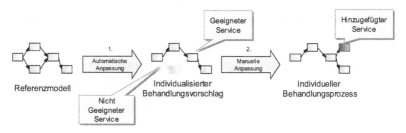

Abbildung 49: Prinzip der automatischen Prozessindividualisierung

---

[138] Obgleich E-Services inhärenter Bestandteil des PEL-Konzeptes sind, wird im weiteren Verlauf des
Teilkapitels meist nur von der Prozessindividualisierung gesprochen. Dies impliziert stets auch eine Zusammenstellung von E-Services zu einer individuellen E-Service-Logistik zur Unterstützung

Fortsetzung nächste Seite

Zur Individualisierung von Prozessen und *E-Services* existieren verschiedene Konzepte, die nach Art des eingesetzten Hilfsmittels unterschieden werden können. Beim klassischen Ansatz der Prozessindividualisierung wird jeder Prozess individuell für den jeweiligen Kontext passend unter Verwendung von Richtlinien neu modelliert [Lang 97, S. 2]. Diese permanente Neugestaltung von individuellen Prozessen ist sehr zeitintensiv und verhindert die Wiederverwendung von Erfahrungen aus früheren Prozessen [Rupp02, S. 2]. Im Gegensatz dazu ermöglichen die Ansätze der Modellierung individueller Prozesse mithilfe von Kopieren und Zusammensetzen früherer Prozesse sowie mittels Referenzmodellen [Broc03, S. 31], Prozessskeletten [Remm97, S. 114] und Prozessbausteinen [Lang97, S. 4f.] die Nutzung von Prozesserfahrungen. Problematisch bei allen Ansätzen ist jedoch die aufwändige Suche und Anpassung an den aktuellen Kontext.

Die Methoden zur Individualisierung von *E-Services* weisen eine hohe Ähnlichkeit zu den Verfahren der Prozessindividualisierung auf. Für die Individualisierung von *E-Services* können Ansätze aus dem Bereich der Softwareentwicklung herangezogen werden. Analog zur Prozessindividualisierung besteht der klassische Ansatz der *E-Service*-Individualisierung darin, für jeden Kontext einen *E-Service* anhand vorgegebener Programmierrichtlinien neu zu erstellen. Diese Vorgehensweise ist jedoch sehr aufwändig und erlaubt keine Wiederverwendung von *E-Service*-Wissen. Die Ansätze zur Erzeugung eines *E-Services* ermöglichen eine Wiederverwendung durch Kopieren und Zusammensetzen von Abschnitten bereits existierender *E-Services* sowie durch den Einsatz von Entwurfsmustern [Gamm95, S. 2ff.], Frameworks und Bibliotheken.

Abstrakt betrachtet besteht die Vorgehensweise aller Ansätze zur Prozess- und *E-Service*-Individualisierung aus der Suche einer geeigneten Grundlage (z. B. Prozessskelett, Referenzmodell) und der daran anschließenden Anpassung an den individuellen Kontext. Beide Schritte können bei manueller Durchführung zu hohem Zeitaufwand führen. Moderne Ansätze zur Individualisierung beschäftigen sich deshalb mit der Entwicklung von intelligenten automatischen Such- und Adaptionsverfahren. Die fallorientierte Konfiguration komplexer Workflows von Wargitsch und Wewers zum Beispiel ermöglicht es, mittels eines fallbasierten Retrieval-Systems bestehende Prozessmodelle zu suchen, die einen zur aktuellen Situation ähnlichen Prozesskontext aufweisen [WaWe97, S. 52f.]. Das Konzept zur projektspezifischen Individualisierung von Rupprecht erlaubt die automatische Adaption von Prozessmodellen an den Prozesskontext mithilfe von benutzerdefinierten Regeln [Rupp02, S. 67ff.]. Prob-

---

der einzelnen Teilschritte entlang des individualisierten Behandlungsprozesses.

lematisch bei diesen Ansätzen ist allerdings, dass nur einer der beiden Schritte, Suche oder Adaption, automatisiert wird, während der andere weiterhin manuell durchzuführen ist. Diese Defizite werden im Zuge der IVWS-Lösung behoben. Nachfolgend wird die Individualisierungslösung auf Basis der Case Based Reasoning-Technologie vorgestellt.

6.3.1.3   Lösungskomponente Case Based Reasoning (CBR)

Im Individual Value Web System wird zur Individualisierung von Behandlungsprozessen die Methodik des Case Based Reasoning (CBR) – des fallbasierten Schließens – angewandt [ScKB07, S. 713ff.].

Case Based Reasoning (CBR) ermöglicht das Lösen von Problemen auf Basis von Erfahrungswissen, das in Form von Fällen in einer Fallbasis abgelegt ist [MaDS01, S. 1]. Ein Fall besteht aus zwei grundsätzlichen Teilen, einer Problembeschreibung und der dazugehörigen Lösung. Um ein neues Problem zu lösen, wird in der Fallbasis das dazu ähnlichste Problem gesucht und dessen Lösung wiederverwendet [MaDS01, S. 1]. Im Rahmen der Prozess- und *E-Service*-Individualisierung können CBR-Systeme dazu verwendet werden, um zu einem gegebenen Prozess- und *E-Service*-Kontext (Problembeschreibung) den ähnlichsten in der Fallbasis enthaltenen Prozess- und *E-Service*-Kontext aufzufinden und dessen Prozess mit *E-Services* (Lösung) für den neuen Kontext wieder zu verwenden. Die Funktionsweise eines CBR-Systems kann mit folgendem zyklischen Phasenmodell [AaPl94, S. 46] beschrieben werden (vgl. Abbildung 50).

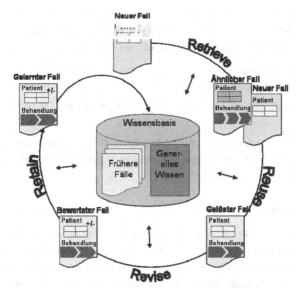

Abbildung 50: CBR-Zyklus nach [AaPl94, S. 46]

In der Retrieve-Phase wird zu einem gegebenen neuen Kontext der Prozess mit *E-Services* in der Fallbasis gesucht, der den dazu ähnlichsten Kontext enthält. Dieser dient in der Reuse-Phase als Basis zur Lösung des neuen Kontextes. Im Rahmen der Revise-Phase erfolgt die tatsächliche Ausführung des neuen Prozesses und seiner *E-Services*. In Abhängigkeit seines Erfolges erhält er eine Bewertung, die innerhalb der Retain-Phase über seine Aufnahme in die Fallbasis entscheidet.

CBR erlaubt die Lösung von Problemen auf Basis vorhandenen Know-hows und vorhandener Erfahrung und erfüllt die Grundanforderungen der automatischen Selektion und Adaption. CBR bietet gegenüber anderen Methoden der Künstlichen Intelligenz einige Vorteile [MaDS01, S. 13ff.; LeWi00, S. 2ff.; Scha88, S. 1ff.]:

- Das fallbasierte Schließen entspricht nach kognitionspsychologischen Erkenntnissen der Vorgehensweise menschlichen Problemlösens und stellt damit eine sehr intelligente Methodik dar.

- Das CBR erlaubt eine einfache Wissensakquisition. Eine Zerlegung des Wissens in Teile und eine aufwändige Formalisierung ist nicht notwendig. Wissen kann in seiner natürlich vorliegenden Form als Fall verwendet werden.

- CBR ist einfach zu warten. Änderungen in der Wissensbasis können einfach durch Hinzufügen neuer Fälle bzw. Löschen alter Fälle realisiert werden.

- CBR basiert auf einem effizienten Problemlösungsmechanismus. Probleme werden nicht jedes Mal von Null an durch einen aufwändigen Algorithmus gelöst. Stattdessen erfolgt ein Rückgriff auf bewährte Lösungen.

- CBR-Systeme können in Domänen eingesetzt werden, in denen kein komplettes Domänenwissen vorliegt. Auch noch unverstandene Problem-Lösungszusammenhänge können in Form von Fällen abgelegt und wiederverwendet werden.

- CBR-Systeme zeichnen sich durch eine hohe Benutzerakzeptanz aus, da die Funktionsweise leicht nachvollziehbar und das Ergebnis mithilfe des verwendeten früheren Falles gut begründbar ist.

6.3.1.3.1 Einordnung

Zur Systematisierung der Individualisierung von Behandlungsprozessen mithilfe von Case Based Reasoning werden die Individualisierungsteilschritte der Leistungsspezifikation (LS), Leistungszuordnung (LZ) und Leistungserbringung (LE) herangezogen (vgl. Abbildung 51). Ausgangspunkt für die Modellierung und Individualisierung eines Behandlungsprozesses ist das Kundenproblem, in Praxisnetzen also die Erkrankung eines eingeschriebenen Patienten.

Abbildung 51: Individualisierung von Behandlungsprozessen

Im ersten Teilschritt der Individualisierung, der **Leistungsspezifikation (LS)**, wird die Lösung des Kundenproblems, also die zur Genesung des Patienten notwendigen Behandlungsschritte, *Services* und *E-Services*, anhand von Leistungsmerkmalen beschrieben. Für die Spezifikation der einzelnen Prozessschritte sowie ihrer zeitlich-logischen Abfolge sind das aktuelle Krankheitsbild sowie weitere allgemeine und medizinische Daten des Patienten als Prozesskontext zugrunde zu legen. Im IVWS erfolgt die Erfassung des aktuellen Gesundheitszustandes des Patienten durch den behandelnden Arzt, der im Rahmen der Erstuntersuchung über das Leistungserbringerportal auf das CBR-System zugreift. Dort hat der Benutzer die Möglichkeit, für den Patienten anhand der Krankheit eine bestehende Behandlung auszuwählen oder eine neue Behandlung durch Angabe der krankheitsspezifischen Patientendaten anzulegen. Der Arzt bestimmt für die vom CBR-System vorgegebenen Krankheitsindikatoren die aktuellen Ausprägungen des untersuchten Patienten und teilt dadurch dem System den für die Individualisierung notwendigen Kontext mit. Die Repräsentation des Prozess- und *E-Service*-Kontextes im CBR-System erfolgt mithilfe von Attribut-Werte-Vektoren (vgl. Beispiel in Abschnitt 6.3.1.3.1). Die Beschreibung des aktuellen Krankheitsbildes des Patienten und dessen Übermittlung an das System stößt den CBR-Zyklus an. In der Retrieve-Phase[139] wird automatisch zu jedem neuen Fall der ähnlichste in der Fallbasis enthaltene Fall ermittelt [AaPl94, S. 46]. Dies geschieht durch die Bestimmung der Ähnlichkeit des Krankheitskontextes (Attribut-Werte-Kombinationen) des neuen Patienten zu den Krankheitsbildern anderer Patienten. Diese werden gemeinsam mit den entsprechenden erfolgreich durchgeführten Behandlungsprozessen in der Falldatenbank gespeichert.

Die eigentliche Individualisierung und **Leistungszuordnung (LZ)** vollzieht sich schließlich in der Reuse-Phase. Darin verwendet das CBR-System den Lösungsvorschlag des ähnlichsten Altfalls und passt diesen mithilfe geeigneter Adaptionsmechanismen an das neue Problem an [AaPl94, S. 46]. Im Rahmen von Praxisnetzen besteht die Aufgabe der Adaption darin, den Behandlungsprozess des ähnlichsten Patienten mit den ihm zugeordneten *Services* und *E-Services* entsprechend der Besonderheiten des aktuellen Patienten zu modifizieren. Die Adaption der gefundenen Lösung an die neue Problemstellung stellt eine wichtige, gleichzeitig jedoch sehr schwierige Aufgabe im CBR dar, da zu ihrer Durchführung viel Domänenwissen benötigt wird, das sich oft nur aufwändig und schwierig trainieren lässt. Die komplexe Vorgehensweise des CBR-Systems des IVWS bei der Adaption und Individualisierung von Behandlungsprozessen wird ausführlich in Abschnitt 6.3.1.3 dargestellt. Festzuhalten bleibt, dass vom CBR-System automatisch Vorschläge als Ergebnis der Reuse-Phase generiert werden, die jeweils aus einem individuellen Behandlungsprozess inklusive *Services* und unterstützender *E-Services* bestehen und auf das konkrete Krankheitsbild eines Patienten ausgerichtet sind. Aus den durch Case Based Reasoning erstellten Vorschlägen wählt der behandelnde Arzt den geeig-neten aus und kann daran gegebenenfalls weitere Modifikationen vornehmen (z. B.

---

[139] Zu den Phasen des Case Based Reasoning-Ansatzes vgl. Abschnitt 6.3.1.3.

E-Services entfernen oder hinzufügen).

Der Teilschritt der **Leistungserbringung (LE)** umfasst die tatsächliche Behandlung des Patienten entsprechend seines individuellen Krankheitsbildes. Die am Leistungserstellungsprozess beteiligten Netzmitglieder erbringen medizinische, individualisierte Dienstleistungen am Patienten als externem Faktor. Parallel dazu wird das patientenspezifische Prozessmodell als Ergebnis der Individualisierung zur Ausführung an die Meta-Orchestration-Engine des IVWS übermittelt. Diese steuert und initiiert entsprechend der individuellen Ablauflogik die Bereitstellung der *E-Services*, die die Nutzer zeitnah bei den entsprechenden Behandlungsteilschritten unterstützen sollen (vgl. 6.3.2).

Eine Besonderheit der Prozessindividualisierung gegenüber der traditionellen Produktindividualisierung stellt die Tatsache dar, dass sich die Bedarfe und das Krankheitsbild des Patienten im Laufe des Behandlungsprozesses als Ergebnis der Individualisierung ständig ändern. Denn jede einzelne Teilleistung des Gesamtprozesses zielt gerade darauf ab, den (Gesundheits-) Zustand des Patienten zu verbessern bzw. eine Verbesserung zu ermöglichen. Dementsprechend reicht die einmalige Modellierung eines geeigneten Prozesses im Anschluss an die Erstuntersuchung nicht aus. Stattdessen muss der Behandlungsprozess begleitend zu seiner Durchführung durchgängig flexibel auf den jeweils aktuellen Kontext adaptiert, also stetig neu individualisiert werden. Diesem Umstand trägt das CBR-System Rechnung, indem es jeden, auch nur geringfügig veränderten Prozesskontext (Attribut-Werte-Kombination) als neuen Fall begreift, welcher den automatischen Individualisierungszyklus erneut in Gang setzt und ein an die Veränderung adaptiertes Prozessmodell generiert. Die Meta-Orchestration-Engine erlaubt in diesem Zusammenhang die (manuelle) Rekonfiguration und Aktualisierung der Behandlungsprozessinstanzen zur Laufzeit.

Nachfolgend werden die technischen Lösungsansätze zur Umsetzung der Individualisierungsanforderungen vertieft behandelt. Bei der Entwicklung eines CBR-Systems sind eine geeignete Form der Repräsentation der Fälle sowie passende Verfahren zur Ähnlichkeitsbestimmung, Suche, Adaption und Wartung zu definieren.

6.3.1.3.2   Repräsentation von Kontext, Prozess und *E-Services*

Ein Fall setzt sich aus dem Prozess- und *E-Service*-Kontext sowie dem ausgeführten Prozess und seinen *E-Services* zusammen. Der Prozess- und *E-Service*-Kontext spiegelt die Rahmenbedingungen wider, unter denen der Prozess und seine *E-Services* sinnvoll eingesetzt werden. Die Repräsentation des Kontextes erfolgt mithilfe von Attribut-Werte-Vektoren [Rich03, S. 412]. Hierbei wird der Prozess- und *E-Service*-Kontext durch eine bestimmte Anzahl n von Attributen A_1, A_2, ..., A_n näher charakterisiert.

Ein Prozess- und E-Service-Kontext P wird durch den Vektor der Attributwerte a_1, a_2, ..., a_n aus den Wertebereichen W_1, W_2, ..., W_n spezifiziert: $P = (a_1, a_2, ..., a_n) \in W_1 x W_2 x ... x W_n$. Hierbei können metrische, ordinale und nominale Attribute verwendet werden. Um unbekannte Attributwerte abzubilden, wird der Wertebereich jedes Attributs um die Ausprägung „unbekannt" erweitert. Aufgrund ihrer komplexen Struktur wird für Prozesse und E-Services die ausdrucksstärkere objektorientierte Repräsentationsform herangezogen. Hierbei werden die Prozesse und E-Services mit ihren Elementen durch Klassen näher charakterisiert. Ein konkreter Prozess mit E-Services besteht aus einer Menge von Objektinstanzen dieser Klassen (vgl. Abbildung 43).

Im Rahmen der Prozess- und E-Service-Individualisierung in Gesundheitsnetzen besteht der Kontext aus Attributen, die den Patienten und sein aktuelles Krankheitsbild näher beschreiben. Der Prozess und seine E-Services stellen den Behandlungsverlauf sowie medizinische und unterstützende elektronische Dienste dar. Die Patientenattribute lassen sich zur besseren Übersichtlichkeit in Kategorien gliedern. So können die Kategorien Stammdaten, Symptome, Befunde, Vorerkrankungen, Diagnose und Therapie unterschieden werden. Die Einteilung in Kategorien dient dazu, die Definition der relevanten Attribute in der Erstellungsphase des CBR-Systems und die Erfassung der Attributwerte eines Patienten in der Nutzungsphase für die Ärzte zu erleichtern. Für die Funktionsweise des CBR-Systems selbst spielt die Zuordnung zu den Kategorien jedoch keine Rolle. Da jede Krankheit über eigene spezifische Einflussgrößen verfügt, werden die Attribute jeder Kategorie für jede Krankheit einzeln festgelegt. Für Herzinsuffizienz können zum Beispiel folgende Attribute definiert werden, die in Tabelle 14 anhand eines Beispielpatienten X konkretisiert werden.

Kategorie	Attribut	Ausprägungen	Skalen-niveau	Patient X
Stamm-daten	Alter	0-100 Jahre	metrisch	**63**
	Geschlecht	weiblich, männlich	nominal	**männlich**
	Größe	0-2,5 m	metrisch	**1,7**
	Gewicht	0-170 kg	metrisch	**76**
	Body Mass Index	0-60 kg/m²	metrisch	**26**
	Compliance	mangelhaft, befriedigend, gut	ordinal	**befriedi-gend**
Symptome	Nächtliche Atemnot	ja, nein	nominal	**ja**
	Nykturie	normal, erhöht	ordinal	**erhöht**
	Ödeme	ja, nein	nominal	**nein**
	Pleuraergüsse	ja, nein	nominal	**ja**
Befunde	Blutdruckwert	hypoton, normal, hyperton	ordinal	**hyperton**
	Herzfrequenz	bradykard, normal, tachykard	ordinal	**tachykard**
	Herzrhythmus	regelmäßig, unregelmäßig, Schrittmacher	nominal	**regel-mäßig**
	Atemfrequenz	normal, erhöht	ordinal	**erhöht**
	EKG: QRS-Breite	normal, erhöht	ordinal	**normal**
	Ejektionsfraktion	0-100 %	metrisch	**35 %**
Vorerkran-kungen	Koronare Herzerkran-kung	ja, nein	nominal	**nein**
	Vitium	ja, nein	nominal	**nein**
	Hypertonus	ja, nein	nominal	**ja**
	Diabetis	ja, nein	nominal	**nein**
Diagnose	Kammerlokalisation	links, rechts, biventrikulär	nominal	**links**
	Art der Herzinsuffizienz	systolisch, diastolisch, kombi-niert	nominal	**systolisch**
	NYHA-Klassifikation	I, II, III, IV	ordinal	**III**
	Manifestationsdauer	akut, chronisch	ordinal	**chronisch**
Therapie	Unverträglichkeit ACE-Hemmer	ja, nein	nominal	**nein**

Tabelle 14: Attribute für Herzinsuffizienz

Bevor die Behandlungsprozesse mit den *E-Services* für die einzelnen Patienten in der Fallbasis abgelegt werden können, sind alle den Behandlungsprozesselementen zugrunde liegenden Muster sowie sämtliche zur Verfügung stehenden *E-Services* mit Operationen und Parametern zu identifizieren. Als *E-Services* können im Rahmen der Herzinsuffizienzbehandlung zum Beispiel elektronische Programme, die Kosten-übernahmeprozesse abwickeln oder Informationen zu bestehenden Medikamenten anzeigen, sinnvoll eingesetzt werden.

Der Behandlungsprozess des Patienten X besteht aus einer hausärztlichen Erstun-tersuchung und kardiologischen Erstbehandlung. Im Rahmen der Erstuntersuchung nimmt der Hausarzt die Basisuntersuchungen Palpation (Abtasten), Perkussion (Ab-klopfen), Auskultation (Abhören), Blutdruck- und Pulsmessung sowie ein Elektrokar-diogramm (EKG) vor und überweist den Patienten mit der Primärdiagnose Herzinsuf-fizienz zum Kardiologen. Der Kardiologe bestätigt und konkretisiert die Diagnose mithilfe der Echokardiographie (Ultraschalluntersuchung) und verordnet dem Patienten geeignete Medikamente. Als *E-Services* kommen im Rahmen der Behandlung die Informationsdienste Herzinsuffizienzinformation und Medikationsinformation, der Elektronische Arztbrief sowie der elektronische Dienst Kostenübernahme zum Einsatz. Der Behandlungsprozess wird in Abbildung 52 graphisch veranschaulicht. Um eine bessere Übersichtlichkeit der Darstellung zu erreichen, sind für alle Behandlungsprozess- und *E-Service*-Elemente nur die Namen ihrer Muster sowie ihre Typen angegeben.

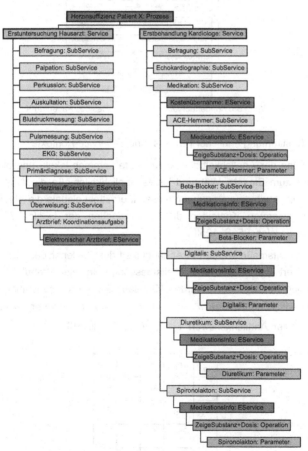

Abbildung 52: *Service-* und *E-Service*-Elemente des Beispielspatienten X

Im Rahmen seiner Behandlung erhält der Patient X mehrere Verhaltensanweisungen (*Kundenaufgaben*), wie zum Beispiel eine regelmäßige Gewichtsmessung und eine

Reduktion seiner Flüssigkeitszufuhr (vgl. Abbildung 53).

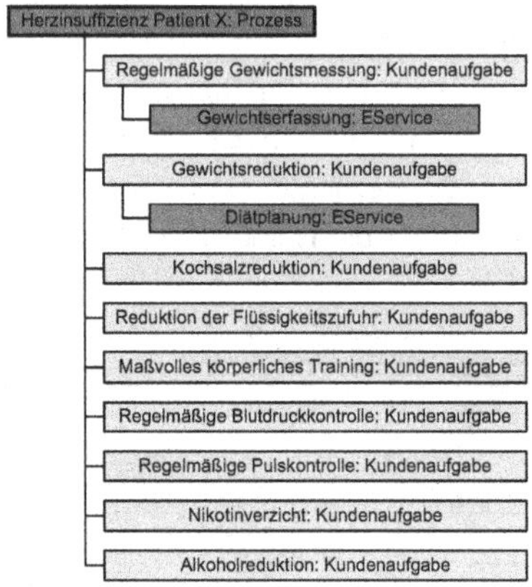

Abbildung 53: *Kundenaufgaben* und *E-Services* des Patienten X

6.3.1.3.3   Bestimmung ähnlicher Prozess- und *E-Service*-Kontexte

Zur Bestimmung der Ähnlichkeit zweier Kontexte kommen lokale und globale Ähnlichkeitsmaße zum Einsatz. Während lokale Ähnlichkeitsmaße die Ähnlichkeit zwischen einzelnen Attributausprägungen messen, ermitteln globale die Ähnlichkeit zwischen zwei gesamten Kontexten durch Aggregation der lokalen Ähnlichkeiten [Stah03, S. 50ff.; Wess95, S. 125ff.].

Lokale Ähnlichkeitsmaße werden in Abhängigkeit des Skalenniveaus des jeweiligen Attributs definiert. Zur lokalen Ähnlichkeitsmessung nominaler Attribute können Ähnlichkeitstabellen herangezogen werden [Goos96, S. 90f.]. Diese enthalten für jede Kombination aus Attributwerten a_i des Anfragefalles a und des Vergleichsfalles f aus der Fallbasis einen Ähnlichkeitswert $x_{ij} \in [0;1]$ (vgl. Tabelle 15).

$\dfrac{f}{a}$	a_1	a_2	...	a_n
a_1	1	x_{12}		x_{1n}
a_2	x_{21}	1		x_{1n}
...				
a_n	x_{n1}	x_{n2}		1

Tabelle 15: Ähnlichkeitstabelle

Bei metrischen Attributen erfolgt die lokale Ähnlichkeitsbestimmung unter Verwendung von Distanzmaßen, die die Differenz zweier Attributwerte berücksichtigen. Zur lokalen Ähnlichkeitsbestimmung metrischer Attribute stehen verschiedene Maße m zur Wahl. Diese können durch Parametrisierung genau an das jeweilige Attribut und seine Bedeutung angepasst werden. Darüber hinaus besteht die Möglichkeit, Asymmetrien zu modellieren, indem den beiden Bereichen f < a und f > a verschiedene Maße zugewiesen werden [Stah03, S. 54].

Als Maße m können schwellenwertbasierte, lineare, exponentiale und sigmoide Funktionen gewählt werden [Stah03, S. 54ff.]. Nachstehende Abbildung zeigt die Graphen dieser Funktionen für den Wertebereich f > a auf.

Abbildung 54: Ähnlichkeitsfunktionen nach [Stah03, S. 56]

Zur Ähnlichkeitsmessung ordinaler Attribute existieren keine eigenen Ähnlichkeitsmaße. Es können jedoch die Maße metrischer Attribute verwendet werden [Goos96, S. 91]. Hierbei müssen die Ausprägungen des ordinalen Attributs auf Zahlenwerte abgebildet werden, mithilfe derer die Ähnlichkeitsmessung erfolgt. Bei unbekannten Attributwerten erfolgt die Ähnlichkeitsmessung für Attribute aller Skalenniveaus durch eine Schätzung.

Als globales Ähnlichkeitsmaß wird die gewichtete Summe der lokalen Ähnlichkeiten herangezogen. Hierbei kann der Domänenexperte (z. B. Koordinationsarzt) jedem Attribut ein Gewicht zuweisen, welches die Relevanz des Attributs widerspiegelt. Mithilfe eines Lernalgorithmus erfolgt die Modifikation der initialen benutzerdefinierten Gewichte, um das Auffinden von nützlichen und adaptierbaren Prozessen und E-Services zu ermöglichen. Als Lernalgorithmus wird das Gradientenabstiegsverfahren eingesetzt [Stah03, S. 105ff.]. Der Benutzer der CBR-Systems bewertet anhand von Trainingsdatensätzen die Rangfolge der Nützlichkeit verschiedener Prozess- und E-Service-Vorschläge zu einem bestimmten Behandlungskontext. Diese Informationen erfasst das System während der Benutzung. Auf Basis des Vergleichs der vom Benutzer angegebenen Rangfolge der adaptierten Lösungen und der durch das Ähnlichkeitsmaß berechneten Rangfolge ist eine Fehlerfunktion definiert, die das Gradientenabstiegsverfahren durch Modifikation der Gewichte minimiert.

6.3.1.3.4   Suche ähnlicher Prozesse und *E-Service*-Kontexte

Ziel der Suchverfahren ist es, zu einer Anfrage die n Fälle aus der Fallbasis zu finden, die bezüglich des definierten Ähnlichkeitsmaßes die höchste Ähnlichkeit aufweisen [Wess95, S. 59]. Die Suche der ähnlichsten Fälle kann mittels verschiedener Strategien realisiert werden, die alle einen Kompromiss aus Qualität der gefundenen Fälle, Zeitverhalten und Flexibilität erfordern. Zur Prozess- und *E-Service*-Individualisierung werden zwei alternative Suchverfahren, die sequenzielle Suche und die wissensarme Indexierung mittels erweitertem k-d-Baum [Wess95, S. 209ff.], bereitgestellt. Beide Verfahren finden mit Sicherheit die ähnlichsten Fälle in der Fallbasis, unterscheiden sich aber in Effizienz und Flexibilität. Während die sequenzielle Suche beliebige Ad-hoc-Anfragen erlaubt, ermöglicht der erweiterte k-d-Baum eine schnelle standardisierte Suche. Bei der sequenziellen Suche wird die Ähnlichkeit zwischen der Anfrage und jedem Fall der Fallbasis nacheinander mithilfe des definierten Ähnlichkeitsmaßes ermittelt und die Fälle nach aufsteigender Ähnlichkeit zur Anfrage geordnet [Wess95, S. 163ff.].

Die Grundidee des erweiterten k-dimensionalen Baumes (k-d-Baum) besteht darin, die Fallbasis nach *k* Dimensionen zu partitionieren [Wess95, S. 180f.]. Die Dimensionen entsprechen dabei den Attributen des Prozess- und *E-Service*-Kontextes [Goos96, S. 69f.]. Die Suche der Partitionen, in denen sich die ähnlichsten Fälle befinden, erfolgt über eine sukzessive Überprüfung der im Suchbaum enthaltenen Testbedingungen. Innerhalb einer Partition werden die ähnlichsten Fälle mithilfe der sequenziellen Suche ermittelt. Der erweiterte k-d-Baum besteht aus einer Menge von Knoten und Kanten. Während der Wurzelknoten alle Fälle der Fallbasis repräsentiert, beschreiben die inneren Knoten jeweils Teilmengen der Fallbasis. In den Blattknoten werden kleine Mengen von ähnlichen Fällen gespeichert. An dem Wurzelknoten und den inneren Knoten findet jeweils eine Partitionierung der von ihnen repräsentierten Fallmenge statt. Zu diesem Zweck enthält jeder Knoten ein Diskriminatorattribut (vgl. Attribute in Tabelle 14) und die von ihm ausgehenden Kanten sind mit Wertebedingungen versehen, die die Partitionierung näher spezifizieren [Goos96, S. 69ff.; Wess95, S. 180ff.].

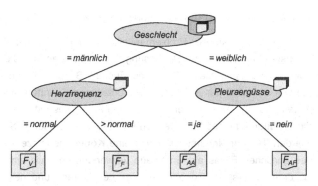

Abbildung 55: Erweiterter 2-d-Baum der Beispielpatienten F, AA, AF und V

In der Wurzel des generierten erweiterten k-d-Baumes (vgl. Abbildung 55) werden vier Beispielpatienten nach dem Diskriminatorattribut *Geschlecht* und den Ausprägungen *männlich* und *weiblich* aufgeteilt. Infolgedessen ergeben sich zwei Kind-Knoten, die die jeweils zueinander sehr ähnlichen Patienten *V* und *F* sowie *AA* und *AF* in sich aufnehmen. Die weiblichen Patienten *AA* und *AF* werden anhand des Diskriminatorattributs *Pleuraergüsse* und der Ausprägungen *ja* und *nein* auf zwei weitere Blattknoten aufgeteilt. In dem Knoten mit den männlichen Patienten erfolgt mithilfe des Diskriminatorattributs *Herzfrequenz* und dem Partitionswert *normal* eine weitere Partitionierung in zwei Blattknoten.

Der erweiterte k-d-Baum kann automatisch generiert werden [Wess95, S. 198ff.]. Hierbei wird die Baumstruktur so gestaltet, dass zur Ermittlung der ähnlichsten Fälle nur für wenige Fälle die Ähnlichkeit zur Anfrage berechnet werden muss und somit eine effiziente Suche möglich ist [Goos96, S. 71]. Bei der Suche im erweiterten k-d-Baum [Wess95, S. 188 sowie S. 234f.] werden zunächst ausgehend von dem Wurzelknoten die Pfade im Baum verfolgt, deren Kantenbedingungen die Attributwerte der Anfrage erfüllen, bis ein Blattknoten erreicht ist. Im Blattknoten enthaltene Fälle werden gemäß ihrer Ähnlichkeit zur Anfrage geordnet. Mithilfe der Attribut-Werte-Bedingungen der Knoten wird getestet, ob noch ähnlichere Fälle existieren und die Suche gegebenenfalls rekursiv am Vaterknoten fortgesetzt.

Die Anwendung des k-d-Baumes erlaubt eine effiziente Suche ähnlicher Fälle. Um den ähnlichsten Patienten aus der Fallbasis zu bestimmen, müsste eine sequenzielle Suche die Ähnlichkeit eines Anfragefalles zu allen vier Patienten berechnen. Die Suche mithilfe des erweiterten k-d-Baumes hingegen erfordert nur die Ähnlichkeitsermittlung bezüglich zweier Patienten der Fallbasis.

6.3.1.3.5   Adaption bestehender Prozesse und *E-Services*

Ziel der Adaption ist es, ein aktuelles Problem mithilfe des in der Retrieval-Phase gefundenen ähnlichsten Falles zu lösen. Die Lösung des ähnlichsten Falles dient dabei
als Basis für die Lösung des aktuellen Problems [Fuch99, S. 105]. Die Adaption verläuft, abhängig von dem Ziel der Anfrage, in verschiedenen Schritten. Als Anfrage-
Ziele können die Erstellung eines neuen individuellen Prozesses mit *E-Services* und
die individuelle Erweiterung eines bestehenden Prozesses mit seinen *E-Services* unterschieden werden. Bei der Neuerstellung wird eine **Kopie** des Prozesses und der
E-Services des ähnlichen Falles als Grundlage verwendet. Im Falle einer Erweiterung wird aus dem Prozess und den *E-Services* der Anfrage und des ähnlichen
Falles ein neuer Prozess mit *E-Services* zusammengesetzt. Anschließend erfolgt
durch substitutionale und strukturelle Adaption sowie die Konsistenzsicherung eine
Anpassung des kopierten bzw. konfigurierten Prozesses und seiner *E-Services* an
den aktuellen Kontext. Abbildung 56 veranschaulicht den Ablauf der Adaption.

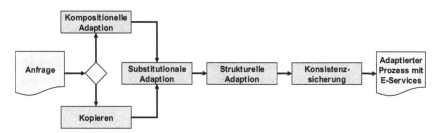

Abbildung 56: Ablauf der Adaption

Ziel der **kompositionellen Adaption** ist es, einen neuen Prozess mit *E-Services* aus
den Prozess- und *E-Service*-Elementen der Anfrage und des ähnlichen Falles zu-
sammenzustellen. In den neuen Prozess werden alle abgeschlossenen und in Bearbeitung befindlichen Prozess- und *E-Service*-Elemente der Anfrage übernommen
und Prozess- und *E-Service*-Bestandteile des ähnlichen Falles hinzugefügt. Um eine
sinnvolle Reihenfolge auf Serviceebene zu ermöglichen, werden in der Retrieval-
Phase nur solche Fälle selektiert, deren *Service*-Abfolge mit den *Services*, die in der
Anfrage abgeschlossen sind oder sich in Bearbeitung befinden, übereinstimmt. Dadurch können alle Services aus dem Behandlungsprozess des ähnlichen Patienten,
die sich nicht in dem Behandlungsprozess des Anfragepatienten befinden, an die bereits durchgeführten Services angehängt werden.

Das Beispiel in Anhang A.1 zeigt den laufenden Behandlungsprozess des Patienten
A (vgl. Abbildung 129) sowie den Prozess des ähnlichen Patienten F (Altfall, vgl.
Abbildung 130). Da die bei dem Anfragepatienten A durchgeführte hausärztliche

Erstuntersuchung ebenso wie bei Patient A an erster Stelle im Behandlungsprozess des ähnlichen Patienten F enthalten ist, kann die kardiologische Erstbehandlung als zweiter Service in den Behandlungsprozess des Patienten A eingefügt werden. Abbildung 131 zeigt den Prozess für Patient A nach Abschluss der kompositionellen Adaption.

Im Rahmen der **substitutionalen Adaption** erfolgt eine Anpassung der Attributwerte der Prozess- und *E-Service*-Elemente, die aus dem ähnlichen Fall entnommen sind. Hierbei wird zum Beispiel bei allen *Services* der Status auf „geplant" gesetzt, als Editierungsdatum das aktuelle Datum eingetragen und ein Serviceanbieter ausgewählt, für den Präferenzen des Kunden vorliegen (vgl. Abbildung 57).

Status:	abgeschlossen	geplant
Letzte Editierung:	26.7.04	18.09.07
Letzter Editor:	Maria Becker	CBR-System
Serviceanbieter:	Dr. Egon König	Dr. Ulrich Huber

Abbildung 57: Substitution der Service-Attribute

Zielsetzung der **strukturellen Adaption** ist es, die Struktur des Prozesses und der *E-Services* des ähnlichen Falles an den Prozess- und *E-Service*-Kontext des Anfragefalles anzupassen. In Abhängigkeit von den Gemeinsamkeiten und Unterschieden der Kontextattribute werden Komponenten des Prozesses und der *E-Services* des ähnlichen Falles entfernt, neue Komponenten hinzugefügt und die Reihenfolge der Komponenten verändert. Zu diesem Zweck wird für einen Anfragefall und einen dazu ähnlichen Fall der Adaptionsfall gesucht, der die am besten geeigneten Adaptionsaktionen enthält. Zu diesem Zweck erzeugt das Haupt-CBR-System aus dem Anfragefall und seinem ähnlichen Fall einen Adaptionsanfragefall, den es dem A-CBR-System übergibt (vgl. Anhang A.2, Abbildung 132). Dieses selektiert aus seiner Fallbasis den dazu ähnlichsten Adaptionsfall und übermittelt ihn an das Haupt-CBR-System, das daraufhin die Adaptionsaktionen des Adaptionsfalles ausführt (vgl. Abbildung 133).

Zur Realisierung der strukturellen Adaption wird ein zusätzliches CBR-System, im Folgenden A-CBR-System genannt, verwendet. Die Fälle des A-CBR-Systems werden mithilfe der Fallbasis des Haupt-CBR-Systems generiert [JaCR01, S. 1013]. Ein Adaptionsfall setzt sich aus den Anwendbarkeitsbedingungen und dem Adaptionsbedarf (Problembeschreibung) sowie den Adaptionsaktionen (Lösung) zusammen [WiCR02, S. 426ff.]. Die Anwendbarkeitsbedingungen beschreiben die Kontextattributwerte und den Prozessablauf, bei dem der Einsatz der Adaptionsaktionen sinnvoll ist. Der Adaptionsbedarf gibt die Unterschiede zwischen den Kontextattributen des

Anfragefalles und des ähnlichen Falles an, die die Durchführung von Adaptionsaktionen bedingen. Der Adaptionsanfragefall wird durch Vergleich der Kontextattributwerte von Anfrage und ähnlichem Fall erstellt. Dabei bilden die Kontextattributwerte (vgl. Tabelle 14), die sehr ähnlich sind, d. h. deren lokale Ähnlichkeit einen Grenzwert überschreitet, die Anwendbarkeitsbedingungen. Die anderen Attributwerte, deren lokale Ähnlichkeit den Grenzwert unterschreitet, stellen den Adaptionsbedarf dar. Dadurch werden die Adaptionsfälle genau auf die Adaptionsbedürfnisse des Haupt-CBR-Systems abgestimmt. Die Adaptionsaktionen beinhalten die Modifikationen, die an dem ähnlichen Prozess durchgeführt werden müssen, um ihn an den neuen Kontext anzupassen. Hierbei stehen *„FügeHinzu"*-, *„Lösche"*-, *„ÄndereReihenfolge"*- und *„ÄndereStrukturelleBeziehung"*-Aktionen zur Verfügung.

Da es sich bei den Adaptionsmechanismen um Heuristiken handelt, ist die Konsistenz des so erzeugten Prozesses und seiner *E-Services* nicht garantiert. Um die Konsistenz und damit auch die Qualität des Prozesses mit seinen *E-Services* zu erhöhen, kommen **lokale und globale Konsistenzsicherungsmaßnahmen** zur Anwendung. Im Rahmen der lokalen Konsistenzsicherung wird die Eignung einzelner Prozess- und *E-Service*-Elemente bezüglich des Prozess- und *E-Service*-Kontextes überprüft und gegebenenfalls werden Korrekturmaßnahmen vorgenommen. Die Regeln und Abhängigkeiten können auf Basis allgemein gültiger, indikationsspezifischer Leitlinien und netzinterner Arbeits- und Verfahrensanweisungen definiert werden. Zur lokalen Konsistenzsicherung können *„Eignungs"*-, *„Nicht-Eignungs"*- und *„VeraltetesElement"*-Regeln aufgestellt werden. Abbildung 61 zeigt exemplarisch eine *„Eignungsregel"* für Herzinsuffizienz zur Gabe von ACE-Hemmern bei Vorliegen bestimmter Voraussetzungen.

> **WENN (Art der Herzinsuffizienz = systolisch) UND (Kammerlokalisation = links)**
> **UND (Ejektionsfraktion < 40 %)**
> **DANN *FügeHinzuEmpfehlungZuSubService(„Geeignet", ACE-Hemmer)***

Abbildung 58: Eignungsregel

Die globale Konsistenzsicherung hingegen beschäftigt sich mit den Interdependenzen zwischen den einzelnen Prozess- und *E-Service*-Elementen und führt Maßnahmen zur Verbesserung der Konsistenz des gesamten Prozesses und seiner *E-Services* durch.

SubService-Muster Beta-Blocker

Voraussetzung: SubService-Muster ACE-Hemmer

Abhängigkeit: Kundenaufgabe-Muster regelmäßige Blutdruckkontrolle
                  Kundenaufgabe-Muster regelmäßige Pulskontrolle

Abbildung 59: Globale Konsistenzsicherung

Abbildung 59 zeigt zwei Abhängigkeiten bezüglich des Sub-Service-Musters Beta-Blocker. So setzt die Verordnung von Beta-Blockern die Gabe von ACE-Hemmern voraus. Die Einnahme von Beta-Blocker erfordert jedoch eine regelmäßige Blutdruck- und Pulskontrolle des Patienten.

Ergebnis der Adaption ist ein individueller Prozess- und *E-Service*-Vorschlag auf Basis gesammelten Prozesswissens. Ziel ist es jedoch, nicht nur die Definition individualisierter Prozesse zu unterstützen, sondern vielmehr den Ansatz einer *prozessbasierten E-Service-Logistik* zu realisieren. Die dazu notwendige Ausführung der durch das CBR-System vorgeschlagenen Prozess- und *E-Service*-Modelle wird durch die Meta-Orchestration unterstützt (vgl. Abschnitt 6.3.2.3).

6.3.1.3.6   Wartung des CBR-Systems

Veränderungen in der Umwelt, dem Aufgabenfokus, den Benutzeranforderungen und der Wissensbasis des CBR-Systems können zu einer Verschlechterung der Ergebnisqualität und Effizienz des CBR-Systems führen [Wils01, S. 1]. Die Zielsetzung der Wartung besteht darin, das Wissen eines CBR-Systems (Prozess- und *E-Service*-Wissen) zu bewahren und gegebenenfalls zu korrigieren, um eine hohe Qualität und Effizienz zu gewährleisten [Roth02, S. 30]. Die Individualisierung von Prozessen und *E-Services* erfordert die Wartung des Ähnlichkeitswissens sowie der Fallbasis. Das Ähnlichkeitswissen (Kontextattribute sowie Prozess- und *E-Service*-Elemente) ist manuell von Domänenexperten (z. B. dem Qualitätszirkel eines Praxisnetzes) zu warten.

Die Wartung der Fallbasis besteht aus Retain-, Review- und Restore-Schritten [Roth02, S. 55ff.]. Der Review-Schritt überprüft die Fälle anhand von Messgrößen für Intra- und Interfallqualität sowie Effizienz.

Intrafallqualitätsmaße testen die Qualität eines Falles unabhängig von anderen Fällen [Rein00, S. 253]. Als Intrafallqualitätsmaße werden der Lösungserfolg, die lokale und globale Intrafallkonsistenz, die Aktualität sowie die Vollständigkeit herangezogen. Intrafallqualitätsmaße können Werte aus dem Bereich zwischen null und eins annehmen. Dabei steht der minimale Wert von null für eine schlechte Fallqualität, der maximale Wert eins dagegen für hohe Qualität. Der Lösungserfolg wird von einem Domänenexperten bewertet und misst, wie erfolgreich der Prozess und seine *E-Services* im gegebenen Kontext eingesetzt werden konnten.

Die lokale Intrafallkonsistenz besagt, wie geeignet der Prozess und die *E-Services* für den Kontext vorgegebener Leitlinien sind. Zur Beurteilung können die „Nicht-Eignungs-„ und „Eignungs"-Regeln der lokalen Konsistenzprüfung der Adaption herangezogen werden. Die lokale Intrafallkonsistenz *lik* berechnet sich als Quotient aus der Anzahl der zutreffenden „*Eignungs*"-Regeln *er* sowie der Summe aus der Anzahl der zutreffenden „*Eignungs*"-Regeln *er* und „*Nicht-Eignungs*"-Regeln *nr*.

$$lik = \frac{er}{er + nr}$$

Formel 1: Lokale Intrafallkonsistenz

Die globale Intrafallkonsistenz prüft, ob zu jedem Prozesselement und *E-Service* abhängige Komponenten im Ablauf enthalten sind[140]. Die Berechnung der globalen Intrafallkonsistenz *gik* erfolgt mithilfe des Quotienten aus der Anzahl der berücksichtigten Interdependenzen *bi* sowie der Summe aus der Anzahl der berücksichtigten Interdependenzen *bi* und der nicht berücksichtigten Interdependenzen *ni*.

$$gik = \frac{bi}{bi + ni}$$

Formel 2: Globale Intrafallkonsistenz

Die Aktualität beschreibt wie zeitgemäß die Prozesselemente und *E-Services* sind und ergibt sich als Quotient aus der Differenz zwischen allen Elemente *ae* und den veralteten Elementen *ve* sowie allen Elementen *ae*. Zur Ermittlung der Anzahl der veralteten Elemente können ein „*VeraltetesElement*"-Regeln der lokalen Konsistenzprüfung bei der Adaption Verwendung finden.

$$akt = \frac{ae - ve}{ae}$$

Formel 3: Aktualität

Die Vollständigkeit *voll* misst wie umfassend der Kontext dokumentiert ist und wird als Quo-tient aus der Differenz zwischen allen Kontextattributen *ak* und den fehlenden Kontextattributwerten *fk* sowie allen Kontextattributen *ak* berechnet.

---

[140] Es wird geprüft, inwieweit die einzelnen Elemente des Prozesses (z. B. Service, Sub Services, E-Services) fachlich voneinander abhängen. Ein Beispiel für Interdependenzen im Behandlungsprozess, die mithilfe der globalen Intrafallkonsistenz berücksichtigt werden können, ist die Verordnung von Beta-Blockern, die einer Gabe von ACE-Hemmern vorausgeht.

$$voll = \frac{ak - fk}{ak}$$

Formel 4: Vollständigkeit

Alle Fälle, bei denen der Mittelwert aller Intrafallqualitätsmaße eine festgelegte Qualitätsgrenze unterschreitet, werden im Rahmen der Retain-Phase nicht in die Fallbasis aufgenommen und innerhalb der Restore-Phase gelöscht.

Im Gegensatz zu Intrafallqualitätsmaßen bestimmen Interfallqualitätsmaße die Qualität eines Falles in Relation zu anderen Fällen. Als Interfallqualitätsmaß kommt die Interfallkonsistenz zum Einsatz. Ein Fall gilt als interfallkonsistent bezüglich der Fallbasis, wenn kein anderer Fall in der Fallbasis existiert, der über den gleichen Kontext, jedoch über einen unterschiedlichen Prozess mit *E-Services* verfügt [Rein00, S. 253]. Dabei gelten zwei Kontexte als gleich, wenn die nominalen und ordinalen Kontextattributwerte übereinstimmen und die metrischen Attributwerte eine festgelegte Ähnlichkeitsgrenze überschreiten. Zwei Prozesse und ihre *E-Services* werden als unterschiedlich angesehen, wenn sie sich in einer festgelegten Anzahl an Prozesselement-Mustern und *E-Services* unterscheiden oder über die gleichen Bestandteile verfügen, diese jedoch logisch anders angeordnet sind. Mit diesem Maß werden zu einem bestimmten Kontext alternative Prozesse mit *E-Services* erkannt. Als Restore-Maßnahme wird der Fall mit der besten Intrafallqualität, d. h. dem höchsten Mittelwert aller Intrafallqualitätsmaße, in der Fallbasis beibehalten und alle anderen Fälle gelöscht. Damit enthält die Fallbasis für jeden Kontext die jeweils beste Alternative [Rein00, S. 254]. Da der Retain- und der Restore-Schritt zu Veränderungen des Fallbestandes der Fallbasis führen, ist am Ende dieser Schritte der erweiterte k-d-Baum neu zu generieren.

6.3.2   Ausführung und Steuerung

Die Funktionskomponente zur Ausführung und Steuerung der *prozessbasierten E-Service-Logistik* wird nachfolgend erläutert. Es werden die Anforderungen skizziert und existierende Lösungsansätze diskutiert und bewertet. Anschließend wird der Meta-Orchestration-Server (MOS) als Lösungsvorschlag für die Ausführungs- und Steuerungskomponente im IVWS vorgestellt.

6.3.2.1   Aufgabenstellung und Einführung

Das Individual Value Web System verfolgt das Ziel, die Koordination von Behandlungsprozessen zur Laufzeit zu unterstützen. Bei der nachfolgend beschriebenen Komponente stehen dabei die Ablaufsteuerung der definierten Prozess-Elemente (z. B. medizinische Leistungen, Kundenaufgaben) und die Ausführung elektronischer

Dienste im Vordergrund. Die im Zuge der Individualisierung erarbeiteten Prozess- und *E-Service*-Modelle sind auszuführen. Zu diesem Zweck sind die Prozessmodelle zu instanziieren und beteiligte Rollenträger den Services, Sub Services, Kunden- und Koordinationsaufgaben zuzuweisen. Der Leistungserbringer ordnet jedem Service einen Rollenträger zu, das IVWS informiert den Rollenträger über das Leistungserbringerportal über die anstehenden Aufgaben. Die Bearbeiter erhalten dazu eine Worklist mit den zu erledigenden Aufgaben. Die Flexibilität der Prozesse ist durch ein geeignetes technologisches Lösungskonzept zu gewährleisten, um v. a. im Zuge der Prozessausführung die Modifikation von Behandlungsprozessen und *E-Services* zur Laufzeit zu unterstützen. Darüber hinaus sollen Leistungserbringer jederzeit den Status der jeweiligen Patientenprozess-Instanz einsehen können. Es sind Koordinationsaufgaben zwischen Netz-Akteuren kontextbezogen zu identifizieren und proaktiv und automatisiert zu unterstützen. Die autonome Identifikation von Koordinationsaufgaben (z. B. durch Anstoßen von Alarmen und Benachrichtigungen) ist zu sicherzustellen, um z. B. die termingerechte Abarbeitung von relevanten Prozessaktivitäten zu überprüfen. Um das Controlling in Praxisnetzen zu unterstützen (vgl. Abschnitt 8), soll das IVWS während der Ausführung einer Prozessinstanz Protokolldaten speichern, die als Basis für die Analyse durchgeführter Behandlungsprozesse dienen.

6.3.2.2 Existierende Ansätze und Bewertung

Zur Ausführung von Prozessen existieren spezifische, domänenneutrale Lösungsansätze.

Anforderungen	Existierende Lösungsansätze			
	Workflow Management Systeme	Business Process Management Systeme	Agentenbasierte Web Service Orchestrierung	Prozessbasierte Datenlogistik (PDL)
Flexibilität	--	-	++	+
Adaptive Behandlung von Koordinationsbedarfen	-	+	++	--
Anwendernähe und -sourveränität	--	--	--	++

Tabelle 16: Bewertung existierender Lösungsansätze zur Ausführung und Steuerung

Tabelle 16 zeigt verschiedene Ansätze und deren Eignung zur Abdeckung der bei Ausführung und Steuerung von Prozessen relevanten Anforderungen. Sie werden nachfolgend kurz charakterisiert und bewertet.

6.3.2.2.1   Workflow Management Systeme

Ein computerbasiertes System, das die Definition, Ausführung, Steuerung/Kontrolle und Verwaltung von Workflows ermöglicht, wird als Workflow Management System (WMS) bezeichnet. Der Workflow besteht dabei aus mehreren miteinander verbundenen Aktivitäten, die von einem oder mehreren Mitarbeitern durchgeführt werden [Kirs99, S. 42f.]. Workflow Management Systeme eignen sich besonders für stark strukturierte, standardisierbare Arbeitsabläufe mit Wiederholungscharakter [Kirs99, S. 54f.]. Ein WMS ist dazu fähig, Workflow-Definitionen zu interpretieren, mit den Workflow-Teilnehmern zu interagieren und die Nutzung von IT-Systemen und Anwendungen anzustoßen [Chan06, S. 133].[141] Ein WMS ist demnach ein übergreifendes System der computergestützten Vorgangssteuerung [BoSc06, S. 113ff.].

Glock, Sohn und Schöffski verweisen auf die Vorteilhaftigkeit von WMS, insbesondere wegen des Statusüberblicks, dem effizienten Informationsfluss und der Ressourcenplanung. Workflow Management Systeme ermöglichen demnach die Reduktion der Verweildauer von Patienten, die Verbesserung der Prozesstransparenz sowie Kosteneinsparungen [GISS04, S. 78ff.].

Workflow-Technologien eignen sich v. a. für die Automatisierung standardisierter, sich wiederholender Prozesse [Prok06, S. 221ff.; BoSc06, S. 113ff.; Rupp02, S. 60]. WMS kommen jedoch für die Unterstützung komplexer, individueller, ganzheitlicher und interorganisatorischer Behandlungsprozesse nicht in Frage[142], weil WMS keine Änderungen von Prozessschemata an den laufenden Workflow-Instanzen erlauben. Änderungen der Prozessdefinition sind nur zur Designzeit möglich und erfordern einen Neustart des Systems. **WMS sind daher zu starr für die Unterstützung von komplexen und wissensintensiven Prozessen** [Jorg00][143].

---

[141] Auf eine umfassende Darstellung von WMS wird an dieser Stelle verzichtet und auf die umfangreiche Literatur verwiesen [Gada02; JaBS97; Schn99; Vers02; BoSc06, S. 113ff.].

[142] Glock/Sohn/Schöffski bezeichnen Behandlungspfade als Prozesse, die standardisiert sind, wiederholbaren Charakter aufweisen und daher für den Einsatz von WMS geeignet sind [GISS04, S. 78]. Gleichzeitig verweisen sie darauf, dass Prozesse in anderen Bereichen einfacher zu standardisieren sind [Oste97, S. 10]. Der von ihnen diskutierte Anwendungsumfang ist enger gefasst, als die in dieser Arbeit fokussierten netzweiten Prozesse, da in den Ausführungen speziell der Einsatz von WMS in Kliniken angesprochen wird [GISS04, S. 78].

[143] Mühlen und Uthmann definieren in einem Framework zur Identifikation des Workflow-Potenzials von Prozessen die Ausführungshäufigkeit und den Grad der Strukturierung als grundsätzliche Kriterien für die Workflow-Eignung [MüUt00, S. 76], die im Falle individueller Behandlungsprozesse nicht erfüllt sind.

Um die Flexibilität von WMS näher zu untersuchen, hat sich das Forschungsgebiet flexibler oder adaptiver Workflows etabliert. Wargitsch evaluiert bedeutende WMS hinsichtlich Flexibilität und Adaptivität. Er kommt zu dem Schluss, dass die verfügbaren Systeme für Ad-hoc Workflows und flexible Workflows dem Anspruch einer Unterstützung von einmaligen, komplexen und wissensintensiven Prozessen nicht im erforderlichen Maße gerecht werden [Warg98, S. 11ff.; Schw01, S. 8ff.]. Rupprecht verweist darauf, dass dem Workflow-Ansatz die Idee zu Grunde liegt, dass von einer Prozessdefinition mehrere Instanzen für konkrete Fälle erzeugt und automatisch abgearbeitet werden können [Rupp02, S. 60ff.]. „Bei flexiblen und adaptiven Workflows liegt deshalb die wesentliche Problematik in der Konsistenzhaltung zwischen der Prozessdefinition und den laufenden Instanzen im Falle von Laufzeitmodifikationen" [Rupp02, S. 60]. Bei den von ihm untersuchten projekthaften Prozessen sowie den im Fokus dieser Arbeit stehenden Behandlungsprozessen steht allerdings von vornherein fest, dass die Prozessdefinition nur für ein konkretes Projekt bzw. einen Behandlungsfall des Patienten gültig ist. Da von einer Prozessdefinition nur eine Instanz erzeugt wird, können Änderungen an der Prozessdefinition somit auf der Typebene oder auf der Instanzenebene vorgenommen werden, ohne dass die Gefahr der Inkonsistenz mit anderen laufenden Instanzen besteht [Rupp02, S. 60ff.].

Auch die **adaptive Behandlung von Koordinationsaufgaben wird durch WMS unzureichend** unterstützt. Die kontextsensitive und autonome Identifikation von Koordinationsaufgaben und die proaktive Unterstützung der Netzwerk-Akteure durch eine adäquate Bereitstellung von elektronischen Diensten bzw. Funktionsbausteinen (z. B. Anstoßen von Alarmen und Benachrichtigungen) wird nicht unterstützt.

Bei medizinischen Behandlungsprozessen ist darüber hinaus die Koordination der Aktivitäten durch das Weiterleiten der Ergebnisse einer Aktivität zur nächsten bei manchen (unabhängigen) Aktivitäten nicht erforderlich bzw. nicht erwünscht. Der Anwender soll nicht – wie bei WMS üblich – im Sinne eines Task Managements zur Abarbeitung von Teilaufgaben „gezwungen" werden (**fehlende Anwendersouveränität**). Auch führt die Nutzung von WMS in heterogenen IT-Landschaften, wie sie in Praxisnetzen aufgrund der Autonomie der Beteiligten vorherrscht, zu großen Herausforderungen, die nur durch die Kombination mit plattformunabhängigen Technologien (z. B. Web Services) zu lösen sind.

6.3.2.2.2 Business Process Management Systeme

Den hohen Anforderungen an Flexibilität und Interoperabilität scheinen die in vielen Bereichen bewährten, aber starren IT-Systeme zur Geschäftsprozessunterstützung, wie beispielsweise WMS, nicht gewachsen zu sein [Kirs99, S. 38]. Zur Umsetzung flexiblerer Prozess-Lösungen wird zunehmend über den Einsatz von Business Process Management Systemen (BPMS) diskutiert [Chan06, S. 157ff.; BoSc06, S. 98; Allw05, S. 338ff.].

„Business Process Management Systeme umfassen im Kern Systeme zur Prozesssteuerung, die erweitert um Komponenten zur Prozessmodellierung und zum Prozesscontrolling eine ganzheitliche, IT-gestützte, schnelle und flexible Anpassung von Prozessen an sich ändernde Rahmenbedingungen erlauben" [Stah05, S. 107]. Die umfassenderen Monitoring- und Controllingfunktionalitäten werden häufig mit dem Begriff des Business Activity Monitoring (BAM) umschrieben. So werden beispielsweise im Rahmen des Auditing die einzelnen Abläufe gesetzlich wirksam dokumentiert oder für Entscheidungsträger und Kunden wichtige Daten konsolidiert und gemeldet.

BPMS unterstützen alle Phasen des Prozessmanagement-Lebenszyklus und erlauben das funktions- und applikationsüberschreitende Management eines Prozesses [BoSc06, S. 93]. Technisch gesehen sind BPMS eine Erweiterung von WMS um zusätzliche Funktionen und Fähigkeiten. Vor allem bieten BPMS stärkere System- und Anwendungsintegrationsfähigkeiten als WMS an [Chan06, S. 153f.]. Allweyer nennt als ein wesentliches Merkmal von BPMS die Flexibilisierung der Software-Architektur mithilfe einer Serviceorientierten Architektur (SOA, vgl. Abschnitt 6.2.2), bei der Anwendungslogik und Ablaufsteuerung getrennt sind [Allw05, S. 338ff.]. BPMS enthalten häufig Funktionalitäten für das Mapping von Daten, um unterschiedliche Daten- und Nachrichtenformate zu konvertieren. Diese umfassen sowohl nachrichtenba-sierte als auch komponentenbasierte Integrations-Mechanismen und –Technologien [Chan06, S. 79ff.]. Insbesondere Web Services ermöglichen eine einfache Integration und zahlreiche Anwendungsszenarien.

Im Vergleich zu WMS fällt bei BPMS eine Änderung der Prozessmodelle zur Designzeit leichter, ebenso die Integration von Anwendungen. Änderungen der Prozesse zur Laufzeit sind jedoch auch bei BPMS nicht vorgesehen. Auch für sie gilt, dass Prozessstrukturen inklusive der enthaltenen Verzweigungen, Parallelisierungen und Sequenzialisierungen ex ante bekannt, vordefiniert und im System abgebildet sein müssen. Ein Vorausplanen zur Designzeit ist jedoch – gerade bei lang laufenden, komplexen Behandlungsprozessen – nicht realistisch. Auch Müller führt als Hauptargument gegen BPMS an, dass der gewünschte Kontrollfluss zur Design-Zeit vollständig zu kodieren ist und dabei alle Variationen und Ausnahmesituationen zu berücksichtigen sind. BPMS sind daher – ähnlich wie WMS – **zu unflexibel zur Ausführung interorganisatorischer Behandlungsprozesse.** Darüber hinaus bemängelt Müller die **fehlende Autonomie, Pro-Aktivität und Adaptivität** [Müll04, S. 43].

Ein weiterer Aspekt, der gegen den Einsatz von BPMS zur Ausführung und Steuerung von Behandlungsprozessen spricht, ist die **fehlende Anwendernähe und -souveränität**. Die Modellierung von Prozessen erfordert IT-Expertise – sowohl semantisch (z. B. Anwendung spezieller Notationen wie BPMN) als auch technisch (z. B. Schnittstellendefinition und Datenspezifikation). Anwendern ist daher die Gestaltung individueller Prozessmodelle mithilfe von BPMS nicht zumutbar.

6.3.2.2.3   Agentenbasierte Web Service Orchestrierung

Softwareagenten sind Softwarekomponenten, die als Stellvertreter von Objekten (z. B. Aufträgen, Ressourcen) und Akteuren der Realität in einem virtuellen, rechnergestützten Modell Problemstellungen lösen. Sie besitzen Sensoren, die das Abgreifen von Information aus der realen Welt ermöglichen, und Effektoren, die die Modifikation der Umwelt erlauben. Dabei berücksichtigen Softwareagenten individuelle Restriktionen und handeln zielgerichtet im Hinblick auf die Interessenlage des von ihnen repräsentierten Objekts. Softwareagenten werden spezifische Eigenschaften wie Autonomie, Lernfähigkeit, Kooperationsfähigkeit und ggf. auch Mobilität zugesprochen [BoSc06, S. 134ff.; BrZW98, S. 26ff.; Müll96, S. 7]. Üblicherweise werden agentenbasierte Unterstützungssysteme als Multiagenten-Systeme bezeichnet. Dabei wird durch Definition unterschiedlicher Agententypen eine Agentengesellschaft modelliert, in der jeder Agent eine bestimmte Rolle zugewiesen bekommt. Abhängig von der jeweiligen Rolle führt der Agent selbstständig einzelne Aufgaben aus und interagiert mit anderen Agenten. Durch Schnittstellen zu weiteren Anwendungssystemen können sie flexibel in die bestehende IT-Landschaft integriert werden. Ein wesentliches Merkmal ist die dezentrale, räumliche verteilte Architektur. Basierend auf einer Kommunikationsinfrastruktur werden die Interaktionsmuster genau spezifiziert, unterschiedliche Beziehungstypen berücksichtigt und ggf. unterschiedliche Schnittstellen zu Anwendungen und Benutzern realisiert.

Agentenbasierte Systeme können für die flexible Komposition und Implementierung von Web Service-Orchestrierungen zur Ausführung von Geschäftsprozessen verwendet werden. Sie reagieren ggf. auf funktionale und nicht-funktionale Eigenschaften und Bedingungen der Orchestrierungen [BlGo05, S. 4ff.]. Anforderungen werden als Attribute spezifiziert, die als Grundlage für die Suche und Verwendung von Web Services dienen. Sobald sich diese Anforderungen ändern, passen Agenten die Komposition der Web Services an. Softwareagenten analysieren den Prozesskontext und passen dynamisch die Web Service-Komposition an [Blak04, S. 10ff.]. Eine agentenbasierte Orchestrierung ermöglicht daher die Konfiguration von Prozessinstanzen zur Laufzeit und die automatisierte Identifikation und Behandlung von Koordinationbedarfen. Die gesamte Orchestrierung muss nicht zur Entwurfszeit festgelegt werden. Die Agenten fragen schrittweise Attribute ab, nach denen die auszuführenden Services ausgewählt, gebunden und verwendet werden [Blak04, S. 10ff.].

Softwareagenten erlauben eine flexible Gestaltung eines Prozesses zur Laufzeit. Ein Einsatz bei dynamischen Prozessen mit veränderlicher Prozess-Struktur ist daher denkbar. Zu jedem Prozessschritt können Softwareagenten die relevanten Web-Service-Aufrufe aus den Konfigurationsdaten ermitteln. Wegen der Proaktivität und Adaptivität können neue Koordinationsbedarfe oder Ausnahmen im Prozess erkannt und aus eigener Initiative heraus notwendige Maßnahmen, wie z. B. Benachrichtigungen, ergriffen werden. Die dezentrale Architektur sowie die verteilte Datenhaltung reduzieren die Fehleranfälligkeit des Systems. Die gewünschte Adaptivität kann durch autonome und proaktive Handlungen der einzelnen Komponenten erreicht werden.

Allerdings bietet die Autonomie der Softwareagenten für medizinische Behandlungsprozesse nicht nur Vorteile. Gerade wenn der Anwender **Transparenz** über die Struktur und Logik des gesamten Behandlungsprozesses, die beteiligten Leistungserbringer und Dienste erhalten will und die **Souveränität** der eigenen Entscheidungen hinsichtlich der Prozessgestaltung und -ausführung im Vordergrund steht, wirken die Eigenschaften von Agentensystemen (z. B. Autonomie) u. U. kontraproduktiv. Auch der **hohe Aufwand zur Beschreibung der Agenten-Umwelt bzw. des Prozesskontextes** scheint problematisch. Dennoch liefert der Agentenansatz interessante Ansatzpunkte, z. B. um proaktiv *Koordinationsbedarfe* zu erkennen und durch geeignete Web-Service-Aufrufe zu behandeln.

6.3.2.2.4   Prozessbasierte Datenlogistik

Die prozessbasierte Datenlogistik (PDL) ist ein Verfahren, welches von Jablonski zur Modellierung und zur Ausführung klinischer Prozesse entwickelt wurde [Jabl05, S. 2ff]. Es zielt darauf ab, Leistungserbringern in Kliniken relevante Daten entlang dynamischer Behandlungsprozesse zur Verfügung zu stellen. Es werden Anwendungssysteme in Krankenhäusern mit dem Ziel integriert, den Datenaustausch zwischen unterschiedlichen Systemen entlang von Behandlungsprozessen zu unterstützen. Als Alternative zu WMS wird vorgeschlagen, statt des gesamten Behandlungsprozesses nur Datenlogistikprozesse, das heißt die Übermittlung relevanter Daten von einer Anwendung zur anderen, auf einer abstrakten Ebene abzubilden und sie zum gegebenen Zeitpunkt auszuführen. Behandlungsprozesse werden bei diesem Ansatz nicht von einem zentralen System (wie z. B. bei WMS durch die Workflow-Engine), sondern autonom von den beteiligten Akteuren gesteuert. Mit

einem eigens für PDL entwickelten Modellierungstool, dem iProcessManager, können Behandlungsprozesse anschaulich modelliert werden. PDL fußt daher zwar auf
den Konzepten des Workflow Managements, verzichtet jedoch auf die Ausführung,
indem es sich auf die Ableitung von Kommunikationsregeln aus einem Prozessmodell beschränkt. PDL unterscheidet sich weiterhin vom strikten Modell des WMS,
indem es unauffällig im Hintergrund dem Anwender die für seine nächsten Schritte
benötigten Daten bereitstellt. Eine Interaktion mit dem Anwender ist nicht notwendig.
Der Anwender behält so volle Handlungsfreiheit und profitiert zugleich von hoher Da-
tenverfügbarkeit [Jabl05, S. 4].

Die prozessbasierte Datenlogistik bietet eine größere Flexibilität bei der Unterstützung von Prozessen als z. B. WMS. Die Aktivitäten dürfen, solange keine Abhängigkeit von Ergebnissen anderer Aktivitäten bestehen, in beliebiger Reihenfolge ausgeführt werden. Zudem lässt sich ein Datenlogistikprozess jederzeit, auch während der
Ausführung, ändern. Diese Eigenschaften sind für die Unterstützung medizinischer
Prozessen erwünscht. PDL bietet jedoch den gleichen Koordinationsmechanismus
wie WMS. Im Rahmen einer Workflow-Aktivität interagiert das WMS mit den Informationssystemen, die bei der Aktivität benötigt werden (z. B. Krankenhaus-Informations-
System oder Patientendatenmanagementsystem), um Daten abzufragen oder zu
speichern. Anschließend werden die Output-Daten zur nächsten Aktivität und zu den
hierfür notwendigen Informationssystemen weitergeleitet.

Datenlogistikschritte modellieren den Informationsfluss zwischen Systemen und bieten somit eine flexiblere Alternative, Workflows auszuführen. Sie koordinieren zur
Designzeit definierte und verknüpfte aufeinander folgende Aktivitäten. Ein Datenlo-
gistikschritt ist demnach von zwei Aktivitäten abhängig, die zur Designzeit bekannt
und fest definiert werden müssen. PDL deckt daher nicht alle relevanten Aspekte für
den Einsatz in Praxisnetzen ab. So werden **Planung und Steuerung der Behandlungsprozesse durch PDL nicht unterstützt**. Vielmehr fokussiert PDL auf den Da-
tentransport innerhalb von Kliniken. Für die dem Verständnis dieser Arbeit zugrunde
liegenden medizinischen Behandlungsprozesse (als Menge teilweise unverknüpfter
Aktivitäten bzw. Services) kann PDL nicht problemlos eingesetzt werden, da zur Designzeit vordefinierte Verknüpfungen der in Beziehung stehenden Aktivitäten erforderlich wären. Auch die Anforderungen an die **Adaptivität** lassen einen Einsatz des
PDL-Konzeptes in Praxisnetzen nicht zu.

Mit dem datenzentrierten Prozessmodell und der damit erreichbaren Flexibilität und
Anwendersouveränität dient PDL jedoch als Basiskonzept, um darauf aufbauend die

IT-Lösung der *prozessbasierten E-Service-Logistik* zur Unterstützung von Behandlungsprozessen in Praxisnetzen zu entwickeln.[144]

6.3.2.3 Lösungskomponente Meta-Orchestration-Server (MOS)

Ein wesentliches Defizit der diskutierten Lösungsansätze für die Ausführung und Steuerung von Prozessen und *E-Services* ist die fehlende Anwendernähe und -souveränität, die mangelnde Flexibilität bei Prozessänderungen zur Laufzeit sowie die adaptive Behandlung von Koordinationsbedarfen. Zur Umsetzung der Anforderungen wird nachfolgend eine Lösung vorgestellt, welche auf dem Konzept der prozessbasierten Datenlogistik aufbaut. Um die in Abschnitt 5.5.4 genannten Defizite zu beheben und so die Innovationspotenziale der *prozessbasierten E-Service-Logistik* (vgl. Abschnitt 5.5.4) zu realisieren, wird ein neuer Ansatz zur Koordinationsunterstützung entwickelt: Meta-Orchestrierung von Web Services.

Die Meta-Orchestration ist die Kernkomponente der Lösungsarchitektur und ist für die Konfiguration, die Ausführung und das Monitoring der Prozesse verantwortlich. Sie ermöglicht die Verbindung der Prozessmodellierung (fachliche Leistungskonfiguration) mit der Ausführungsumgebung (technische Leistungskonfiguration) und erlaubt die Umsetzung einer individuellen *prozessbasierten E-Service-Logistik*.

Der Begriff Meta-Orchestrierung soll verdeutlichen, dass die Koordination der *E-Services* aufeinander folgender Aktivitäten nicht durch die Weiterleitung der Ergebnisse einer Aktivität an nachfolgende Aktivitäten erfolgt (wie z. B. im Falle der Web-Service-Orchestrierung). Vielmehr werden alle für die Durchführung eines Prozesses möglichen Aktivitäten in einem datenzentrischen Modell erfasst und allen Aktivitäten die für deren Durchführung relevanten *E-Services* und *E-Service-*Operationen zugewiesen. Erweitert können *E-Services* mit den Aktivitäten verknüpft werden. In Anlehnung an Jablonskis PDL wird die Bereitstellung von *E-Services* entlang des Behandlungsprozesses als „*E-Service-Logistik*" bezeichnet. Die für die Ausführung notwendigen Informationen werden aus den entsprechenden Informationssystemen (z. B. ePA) abgerufen. Anschließend werden die Output-Daten der Aktivität gespeichert. Eine Verknüpfung der Aktivitäten – wie im Ansatz von Jablonski – unterbleibt, um die Flexibilität der Lösung zu erhöhen.

Anders als bei der Web-Service-Orchestrierung wird damit nicht jeder Prozess in einem prozesszentrischen Service gekapselt [KrBS, S. 69ff.]. Stattdessen ist ein gene-

---

[144] Deshalb wurde die Bezeichnung *prozessbasierte E-Service-Logistik (PEL)*" eng an die der prozessbasierten Datenlogistik (PDL) angelehnt.

rischer Service, der Meta-Orchestration-Server, für die Ausführung aller Prozesse zuständig. Leistungserbringer können die aus der CBR-Komponente übermittelten Prozessmodelle und die zur *E-Service*-Koordination notwendigen Parameter zur Laufzeit modifizieren (z. B. *E-Services* entfernen/hinzufügen) und das Modell instanziieren. Der Meta-Orchestration-Server ist für die im Prozessmodell hinterlegte Ablauflogik und Ausführungsreihenfolge der einzelnen Prozesselemente verantwortlich. Er ruft für jede Aktivität die im Datenmodell verknüpften Web-Service-Operationen auf und versorgt die zur Ausführung angesprochenen *Services* mit den nötigen ablaufbezogenen Daten. Anschließend erhält er die Ergebnisse jeder Teilleistung zur Aktualisierung des Prozessstatus zurück. Darüber hinaus werden den Nutzern des IVWS mithilfe des Meta-Orchestration-Servers Performance- und Monitoring-Funktionalitäten zur Verfügung gestellt.

6.3.2.3.1 Datenzentrisches Prozessmodell

Bei einem datenzentrischen Modell werden alle zur Durchführung eines Geschäftsprozesses möglichen Aktivitäten (z. B. *Services, Sub Services, Kundenaufgaben*) in einer Datenbank festgehalten. Da Aktivitäten Unterelemente (z. B. *Sub Services*) enthalten bzw. auf andere Prozesselemente verweisen können, werden die Beziehungen zwischen den Aktivitäten ebenfalls gespeichert. Die für die Durchführung und Unterstützung von Aktivitäten möglichen Web Services werden erfasst und mit der jeweiligen Aktivität verknüpft (vgl. Abbildung 60).

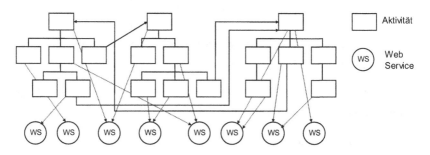

Abbildung 60: Funktionsprinzip des datenzentrischen Prozessmodells

Auf diese Weise wird das Beziehungswissen über Prozess- und *E-Service*-Elemente entlang des Behandlungsprozesses abgebildet. Bei der Prozessausführung wird nicht für jede Behandlungsprozess-Instanz ein eigener Thread angelegt, der für die Koordination der Aktivitäten und für den Aufruf von Web-Service-Operationen im Rahmen des Prozesses zuständig ist. Koordination erfolgt daher nicht durch Übertragung von Ergebnissen (Outputs) einer Aktivität als Input für eine andere Aktivität im Rahmen des Prozess-Schemas. Vielmehr findet die Koordination über die gemeinsame Nutzung desselben Datensatzes und durch die Anwendung adäquater E-Service-Operationen statt. Vom Meta-Orchestration-Server wird für jeden Fachdienst instanzenunabhängig der zugehörige E-Service basierend auf dem Prozess- bzw. Datenmodell identifiziert. Die verknüpften E-Service-Operationen werden ausgeführt. Da die Prozessschemata nicht erst in ausführbaren Code überführt werden müssen, erlaubt der Ansatz die flexible Modifikation der Prozessinstanzen zur Laufzeit. Auch erfolgt im Rahmen der Meta-Orchestrierung die Ausführung der Web Services aller Prozess(-Instanzen) durch einen generischen Service. Falls die Ausführung der E-Service-Operationen die Dateneingabe der Anwender erfordert, werden dynamisch geeignete graphische Bedienoberflächen (Webparts) zur Interaktion eingebunden und dem Anwender so via Leistungserbringerportal, Performance Cockpit oder Behandlungsprozessportal zur Verfügung gestellt (vgl. Abschnitte 9.1, 9.2 und 9.3).

Abbildung 61 veranschaulicht die Meta-Orchestrierung an einem Beispiel. Zur Durchführung der Aktivität A1 müssen drei Operationen (1, 2 und 3) verschiedener Web Services ausgeführt werden. Für die Ausführung der beiden ersten Operationen ist eine Benutzerinteraktion erforderlich. Diese wird durch die Bereitstellung einer dafür vorgesehenen Benutzeroberfläche im Application-Frontend ermöglicht. Die Benutzerschnittstellen sind ebenso im Prozess- bzw. Datenmodell erfasst und mit Web-Service-Operationen verknüpft. Eine Zuweisung mehrerer Operationen zu einer Oberfläche ist möglich. Die Oberflächen enthalten Aufrufe für die Web-Service-Operationen, mit denen sie verknüpft sind. Die Aufrufe werden jedoch nicht direkt an die entsprechenden Web Services, sondern über den Meta-Orchestration-Server vermittelt, damit dieser Statusinformationen über deren Ausführung erhält. Bei der Durchführung von A1 interagiert daher das Application Frontend mit dem Meta-Orchestration-Server, der aus dem Prozessmodell die mit A1 verknüpften Operationen ermittelt. Operation 3 wird vom Meta-Orchestration-Server direkt ausgeführt, da sie keine Benutzerinteraktion erfordert. Danach wird diese Operation im Prozessmodell als ausgeführt markiert. Für die Operationen 1 und 2 werden die mit diesen Operationen verknüpften Benutzeroberflächen im Application Frontend eingebunden. Wenn z. B. die Benutzeroberfläche 1 den Aufruf der Operation 1 anstößt, wird diese durch den Meta-Orchestration-Server ausgeführt und als solches im Prozessmodell markiert. Anschließend wird das Ergebnis der Web-Service-Operation zur Benutzeroberfläche zurückgegeben. Erst wenn die Operationen 1, 2 und 3 als ausgeführt markiert sind, kann A1 beendet werden.

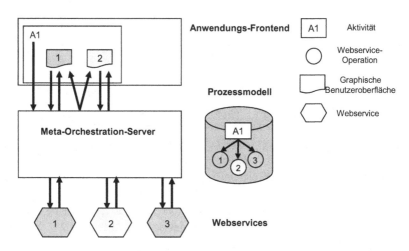

Abbildung 61: Meta-Orchestrierung von Web Services

Zwei Anwendungsfälle sind zu unterscheiden:

-   Befriedigung von Informationsbedarfen für die Ausführung eines Fachdienstes: Ein abhängiger Fachdienst (z. B. *Service*, *Sub Service* oder *Kundenaufgabe*) ruft erforderliche Informationen ab, indem er *E-Service*-Operationen triggert. Bei der Durchführung eines *Service* werden die zugehörigen *Sub Services* und *Kundenaufgaben* vom Meta-Orchestration-Server angezeigt und die damit verknüpften Web-Service-Operationen ausgeführt. Es werden Daten angefordert, welche im Zuge der Ausführung anderer vorgelagerter Fachdienste als Ergebnis gespeichert wurden. Auf diese Weise können Fachdienste unabhängig vom zeitlichen oder logischen Auftreten koordiniert werden.

Zum Beispiel ist für die Ausführung eines neuen Fachdienstes das Ergebnis einer Blutanalyse erforderlich, welche durch einen anderen Leistungserbringer durchgeführt wird. Der neue Fachdienst liest die Ergebnisse der letzten Blutuntersuchung, indem der entsprechende *E-Service* aufgerufen wird, ohne jedoch eine Verknüpfung mit dem Fachdienst „Blutuntersuchung" zu benötigen. Die Fachdienste sind daher lose gekoppelt.

-   Abstimmung zwischen Netzakteuren mittels Koordinationsaufgaben: Falls Abhängigkeiten zwischen zwei Prozessaktivitäten existieren und um sicherzustellen, dass die *E-Services* in der richtigen Reihenfolge aufgerufen werden und so der abhängige Fachdienst die Informationen rechtzeitig erhält, können Koordinationsaufgaben definiert werden. Eine Koordinationsaufgabe ist ein Prozesselement, mit dem die Abhängigkeiten zwischen Fachdiensten (z. B. *Service*,

Sub Services und *Kundenaufgaben*) berücksichtigt werden können. Die Koordinationsaufgabe enthält Informationen wie Start- und Enddatum, beteiligte Akteure sowie den Zeitraum, innerhalb welcher die Ausführung bestimmter *E-Service*-Operationen erledigt werden muss. Zusätzlich können Bedingungen bezüglich der Rückgabewerte oder der Parameter der Operationen spezifiziert werden. Im Kontext der vorliegenden Arbeit werden Koordinationsaufgaben über Vor- und Nachbedingungen abgebildet. Damit können z. B. Alarme oder Reminder angestoßen werden, sobald nachgelagerte Aktivitäten im Prozess fällig sind. Auf diese Weise werden u. a. Wartezeiten während der Prozessausführung reduziert. Beispiel hierfür ist der Befundbrief, der im Falle einer Überweisung von einem Leistungserbringer zum anderen versandt wird. Eine Koordinationsaufgabe kann genutzt werden, um den überweisenden Leistungserbringer auf die rechtzeitige Erstellung des Befundbriefes hinzuweisen. Gleichzeitig kann dieser Mechanismus zur Information der nachfolgenden Leistungserbringer dienen, sobald der Befundbrief vorliegt.

6.3.2.3.2   Funktionalität

Um den PEL-Ansatz mithilfe des datenzentrischen Prozessmodells umzusetzen, sind die im Anhang aufgelisteten Anforderungen an die Konfiguration, die Ausführung und das Monitoring durch den Meta-Orchestration-Server zu erfüllen (vgl. Anhang A). Er besteht aus fünf Komponenten, die als Web Services realisiert und für die Nutzung durch Application Frontends bereitgestellt werden (Abbildung 62):

- **Admin**: Die Administrationskomponente erlaubt die Verwaltung der Prozess-Muster-Elemente, der Koordinationsaufgaben sowie die Erfassung von *E-Services* und deren Operationen in der Datenbank.

- **Configuration**: Die Komponente ermöglicht die Konfiguration des Behandlungsprozesses, z. B. durch Instanziierung der Prozess-Element-Muster. Funktionen zur Konfiguration des Prozesskontextes und der Prozess- und *E-Service*-Instanzen werden zur Verfügung gestellt, auch die Individualisierung der CBR-Komponente wird gekapselt und integriert.

- **ProcessState**: In dieser Komponente sind Funktionen enthalten, die die Anzeige der Prozess-Elemente (Monitoring) und deren Modifikation im Zuge der Prozessausführung (Zustandsänderung) ermöglichen. Sie ist auch für die Anzeige fälliger *Koordinationsaufgaben* im Prozess zuständig. Eine Liste von Aufgaben, die vor oder während der Ausführung zu erledigen sind, wird bereitgestellt.

- **Broker**: Er dient der Vermittlung von *E-Service*-Aufrufen zwischen Frontends (bzw. Benutzeroberflächen – Webparts) und *E-Services*. Der Broker ruft die *E-Service*-Operation mit definierten Parametern auf und gibt die Ergebnisse an das Frontend weiter. Außerdem wird die Erfüllung von *Koordinationsaufgaben* geprüft, die mit der *E-Service*-Operation verknüpft ist.

- *UserLogin*: Anmeldefunktionen und Informationen über den Benutzer werden zur Verfügung gestellt, um ein rollenbasiertes Berechtigungskonzept umzusetzen. Auch die Benutzer-Benachrichtigungen (Alerts) werden damit nutzerspezifisch angezeigt.

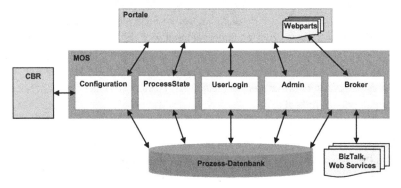

Abbildung 62: Systemarchitektur des Meta-Orchestration-Servers

Alle Komponenten des Meta-Orchestration-Servers kommunizieren mit der Datenbank, in der die Prozessmodelle und -konfigurationen gespeichert sind. Die Portale bzw. Application Frontends benutzen den MOS, indem sie die Komponenten im Bedarfsfall einbinden.

Inwiefern das Konzept der *prozessbasierten E-Service-Logistik* und die dafür realisierte IVWS-Lösung die Anforderungen zur operativen Koordination von Behandlungsprozessen unterstützt, wird in Abschnitt 11.1 diskutiert.

Teil III: Prozessbasierte E-service-Logistik – ein Controllingkonzept

„Die Informationen, die wir bekommen, brauchen wir nicht, und die Informationen, die wir brauchen, bekommen wir nicht." [Mich99, S. 127]

7 Controlling in Praxisnetzen

Dieser Abschnitt beschäftigt sich mit Grundlagen, Anforderungen und existierenden Ansätzen des Controllings in Praxisnetzen.

7.1 Grundlagen

Begriffsverständnis, Instrumente des Controllings sowie der Bedarf für Controlling-Lösungen in Praxisnetzen werden skizziert.

7.1.1 Begriff

Wenngleich der Begriff „Controlling" in Wissenschaft und Praxis weit verbreitet und umfangreiche Literatur zu dem Thema vorhanden ist, existiert bis heute kein einheitliches Controllingverständnis [Küpp05, S. 1 und 15ff.; WeSc00, S. 124; Horv03, S. 152f.]. Dennoch gibt es führende Meinungen, an denen sich das dieser Arbeit zugrunde liegende Controllingverständnis orientiert. Horváth beschreibt Controlling funktional gesehen als „dasjenige Subsystem der Führung, das Planung und Kontrolle sowie Informationsversorgung systembildend und systemkoppelnd ergebniszielorientiert koordiniert und so die Adaption und Koordination des Gesamtsystems unterstützt" [Horv01, S. 153]. Das betriebliche Führungssystem besteht aus den Teilsystemen Planung, Kontrolle, Organisation, Personalführung und Informationsversorgung. Aufgabe des Controllings ist die an den Unternehmenszielen ausgerichtete Koordination (Abstimmung) dieser Teilsysteme [WöDö05, S. 218]. Nach dieser Definition sind Controllingaufgaben Koordinationsaufgaben (vgl. Abschnitt 4.4). Ähnlich argumentiert Peemöller. Aufgabe des Controllings ist demnach die Unterstützung der Unternehmensführung bei der Planung, Steuerung und Kontrolle durch eine koordinierende Informationsversorgung [Peem97, S. 30].

7.1.2 Einordnung

Es können Koordinationsaufgaben zwischen verschiedenen oder innerhalb einzelner Führungsteilsysteme unterschieden werden [Küpp05, S. 35ff.; WöDö05, S. 232f.].

- **Koordination zwischen Führungsteilsystemen**:
  Eine Kernaufgabe des Controllings besteht darin, Beziehungen zwischen den einzelnen Teilsystemen zu erkennen, zu analysieren und aufeinander abzustimmen [WöDö05, S. 232]. Exemplarisch kann hier die Koordination der Kontrolle mit der Planung und Informationsversorgung aufgeführt werden. Bei der Kontrolle werden Soll-Daten aus der Planung mit Ist-Daten aus dem Leistungssystem verglichen. Dazu müssen die Soll-Daten aus der Planung im Informationssystem abgelegt werden. Darüber hinaus sind Informationsbedarfe für die Kontrolle zu ermitteln und zu befriedigen (z. B. Bereitstellung von Abweichungsanalysen) [Küpp05, S. 187ff.].

- **Koordination innerhalb einzelner Führungsteilsysteme**:
  Die betrieblichen Teilsysteme bestehen selbst meist aus mehreren Komponenten, die zu koordinieren sind. Tabelle 17 zeigt Beispiele für Koordinationsaufgaben innerhalb der Teilsysteme.

Teilsystem	Koordinationsaufgaben
Planung	Abstimmen der Planungsziele
	Abstimmen der strategischen mit der operativen Planung
	Abstimmen der Pläne unterschiedlicher Bereiche und Geschäftsfelder
Kontrolle	Abstimmen der Kontrollzeitpunkte
Informations-versorgung	Inhaltliches und datentechnisches Abstimmen von Buchhaltung und Kostenrechnung
Organisation	Abstimmen von Aufbau- und Ablauforganisation
Personalführung	Abstimmen von Führungsprinzipien und Führungsinstrumenten

Tabelle 17: Koordinationsaufgaben innerhalb der Führungsteilsysteme;
in Anlehnung an [WöDö05, S. 234]

Instrumente des Controllings unterstützen die an den Unternehmenszielen orientierte Koordination innerhalb der Führungsteilsysteme (vgl. Abbildung 63). Dabei werden isolierte Koordinationsinstrumente, die sich auf nur ein Teilsystem beziehen, und übergreifende Koordinationsinstrumente, die die Koordination zwischen mehreren Führungsteilsystemen unterstützen, unterschieden [Küpp05, S. 40; WöDö05, S. 234f.].

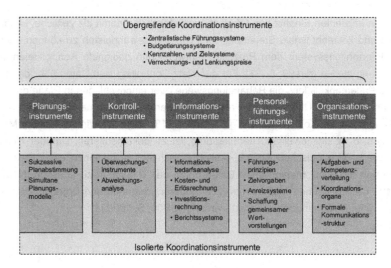

Abbildung 63: Koordinationsinstrumente des Controllings [Küpp05, S. 41; WöDö05, S. 235]

7.1.3 Relevanz

Die ökonomischen und medizinischen Ziele von Praxisnetzen sollen über eine anbieterübergreifende Steuerung der Versorgungsprozesse erreicht werden [Schl01, S. 252]. Zu diesem Zweck tragen Praxisnetze zunehmend die ökonomische Verantwortung für die Versorgung der im Netz eingeschriebenen Patienten (vgl. Capitation, Abschnitt 3.5.2). Die Budgetübernahme bildet einen Anreiz zur Ausweitung der Kooperation im Netz mit dem Ziel der Verbesserung von Effektivität und Effizienz in der Versorgung [Toph03, S. 233]. Mit Übernahme ökonomischer Verantwortung ist die Regelverbindlichkeit im Netz durch Motivation, aber auch durch Kontrolle, Anreize und Sanktionen zu gewährleisten [Toph03, S. 249f.].

Das Netzmanagement benötigt bei der Übernahme ökonomischer Verantwortung zeitnah Transparenz über das Netzgeschehen, um den Netzerfolg und die Faktoren, die diesen Erfolg beeinflussen, insbesondere die Leistung im Rahmen der Versorgungsprozesse, beurteilen zu können [Metz06, S. 18f.]. Lindenthal et al. betonen die Notwendigkeit, eigene Controllingsysteme aufzubauen, um damit die Arbeitsergebnisse dokumentieren und den Nachweis für eine erfolgreiche Netzarbeit vorlegen zu können [LiSS04, S. 10]. Auch Sohn fordert die Entwicklung und den Aufbau übergreifender Informationsmanagement- und Controllingsysteme, z. B. um den Einsatz einer Capitation für die externe Vergütung, die Identifizierung relevanter Leistungserbringer oder Rabattverhandlungen zu unterstützen [Sohn06, S. 211ff.].

Um den effizienten Einsatz des Informationssystems und damit die zeitliche, kapazitative und kostenoptimale Steuerung der Prozesse gewährleisten zu können, muss das Informationssystem dem Prozessverantwortlichen geeignete Kontrolldaten zur Verfügung stellen [Kirs99, S. 37]. Für das Netz-Controlling sind Daten über das betreute Patientenkollektiv, die Behandlungswege oder eingeschlagenen Pfade der Patienten sowie eine Übersicht über alternative Therapiemaßnahmen und deren Auswirkungen auf die Kosten notwendig [Metz06, S. 18]. Auch die Wirksamkeit der Maßnahmen, d. h. der jeweilige Therapieerfolg, ist zu dokumentieren. Darüber hinaus sind die zeitlich-logischen Abhängigkeiten zwischen Transaktionen einer Prozesskette und die dabei manipulierten Daten durch das IT-System zu erfassen [Kirs99, S. 40]. Daraus können Maßnahmen zur Steuerung ergriffen und Ergebnisse in die Planung für Folgeperioden integriert werden [LiSS04, S. 100ff.].[145]

---

[145] Lindenthal et al. beschreiben in ihrer Arbeit „Praxisnetze der nächsten Generation: Ziele, Mittelverteilung und Steuerungsmechanismen" das Controlling der Leistungsprozesse in Praxisnetzen [LiSS04, S. 100ff.].

7.2 Anforderungen

Im Folgenden werden wichtige Anforderungen an das Controlling in Netzwerkorganisationen (Verbundnetzwerken) allgemein sowie in Praxisnetzen im Speziellen diskutiert.

7.2.1 Domänenneutrale Anforderungen

Die **Ausrichtung des Controllings an den Zielen einer Organisation** ist definitionsgemäß eine der Kernanforderungen (vgl. Abschnitt 7.1). Da Mitglieder in Netzwerken gleichberechtigt sind, müssen die Netzwerkstrategien und operativen Pläne im Netz gemeinsam entwickelt und operationalisiert werden. Insbesondere müssen die Ziele der Netzwerkorganisation mit denen der Mitglieder abgestimmt werden. Eine reine Top-down-Entwicklung der strategischen und operativen Pläne ist wegen der rechtlichen Selbstständigkeit der Mitglieder für Verbundnetzwerke nicht geeignet (vgl. Abschnitt 2.1). Aus diesem Grund ist auch der **Autonomiegrad bei der Auswahl der Führungsmethode** zu berücksichtigen.

- Die **direkte Führung** setzt auf eine explizite Verhaltenssteuerung. Dadurch können die Entscheidungs- und Handlungsspielräume der Mitglieder erheblich eingeschränkt werden. Sie kann jedoch zugleich zu einer Beeinträchtigung der Motivation der Mitglieder und der Akzeptanz des Netzmanagements führen. Zentralistische Führungssysteme sind der direkten Führung zuzuordnen.

- Bei der **indirekten Führung** werden die aggregierten Ergebniskennzahlen und nicht das Verhalten der Akteure geplant und überwacht. Auf diese Weise erhalten die Mitglieder notwendige „Entscheidungs- und Handlungsspielräume hinsichtlich der Gestaltung ihrer Leistungsprozesse" [PiRW03, S. 538ff.]. Möglichem Missbrauch durch die entstandenen Freiräume kann durch den Aufbau einer gemeinsamen Werte- und Vertrauensbasis entgegengewirkt werden. Für die indirekte Führung eignen sich v. a. Budgetierungssysteme, Kennzahlen- und Zielsysteme sowie Verrechnungs- und Lenkungspreise [PiRW03, S. 538ff.].

Die Anwendung von Methoden der indirekten Führung ist in Praxisnetzen nicht einfach, weil die Ergebnisse der Behandlungsprozesse schwer zu messen sind und u. a. stark von Einflussfaktoren abhängen, die der Netzarzt nicht oder nur schwer beeinflussen kann. Solche Einflussfaktoren sind unter anderem Multimorbidität[146], das Eintreten von Komplikationen sowie die Mitarbeit des Patienten (Patienten-

---

[146] Vgl. Begriffsklärung in Fußnote 4, S. 4.

compliance) und anderer Leistungserbringer [AQUA02, S. 6]. Aus diesem Grund wird meist auf Struktur- und Prozesskennzahlen zurückgegriffen. Hier besteht ein Konflikt zwischen der Berücksichtigung der Autonomie der Leistungserbringer und der Umsetzbarkeit von Methoden der indirekten Führung.

Zur netzweiten Abstimmung der anderen Führungsteilsysteme, insbesondere der Planungs- und Kontrollsysteme mit der Informationsversorgung, müssen die **Informations- und Kommunikationssysteme innerhalb des Netzes integriert** werden. Dabei sind insbesondere die Leistungsprozesse abzubilden [PiRW03, S. 561ff.; Wenn03, S. 62; Hess02, S. 147]. Ein umfassendes Controlling der Leistungsprozesse ist nur möglich, wenn die heterogenen Datenbestände der beteiligten Akteure für Auswertungen zusammengeführt werden. Auf die Voraussetzung einer vereinheitlichten Software- und Datenarchitektur, zumindest auf Basis von Schnittstellen für Daten von zentraler Bedeutung, verweist auch Sohn [Sohn06, S. 227]. Für das Controlling in Praxisnetzen müssen unter anderem Daten der Kostenträger, der Kassenärztlichen Vereinigungen und der Netzärzte mit netzeigenen Daten zusammengeführt werden. Eine besondere Herausforderung ist die Erschließung und Integration von externen Daten. Externe Daten mit Relevanz für das Praxisnetz-Controlling sind unter anderem Leistungsdaten von externen Leistungserbringern sowie Arzneimitteldaten [LiSS04, S. 108]. Die rechtliche Selbstständigkeit der Mitglieder macht eine umfassende Vereinheitlichung der Information- und Kommunikationssysteme insbesondere bei großen Netzen nahezu unmöglich. Anstrengungen zur Integration heterogener Systemlandschaften sind daher unvermeidlich [ScBK06, S. 13]. Neben einer Daten- und Schnittstellenharmonisierung ist die akteurs- und sektorenübergreifende Identifikationscodierung von Patienten (z. B. mithilfe von Master Patient Indizes) notwendig, um Behandlungsprozesse eines Patienten netzweit darstellen und auswerten zu können.

Damit ein Controllingsystem seine Wirkung entfalten kann, muss die Akzeptanz bei den Mitgliedern sichergestellt werden. Die **Akzeptanz des Controllingsystems** hängt vor allem von der inhaltlichen Ausgestaltung, der Resistenz gegenüber Manipulationsversuchen und von organisatorischen Aspekten ab. Aus organisatorischer Sicht kann die Akzeptanz des Controllingsystems durch freiwillige Selbstverpflichtungen, vertraglich festgelegte Regeln sowie durch eine gemeinsame Werte- und Vertrauensbasis gefördert werden [Wenn03, S. 58f. und S. 61f.].

Entscheidungsverbundenheit (unmittelbare, zeitnahe Verbindung zwischen Entscheidung und Erfolgsausweis), **Operationalität** (Überprüfbarkeit der Zielerreichung) und **Vergleichbarkeit** (Vergleichbarkeit der Ergebnisse unterschiedlicher Zeiträume und Akteure) sind Anforderungen an das Controlling im Allgemeinen, allerdings stellt ihre Umsetzung in Netzwerkorganisationen aufgrund der Komplexität der Leistungsprozesse eine besondere Herausforderung dar [Wenn03, S. 57ff.].

7.2.2 Domänenspezifische Anforderungen

Bezogen auf Praxisnetze sind über die generellen Anforderungen an das Controlling in Netzwerken hinaus weitere Aspekte zu berücksichtigen.

Dazu gehört die **Berücksichtigung der Ziele und Bedürfnisse der Stakeholder** von Praxisnetzen, zu denen neben den Patienten die Netzärzte und Praxisteams sowie die Kostenträger und die Öffentlichkeit gehören [Toph03, S. 256f.]. Auch die Beziehungen zu externen Leistungserbringern sind in einem Controllingsystem zu berücksichtigen. Hier gilt es insbesondere, die Einhaltung von Vereinbarungen zu überprüfen [Toph03, S. 257].

Die Beurteilung und Steuerung von Behandlungsprozessen nach **medizinischen und ökonomischen Kriterien** ist eine der Kernanforderungen an das Controlling von Praxisnetzen [Toph03, S. 257]. Angestrebt wird eine zeitnahe Transparenz über das Leistungsgeschehen, um Probleme rechtzeitig sichtbar zu machen und Steuerungsmaßnahmen ergreifen zu können [LiSS04, S. 121f.]. Ausgangspunkt für das Controlling von Behandlungsprozessen sind unter anderem Arbeits- und Verfahrensanweisungen sowie Verträge und individuelle Zielvereinbarungen [Toph03, S. 249f.; Sieb03, S. 111].

Über geeignete medizinische und ökonomische Kennzahlen sollte die Performance des Netzes und einzelner Leistungserbringer geplant und gemessen werden können. Dazu sind geeignete **Planungsmethoden und Berichte** zu erstellen. Die Berichte sollen auch externen Anspruchsgruppen, wie z. B. den Kostenträgern, zur Verfügung gestellt werden können, um die Performance nach außen darzustellen [LiSS04, S. 115ff.].

Auch die **Vergleichbarkeit der Ergebnisse innerhalb und außerhalb des Netzes** ist zu berücksichtigen, um die Performance mit anderen Anbietern im Sinne eines Benchmarking zu vergleichen. Dabei können zwischen Praxisnetzen, aber auch zwischen einzelnen Leistungserbringern innerhalb des Netzes und zwischen internen und externen Leistungserbringern Vergleiche durchgeführt werden. Voraussetzung hierfür ist allerdings eine Standardisierung der Beurteilungskriterien [LiSS04, S. 115; ScLa02, S. 40f.]. Über den Vergleich der Leistungsausgaben, die von Netzärzten und Nicht-Netzärzten verursacht wurden, können beispielsweise Potenziale zum Ausbau der Anbieterstruktur oder zur Verbesserung des Überweisungsverhaltens innerhalb des Netzes identifiziert werden [LiSS04, S. 121].

Insbesondere bei Netzen mit Budgetverantwortung ist es notwendig, die **Versicher-tenstruktur und die Ausgaben für bestimmte Versichertengruppen** zu ermitteln. Auf diese Weise können Schwachstellen und Verbesserungspotenziale des Netzes bezüglich bestimmter Versichertengruppen identifiziert werden [LiSS04, S. 122f.]. Mit zunehmender Erfahrung und wachsender Datenbasis (lernendes System) können darüber hinaus Informationen zur Gestaltung der auf Versichertengruppen bezogenen Vergütungsregeln mit den Kostenträgern gewonnen werden [Conr01, S. 9].

Während im traditionellen Gesundheitssystem mit der Einzelleistungsvergütung Anreize zur Leistungsausweitung bestehen, soll in Praxisnetzen die **Ausrichtung der Vergütungssysteme an den Netzzielen und dem Beitrag der Mitglieder zum Netzerfolg** im Vordergrund stehen [LiSS04, S. 123 und S. 128f.]. Auf Basis der Daten des Praxisnetzes sollen die Leistungserbringer anhand verschiedener Indikatoren bewertet werden. Ein Bonussystem ist aufzubauen, welches leistungsgerecht die Höhe der Bonuszahlung für die Ärzte berechnet.

Aufgrund der Sensibilität medizinischer Daten kommt dem **Datenschutz** allgemein, speziell dem **Schutz patientenbezogener Daten** bei der elektronischen Verarbeitung, besondere Bedeutung zu [PaBr01, S. 167]. So ist einerseits die Freigabe der Versorgungsdaten durch die Ärzte und deren Teilnahmeerklärung notwendig. Darüber hinaus bedarf es der Einverständniserklärung der Versicherten, ihre Daten freizugeben [LiSS04, S. 109]. Auch mit weiteren netzexternen Datenlieferanten (z. B. Kassenärztlicher Vereinigung, Kostenträgern) sind Vereinbarungen über Inhalt, Umfang, Form, Zyklus und Nutzungsrechte der Daten zu treffen.

Ebenso ist die **Informationssicherheit** zu gewährleisten, indem Absprachen über den Standort der Datenbanken, den Zugang und die Zugriffsmöglichkeiten auf die Daten getroffen werden [LiSS04, S. 109].

Zudem ist ein zusätzlicher **Dokumentationsaufwand** der Netzwerk-Akteure für das Praxisnetz-Controlling zu vermeiden, um die Akzeptanz des Controllingsystems nicht zu beeinträchtigen [AQUA02, S. 12].

7.3 Exemplarische Controllingkonzepte

Durch die Darstellung der Controllingansätze zweier führender Netze in Deutschland sollen der aktuelle Umsetzungsstand sowie typische Problemstellungen in diesem Bereich veranschaulicht werden. Es wird neben Fachkonzepten auch skizziert, inwieweit diese durch Informations- und Kommunikationssysteme unterstützt werden.

7.3.1 Hausarztmodell Rhein-Neckar

Das Hausarztmodell Rhein-Neckar wird von den Projektpartnern AOK (Bundesverband, Landesverband Baden-Württemberg, Bezirksdirektion Rhein-Neckar), der Kassenärztliche Vereinigung (KV) Nordbaden sowie dem Qu@linet e. V. Mannheim getragen. Das Netz nahm an der Praxisnetz-Studie 2006 teil und erreichte mit nur fünf weiteren Ärztenetzen die Bewertung "Netzprofi" (vgl. Abschnitt 3.6).

7.3.1.1 Controllingkonzeption und -lösung

Negative Erfahrungen, die mit Netzen der ersten Generation gemacht wurden (vgl. Abschnitt 3.7), waren verantwortlich, eine Neuausrichtung der Netzaktivitäten vorzunehmen. Unter anderem wurden schwache Anreize für Leistungserbringer und Versicherte zur Änderung ihrer Verhaltensweisen, fehlende Transparenz sowie unzureichende Evaluation bei Arztnetzen der ersten Generation bemängelt.

Der Hauptvertrag zur Kooperation wurde ergänzt um eine Hausarztmodell-Datenbank sowie um ein Controllingkonzept, welches wesentliche Aufgaben und Inhalte des Controllings definiert (vgl. Tabelle 18) [Stei05, S. 44].

Aufgaben	Inhalte und Themen
- Herstellung von Transparenz als Ausgangsbasis für systematische Steuerung und systematisches Management - Beobachtung der Ist-Ausgaben-Entwicklung („Schattenrechnung") - Vergleich von Hausarztmodell und Regelversorgung - Identifikation von Steuerungsbedarf und Ansatzpunkten für Qualitäts- und Kostenmanagement - Feststellung der vertraglich vereinbarten Parameter und Zielgrößen - Erarbeiten einer Datengrundlage für die Übernahme von Ergebnisverantwortung durch die Modell-Ärzte	- Struktur der Modell-Versicherten - Modell-Ärzte (Anzahl, Dauer der Mitgliedschaft) - Struktur der beteiligten netzexternen Leistungserbringer - Ausgaben nach Risikogruppen, Leistungssektoren und Leistungsarten - Leistungs- und Überweisungsgeschehen - Akzeptanz und Zufriedenheit bei Patienten/Versicherten und Ärzten - Einhaltung der Teilnahmebedingungen durch die Versicherten - Teilnahmequoten der Ärzte an Qualitätszirkeln und Netzkonferenzen - Kennzahlen zur Qualitätsmessung - Ist-Soll-Vergleich bei Zielvereinbarungen und Ergebnisverantwortung

Tabelle 18: Aufgaben des Controllings im Hausarztmodell Rhein-Neckar [Stei05, S. 44]

Das Controllingkonzept des Hausarztmodells Rhein-Neckar umfasst Bestandteile zur Übernahme von ökonomischer und medizinischer Ergebnisverantwortung (vgl. Abbildung 64).

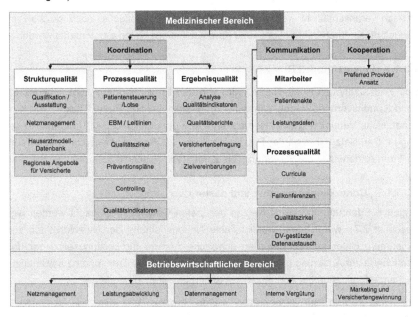

Abbildung 64: Inhalte der medizinischen und betriebswirtschaftlichen Steuerung [Stei05, S. 34]

Eine wichtige Komponente des Controllings im Hausarztmodell Rhein-Neckar ist die Hausarztmodell-Datenbank. Sie wird von der AOK erstellt und enthält pseudo-nymisierte[147] Daten für alle eingeschriebenen Versicherten. Sie wird zweistufig auf-gebaut. Zunächst werden bei der AOK vorliegende Routinedaten aus verschiedenen Quellsystemen in der versichertenbezogenen Hausarztmodell-Datenbank zusam-mengeführt. In Stufe zwei soll die Datenbank um Diagnosen, Befunde und weitere Morbiditätsmerkmale erweitert werden, die von teilnehmenden Leistungserbringern dokumentiert werden. Zu diesem Zweck wurden Erhebungsbögen definiert (u. a. für Prävention, Diabetes, Koronare Herzkrankheiten und Herzinsuffizienz), die hand-schriftlich erfasst werden. Zwischenzeitlich stellt die KV Nordbaden aggregierte Abrechnungs- und Diagnosedaten der Versicherten quartalsbezogen zur Verfügung [Stei05, S. 55ff.]. Auch hier sollen quartalsweise Standard-Auswertungen auf Netz-

---

[147] Vgl. Fußnote 164, S. 231.

ebene (Ärzte, Versicherte, Versichertengruppen) sowie für jeden Arzt zur Verfügung gestellt werden. Ein Vergleich mit anderen Ärzten im Netz ist geplant. Besondere Controlling-Auswertungen sind zu aktuellen Fragen oder schwerpunktmäßigen Vertiefungen geplant [Stei05, S. 46]. Um den Datenschutzanforderungen gerecht zu werden, wurde ein Datenschutzkonzept erarbeitet und mit dem Landesbeauftragten für den Datenschutz abgestimmt.

Im Hausarztmodell Rhein-Neckar kommen nicht-monetäre und monetäre Anreizkomponenten zum Einsatz. Sie orientieren sich am Ansatz der ökonomischen und medizinischen Ergebnisverantwortung. Bei der Vergütung werden EBM-Leistungen[148] und zusätzlich erbrachte Leistungen unterschieden. Zu den zusätzlich erbrachten Modellleistungen gehören

- Fallwerterhöhungen[149]: Die Fallwerterhöhung beträgt 12 % (max. € 295.000 p. a.). Voraussetzung hierfür ist die Vereinbarung über Einsparziele in bestimmten Leistungssektoren. Die Zielerreichung spiegelt sich in der ökonomischen Ergebnisverantwortung wider, d. h. eine Zielunterschreitung führt zur Kürzung der Fallwerterhöhung in folgenden Modellphasen. Eine Zielerreichung führt zur Weiterzahlung der bisherigen Vergütung, eine Zielüberschreitung zu einer Gewinnausschüttung in Höhe von 50 % des Effizienzgewinns sowie zur Weiterzahlung der Vergütung.

- Einmalige und wiederholte Zusatzvergütungen: Die netzbezogene Qualitäts- und Betreuungspauschale deckt modellbedingte Mehraufwände, wie z. B. Steuerung der Patienten, Folgedokumentation sowie Controllingaktivitäten, ab (z. B. Erstdokumentation, Eingangs- und Laboruntersuchungen) [Stei05, S. 50ff.].

7.3.1.2 Bewertung

Der Zwischenbericht zur wissenschaftlichen Begleitung zeigt u. a. Mängel in der Dokumentation der medizinischen Daten auf, die unmittelbare Auswirkung auf das Controlling des Netzes besitzen [Stei05, S. 95]. Die Dokumentation, v. a. die handschriftliche Erfassung der Erhebungsbögen, gestaltet sich zeitaufwändig. Die Erhebungsbögen stehen nicht in elektronischer Form zu Evaluations- und Controllingzwecken zur Verfügung. Die Einführung einer standardisierten, elektronischen Dokumentation wird als essenziell für die Optimierung angesehen [Stei05, S. 95]. Aus der Praxissoftware

---

[148] Vgl. Fußnote 43, S. 32.

[149] Durch eine Fallwerterhöhung erhält das Netz eine erhöhte Vergütung je Versorgungsfall. Grund hierfür ist die intensivere Versorgung der Versicherten insbesondere bei hausärztlichen Versorgungsleistungen gemäß § 135a SGB V i. V. m. §73 (1) SGB V [Stei05, S. 49].

heraus sollen zukünftig Dokumentationsbögen elektronisch erfasst und ausgetauscht werden. Der Bericht verweist darauf, dass heterogene Praxisverwaltungssysteme im Einsatz sind, die Bereitschaft zur Einführung einer standardisierten PVS-Lösung gering ist und daher ein System für die elektronische Dokumentation schwer zu realisieren ist [Stei05, S. 81ff.].

Darüber hinaus werden die Daten der AOK sowie der KV Nordbaden nur quartalsweise und daher mit erheblicher zeitlicher Verzögerung zur Verfügung gestellt.

7.3.2 Projekt Qualität und Effizienz Nürnberg

7.3.2.1 Controllingkonzeption und -lösung

Das Projekt „Qualität und Effizienz (QuE)" ist ein genossenschaftlich organisierter Teil im Praxisnetz Nürnberg Nord e. V. (PNN), welches im Bereich des Netzcontrollings Konzepte und Lösungen erarbeitet. QuE steht für die Weiterentwicklung des PNN hin zu einem integrierten medizinischen Dienstleistungsanbieter für die Region Nürnberg. Ziel ist es, neben der Verantwortung für die Qualität der erbrachten Leistungen auch die ökonomische Verantwortung für die eingeschriebenen Versicherten zu übernehmen [WaLF05, S. 11ff.] Aus diesem Grund implementierte QuE als eines der ersten deutschen Praxisnetze ein Kopfpauschalensystem (Full-Capitation-Modell).

Wambach et al. zielen mit ihrem Controllingkonzept, welches für den Einsatz im Netz „Qualität und Effizienz (QuE)" erarbeitet wurde [WaLF05, S. 66ff.], darauf ab, die Übernahme von Budgetverantwortung zu unterstützen, indem insbesondere die wirtschaftliche aber auch medizinische Leistungsfähigkeit erfasst wird. Das Leistungs- und Ausgabengeschehen innerhalb des Netzes ist transparent zu machen, die Einhaltung von Regelverbindlichkeiten ist zu überprüfen. Zusätzlich sind Qualitätsverbesserungen und Effizienzgewinne im Vergleich zur Regelversorgung zu identifizieren und zu quantifizieren. Das Controlling in Praxisnetzen basiert in diesem Zusammenhang auf vier Funktionen:

- Planung (Definition von Sollwerten und Zielen sowie Festlegung begleitender Maßnahmen)

- Kontrolle (Soll-Ist-Vergleich, Frühwarnsystem, begleitende Maßnahmen)

- Steuerung (Feedback, Feedforward, Zielvereinbarungen, Beeinflussung und Motivation)

- Information (Ermittlung der Ist-Werte, Managementinformationssystem, Arztinformationssystem)

Das QuE-Netzcontrolling wird vom Netzmanagement verantwortet und durch Daten der Einzelpraxen, der Kassenärztlichen Vereinigung Bayern (KVB) sowie der AOK Bayern unterstützt. Das Controllingsystem ermöglicht dabei Aussagen über die Versicherten- und Anbieterstruktur, das Leistungsgeschehen (z.B. Daten nach Risikogruppen) und das Ausgabengeschehen (z. B. Höhe der Ausgaben für QuE-Versicherte nach Risikogruppen) [WaLF05, S. 67ff.].

Da die Ausrichtung der Vergütungssysteme an den Netzzielen und dem Beitrag der Mitglieder zum Netzerfolg wichtige Voraussetzungen darstellen (vgl. Abschnitt 7.2), um das Verhalten der Netzakteure zu beeinflussen, ist die netzinterne Vergütung entsprechend zu gestalten. Im Praxisbeispiel des Netzes QuE wird bei der Konzeption des Vergütungssystems „Top-5" darauf geachtet, „Anreize für eine qualitäts- und effizienzorientierte Versorgung der eingeschriebenen Versicherten zu setzen" [WaLF05, S. 69]. Die Vergütung der QuE-Ärzte setzt sich aus drei Bestandteilen zusammen: (1) Die ambulanten vertragsärztlichen Leistungen werden nach dem einheitlichen Bewertungsmaßstab (EBM) abgerechnet. (2) Zusätzlich erhält jede Praxis eine netzspezifische Entlohnung, die sich aus einer Teilnahmepauschale, einem aktivitätsabhängigen Honorar und einer Förderung für das Qualitätsmanagement zusammensetzt. (3) Drittens erhält jeder eingeschriebene Arzt eine erfolgsabhängige Entlohnung, falls das sogenannte virtuelle Budget des Netzes in der Betrachtungsperiode nicht vollständig ausgeschöpft wurde. Folglich handelt es sich bei diesem Vergütungssystem um eine Kombination aus einer Einzelleistungsvergütung und einer erfolgsorientierten Vergütung.

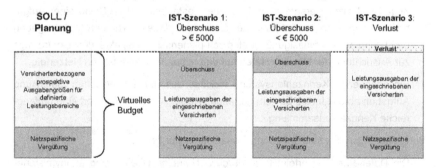

Abbildung 65: Erfolgsorientierte Vergütung am Beispiel QuE [WaLF05, S. 70]

Abbildung 65 zeigt die Berechnung des erfolgsorientierten Gehaltsbestandteils. Der Betrag, der einen Überschuss von 5000 Euro übersteigt, wird zu 40 % an die Praxen und zu 40 % an die AOK ausgeschüttet. Der restliche Anteil von 20 % steht für Investitionen in die Netzinfrastruktur zur Verfügung (Szenario 1). Auch bei einem

Überschuss bis 5.000 Euro (Szenario 2) verbleibt dieser für Investitionen vollständig im Netz. Eine Haftung durch das Netz im Verlustfall besteht nicht (Szenario 3), d. h. das finanzielle Risiko wird durch den Kostenträger (AOK Bayern) übernommen. Für die Bewertung der Ärzte ist ein Punktwertmodell maßgebend, welches die Höhe der Vergütung am Verhalten und am Ergebnis der Leistungserbringer ausrichtet [WaLF05, S. 70ff.].

Leistungsbezogene Anreizsysteme beziehen sich entweder auf das Leistungsverhalten, also auf den Prozess der Leistungserbringung, oder auf das Leistungsergebnis [Holt02, S. 10]. Bei der erfolgsorientierten Ausgestaltung von Anreizsystemen richtet sich die Höhe der Vergütung nach dem Erfolg der Organisation [PiRW03, S. 557].

7.3.2.2 Bewertung

Unterzieht man das QuE-Netzcontrolling einer Bewertung, so lassen sich auf Ebene der fachlichen Konzeption sowie auf Ebene der IT-Unterstützung Ansatzpunkte zur Verbesserung identifizieren:

Verbesserungspotenziale auf fachlicher Ebene

- Ziele sind im Netzvertrag definiert, allerdings fehlt eine Priorisierung bzw. Über-/Unterordnung der Netzzieldimensionen zueinander. Auch die Ursache-Wirkungsbeziehungen der Ziele sind unklar.

- Eine nachvollziehbare Beziehung zwischen strategischen Zielen, Kennzahlen und zur Zielerreichung notwendigen Aktivitäten existiert nicht. Stattdessen werden im Zuge der Netzvollversammlung Prioritäten festgelegt und im Sinne einer Aufgabenliste abgearbeitet. Aufgrund der Dominanz aktueller Themen und Aufgaben droht eine Vernachlässigung strategisch-planerischer Aspekte des Controllings zur Ausrichtung der Netzaktivitäten auf den mittel- und langfristigen Netzerfolg.

- Ein integriertes Kennzahlensystem, welches aus den strategischen Zielen und Aufgaben abgeleitet ist, besteht nur ansatzweise. Allerdings existiert eine umfangreiche Kennzahlensammlung.

Verbesserungspotenziale auf informationstechnischer Ebene

- Die Datenerhebung erfolgt u. a. durch aufwändige Übermittlung anonymisierter Daten zwischen QuE-Leistungserbringern und Netzbüro (z. B. mithilfe von Telefax). Eine automatisierte Lösung für das Auslesen der PVS-Daten in eine Praxisnetzdatenbank befindet sich in der Implementierungs- und Testphase.

- Daten der KVB sowie der AOK werden mit erheblicher zeitlicher Verzögerung zur Verfügung gestellt.[150] Darüber hinaus erfolgt die Übergabe relevanter Daten häufig nicht in digitalisierter Form. Die Übermittlung von Daten über eine automatisierte Datenschnittstelle erfolgt bislang nicht flächendeckend.

- Eine zielgruppenspezifische Darstellung der Netzleistung über ein Managementinformationssystem (z. B. für Netzmanager, Leistungserbringer, Vertragspartner) besteht bislang nicht. Auch fehlen Analyse- und Reportingfunktionalitäten, die aus dem Datenbestand Ad-hoc- und Standard-Auswertungen ermöglichen (z. B. über die Compliance / Regelverbindlichkeit der Netzakteure).

- Auch eine Verbindung der Netzziele mit dem oben beschriebenen effizienzorientierten Vergütungssystem fehlt.

---

[150] Ursache hierfür sind Durchlaufzeiten, die durch die quartalsweise Abrechnung der Leistungen sowie durch Konsolidierungs- und Aufwertungsaktivitäten bei KVB und Kostenträgern entstehen.

7.4 Bewertung, Defizite und Innovationspotenziale

Abbildung 66 stellt Defizite des Controllings in Praxisnetzen sowie Innovationspotenziale im Überblick dar.

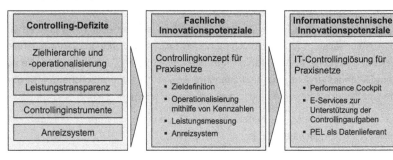

Abbildung 66: Defizite und Innovationspotenziale des Praxisnetz-Controllings

Zeller beschreibt in seiner Arbeit das zunehmende Interesse zum Thema Controlling
von Netzwerken und nennt zahlreiche Beispiele [Zell03, S. 1ff.]. Auch die von ihm
analysierten Studien, speziell im Bereich der industriellen Kooperationsnetzwerke
und des Supply Chain Controllings, zeigen Handlungsbedarf [Zell03, S. 1ff.]. Ver-
gleicht man die Aussagen zum Status quo des Controllings in Unternehmensnetzwerken aus dem Jahre 2001 mit denen der Praxisnetz-Studie 2006 zum Controlling
in Praxisnetzen, zeigen sich viele Parallelen.

Folgende **Controlling-Defizite** lassen sich domänenspezifisch belegen [ScBK06,
S. 36ff.]:

- Nur jedes elfte Praxisnetz verfügt heute über ein Datenmanagement, welches ein
   Controlling systematisch, regelmäßig und in automatisierter Form erlaubt.

- Lediglich 17 % der Befragten verfügen über ein strukturiertes Controllingsystem,
   um das Erreichen der Leistungsziele analysieren und bewerten zu können.

- 75 % der Praxisnetze nutzen bislang keine netzspezifische Vergütung. Nur 8 %
   der Netze übernehmen Budgetverantwortung.

Aus der Studie sowie den skizzierten Beispielkonzepten lassen sich weitere Defizite
und Optimierungspotenziale für ein Controlling in Praxisnetzen ableiten [ScBK06,
S. 56]:

- Es existieren größtenteils Ziele, ein klar definiertes Zielsystem sowie eine Abbildung der Zielhierarchien und -abhängigkeiten findet i. d. R. nicht statt.

- Zieldefinitionen beinhalten meist keine messbare und konkretisierte Operationalisierung der relevanten Leistungsindikatoren.

- Eine Verbindung von Netz-Zielen und operativen Maßnahmen zur Ableitung und Priorisierung ziel- und strategiekonformer Netzaktivitäten fehlt häufig.

- Eine zeitnahe Transparenz der Netzleistung zur Analyse der Leistungsprozesse sowie entsprechende Feedbackinformationen an die Netzakteure sind derzeit nur eingeschränkt möglich, da Controlling- und Berichtssysteme auf Basis eigener Praxisnetzdaten kaum existieren und Datenlieferungen durch die Partner des Netzes (z. B. durch Kassenärztliche Vereinigungen oder Krankenkassen) erst nach der Abrechnung der Leistungen, also mit einer erheblichen zeitlichen Verzögerung erfolgen. Metzger argumentiert, „dass Ärztenetze bessere, eigene und vor allem vollständige Datengrundlagen über die gesamte Behandlungskette brauchen, um die Möglichkeiten zur Optimierung von medizinischen Versorgungsprozessen genau auszuloten, da die begrenzten Möglichkeiten, welche ein einzelner Versicherer als Vertragspartner anbieten kann, nicht ausreichen" [Metz06, S. 18]. Hinzu kommt, dass ambulante Daten in regionaler Abhängigkeit bei den Kostenträgern und Kassenärztlichen Vereinigungen nur in unterschied-licher Ausprägung vorliegen [Sohn06, S. 56].

- Die Effizienz bei der Erfassung und dem Austausch von Controllingdaten ist verbesserungsfähig, da Daten teilweise manuell erfasst werden und in nicht elektronischer Form vorliegen. Außerdem existieren i. d. R. keine automatisierten Schnittstellen zwischen den internen und externen Netzpartnern und dem Controllingsystem.

- Eine schnell sichtbare Incentivierung zielkonformen Verhaltens im Innenverhältnis zwischen Netz und Leistungserbringer (z. B. effizienzorientierte Vergütung) existiert bislang nur ansatzweise in wenigen Netzen[151]. Es dominiert das traditionelle System der Einzelleistungsvergütung.

Zusammenfassend lassen sich eine fehlende Zielhierarchie und -operationalisierung, mangelnde Leistungstransparenz sowie ein in Praxisnetzen nur begrenztes Controlling-Instrumentarium (einschließlich der Konzeption und IT-Unterstützung adäquater Incentivierungssysteme) als wesentliche Defizite ableiten. Um die Existenz der Netze langfristig zu sichern und zu diesem Zweck nachprüfbare Qualitäts- und Effizienzvorteile nachzuweisen, ist ein **Controllingkonzept** zu erarbeiten und durch entsprechende IT-Systeme zu unterstützen. Diese These wird durch eine Analyse von Erfolgsfaktoren des Managements medizinischer Versorgungsnetze bestätigt. Alle neun von Kronhardt analysierten Sekundärstudien zeigen, dass das Netz-Controlling oder oben aufgeführte Teilbereiche (z. B. Anreizsystem, verbindliche Ziele und Regelun-

---

[151] Vgl. hierzu u. a. [WaLF05, S. 69ff.].

gen) Determinanten für den Netzerfolg darstellen [Kron04, S. 264ff.]. Das Controllingkonzept sollte dabei u. a. die Zieldefinition, die Operationalisierung der Ziele mithilfe von Kennzahlen, das Messen der Netzleistung sowie die Anreizsystematik berücksichtigen. Zur Unterstützung des Controllingkonzeptes ist eine **IT-Lösung** zu gestalten, welche den Netz-Akteuren (u. a. Netz-Management) zeitnah Zugriff auf relevante Leistungsdaten ermöglicht (Performance Cockpit). Darüber hinaus sind *E-Services* für Controllingzwecke zu definieren und umzusetzen. Vor allem jedoch ist die zeitnahe Versorgung des Netz-Controllings mit Leistungsdaten eine zentrale Aufgabe. Daher stellt sich bei der Gestaltung der IT-Lösung für das Controlling in Praxisnetzen die Frage, inwiefern die im Zuge der Koordination mithilfe von PEL generierten Prozessdaten einen Beitrag zur Datenversorgung liefern können.

8 Prozessbasierte E-Service-Logistik zur Controllingunterstützung

Derzeit herrscht Intransparenz hinsichtlich zahlreicher Leistungsindikatoren – sowohl auf Ebene der Patientenprozesse als auch auf Gesamtnetz-Ebene (vgl. Abschnitte 7.1.3 und 7.4). Controllingdaten stehen nicht oder zumindest nicht zeitnah für die Steuerung der Netzaktivitäten zur Verfügung. Gerade vor der Herausforderung, die Existenz der Netze langfristig zu sichern und zu diesem Zweck nachprüfbare Qualitäts- und Effizienzvorteile nachzuweisen, wächst daher der Bedarf an IT-gestützten Controllingsystemen.

Es wird eine Controllinglösung erläutert, welche die in Abschnitt 7.2 skizzierten Anforderungen an das Controlling in Praxisnetzen erfüllt. Die Lösung basiert auf dem Ansatz des prozessorientierten Performance Measurements, welcher nachfolgend vorgestellt wird. Eine IT-Lösung zur Unterstützung des Konzeptes wird skizziert. Die im Rahmen einer Balanced Scorecard (BSC) für Praxisnetze definierten Ziele und daraus abgeleiteten Kennzahlen werden in einem Performance Cockpit zur Steuerung des Praxisnetz-Geschehens zielgruppengerecht aufbereitet [ScPB07, S. 917ff.]. Eine webbasierte Plattform versetzt u. a. das Netzmanagement in die Lage, die Prozess-, Struktur- und Ergebnisqualität des Gesamtnetzes sowie jedes einzelnen Netzarztes zu beurteilen. Die Lösung integriert Daten aus unterschiedlichen Quellen und von unterschiedlichen Datenlieferanten und ermöglicht die Berechnung und Visualisierung von Key Performance Indikatoren und anderen Kennzahlen im Rahmen eines Netzwerk Performance Cockpits. Compliance Scorecards werden dabei genutzt, um die Netzwerk-Strategie zu implementieren und die Zielerreichung zu gewährleisten. Von besonderer Relevanz ist dabei die Nutzung der zur Prozesslaufzeit generierten Daten, die mithilfe der *prozessbasierten E-Service-Logistik* gewonnen werden (vgl. Kapitel 6.3.2.3). Behandlungsdaten können damit zeitnah, strukturiert und prozess- und kontextbezogen erhoben und in das Netz-Controlling integriert werden.

8.1 Performance Measurement als Controllingansatz

Wie bereits in Abschnitt 7.1 erläutert, kommt der indirekten Führung in Netzwerk-organisationen besondere Bedeutung zu. Daher eignen sich Kennzahlen- und Zielsysteme gut für das Controlling in Praxisnetzen [PiRW03, S. 538ff.].

8.1.1 Begriff

Performance Measurement ist Teil des Controllingsystems [Glei01, S. 31]. Ansätze zum Performance Measurement sind aus der Kritik an traditionellen Steuerungskonzepten im Rechnungswesen entstanden. Kritisiert werden unter anderem eine „Vernachlässigung nicht-monetärer Größen, eine fehlende Anbindung an die strategische Planung, eine zu starke Vergangenheitsorientierung und Kurzfristigkeit, eine wenig ausgeprägte Kundenorientierung sowie falsche Anreizpunkte" [Glei02, S. 447]. Manager werden mehr zur Kostensenkung als zu kontinuierlichen Verbesserungsmaßnahmen und Investitionen in langfristige, strategisch wichtige Geschäftsfelder motiviert.

„Performance Measurement steht für den Aufbau und Einsatz" kennzahlenorientierter Systeme zur „Beurteilung der Effektivität und Effizienz der Leistung und Leistungspotenziale unterschiedlicher Objekte in Unternehmen [...]" [Glei02, S. 447].[152]

In dieser Arbeit wird diesem Verständnis gefolgt und Performance Measurement als Ansatz zur Ausrichtung der Führungsteilsysteme auf die Organisationsstrategie verstanden. Dies umfasst auch die Beurteilung der Effektivität und Effizienz operativer Maßnahmen [Glei01, S. 22]. Dazu sollen Performance-Kennzahlen auf die wesentlichen Sachverhalte des betrieblichen Geschehens beschränkt werden. Neben monetären Indikatoren werden insbesondere auch nicht-monetäre und nicht-quantitative Kennzahlen berücksichtigt [Glei01, S. 31; Horv03, S. 585; Glad02, S. 5; Wies00, S. 62ff.]. Im Unterschied zu klassischen Steuerungskonzepten ist das Performance Measurement auch stärker an den Anspruchsgruppen orientiert.

8.1.2 Balanced Scorecard

In Wissenschaft und Praxis existierten eine Reihe von Performance-Measurement-Konzepten, allerdings werden der Balanced Scorecard v. a. wegen ihrer Flexibilität die größten Potenziale zugeschrieben [Glei01, S. 88ff.; Wenk05, S. 241; Pise03, S. 165]. Die Balanced Scorecard (BSC) ist eine ganzheitlich orientierte, ziel- und kennzahlenbasierte Managementmethode, welche sowohl die Vision und Strategie

---

[152] Vgl. hierzu auch [Horv03, S. 585].

einer Organisation als auch relevante interne und externe Aspekte sowie deren Wechselwirkungen betrachtet [KaNo01, S. 63ff.].

Die BSC erscheint zum Controlling in Netzwerkorganisationen geeignet, weil in ihr die Integration mehrerer voneinander abhängiger Scorecards für unterschiedliche Bereiche explizit vorgesehen ist [PiRW03, S. 573ff.]. Die Balanced Scorecard wird in sozialen Bereichen und im Gesundheitswesen, insbesondere in Krankenhäusern, bereits an einigen Stellen eingesetzt [Essl03, S. 19ff.; Greu05, S. 55ff.; KaNo01, S. 135ff.].[153]

Ausgangspunkt der Balanced Scorecard war die Kritik an der einseitig finanziellen Ausrichtung von klassischen Managementsystemen. Mit der BSC sollten dagegen auch die nicht-monetären, langfristig Werte schaffenden Ziele einer Unternehmung berücksichtigt werden. Dazu wurde ein ausgewogenes („Balanced") System zur Planung und Messung („Scorecard") des Unternehmenserfolgs entwickelt, das finanzielle und nicht-finanzielle Ziele gleichermaßen berücksichtigt.

Um die unterschiedlichen Blickwinkel auf eine Unternehmensstrategie abzubilden, werden die strategischen Ziele in der Balanced Scorecard in Perspektiven angeordnet. Kaplan und Norton schlagen eine Einteilung in die Perspektiven „Finanzen", „Kunden", „interne Geschäftsprozesse" sowie „Lernen und Wachstum" vor. Horváth bezeichnet die vierte Perspektive als „Potenzial-Perspektive" (vgl. Abbildung 67) [Horv04, S. 4ff.]. Die BSC ist aber nicht auf die genannten vier Perspektiven fixiert und kann flexibel an die Bedürfnisse einer Unternehmung angepasst werden [KaNo97, S. 33].

---

[153] Wegen der in der Literatur beschriebenen Überlegenheit der BSC gegenüber alternativen Performance-Measurement-Konzepten wird an dieser Stelle auf eine detaillierte Vorstellung anderer Konzepte verzichtet und auf weiterführende Arbeiten verwiesen. Vgl. hierzu [Glei01; Wenk05; Pise03].

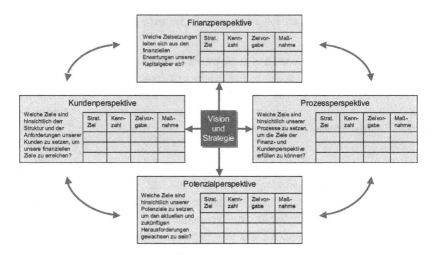

Abbildung 67: Perspektiven der Balanced Scorecard;
in enger Anlehnung an [Horv04, S. 4; KaNo97, S. 9]

Die strategischen Ziele werden über Ursache-Wirkungs-Beziehungen miteinander verknüpft. Dadurch kann die logische Struktur der Zielbeziehungen in Strategy Maps visualisiert werden [Horv04, S. 4; KaNo04, S. 9ff.]. Nachfolgend werden die Aufgaben des Performance Measurements unter Zuhilfenahme des BSC-Ansatzes erläutert.

8.2 Aufgaben des Performance Measurements

Die im Folgenden skizzierten Aufgaben werden inhaltlich dem Performance Measurement zugeordnet (Abbildung 68) und phasenorientiert voneinander abgegrenzt. Zeitlich können die einzelnen Schritte in mehreren, sich überlappenden Zyklen mit unterschiedlicher Fristigkeit ablaufen.

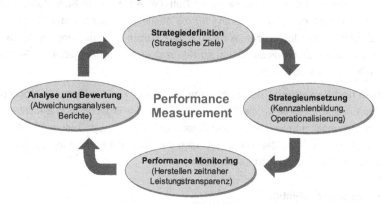

Abbildung 68: Aufgaben und Ablauf des Performance Measurements

Strategiedefinition: Ausgangspunkt der Planung, Messung und Steuerung der Unternehmensperformance ist die Unternehmensstrategie [Glei01, S. 22; Eccl91, S. 131; Stur00, S. 64]. Das Performance Measurement setzt bei der Strategieformulierung ein. Dazu sind die Ziele der wichtigsten Stakeholder zu identifizieren und in Strategien umzusetzen [Glei01, S. 22]. Die strategischen Ziele bilden die Basis für operative Ziele und Pläne.

Strategieumsetzung: Strategische Ziele sind in ein strukturiertes Kennzahlensystem zu überführen. Zu diesem Zweck sind Messkriterien für die Ziele zu definieren und so zu operationalisieren, dass sie innerhalb der Strukturen und Prozesse der Organisation umgesetzt werden können. Ein wichtiger Bestandteil der Strategieumsetzung ist die Kopplung der Kennzahlen an das betriebliche Anreizsystem [Glei01, S. 23f.; Wies00, S. 66; Horv03, S. 585f.]. Zwei wesentliche Anforderungen an Performance-Kennzahlensysteme sind Selektivität und Ausgewogenheit. Die Selektivität fordert eine Konzentration auf Kennzahlen mit strategischer Bedeutung. Teilbedingungen für die Ausgewogenheit eines Kennzahlensystems sind unter anderem das Vorhandensein von monetären und nicht-monetären Kennzahlen, Früh- und Spätindikatoren sowie lang- und kurzfristigen Zielen [Glad02, S. 8].

Performance Monitoring: Eine Aufgabe im Rahmen des Performance Measurements ist die Erhebung von Daten des laufenden Geschäfts zur Berechnung der Kennzahlen [Glei01, S. 23f.]. Unter Berücksichtigung der Relevanz der zu erhebenden Daten und der Kosten der Datenerhebung sind die EDV-Systeme so zu gestalten, dass möglichst viele Daten automatisch und zeitnah erhoben werden können. Im Vergleich zu klassischen Steuerungssystemen kommt hier der Informationsversorgung über nicht-monetäre Daten eine besondere Bedeutung zu. Sie stellt eine besondere Herausforderung für die Abstimmung der Informationssysteme mit den Leistungssystemen dar [Wies00, S. 64]. Neben der Erhebung der Ist-Daten gehört die Aufbereitung dieser Daten zu Kennzahlen zu den Aufgaben im Rahmen des Performance Monitorings.

Analyse und Bewertung: Die Leistungsmessung über das Performance Monitoring stellt den Ausgangspunkt für die Zusammenfassung der Ergebnisse in Berichten, für die Abweichungskontrolle, Ursachenanalyse sowie für die ggf. integrierten Anreiz- und Vergütungssysteme dar. Die Ergebnisse der Analysen können in einem neuen Zyklus in die Planung eingearbeitet werden.

8.2.1   Strategiedefinition

Im Zuge der Strategiedefinition gilt es, die Netzstrategie zu bestimmen und diese mit den Netzärzten und Netzpartnern (z. B. Kostenträgern) abzustimmen. Die Ziele und Zielbeziehungen werden in einer Balanced Scorecard dokumentiert.

8.2.1.1   Aufbau der Balanced Scorecard

Grundsätzlich sind Organisationen frei bei der Auswahl der Perspektiven [KaNo97, S. 33]. Der Aufbau der Balanced Scorecard mit den vier von Kaplan und Norton vorgeschlagenen Perspektiven hat sich aber in vielen Unternehmen bewährt. So werden die zwei wichtigsten Stakeholder der Unternehmung, die Inhaber (Finanzperspektive für Kapitalgeber) und die Kunden (Kundenperspektive), in je einer Perspektive berücksichtigt. In den beiden anderen Perspektiven werden Ziele zur Umsetzung der Anforderungen beider Anspruchsgruppen durch die internen Prozesse (Prozessperspektive) und den Aufbau von Potenzialen (Potenzialperspektive) abgebildet [Kano97, S. 8ff.].

Bei sozialen Organisationen stellt sich die Frage, ob es gerechtfertigt ist, die Finanzperspektive als oberste anzusiedeln, da soziale Organisationen nicht bzw. nicht primär die Maximierung der Gewinne, sondern zumindest gleichbedeutend eine Steigerung der Versorgungsqualität anstreben [KaNo01, S. 120]. Stoll und Esslinger schlagen daher vor, die Finanzperspektive unterhalb der Prozess- und Kundenperspektive anzusiedeln, um auszudrücken, dass die finanzielle Basis einer sozialen Organisation eine Grundlage zur Arbeit in der Organisation und damit auch zum Erreichen der Versorgungsziele ist [Stol03, S. 108ff.; Essl03, 85ff.]. Kaplan und Norton schlagen vor, die Finanzperspektive und die Kundenperspektive auf gleicher Ebene anzusiedeln und die Ziele beider Perspektiven bei übergeordneten gesellschaftlichen Zielen wie der Armutsbekämpfung oder der Verbesserung der Gesundheitsversorgung zu verankern [KaNo01, S. 120f.].

Da Praxisnetze i. d. R. sowohl einen sozialen als auch einen finanziellen Auftrag haben [WaLF05, S. 50; Prax05, S. 12] und dabei auch die Ansprüche der Kostenträger eine wichtige Rolle spielen, ist die Finanzperspektive zumindest gleichberechtigt mit der Kundenperspektive zu behandeln. Wegen der kausalen Beziehungen zwischen Prozess-, Kunden- und Finanzzielen wird der klassische Aufbau der Balanced Scorecard beibehalten. Da im Praxisnetz das Ziel der Verbesserung der Patientenversorgung meist ein konstitutives Ziel darstellt, werden die strategischen Oberziele in der Balanced Scorecard zudem noch oberhalb der Finanzperspektive dargestellt. Damit können sowohl die Ziele der Finanzperspektive als auch die versorgungstechnischen Ziele der Kundenperspektive bei den Oberzielen verankert werden (vgl. die oberste Ebene der in Abbildung 69 dargestellten Strategy Map).

8.2.1.2   Inhaltliche Gestaltung der Balanced Scorecard

Horváth definiert Regeln für die Entwicklung strategischer Ziele, die bei der Konzeption des Controlling-Ansatzes in Praxisnetzen berücksichtigt werden [Horv04, S. 170ff.]. Es werden nur Ziele abgebildet, die eine hohe strategische Bedeutung haben, um die Differenzierung und damit die Fokussierung zu gewährleisten [Horv04, S. 180ff.]. Darüber hinaus erfolgt die Formulierung und Dokumentation der Ziele aktionsorientiert und möglichst eindeutig. Dabei werden aus Gründen der Übersichtlichkeit nicht zu viele Ziele je Perspektive definiert.

Zur Darstellung der Balanced Scorecard wird auf Strategy Maps zurückgegriffen, welche über die reine Darstellung der Perspektiven und Ziele auch strategisch relevante[154] Ursache-Wirkungs-Zusammenhänge visualisieren [Horv04, S. 205ff.]. Bei der Dokumentation der Beziehungen sollte inhaltlich spezifiziert werden, inwieweit die Veränderung eines Ziels die Erreichung des anderen Ziels beeinflusst.

Abbildung 69 zeigt exemplarisch die Anwendung des Balanced Scorecard-Ansatzes mithilfe einer Strategy Map in einem Praxisnetz. Die Ziele und Ursache-Wirkungsbe-

---

[154] Werden zu viele Ursache-Wirkungs-Beziehungen dargestellt, verliert die Strategy Map an Übersichtlichkeit und Aussagekraft.

ziehungen wurden im Hinblick auf die spezifische, zu diesem Zeitpunkt vorherrschende Situation des Praxisnetzes entwickelt.[155] Die Strategy Map ist in regelmäßigen Abständen zu überprüfen und ggf. anzupassen.[156]

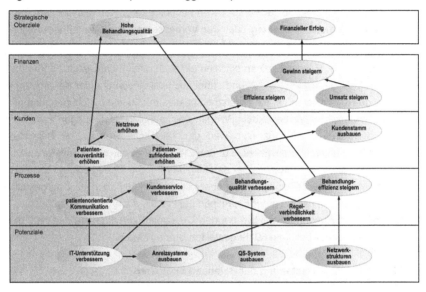

Abbildung 69: Strategy Map für ein Praxisnetz

8.2.2 Strategieumsetzung

In der Phase der Strategieumsetzung werden die strategischen Ziele in Kennzahlen und Zielvorgaben umgesetzt und in Anreizsysteme integriert, um zielkonformes Verhalten zu motivieren. In dem vorgestellten Konzept werden Kennzahlen, Zielvorgaben, Aktionen und Scorecards in einem Performance Cockpit ebenso dokumentiert wie die Gestaltungsparameter der Anreizsysteme.

8.2.2.1 Definition von Kennzahlen und Zielvorgaben

Die Bildung von Kennzahlen und Zielvorgaben dient der Planung und systematischen Messung der Zielerreichung. Bei der Auswahl von Kennzahlen zur Messung

---

[155] Zu den Zielen von Praxisnetzorganisationen, die sich in der BSC niederschlagen, vgl. Abschnitt 3.3.

[156] Sohn skizziert ebenfalls exemplarisch die Inhalte einer BSC für einen integrierten Leistungserbringerverbund im Gesundheitswesen [Sohn06, S. 226].

sind mehrere Auswahlkriterien heranzuziehen [Horv04, S. 224]: Abbildung der Zielerreichung, Möglichkeit der Verhaltensbeeinflussung der Akteure in die gewünschte
Richtung, eindeutige Interpretierbarkeit, Beeinflussbarkeit durch die Zielverantwort-
lichen sowie Erhebbarkeit (langfristig) mit vertretbarem Aufwand.[157]

Die Messbarkeit der Ziele steht dabei zunächst nicht im Vordergrund, um nicht aufgrund fehlender Daten wichtige strategische Ziele auszuklammern. Auf diese Weise
wird vermieden, dass die Implementierung strategisch wichtiger Ziele nicht gesteuert
werden kann, nur weil adäquate Kennzahlen fehlen [Horv04, S. 228; KaNo97,
S. 138f.]. Falls operative Daten für Kennzahlen nicht oder nur mit unverhältnismäßig
hohem Aufwand zu beschaffen sind, kann die Messung durch eine textuelle Beschreibung der Zielerreichung ersetzt werden [Horv04, S. 228; KaNo97, S. 138f.].
Dabei ist zu prüfen, ob die Kennzahl langfristig erhoben werden kann und ob der
Aufwand durch die Relevanz der Kenngröße gerechtfertigt wird [Horv04, S. 225].

Abbildung 70 zeigt exemplarisch entlang der Prozessperspektive der BSC potenzielle Kennzahlen zur Praxisnetz-Steuerung, deren Relevanz, die Einfachheit der
Gewinnung sowie die Erhebungszyklen.

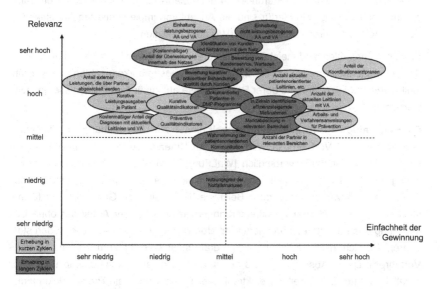

Abbildung 70: Relevanz und Erhebbarkeit der Kennzahlen

---

[157] Vgl. hierzu auch [Essl03, S. 29ff.]: Formalisierung, Verfügbarkeit, Implementierung und Sensibilität.

Domänenspezifisch sind v. a. Kennzahlen zu den Qualitätsindikatoren und zur Einhaltung der leistungsbezogenen Regelverbindlichkeit von Relevanz. Beide Kennzahlengruppen beziehen sich auf Behandlungsprozesse.

Qualitätsindikatoren werden eingesetzt, um die Qualität der medizinischen Betreuung messen zu können [LiSS04, S. 109ff.; ScLa02, S. 40]. Sie haben nicht den Charakter verbindlicher Regeln. Qualitätsindikatoren können in Indikatoren zur Beurteilung der Struktur-, Prozess- und Ergebnisqualität unterteilt werden.

Ergebniskennzahlen zur Messung der Ergebnisqualität beziehen sich auf die Resultate einer Organisation (Output). Dabei ist die Ergebnisqualität meist schwer zu messen und hängt von Faktoren ab, die sich dem Einfluss der Netzärzte weitgehend entziehen (z. B. Multimorbidität, Patientencompliance). Aus diesem Grund existieren meist nur wenige Ergebniskennzahlen. Beispiel hierfür sind die durchschnittlichen Leistungsausgaben pro Patient und Jahr.

Die Beurteilung der Struktur- und Prozessqualität erfolgt über Leistungstreiberkennzahlen. Sie messen das Zustandekommen der Ergebnisse über geeignete Einflussfaktoren und dienen damit als direkt beeinflussbare Zwischengröße, welche zielrelevante Aktivitäten bzw. Veränderungen in der Ablauf- und Aufbauorganisation transparent machen. Beispiele hierfür sind die Anzahl von implementierten Arbeitsanweisungen (AA), Verfahrensanweisungen (VA) oder Leitlinien.

Ergebniskennzahlen sind meist Spätindikatoren, die zeigen, ob ein bestimmtes Ziel in der Vergangenheit erreicht wurde, während Leistungstreiberkennzahlen i. d. R. Frühindikatoren abbilden, anhand derer Rückschlüsse auf zukünftige Ergebnisse gezogen werden.

Die **Kennzahlen zur Regelverbindlichkeit** dienen zur Überwachung der Einhaltung von Arbeits- und Verfahrensanweisungen. Im Unterschied zu den Qualitätsindikatoren ist ihre Einhaltung verbindlich [WaLF05, S. 56]. Die automatisierte Überwachung der Regelverbindlichkeit setzt klar formulierte, an den Behandlungsprozessen überprüfbare Anweisungen voraus. Beispiele hierfür sind die Generikaquote für bestimmte Indikationen oder Leistungserbringerklassen oder der Anteil der ohne Einschaltung des Facharztes durchgeführten Überwiesungen von Patienten in den stationären Bereich (Nichteinhaltung der Verahrensanweisung zum Second-Opinion-Verfahren). Die in Abschnitt 6.3.2.3 erläuterte Koordinationskomponente unterstützt parallel zu einer Bereitstellung elektronischer Dienste auch die Prozessdokumentation sowie die Überprüfung prozessorientierter Regeln und Vorgaben.

Die Klassifizierung hängt von der Zuordnung zu einem strategischen Ziel ab. Bei der Auswahl von Kennzahlen werden alle Kategorien gleichmäßig berücksichtigt

[KaNo97, S. 30, S. 144f. sowie S. 159f.]. Darüber hinaus erfolgt die Formulierung von Zielvorgaben anspruchsvoll, zeitbezogen und erreichbar[158]. Der strategische Planungshorizont wird adäquat abgedeckt, d. h. für die einzelnen Planungszeiträume werden mehrere Zielvorgaben festgesetzt [Horv04, S. 238]. Bei der Festlegung der Zielwerte wird auf Vergangenheitswerte zurückgegriffen [Horv04, S. 240], da Schätzungen zu Steuerungszwecken weniger gut geeignet sind.

8.2.2.2 Hierarchisierung der Kennzahlen und Zielvorgaben

8.2.2.2.1 Kennzahlen-Hierarchisierung

Eine einfache Möglichkeit der Operationalisierung besteht in der Hierarchisierung von Kennzahlen. Küpper unterscheidet drei Arten von Kennzahlenbeziehungen: logische, empirische und hierarchische Beziehungen [Küpp05, S. 361f.]. **Logische Beziehungen** sind aus begrifflichen Definitionen oder mathematischen Transformationen ableitbar. **Empirische Beziehungen** sind in der Realität begründet und spiegeln Ursache-Wirkungs-Beziehungen wider [Wies00, S. 107]. Die Existenz empirischer Beziehungen wird in Hypothesen behauptet und an der Realität überprüft. Empirische Beziehungen liegen meist den Ursache-Wirkungs-Beziehungen in einer Strategy Map zu Grunde. **Hierarchische Beziehungen** begründen eine Rangordnung zwischen Kennzahlen. Sie können auf sachliche Tatbestände der Realität oder subjektive Präferenzen zurückgeführt werden. Das vorliegende Konzept sowie die IT-Lösung unterstützen alle Arten von Kennzahlenbeziehungen. Abbildung 71 zeigt ein Beispiel für eine logische Aufgliederung zweier Kennzahlen aus der Prozessperspektive.

---

[158] Weitere Anforderungen an Zielvorgaben bzw. Indikatoren finden sich bei [AQUA02, S. 17]: valide, reliabel, sensitiv, praktikabel, evidenzgestützt, Reduzierung der Arbeitslast, kosteneffektiv, indikatortauglich, Möglichkeit zur Einbindung in das Qualitätsmanagement.

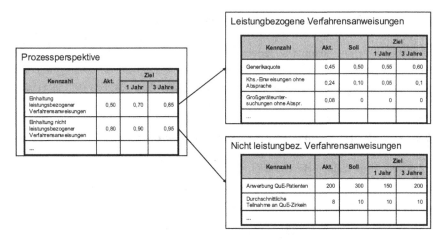

Abbildung 71: Hierarchisierung von Kennzahlen und Zielvorgaben

Wegen des höheren Planungsaufwandes bei hierarchisch abgebildeten Kennzahlen und Zielvorgaben muss im Einzelfall entschieden werden, ob eine Konkretisierung der Planung durch die Hierarchisierung von Zielvorgaben wirklich notwendig ist, oder ob es ausreicht, lediglich die Kennzahlen aufzugliedern, um Abweichungen von Zielvorgaben auf einer höheren Ebene erkennen zu können.

8.2.2.2.2   Scorecard-Hierarchisierung

Eine anspruchsvollere Lösung zur Operationalisierung von Strategien ist die Bildung hierarchischer Scorecards. Die Balanced Scorecard soll sowohl als Informations- und Steuerungsinstrument für das Top-Management als auch als Mittel zur Strategieimplementierung dienen. Aus diesem Grund sollen Balanced Scorecards innerhalb der Unternehmensorganisation auf einzelne Bereiche, gegebenenfalls sogar bis auf einzelne Mitarbeiter herunter gebrochen werden [Wies00, S. 98f.; Horv04, S. 266]. Durch ein System von hierarchisierten Scorecards ist sicherzustellen, dass die Strategie unternehmensweit umgesetzt wird. Dabei ist darauf zu achten, dass die Ziele, Kennzahlen und Zielvorgaben der einzelnen Ebenen konsistent sind [Wies00, S. 99].

Hierarchisierung über Akteure

Zum Ableiten von Zielen, Kennzahlen und Zielvorgaben für die einzelnen Akteure werden zunächst hierarchische Beziehungen zwischen den Akteuren entwickelt. Abbildung 72 zeigt exemplarisch eine Struktur bei der Bildung von Scorecard Hierarchien.

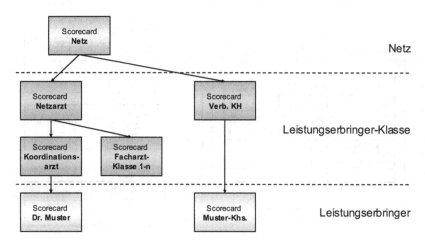

Abbildung 72: Scorecard-Hierarchie

Beim Herunterbrechen von Balanced Scorecards ist die rechtliche Unabhängigkeit der Akteure in Netzwerkorganisationen zu berücksichtigen. Wegen der Autonomie der Praxisnetz-Teilnehmer ist es nicht möglich, ausgehend von den Netzzielen, Balanced Scorecards auf die einzelnen Akteure herunterzubrechen und diesen damit ein verbindliches Controllingsystem vorzugeben [Wenn03, S. 82]. Vielmehr dient die Balanced Scorecard zur Visualisierung der Leistungen bzw. der Überwachung von im Netz verabschiedeten Regeln. Wegen der rechtlichen Autonomie ist dazu die Mitwirkung der Akteure erforderlich. Anhand derer sind zwischen Netzmanagement und Leistungserbringern Ziele und deren Erreichbarkeit zu diskutieren. Auch werden dabei indirekte Koordinationsmechanismen der sozialen Kontrolle wie z. B. Rangfolgen oder Bestenlisten unterstützt.

Die Scorecards, die auf die einzelnen Leistungserbringer heruntergebrochen werden, sind damit ein Instrument zum Nachweis der Compliance einzelner Akteure des Netzes. Diese Scorecards werden im Folgenden als Compliance Scorecards bezeichnet. Sie entstehen durch die Ableitung von Scorecards für Akteur-Klassen aus den in der Scorecard für das Gesamtnetz definierten Netzzielen durch Vererbung von Scorecard-Elementen. Bei der Ableitung auf Basis der Netz-Scorecard ist tendenziell mehr Transferleistung erforderlich als bei der Ableitung auf Basis von Scorecards übergeordneter Akteur-Klassen, bei der i. d. R. Standardziele und Kennzahlen übernommen werden können. Die Scorecard einer Klasse besitzt eigene Elemente und erbt alle Elemente einer vorgelagerten Klasse. Dabei können die Zielvorgaben der vorgelagerten Klassen angepasst werden.

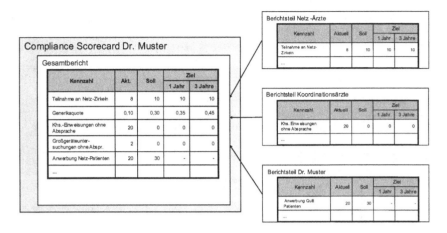

Abbildung 73: Struktur einer Compliance Scorecard

Abbildung 73 zeigt exemplarisch den Aufbau einer Compliance Scorecard. Die Scorecard besteht aus drei Komponenten. Ein allgemeiner Berichtsteil enthält die für alle Netzärzte relevanten Kennzahlen. Ein weiterer Berichtsteil bildet die für die Gruppe der Koordinationsärzte gültigen Zielvorgaben ab. Darüber hinaus ermöglicht ein individueller Berichtsteil die Definition arztspezifischer Zielvorgaben und damit die Berücksichtigung individueller Rahmenbedingungen.

Hierarchisierung über Prozesse

Finanzielle und kundenbezogene Ziele werden in Praxisnetzen über Prozesse umgesetzt. Bei der prozessorientierten Hierarchisierung wird ein Prozessportfolio erstellt, um strategisch relevante Prozesse zu identifizieren. Für diese Prozesse werden Prozess-Scorecards mit Kennzahlen entwickelt, die wiederum in Scorecards für die Akteure im Netz umgesetzt werden. Wegen des hohen Planungsaufwandes muss vor der Entwicklung von Prozess Scorecards abgeschätzt werden, ob die erwarteten Vorteile durch die besseren Steuerungsmöglichkeiten in einem angemessenen Verhältnis zu den dafür erforderlichen Aufwendungen stehen. Aufgrund ihrer hohen Bedeutung sowohl für das Netz (wegen des erhöhten Koordinationsaufwands und der entstehenden Kosten) als auch für Patienten, stehen Behandlungsprozesse für chronische Erkrankungen (z. B. Herzinsuffizienz, Diabetes) dabei im Vordergrund. [159] Mit dem Konzept der Prozess-Scorecards werden die Kernprozesse des Netzes (vgl.

---

[159] Zur Ableitung von Prozess-Strategien und zur Identifikation strategisch relevanter Prozessgruppen und Prozesse vgl. [BoSc06, S. 26ff.].

Abschnitt 5.1.4) bei der Operationalisierung der Netzstrategie berücksichtigt. Bei der Entwicklung der Prozess-Scorecards sind Akteure mit prozessbezogener Expertise einzubeziehen. Im Praxisnetz können Scorecards für Behandlungsprozesse zum Beispiel in Qualitätszirkeln festgelegt werden.

Prozessperspektive der Netz-BSC

Kennzahl	Akt.	Ziel	
		1 Jahr	3 Jahre
Erhöhung des AQUA-Qualitätsindexes für die Patientenversorgung	76	80	85
...			

Berichts-Scorecard Koordinationsärzte

Kennzahl	Akt.	Soll	Ziel	
			1 Jahr	3 Jahre
Anteil Risikopatienten, bei denen der Schweregrad (NYHA) unter Therapie dauerhaft auf unter drei gesenkt werden konnte	0,41	0,50	0,55	0,60
...				

Scorecard für den Behandlungsprozess „Herzinsuffizienz"

Kennzahl	Akt.	Soll	Ziel	
			1 Jahr	3 Jahre
Anteil Risikopatienten, bei denen der Schweregrad (NYHA) unter Therapie dauerhaft auf unter drei gesenkt werden konnte	0,45	0,50	0,55	0,60
...				

Abbildung 74: Operationalisierung einer Prozess-Scorecard

Abbildung 74 zeigt exemplarisch, wie die in der Prozessperspektive definierten Ziele der Netz-BSC (z. B. Erhöhung des AQUA-Qualitätsindexes) in der Prozess-Scorecard operationalisiert werden. Im Beispiel erfolgt dies durch die Gestaltung einer Prozess-Scorecard für Herzinsuffizienz. Das übergeordnete Ziel der Qualitätsverbesserung wird durch weitere – in diesem Fall indikationsspezifische – Prozessziele heruntergebrochen. Eine Kennzahl für die Behandlung von Herzinsuffizienz könnte zum Beispiel der Anteil der Risikopatienten sein, bei denen der Schweregrad der Erkrankung unter Therapie dauerhaft gesenkt werden konnte.[160]

8.2.2.3   Strategiekonforme Ausrichtung der Anreizsysteme

Die Ausgestaltung der Vergütung in der Integrierten Versorgung hat Einfluss auf den effizienten Einsatz von Ressourcen sowie auf die Qualität der Integrierten Versorgung [Sohn06, S. 21ff.; BeHe06, S. 37ff.]. Die Auswahl des Vergütungssystems ist deshalb ein wesentliches Steuerungsinstrument in der Integrierten Versorgung [ScRy03, S. 132]. Daher bietet es sich an, bei umfassenden Versorgungsaufträgen ein abstraktes, an gemeinsamen Zielen orientiertes, internes Anreizsystem zu entwi-

---

[160] Zur Klassifikation der Schweregrade bei Herzinsuffizienz vgl. Fußnote 115, S. 124.

ckeln und umzusetzen [Toph03, S. 249ff.].

Anreizsysteme sind Instrumente zur Verhaltensbeeinflussung über die Gestaltung und Abstimmung von Stimuli [BeBe03, S. 423]. In Praxisnetzen soll das Verhalten der Netzärzte an den Netzzielen ausgerichtet werden. Die Anreize sind an den Netzzielen und der Compliance der Netzärzte auszurichten. Dazu werden geeignete medizinische und ökonomische Kriterien benötigt [LiSS04, S. 123ff.]. Auf eine detaillierte Analyse verschiedener Vergütungs- und Anreizmodelle wird an dieser Stelle verzichtet. Stattdessen werden zusammenfassend positive und negative Anreizwirkungen ausgewählter Modelle vorgestellt (vgl. Tabelle 19).

Anforderungen	Erwünschte Effekte	Unerwünschte Effekte
Festvergütung	- Anreiz zur Gesunderhaltung der Patienten - Einfache Administration	- Schlechte Motivationswirkung für den Arzt - Keine Anreize zur Verbesserung der Effizienz (Wartezeiten, Kosten)
Einzelleistungsvergütung	- Vermeidung von Unterversorgung - Kostensenkungen und Effizienzsteigerung auf Ebene der Leistungserbringer	- Gefahr der Überversorgung und Leistungsausweitung - Bevorzugen gewinnmaximierender Leistungen - Gefahr überhöhter Abrechnungen
Kopfpauschale	- Anreiz zur Gesunderhaltung der Patienten - Vermeidung von Überversorgung und Leistungsausweitung - Wirtschaftlichkeitsanreize - Gute Kalkulationsbasis	- Risikoselektion - Gefahr der Unterversorung - Kostenverlagerung
Fallpauschale	- Vermeidung von Überversorgung und Leistungsausweitung - Wirtschaftlichkeitsanreize	- Gefahr des Unterlassens erwünschter Leistungen - Kostenverlagerungen - Gefahr überhöhter Abrechnungen

Tabelle 19: Effekte unterschiedlicher Vergütungsmodelle, in Anlehnung an [Krau97, S. 8ff.]

Im Kontext der Principal-Agent-Theorie tritt der Arzt als Sachverwalter (Agent) für den Auftraggeber Patient (Principal) auf (vgl. auch Abschnitt 11.1). Da dieser in der Regel die Notwendigkeit und Gestaltung einer Behandlung schwer beurteilen kann, besteht die Gefahr, dass der Arzt versucht, diese Situation zu seinen Gunsten auszunutzen [ScRy03, S. 144ff.].

Keines der in Tabelle 19 aufgeführten Vergütungsmodelle trägt dazu bei, die Interessen von Leistungserbringern und -nehmern anzugleichen. Die Festvergütung kommt als alleinige Entlohnungsform nicht in Frage, weil keine Anreize zu wirtschaftlichem Arbeiten gesetzt werden. Bei Pauschal- und Einzelleistungsvergütung handelt es sich um Vergütungsformen mit gegensätzlichen Anreizwirkungen. Während Pauschalbezahlung einerseits, sowohl auf Kopf- wie auch auf Fallbasis, eine Überversorgung und Leistungsausweitung begrenzt, besteht andererseits die Gefahr einer medizinischen Unterversorgung. Durch die Einzelleistungsvergütung wird diese Gefahr beseitigt, jedoch ist tendenziell mit einer erhöhten angebotsinduzierten Nachfrage, d. h. einer Überversorgung zu rechnen.[161]

Prinzipiell scheint es nicht sinnvoll, lediglich eine der Vergütungsformen zu nutzen. Auch der Sachverständigenrat für die konzertierte Aktion im Gesundheitswesen kommt in seinem Jahresgutachten 2003 zu der Erkenntnis, die Modelle miteinander kombinieren zu müssen, um nachteilige Anreizeffekte zu nivellieren und die Interessen von Ärzten und Patienten anzugleichen bzw. gleichermaßen zu berücksichtigen. Beispielsweise könnte nach Meinung des Gremiums eine Mischform von Einzelleistungsvergütung und Kopfpauschale, wie etwa die diagnoseorientierte Fallpauschale, zu einer Versorgung führen, die zwischen den beiden Polen Über- und Unterversorgung liegt. Aber auch erfolgsorientierte Vergütungssysteme können als möglicher Lösungsansatz angesehen werden [Sach03, S. 238].

Das Controllingkonzept in dieser Arbeit integriert Anreizmechanismen über ein erfolgsorientiertes Vergütungssystem. Anforderungen für die Gestaltung des Modells sind dabei u. a. Transparenz, Gerechtigkeit, Anwendbarkeit für unterschiedliche Leistungserbringerklassen (z. B. Fach- und Hausärzte) sowie die Förderung effizienz- und leistungsorientierten Verhaltes.

8.2.2.3.1 Bemessung

Wichtige Bemessungsgrundlagen für Anreizsysteme sind die Qualifikation, das Leistungsverhalten und Leistungsergebnis sowie der Erfolg einer Organisation [PiRW03, S. 556f.; Grew06, S. 19]. Bei der qualifikationsbasierten Ausgestaltung der Anreizsysteme sollen Mitarbeiter dazu motiviert werden, sich höher qualifizierende Fähigkeiten anzueignen [PiRW03, S. 556]. Leistungsbezogene Anreizsysteme beziehen sich entweder auf das Leistungsverhalten, also auf den Prozess der Leistungserbringung, oder auf das Leistungsergebnis. Bei der erfolgsorientierten Ausgestaltung von Anreizsystemen richtet sich die Höhe der Vergütung nach dem Erfolg der Organisation [PiRW03, S. 557].

Zur Verteilung der Anreizsumme auf die Netzärzte empfehlen Lindenthal et al. die Entwicklung eines Punktwerttableaus in vier Schritten [LiSS04, S. 136ff.]:

---

[161] Es existieren kaum Studien, die den Einfluss der Vergütungsform auf das Verhalten des Arztes untersuchen und signifikant belegen können, vgl. hierzu [BeHe06, S. 37ff.].

1. Bestimmung und Gewichtung der Zielkategorien

2. Bestimmung von Indikatoren

3. Festlegen von Zielwerten

4. Festlegen der maximal erreichbaren Punkte je Zielkategorie und Verteilung auf die Indikatoren

Die Festlegung der Indikatoren und Zielwerte ist für Arztgruppen oder auch für einzelne Ärzte individuell möglich. Auf diese Weise werden die unterschiedlichen Aufgabenbereiche und Voraussetzungen der Ärzte berücksichtigt. So können an Fachärzte andere Anforderungen gestellt werden als an Koordinationsärzte. Außerderm ermöglicht die Differenzerierung der Zielwerte für einzelne Leistungserbringer beispielsweise die Berücksichtigung von Krankheitsfällen bei Netzärzten oder Praxisneueröffnungen. Gegen individuelle Zielwerte sprechen die Forderungen nach Vergleichbarkeit und Gleichbehandlung der Netzärzte [LiSS04, S. 136ff.]. Die Indikatoren des Punktwerttableaus können unter anderem an der Qualifikation (z. B. medizinische Qualifikation), am Leistungsverhalten (z. B. Verschreibung von Generika), am Leistungsergebnis (z. B. Kundenzufriedenheit) und am Verhalten im Netz (z. B. Teilnahme an Qualitätszirkeln) ausgerichtet sein.

8.2.2.3.2   Probleme bei der Implementierung von Anreizsystemen

Bei der Implementierung von Anreizsystemen gibt es eine Reihe potenzieller Probleme, die zu berücksichtigen sind:

- Die einzelnen Akteure könnten ihr Verhalten nur an der Bemessungsgrundlage der Anreizsysteme und nicht an den eigentlichen Netzzielen ausrichten. Diesem Problem kann durch den Aufbau einer gemeinsamen Werte- und Vertrauensbasis begegnet werden [Stad02, S. 178; PiRW03, S. 543].

- Falls wichtige Ziele nicht über geeignete Indikatoren gemessen werden können, wird die Betrachtung oft auf wenige leicht messbare Aspekte beschränkt, die aber nicht der strategischen Stoßrichtung des Unternehmens entsprechen [PiRW03, S. 540f.]. In diesem Fall ist zu überprüfen, ob die Datengrundlage erweitert werden kann.

- Die Leistung eines Akteurs wird oft relativ zu einer Referenzgruppe gemessen. Bei kleinen Referenzgruppen besteht die Gefahr, dass ein Akteur die Gruppe beeinflusst, insbesondere dann, wenn er selbst Mitglied der Referenzgruppe ist [Stad02, S. 178]. Im Praxisnetz besteht ein Problem, wenn ein bestimmter Indikator relativ zur Fachgruppe bestimmt wird und ein Netzarzt das einzige Mitglied der Fachgruppe ist (z. B. ist nur ein Netzarzt als praktizierender Kinderarzt in der

Fachgruppe Kinderärzte tätig).

8.2.2.3.3   Verknüpfung von Compliance Scorecards mit Punktwerttableaus

Aufgrund der strukturellen Ähnlichkeit der Compliance Scorecards und des Punktwerttableaus bietet es sich an, die Anreizsysteme an Elemente der Compliance Scorecards zu binden. Dazu werden die Compliance Scorecards entsprechend erweitert. Das Modell des Punktwerttableaus wird dabei konzeptionell integriert. Das Anreizsystem bei Praxisnetzen ist i. d. R. dadurch erfolgsabhängig, dass die Summe der Gelder, die über das Anreizsystem verteilt werden, unter anderem von der Höhe des Netzüberschusses abhängt. Diesen Netzüberschuss können die Netzärzte durch effektive und effiziente Kooperation maßgeblich beeinflussen.

Allerdings besteht die Frage, nach welchen Kriterien diese Summe verteilt wird. Mit dem Punktwerttableau steht ein Instrument zur Verfügung, mit dem auch die Verteilung der Anreize an den Netzzielen ausgerichtet werden kann (vgl. auch Abschnitt 8.3.2.1.2). Dabei ist darauf zu achten, dass die Indikatoren mit der Netzstrategie im Einklang stehen und nicht bestimmte Teile der Strategie überbetonen. Dies könnte etwa dann passieren, wenn das Anreizsystem einseitig auf Effizienzziele ausgerichtet ist [Mühl02, S. 75f.]. Darüber hinaus gilt es einen Ausgleich zwischen Indikatoren zu finden, die das Leistungsverhalten betreffen, und solchen, die sich an anderen Bezugspunkten, wie dem Leistungsergebnis, orientieren. Die Berücksichtung des Leistungsverhaltens und des Verhaltens im Netz im Controlling sind bei einer gemeinsamen finanziellen Verantwortung unverzichtbar [WaLF05, S. 45ff., Toph03, S. 242], allerdings ist zu berücksichtigen, dass Eingriffe in die medizinische Entscheidungsfreiheit meist eine negative Motivationswirkung haben [Toph03, S. 239]. Bei Anreizen, die mit konkreten Verhaltensregeln verknüpft sind, besteht außerdem die Gefahr, dass die Netzärzte sich zu stark an diesen Regeln orientieren und übergeordnete Netzziele aus den Augen verlieren.

8.2.3   Performance Monitoring

Die fortlaufende Erhebung der Netzleistung ist die Aufgabe des Performance Monitorings. Den für ein Monitoring in Praxisnetzen zur Verfügung stehenden Datenquellen kommt dabei eine zentrale Bedeutung zu.

8.2.3.1 Datenquellen

Abbildung 75 zeigt eine Systematisierung der Quelldaten für das Praxisnetz-Controlling.

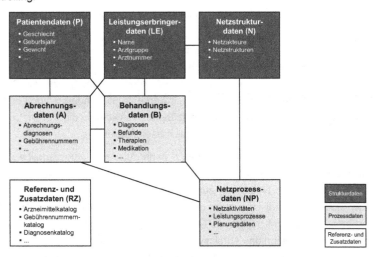

Abbildung 75: Systematisierung der Netzdaten

Im Folgenden werden wichtige Datenquellen für das Controlling in Praxisnetzen vorgestellt (vgl. Abbildung 76). Es werden zunächst bestehende Datenquellen erläutert und deren Defizite diskutiert. Anschließend wird die durch den Ansatz der *prozessbasierten E-Service-Logistik* nutzbare Datenquelle (Daten des Meta-Orchestration-Servers) erläutert.

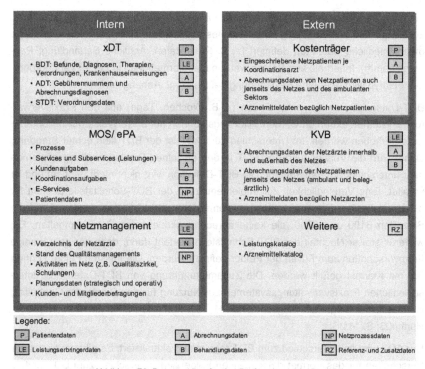

Abbildung 76: Datenquellen für das Performance Monitoring

8.2.3.1.1 Bestehende Datenquellen

xDT-Daten: xDT steht für eine Gruppe von Austauschformaten, die vom Zentralinstitut für die kassenärztlichen Versorgung entwickelt wurden. Ausgangspunkt ist der Abrechnungsdatenträger (ADT), der für den Austausch von Abrechnungsdaten zwischen Praxis-Verwaltungssystemen und den kassenärztlichen Vereinigungen (KV) eingeführt und standardisiert worden ist. Andere xDT-Formate sind der Labordatenträger (LDT), der Gerätedatenträger (GDT), der Behandlungsdatenträger (BDT) und der Statistikdatenträger (STDT). Die BDT-Schnittstelle wurde mit dem Ziel entwickelt, einen Standard zum Austausch aller Praxisdaten zu schaffen, um beim Wechsel von Praxisverwaltungssystemen die Übernahme von Daten aus dem Altsystem zu ermöglichen. Der BDT hat den gleichen Aufbau wie der ADT, ist aber umfassender [PaBr01, S: 173f.; GISS04, S. 57f; Kass06a].

Die Übertragungseinheit innerhalb des BDT-Transfers wird Datenpaket genannt. Ein Datenpaket innerhalb des BDT-Transfers besteht aus Sätzen. Sätze enthalten medizinische, abrechnungsbezogene und strukturelle Informationen (z. B. zum Absender, zur Länge und zur Verteilung eines Paketes auf mehrere Disketten etc.). Dazu sind unterschiedliche Satzarten definiert (z. B. Praxisdaten, Ärztliche Behandlung, Patientenstamm). Innerhalb von Sätzen werden die Informationen in Feldern angeordnet. Der Feldtyp wird über eine Feldkennung definiert (vgl. Anhang A).

BDT-Daten können in kurzen Zyklen (z. B. Wochen, Tage) aus den Praxisverwaltungssystemen extrahiert werden. Allerdings können auf diese Weise nur netzinterne Daten erhoben werden. Im Unterschied zum ADT ist der BDT kein echter Standard. Daher wird die Verwendung des BDT in den einzelnen Praxisverwaltungssystemen sehr unterschiedlich gehandhabt. Die BDT-Definition wird nicht mehr gepflegt und ist veraltet. Eine Verbindlichkeit zur Implementierung der BDT-Schnittstelle besteht für die Hersteller der Praxisverwaltungssysteme damit nicht bzw. nur begrenzt auf die Satzarten 6100 und 6200, die keine abrechnungsrelevanten Daten enthalten. Ein weiterer großer Nachteil der BDT-Schnittstelle besteht darin, dass nur sehr wenige Formvorschriften zum Füllen der Felder definiert wurden. Die meisten Felder können nur mit Klartext gefüllt werden. Die Zusammenführung von BDT-Daten aus unterschiedlichen Praxisverwaltungssystemen zur Nutzung für das Praxisnetz-Controlling ist damit nur begrenzt möglich [PaBr01, S. 173f.; GISS04, S. 57f.; Kass06a; Humm03, S. 111f.].

Der ADT wird im Unterschied zum BDT regelmäßig aktualisiert. Es gibt deutlich mehr Vorschriften für das Format der einzelnen Felder. Im Unterschied zum BDT enthält der ADT nur abrechnungsrelevante Satzarten. Die Satzarten 6100 und 6200 für Patienten- und Behandlungsdaten (z. B. Medikamentenverordnungen) sind im ADT nicht enthalten.

Der Statistikdatenträger (STDT) enthält Daten zur statistischen Analyse des Verordnungsverhaltens. Dazu gibt es umfassende Formvorschriften bezüglich der Formate der einzelnen Felder. Der STDT ist allerdings kein Standard und wird derzeit nur von zwei Anbietern implementiert [Kass06b, S. 84ff.].

Eine eindeutige Zuordnung von Gebührennummern zu Diagnosen ist mit keinem der xDT-Standards möglich, weil in einem Satz immer mehrere Diagnosen und Gebührennummern vorkommen können. Die xDT-Daten liefern wenig Informationen über Einzelleistungen, weil die Gebührennummern meist auf Leistungskomplexe (z. B. Hausärztliche Grundversorgung) bezogen sind.

Im Zuge der Arbeiten an sektorübergreifenden Kommunikationsstandards im Gesundheitswesen innerhalb der SCIPHOX-Initiative[162] werden verstärkt XML-basierte Kommunikationsverfahren eingesetzt, wodurch der xDT-Standard an Bedeutung verliert. Bis jetzt wurden Standards für den Entlassungsbrief, für Rezepte und zur Qualitätssicherung in Disease Management Programmen (DMP) umgesetzt (vgl. auch Abschnitt 7.3.1).

Daten des Netzmanagements: Das Netzmanagement integriert Daten, die im Netz entstanden sind oder erhoben wurden. Dazu gehören die Stammdaten der Netzärzte, Daten zum Stand des Qualitätsmanagements und zum Umfang der Aktivitäten im Netz (z. B. Qualitätszirkel, Schulungen), Daten zur strategischen und operativen Planung sowie Daten aus Mitglieder- und Kundenbefragungen (z. B. Kundenstruktur, sozialer Status, Gesundheitszustand, Zufriedenheit, Kommunikation).

Kostenträgerdaten: Krankenkassen agieren häufig als Vertragspartner von Praxisnetzen. Sie sind in der Lage, Daten zur Einschreibung von Patienten bei den Koordinationsärzten im Netz und Abrechnungs- und Arzneimitteldaten bezüglich der Netz-Patienten jenseits der Grenzen des Netzes und des ambulanten Bereichs zu liefern [WaLF05, S. 67f.]. Ebenso wie die Kassenärztlichen Vereinigungen können sie Daten erst nach der Abrechnung der Leistungen liefern.

Daten der Kassenärztlichen Vereinigungen: Die KV verfügt über Daten, die das gesamte Leistungs- und Ausgabengeschehen der Netz-Ärzte (Abrechnungsdaten) sowie Arztbesuche von Netz-Patienten innerhalb und außerhalb des Netzes umfassen [WaLF05, S. 67f.]. Die Datenlieferungen erfolgen grundsätzlich nach der Abrechnung, also mit einer erheblichen zeitlichen Verzögerung zur Leistungserstellung.

Sonstige Daten: Der Bedarf an zusätzlichen externen und internen Datenquellen hängt von der inhaltlichen Ausgestaltung des Controllingsystems ab. Als weitere Datenquellen sind Arzneimitteldatenbanken zur Auswertung der Verordnungsdaten, eine Leistungsdatenbank zur Analyse der Leistungsdaten sowie die Anbindung des Controllingsystems an elektronische Patientenakten denkbar.

8.2.3.1.2   Defizite herkömmlicher Datenquellen

Die internen, am Behandlungsprozess orientierten Daten (xDT) können im Gegensatz zu den Daten, die erst nach der Abrechnung entstehen (Daten von Kostenträgern und Kassenärztlichen Vereinigungen), in kurzen Zyklen erhoben werden. Da die

---

[162] SCIPHOX (Standardized Communication of Information Systems in Physician Offices and Hospitals using XML) wurde von dem HL7 Deutschland e.V und dem Qualitätsring medizinische Software (QMS) gegründet, um öffentlich diskutierte Vorgaben für Dokumentationsmodelle im Gesundheitswesen zu erarbeiten. Vgl. [Arbe07].

xDT nicht mit externen Behandlungs- und Abrechnungsdaten verknüpft werden können, besteht das Problem, dass viele Informationen über geplante Sachverhalte
(z. B. Verordnungen und Überweisungen) vorliegen, aber wenige über deren tatsächliche Umsetzung und Wirkung (z. B. vom Patienten in Anspruch genommene Verordnungen und Überweisungen). Ein weiteres Defizit bestehender Datenquellen ist der
geringe Formalisierungsgrad der Daten, d. h. nicht alle relevanten Daten können
strukturiert erhoben werden, da viele Datenfelder im Freitext gepflegt werden
(z. B. Heil- und Hilfsmittel). Bei internen Daten, die vor der Abrechnung erhoben werden, können nur Gebührennummern und daher keine tatsächlichen Leistungsausgaben ermittelt werden, da die Vergütung erst im Zuge der Abrechnung erfolgt. Hochrechungen auf Basis der intern erhobenen Daten ermöglichen trotzdem
zeitnahe Informationen über das Ausgabengeschehen, bis andere Kennzahlen mit
einer umfangreicheren und validen Datenbasis diese ersetzen (z. B. Abrechnungsdaten von Krankenkassen und Kassenärztlichen Vereinigungen).

8.2.3.1.3   Daten des Meta-Orchestration-Server

Ein wichtiger Aspekt bei der Überwachung der Netztätigkeit ist die zeitliche Dimension der möglichen Auswertungen. Da die Datenlieferungen der Kostenträger und
Kassenärztlichen Vereinigungen erst in größerem zeitlichen Abstand zur Leistungserbringung erfolgen, müssen im Netz zusätzliche Daten generiert werden, wenn die
Leistungsprozesse aktiv und zeitnah gesteuert werden sollen.

In dem in Abschnitt 6 vorgestellten Konzept der *prozessbasierten E-Service-Logistik*
wird mit dem Meta-Orchestration-Server (MOS) eine Komponente zur Steuerung und
Unterstützung interorganisatorischer Behandlungsprozesse vorgestellt. Deren Daten
sind besser strukturiert und können differenzierter aufbereitet werden als xDT-Daten.
Für das zugrunde liegende Prozesssteuerungskonzept wurde ein Modellierungskonzept zur Abbildung der Behandlungsprozesse erarbeitet (vgl. Abschnitt 6.1.5). Die
Prozessdaten können im Zuge des Performance Monitorings extrahiert und ausgewertet werden. Durch die Zuordnung von Gebührennummern zu *Services* und *Sub
Services* können z. B. Abrechnungs- und Behandlungsdaten miteinander verknüpft
werden. Der Patient kann über *Kundenaufgaben* mit in die Behandlung einbezogen
werden (z. B. Gewichtskontrolle).

Tabelle 20 zeigt die Möglichkeiten zur Analyse unterschiedlicher Datenbereiche über
xDT und MOS im Vergleich zur derzeitigen Situation ohne Praxisdaten, in der nur die
Daten von Kassenärztlichen Vereinigungen und Kostenträgern bereitstehen. Die unterschiedlichen Datenbereiche im Praxisnetz-Controlling wurden in Abbildung 75
(Kap. 8.2.3.1, S. 224) vorgestellt.

Typ	Ohne Praxisdaten	xDT (BDT+ADT)	MOS
Auswertung von Abrechnungsdaten	• zeitversetzt (Gebührennummern, Diagnosen) • keine Einzelleistungen	• möglich (Gebührennummern, Diagnosen) • keine Einzelleistungen	möglich
Auswertung von Patientendaten	• zeitversetzt • eingeschränkt	eingeschränkt (z.B. Alter, Geschlecht)	möglich
Auswertung von Behandlungsdaten	• zeitversetzt • eingeschränkt (Medikamente)	eingeschränkt (z.B. Medikamente, Krankenhauseinweisungen, keine Einzelleistungen)	möglich
Auswertung von Daten externer Leistungserbringer	• zeitversetzt • nur abrechnungsbezogen • keine Einzelleistungen	• zeitversetzt • nur abrechnungsbezogen • keine Einzelleistungen	möglich (bei elektronischer Anbindung über Web-Services)

Tabelle 20: Auswertungsmöglichkeiten

Wegen der eingeschränkten Möglichkeiten zur Analyse von Patienten- und Behandlungsdaten können über xDT nur sehr wenige und undifferenzierte Kennzahlen zur Behandlungsqualität und zur Regelverbindlichkeit erhoben werden. Tabelle 21 zeigt am Beispiel relevanter Arbeitsanweisungen, inwieweit die Auswertungsmöglichkeiten über xDT im Vergleich zum Meta-Orchestration-Server eingeschränkt sind.

	xDT	MOS
Arbeitsanweisung Krankenhauseinweisung Koordinationsärzte weisen grundsätzlich keine QuE-Patienten in das Krankenhaus ein. Notfälle sind von dieser Vorgehensweise ausgenommen.	Überprüfung möglich (Anzahl der Krankenhauseinweisungen durch Koordinationsärzte mit/ohne Begründung)	Überprüfung durch Behandlungsprozessdaten möglich
Arbeitsanweisung Hypertoniediagnose Die Diagnose arterielle Hypertonie gilt dann als gesichert, wenn in einem Zeitraum von 4 Wochen mindestens 3 Gelegenheitsmessungen erhöhte Blutdruckwerte ergeben haben.	Einhaltung nicht überprüfbar, weil aus Gebührennummern meist nicht auf Einzelleistungen zurückgeschlossen werden kann	Überprüfung durch Behandlungsprozessdaten möglich
Arbeitsanweisung Blutdruckbehandlung In erster Linie und am Anfang der Blutdruckbehandlung werden nicht-pharmakologische Maßnahmen angewandt. Dies sind Gewichtsreduktion, Alkoholrestriktion, Einschränkung des Kochsalzverbrauchs und Aufnahme bzw. Intensivierung körperlicher Aktivität.	Einhaltung nicht überprüfbar, weil therapeutische Maßnahmen im BDT nicht strukturiert dokumentiert werden	Überprüfung durch Behandlungsprozessdaten möglich
Qualitätsindikator Hypertonie Anteil der Hypertonie-Patienten, die unter Therapie normale Blutdruckwerte erreichen.	Messung nicht möglich, weil Behandlungsdaten im BDT nicht strukturiert dokumentiert werden	Messung über Behandlungsprozessdaten möglich

Tabelle 21: Analyse von Sachverhalten über xDT und MOS

In Abbildung 77 wird das Performance Monitoring für Praxisnetze in einem konzeptionellen Flussdiagramm dargestellt. Es finden dabei bestehende (z. B. Kostenträger) und neue Datenquellen (Meta-Orchestration-Server) Berücksichtigung. Über die Prozesssteuerungskomponente (MOS, vgl. Abschnitt 6.2.3.2) werden laufend Leistungs- und Kundendaten der Netzärzte erhoben. Über Web-Services können auch externe Leistungserbringer in die Prozesssteuerung eingebunden werden. Kostenträger und Kassenärztliche Vereinigungen stellen u. a. Daten zur Versicherten- und Anbieterstruktur sowie zum Ausgabengeschehen für Netzärzte und Netzkunden zur Verfügung (vgl. Abschnitt 7.3). Schließlich integriert das Netzmanagement Daten, die im Netz erhoben (z. B. Kunden- und Mitgliederzufriedenheit, Teilnahme an Qualitätszirkeln) oder zugekauft wurden (z. B. Arzneimitteldaten).

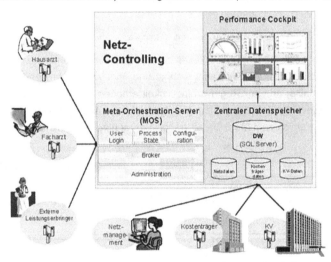

Abbildung 77: Datenlieferanten für das Performance Monitoring

8.2.3.2   Datenschutz

Wegen des Grundrechts der informationellen Selbstbestimmung unterliegen Erhebung, Verarbeitung und Verwendung personenbezogener Daten grundsätzlich besonderen Schutzbestimmungen [DiNG03, S. 37]. In Praxisnetzen beziehen sich diese Schutzbestimmungen neben Patienten auch auf Leistungserbringer. Wegen der besonderen Sensibilität werden personenbezogene Daten im Gesundheitswesen durch §3 Abs. 9 BDSG geschützt, nicht zuletzt, um die Zusammenführung und den Missbrauch der Daten zum Schaden des Patienten zu verhindern [MüBe03, S. 15]. Deshalb ist deren Verarbeitung nur erlaubt, wenn eine Zustimmung des Patienten vorliegt oder wenn die Verarbeitung gesetzlich geregelt ist [Dier02,

S. 232f.]. Darüber hinaus ist die Verwendung der Daten an den bestimmungsgemäßen Verbrauch gebunden, im Gesundheitswesen an den konkreten Behandlungsvorgang eines Patienten. Weiter gelten Einwilligungen des Patienten nur innerhalb der jeweiligen medizinischen Einrichtung [PaBr01, S. 167].

Die engen datenschutzrechtlichen Bedingungen gelten nur für personenbezogene, und damit nicht für anonymisierte[163] oder pseudonymisierte[164] Daten [Dier02, S. 232ff.]. Im Unterschied zu anonymisierten Daten können pseudonymisierten Daten über mehrere Datenquellen, die den gleichen Pseudonymisierungsschlüssel verwenden, zusammengeführt werden. Dabei ist allerdings zu beachten, dass durch den Aufbau von Zuordnungstabellen eine Depseudonymisierung möglich ist. Um dies zu vermeiden, muss der Pseudonymisierungsschlüssel geheim gehalten werden [Gese04, S. 8f.].

Eine personenbezogene netzweite Zusammenführung von Patientendaten zu Zwecken des Controllings scheint nach der geltenden Rechtslage nicht möglich. Zum Aufbau einer Datenbasis im Netz müssen die Patientendaten daher zumindest pseudonymisiert werden. Auf diese Weise können die Patientendaten über alle Netzärzte zusammengeführt werden. Da eine Pseudonymisierung nicht das gleiche Sicherheitsniveau gewährleistet wie eine Anonymisierung, müssen die Daten bei der weiteren Verarbeitung geschützt werden. Daher ist deren Einwilligung für eine Zusammenführung notwendig.

Zur rechtlichen Absicherung müssen bei der Datenübertragung und -verarbeitung Authentizität, Vertraulichkeit, Integrität und Nachweisbarkeit gewährleistet werden. Dazu sind geeignete Sicherheitsmechanismen einzusetzen [Bode99, S. 31ff.]. Die Authentizität der im Performance Cockpit zugelassenen Benutzer kann über geeignete Verfahren zur Benutzeridentifikation sichergestellt werden. Dabei muss gewährleistet werden, dass die Bedingungen zur Veröffentlichung der Daten den Vereinbarungen mit den Leistungserbringern entsprechen. Die Vertraulichkeit wird zum einen über die Benutzeridentifikation und über geeignete Verschlüsselungsverfahren bei der Datenübertragung sichergestellt. Zur Gewährleistung der Datenintegrität bei der Datenübertragung können unter anderem Prüfsummen eingesetzt werden. Die Da-

---

[163] Anonymisieren ist das Verändern personenbezogener Daten derart, dass die Einzelangaben über persönliche oder sachliche Verhältnisse nicht mehr oder nur mit einem unverhältnismäßig großen Aufwand an Zeit, Kosten und Arbeitskraft einer bestimmten oder bestimmbaren natürlichen Person zugeordnet werden können [§3 Abs. 6 BDSG].

[164] Pseudonymisieren ist das Ersetzen des Namens und anderer Identifikationsmerkmale durch ein Kennzeichen zu dem Zweck, die Bestimmung des Betroffenen auszuschließen oder wesentlich zu erschweren [§3 Abs. 6a BDSG].

tenbank ist zu sichern. Die Nachweisbarkeit wird über die eingetragene Arztnummer gesichert. Zusätzliche Sicherheit wird über eine Signierung erreicht [Bode99, S. 31ff.].

8.2.4 Analyse und Bewertung

Auf Basis der Ergebnisse der Leistungsmessung können Berichte und Scorecards den Zielgruppen im Praxisnetz zur Verfügung gestellt (z. B. Netzmanagement, Leistungserbringer, Vertragspartner) und Analysen durchgeführt werden. Die Leistungserbringer können Berichte über ihre Compliance abrufen, die automatisiert erstellt werden. Die generierten Daten können vom Netzmanagement auch zur Erstellung von Berichten an die Stakeholder, insbesondere die Kunden, die Krankenkassen und die Kassenärztlichen Vereinigungen verwendet werden. Auf Basis der Ergebnisse der Leistungsmessung kann das Netzmanagement das Geschehen im Netz, insbesondere die Compliance der Leistungserbringer sowie den Umsetzungsgrad der Netzstrategie analysieren und bewerten sowie Verbesserungspotenziale identifizieren. Die Ergebnisse dieser Phase sind die Basis zur Anpassung von Strategiedefinition und Strategieumsetzung in weiteren Zyklen. Abbildung 78 zeigt in einem morphologischen Kasten Systematisierungsmerkmale von Informations- und Berichtssystemen. Die grau markierten Ansätze werden im Zuge des Forschungsprojektes umgesetzt.

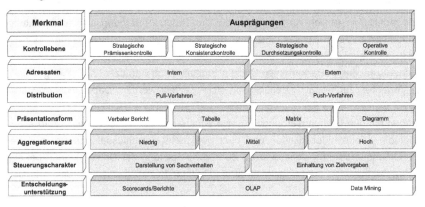

Abbildung 78: Systematisierung von Informations- und Berichtssystemen;
in Anlehnung an [MeGr02, S. 3]

Die **Kontrollebene** spezifiziert, auf welche Planungsebenen das Berichtssystem bezogen ist. Implementiert werden Kontrollen zur Überwachung der Umsetzung von strategischen und operativen Plänen. Abbildung 79 zeigt die Kundenperspektive der

Balanced Scorecard, in der der Grad der strategischen Zielerreichung über Zahlenwerte, Symbole und eine Trendanzeige veranschaulicht wird.

Strategisches Ziel	Kunden					
	Messgröße	Status	Trend	Aktuell	Ziel
Erhöhung der Anzahl der Kunden, die am Netz patizipieren können		⊛			
	Marktanteil der an QuE teilnehmenden KV 📖	⊛	⇨	33,3 %	60 %
Verbesserung der Kundenzufriedenheit		⊚			
	Anteil der sehr zufriedenen Kunden 📖	⊚	⬈	76,7 %	85 %
	Weiterempfehlungsbereitschaft 📖	⊚	⇨	4,83	4,5
Akquise von jungen Kunden		⊛			
	Durchschnittsalter Netzkunde 📖	⊛	⇨	70 Jahre	50 Jahre

Abbildung 79: Kundenperspektive der Balanced Scorecard

Strategische Konsistenzkontrollen, mit deren Hilfe die Plausibilität der Ursache-Wirkungs-Beziehungen in der Balanced Scorecard überprüft werden, sind ein wichtiges
Instrument der strategischen Kontrolle, werden aber in dieser Arbeit nicht technisch
umgesetzt. Die Anwender können aber durch den Vergleich von strategischen Zieler-
reichungsgraden Rückschlüsse auf die Richtigkeit der Ursache-Wirkungs-
Beziehungen ziehen. Strategische Prämissenkontrollen werden im Ansatz der BSC
nicht direkt berücksichtigt und sind ebenfalls nicht Bestandteil der Arbeit [Glad02,
S. 15].

Berichte werden sowohl für interne als auch für externe **Adressaten** automatisiert
erstellt. Bei den externen Adressaten sind eingebundene Leistungserbringer, die bezüglich ihrer Com-pliance bewertet werden können, von Adressaten zu unterscheiden, denen gegenüber das Netz seine Performance ausweisen muss, wie Krankenkassen und Kunden sowie die interessierte Öffentlichkeit. Berichte an diese Akteure
können vor ihrer Veröffentlichung vom Netzmanagement geprüft und aufbereitet
werden.

Bezüglich der **Distribution** werden Push- und Pullverfahren unterschieden. Bei Pull-
Verfahren bestimmt der Benutzer selbst Zeitpunkt und Umfang der Informations-
bereitstellung, wohingegen bei Push-Verfahren das System entscheidet, welche
Adressaten wann und in welchem Umfang informiert werden [MeGr02, S. 5]. Die vom
System erstellten Berichte werden den einzelnen Berichtsempfängern in regelmäßigen Zeiträumen über Push-Verfahren zugestellt. In der Zwischenzeit können Status-
berichte nach dem Pull-Verfahren abgerufen werden.

Zur **Präsentation** der Berichte werden Tabellen (vgl. Abbildung 79), Matrixdarstellungen und Diagramme eingesetzt. Der **Aggregationsgrad** bestimmt das Verdichtungsniveau der dargestellten Informationen. Der Aggregationsgrad der Berichte kann modifiziert werden. Bei Informationen zu Patienteninstanzen, die nicht über den zentralen Datenspeicher generiert werden, sind neben datenschutzrechtlichen auch ethische Aspekte zu beachten [GISS04, S. 56; Toph03, S. 239].

Die Differenzierung nach dem **Steuerungscharakter** zielt darauf ab, ob ein Bericht lediglich vergangene Sachverhalte darstellt, oder auch den Grad der Einhaltung von Planzielen bewertet. In dem System können sowohl Berichte vorkonfiguriert werden, die sich auf die Beschreibung von Sachverhalten beschränken, als auch solche, bei denen Zielvorgaben gemacht und auf ihre Einhaltung überprüft werden können.

Der Grad der **Entscheidungsunterstützung** ist ein weiteres Klassifikationsmerkmal. Während in Scorecards und Berichten vorab festgelegte Performance-Kennzahlen zusammengestellt werden, ermöglichen OLAP-Abfragen[165] intuitive und spontane Abfragen auf großen Datenbeständen. Die Benutzer können auf OLAP-Techniken zurückgreifen und damit den Blickwinkel oder das Aggregationsniveau der Betrachtung ändern [Bode05, S. 46; RöRM03, S. 114f.]. Data-Mining-Techniken identifizieren autonom die bedeutsamsten und aussagekräftigsten Muster und präsentieren sie dem Anwender als interessantes Wissen [MeGr02, S. 33ff.; Bode05, S. 46].

---

[165] Online Analytical Processing (OLAP) ist ein Instrument zur analytischen Bearbeitung von multidimensional aufbereiteten Datenmengen (v. a. komplexe, interaktive Ad-hoc-Auswertungen).

8.3 Architekturkonzept und Implementierung

Nachfolgend werden Architektur und Implementierung der Controllinglösung erläutert. Der Fokus liegt dabei auf der Erläuterung der Daten- und Applikationsebene, da Beispiele der implementierten Oberflächen in den Abschnitten 9.1, 9.2 sowie 9.3 anhand konkreter Anwendungsszenarien dargestellt werden. Abbildung 80 zeigt die Architektur im Überblick. Sie folgt, wie bereits die Basisarchitektur des IVWS (vgl. Abschnitt 6.2.3), dem Prinzip der Serviceorientierten Architektur.

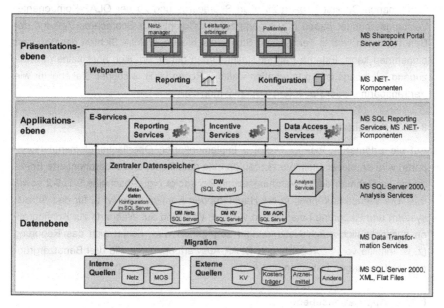

Abbildung 80: Systemarchitektur der Controlling-Komponente,
in Anlehnung an [Bode05, S. 37; LiSS04, S. 108; ScPB07, S. 917ff.]

Der zentrale Datenspeicher wird, wie in Abschnitt 8.2.3 beschrieben, aus den internen und externen Datenquellen gespeist. Der Zugriff auf die Daten und deren Aufbereitung werden über *E-Services* in der Applikationsebene gesteuert. In der Präsentationsebene werden die aufbereiteten Daten in Webparts visualisiert.

Kernprinzipien der Serviceorientierten Architektur sind die Kapselung der Daten und Funktionalitäten zu Diensten sowie die Trennung der Benutzeroberfläche von den Diensten (vgl. Abschnitt 6.2.2). Im Performance Cockpit sind die Webparts, die die Interaktion mit den Benutzern kontrollieren, von den *E-Services* getrennt, die die eigentliche Logik und Funktionalität des Performance Cockpits umsetzen. Die Kommunikation zwischen den *E-Services* und den Webparts erfolgt über Web Services. Der

Zugriff auf den zentralen Datenspeicher wird bei den selbst erstellten Komponenten über datenzentrierte Services abgewickelt.

Die Systemverwaltung wird mithilfe der Administrationsoberfläche von Sharepoint bzw. der des SQL Servers umgesetzt. Die Benutzer- und Rechteverwaltung wurde im Rahmen des Prototypen lediglich auf die Rollen Netzmanager und Leistungserbringer ausgerichtet. Es wird zunächst anhand der Rolle bestimmt, welche E-Services und Webparts der jeweilige Akteur nutzen darf. Netzmanager haben im Performance Cockpit Zugang zu allen Scorecards und zu der OLAP-Komponente. Leistungserbringer haben nur Zugang zu den Compliance Scorecards. Anhand der Benutzerdaten wird in der zweiten Stufe entschieden, welche Sichten der Benutzer einnehmen kann. Externe Partner stellen Daten bereit, erhalten aber keinen Portalzugang, allerdings ist die Integration weiterer Rollen (z. B. wichtiger Stakeholder wie Vertragspartner oder Patienten) jederzeit möglich.

8.3.1 Präsentationsebene

Auf die Erläuterung der im Prototyp implementierten Oberflächenelemente (Webparts) wird an dieser Stelle verzichtet, da eine detaillierte, anwenderorientierte Erläuterung im Rahmen der Anwendungsszenarien erfolgt (vgl. Abschnitte 9.1, 9.2 sowie 9.3). Die Webparts können in die Hauptgruppen Konfiguration (v. a. für das Anreizsystem) und Reporting untergliedert werden. Während auf Webparts zur Konfiguration ausschließlich durch Netzmanager zugegriffen wird, richtet sich das Reporting (z. B. mithilfe von Scorecards und OLAP-Auswertungen) an alle drei Benutzergruppen (Netzmanager, Patienten und Ärzte).

8.3.2 Applikationsebene

Die Applikationsebene wird über drei E-Service-Module umgesetzt: Reporting Services, Data Access Services sowie Incentive Services (Abbildung 81).

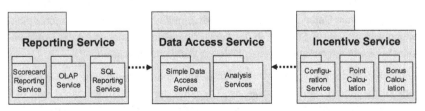

Abbildung 81: Controlling-E-Services

8.3.2.1   Incentive Service

Logik und Funktionalität des Anreizsystems sind innerhalb des Web Services *Incentive Service* gekapselt. Aufgrund der starken Interaktion wird u. a. aus Performanzgründen darauf verzichtet, die Funktionalität feingranularer zu kapseln und weitere Subdienste einzuführen. Die Komponente *Configuration Service* setzt die Konfigurationseinstellungen um, die durch Benutzereingaben der Netzmanager auf der Präsentationsebene festgelegt werden, und stößt notwendige Datenbankeintragungen durch den *Data Access Service* an. Darüber hinaus erfolgt darüber die Parametereingabe für die Leistungsbewertung und Bonusberechnung. Der *Reporting Service* bereitet diese Daten sowie die durch den *Data Access Service* verfügbaren Leistungsdaten für die Darstellung auf der Präsentationsebene auf.

8.3.2.1.1   Datenzugriff

Abbildung 82 zeigt das Klassendiagramm des Incentive Service. Der Datenzugriff wird durch die dunkel hinterlegten Klassen des *Data Access Service* realisiert.[166] Die Berechnungsmethoden werden in den Klassen *PointCalculator* sowie *BonusPaymentCalculator* abgebildet und als *Calculation Services* bezeichnet.

Die Klasse *AllCategories* stellt ein Array der in der Balanced Scorecard des Anreizsystems enthaltenen Kategorien zur Verfügung. In jeder dieser Instanzen der Klasse *Category* sind die entsprechenden Indikatoren als Instanzen der Klasse *Measure* enthalten. Diese Klassen beinhalten jeweils Funktionen und Datenstrukturen, um die entsprechenden Daten aus der Datenbank abzufragen und zwischenzuspeichern. Die Funktionalität zur Abfrage des Ergebnisses eines Leistungserbringers in Bezug auf einen konkreten Messwert wird in der *DoctorMeasureResult* Klasse implementiert. Die Ärzte selbst werden durch die Klasse *Doctor* repräsentiert und zu Arztgruppen in *DoctorGroup* zusammengefasst. Innerhalb der Klassen *FunctionSteps* und *FunctionLinear* werden Attribute und Operationen zur Verfügung gestellt, die die Parameter zur Definition der Berechnungsfunktion je Messwert aus der Datenbank lesen oder dort abspeichern. Die aktuellen Einstellungen (z. B. aktuell betrachtetes Jahr) nimmt die Klasse *Settings* auf.[167]

---

[166] Beim Softwareentwurf wurden die Klassen in der Regel aus den Entitäten des Datenbankmodells überführt, so dass hier im Einzelnen nur noch nicht selbst erklärende Strukturen erläutert werden.

[167] Die in Abbildung 82 abgebildeten Elemente des Klassendiagramms und deren Bedeutung werden nachfolgend erläutert.

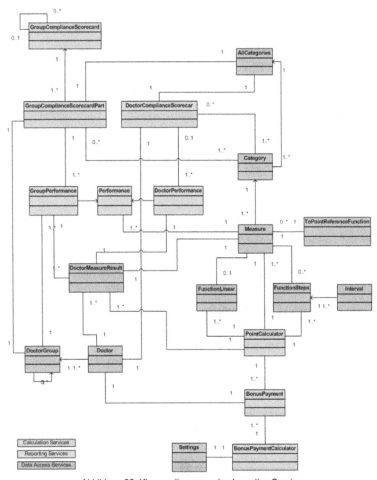

Abbildung 82: Klassendiagramm des Incentive Service

8.3.2.1.2   Leistungsbewertung

Die Leistungen der Ärzte werden durch die Indikatoren in der Balanced Scorecard gemessen. Da die Resultate der Indikatoren in unterschiedlichen Bewertungssystemen (Wertebereichen oder Skalen) gemessen werden, welche i. d. R. nicht direkt miteinander vergleichbar sind, wird ein Punktwertmodell eingeführt [LiSS04, S. 133ff.]. Abhängig vom Ergebnis eines Arztes wird für jeden Messwert ein Einzelpunktwert und aggregiert ein Gesamtpunktwert ermittelt. Bei der Berechnung sind die Parameter „Bezugspunkt" bzw. „Referenzwert" und „Punktwertübersetzungsfunktion" von Bedeutung. Der Bezugspunkt definiert, ob die individuellen Resultate eines Arztes durch den Vergleich mit einem absoluten oder relativen Wert bewertet werden. Unter den relativen Bezugsgrößen wird hier zwischen Vergleichsgruppen- und Vorperiodenwerten unterschieden. Bei der Betrachtung von Vergleichsgruppen kommt der Durchschnitt oder eine Rangzahl als Referenzgröße in Betracht (vgl. Abbildung 83).

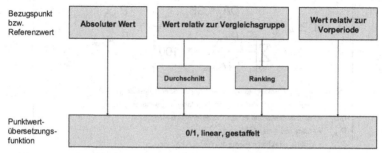

Abbildung 83: Systematik der Punktwertberechnung

Die Punktwertübersetzungsfunktion bestimmt, wie aus den Eingabeparametern „Indikatorresultat" und „Referenzwert" ein Punktwert ermittelt wird. Dabei kommen lineare und gestaffelte Funktionsverläufe in Frage (vgl. Anhang D). Unter gestaffelten Funktionen wird hier ein stufenförmiger Verlauf verstanden. Die Punktwertübersetzungsfunktion 0/1 kann in diesem Fall als Sonderform einer stufenförmigen Funktion verstanden werden. Bei Überschreitung eines Referenzwertes wird eine gewisse Punktzahl und bei Unterschreitung werden keine Punkte vergeben.

Die Berechnung der Punkte übernimmt die Klasse *PointCalculator*. Um die Ergebnisse eines Arztes in einem Jahr bezüglich eines Messwerts zu erhalten, interagiert sie mit der Klasse *DoctorMeasureResult*. In der Instanz der Klasse *Measure*, für die die Punkte berechnet werden, ist durch die Referenz zur Klasse *ToPointReferenceFunction* hinterlegt, welcher Bezugspunkt für die Kalkulation relevant ist. *FunctionSteps* und *FunctionLinear* stellen die Parameter bereit, die zur Kalkulation der Punkte benötigt werden.

8.3.2.1.3   Leistungsbonus

Sobald die Punktberechnung über alle Messwerte für jeden Arzt erfolgt ist, können die Bonusbeträge ermittelt werden. Das Netzmanagement legt einen Betrag fest, der für die Bonuszahlungen eines Jahres vorgesehen ist (vgl. Anwendungsszenario in Abschnitt 9.2.1.1.4). Der Betrag kann anteilig nach zwei Berechnungsmethoden, der Divisions- und der Verbesserungsmethode, auf die Ärzte verteilt werden.

Bei der **Divisionsmethode** wird zunächst der entsprechende Betrag durch die von allen Ärzten in diesem Jahr erreichten Punkte dividiert (vgl. Formel 5). Folglich erhält man einen monetären Wert je Punkt. Durch Multiplikation dieses Wertes mit der von einem bestimmten Arzt in diesem Jahr erreichten Punktezahl ergibt sich der Bonusbetrag des betreffenden Arztes.

$$DB_{j,A_i} = \frac{DA_j * GB_j}{\sum\limits_{i=0}^{n} \left[\dfrac{P_{j,A_i}}{P_{j,A_{i,max}}} * 100 \right]} * \frac{P_{j,A_i}}{P_{j,A_{i,max}}} * 100$$

$DB_{j,A}$ = Nach der Divisionsmethode für Arzt A_i errechneter Bonusbetrag im Jahr j

DA_j = Anteil des für die Divisionsmethode im Jahr j vorgesehenen Kapitals

GB_j = Für Bonuszahlungen im Jahr j vorgesehener Gesamtbetrag

P_{j,A_i} = Punkte des Arztes A_i im Jahr j

$P_{j,A_{i,max}}$ = Maximal erreichbare Punkte des Arztes A_i im Jahr j

Formel 5: Bonuszahlungen nach der Divisionsmethode

Systemtechnisch können im Rahmen der Konfiguration Indikatoren für bestimmte Arztgruppen aus der Betrachtung ausgeschlossen werden. Daher kann die Summe der maximal erreichbaren Punkte zwischen den Arztgruppen differieren, was zu einer Benachteiligung derjenigen Leistungserbringer führen würde, die eine geringere Punktanzahl erreichen können. Um dies zu vermeiden, wird hier eine Normierung durchgeführt. Durch die Division der erzielten Punkte eines Leistungserbringers durch den arztspezifischen Maximalwert wird hier implizit ein auf 100 normierter Zielerreichungsgrad errechnet, der über alle Arztgruppen vergleichbar ist.[168]

Durch die **Verbesserungsmethode** sollen Ärzte gefördert bzw. belohnt werden, die im Vergleich zum Vorjahr signifikante Fortschritte verzeichnen. Ärzte, die aufgrund ihres niedrigen Punktniveaus nach der Divisionsmethode kaum Bonuszahlungen erhalten würden, können sich unabhängig vom absoluten Niveau durch starke Verbesserungen für Bonuszahlungen qualifizieren. Das Netzmanagement legt die in Formel 6 mit V bezeichnete Steigerungsrate fest, die von den Ärzten erreicht oder überschritten werden muss, um in den Kreis der Berechtigten zu gelangen.

---

[168] Diese Form der Normierung birgt auch Nachteile. Da in manchen Arztgruppen bestimmte Messwerte keine Rolle spielen, wird durch die Normierung die Gewichtung der übrigen Indikatoren mehr oder weniger stark erhöht. Folglich wird die in der Konfiguration vorgenommene Gewichtung verzerrt und variiert zwischen den Leistungserbringergruppen.

$$VB_j = \frac{VA_j * GB_j}{\sum A_{\frac{P_j}{P_{j-1}} - 1 \geq v}}$$

VB_j	= Nach der Verbesserungsmethode errechneter Bonusbetrag je berechtigter Arzt im Jahr j
VA_j	= Anteil des für die Verbesserungsmethode im Jahr j vorgesehenen Kapitals
GB_j	= Für Bonuszahlungen im Jahr j vorgesehener Gesamtbetrag
$A_{\frac{P_j}{P_{j-1}} - 1 \geq v}$	= Arzt, der seine Gesamtpunktzahl P_j zum Vorjahr um mindestens V verbessern konnte

Formel 6: Bonuszahlungen nach der Verbesserungsmethode

Der für Bonuszahlungen nach der Verbesserungsmethode vorgesehene Betrag wird durch die Anzahl dieser berechtigten Leistungserbringer dividiert, um den Betrag eines jeden einzelnen qualifizierten Arztes zu berechnen. Dabei bleibt die tatsächliche Höhe der Leistungssteigerung unberücksichtigt, solange sie über dem Schwellenwert liegt.

Die Operationen der Klasse *BonusPaymentCalculator* in Abbildung 82 (Abschnitt 8.3.2.1, S. 238) bilden funktional die Kalkulation der Leistungsboni ab. Dabei wird auf die Klasse *BonusPayment* zurückgegriffen, welche für jeden Arzt die normierte Punktgesamtleistung eines Jahres als Eingabe vorhält. In dieser Klasse werden auch die errechneten Bonusbeträge gespeichert.

8.3.2.2 Reporting Services

Die **Scorecard Reporting Services** dienen zur Darstellung der Compliance Scorecards sowie der Netz-Scorecards. Die Compliance Scorecard bietet einen Überblick über die Leistung eines Arztes hinsichtlich aller relevanten Indikatoren. Um einen Vergleich mit anderen Ärzten der gleichen Arztgruppe oder gruppenübergreifend zu ermöglichen, wird der Durchschnitt über die Leistung der Gruppenmitglieder gebildet. Daher wird in Abbildung 82 (Abschnitt 8.3.2.1, S. 238) die *DoctorComplianceScorecard*, die sich auf genau einen Arzt bezieht, von der *GroupComplianceScorecard* unterschieden. Die Gruppen können weiteren aggregierten Arztgruppen zugeordnet werden. So sind Kardiologen Teil der Gruppe Fachärzte. Alle Fachärzte gehören zu den Netzärzten. Die Hierarchie wird automatisch erstellt und kann beliebig erweitert werden. Die Durchschnittswerte jeder einzelnen Gruppe werden von einer Instanz der Klasse *GroupComplianceScorecardPart* zur Verfügung gestellt. Gemäß der dargestellten Gruppenhierarchie wird automatisch solange die nächst höhere Gruppe in einer weiteren *GroupComplianceScorecardPart* gebildet, bis die höchste Gruppe, in diesem Fall die der Netzärzte, erreicht ist. Die Summe der Teile ergibt eine Group-ComplianceScorecard. Die Durchschnittsbildung über die Leistung der in den jeweiligen Gruppen enthaltenen Ärzte wird durch die Klasse *GroupPerformance* übernommen. Die Klasse *DoctorPerformance* bereitet die Ergebnisse, die es durch die Klasse *DoctorMeasureResult* aus den *Data Access Services* erhält, für die *Doctor-ComplianceScorecard* auf. Beide Klassen beziehen sich immer auf genau einen Messwert und erben gemeinsame Elemente von ihrer Basisklasse *Performance*.

Die Klasse *DoctorPerformance* unterstützt zusätzlich noch weitere Reporting Funktionen. Sie bildet die Grundlage für den Vergleich der Ärzte anhand der Indikatoren, indem sie für einen bestimmten Arzt und Messwert den erreichten Punktwert enthält und Verbesserungswerte und Rangzahlen berechnet.

Im Zuge des Reportings für das Netzmanagement muss eine Übersicht über alle Netzärzte generiert werden, die sowohl die von einem Leistungserbringer insgesamt erreichte normierte Punktezahl sowie die Höhe der Bonuszahlung enthält. Diese Daten werden durch die Klasse *BonusPayment* aufbereitet.

Im Klassendiagramm **OLAP Service** (vgl. Abbildung 84) repräsentiert die Klasse *OLAPReport* das Ergebnis der Abfrage, das dem Benutzer präsentiert wird. Jeder Instanz der Klasse *OLAP Report* ist zu einem bestimmten Zeitpunkt genau eine *Info-CubeQuery* zugeordnet. Um dem Benutzer die Steuerung der OLAP-Funktionen zu ermöglichen, werden ihm über die Klasse *InfoCube* die Metadaten des Würfels präsentiert. Der Zugriff auf die Metadaten erfolgt über den *DataAccessService*. Die Visualisierung des *OLAPReport* wird über die *SQL Reporting Services* realisiert. Änderungen an einem OLAP-Report können über Web Services in den *SQL Reporting Services* umgesetzt werden. Dazu werden XML-basierte Berichtsdefinitionen erstellt oder angepasst und an den Web Service der *SQL Reporting Services* übergeben.

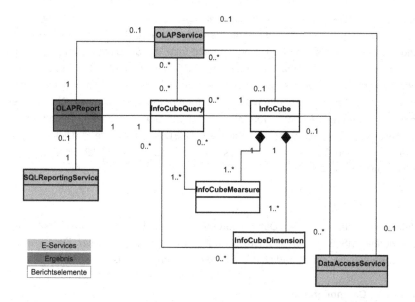

Abbildung 84: Klassendiagramm *OLAPService*

Mithilfe der **SQL Reporting Services**, einer Erweiterung des SQL Servers, erhalten Anwender die Möglichkeit, Berichte zu erstellen und Reportingdaten zu exportieren. Berichte werden in Visual Studio.NET erstellt, die Berichtsdefinitionen werden in einer XML-Datei abgelegt. Über die Web Service-Schnittstelle der *Reporting Services* können bestehende Berichte und Berichtsparameter angepasst sowie neue Berichte erstellt werden. Die Ausgabe der *SQL Reporting Services* kann über ein Web-Interface erfolgen. Dieses Web-Interface kann über den iframe-Tag in HTML in Webparts eingebunden werden. Mit den *SQL Reporting Services* können unterschiedliche Berichtselemente (Tabelle, Liste, Matrix oder Diagramm) in Berichten zusammengestellt und in verschiedenen Formaten (z. B. XML, xls, pdf) gespeichert bzw. ausgegeben werden[169].

8.3.2.3   Data Access Services

Über den **Simple Data Access Service** werden einfache SQL-Abfragen durchgeführt. Auf diese Weise wird eine Zugriffsschicht für den zentralen Datenpool neben den *Analysis Services* geschaffen, die speziell für OLAP-Abfragen realisiert wurde.

---

[169] Details zu SQL Reporting Services vgl. [Micr07].

Analysis Services stellen Zugriffsmöglichkeiten auf die Daten zur Verfügung, die in dem multidimensionalen Datenschema gehalten werden. Der Zugriff auf die Daten und Metadaten in den InfoCubes erfolgt nicht über die Structured Query Language (SQL) und die Open Database Connectivity (ODBC) sondern über MDX (Multidimensional Expressions), welches auf multidimensionale Datenschemata ausgerichtet ist. Im Unterschied zu SQL können mit MDX Abfragen über mehr als zwei Dimensionen formuliert werden. Die Syntax von MDX ist der von SQL ähnlich. Der Zugriff auf die Analysis Services erfolgt über die Microsoft OLEDB-Schnittstelle[170]. Diese Schnittstelle wird in den *Data Access Services* gekapselt, auf die über Web Services zugegriffen werden kann.

8.3.3   Datenebene

Netzinterne und -externe Daten werden aufbereitet und in eine Controlling-Datenbank (MS SQL Server 2000) überführt, welche alle relevanten Daten für die Controllinglösung, einschließlich der Anreizkomponente, umfasst.

8.3.3.1   Datenmigration

Bevor die in Abschnitt 8.2.3.1 beschriebenen Quelldaten in die zentrale Datenbasis übernommen werden können, ist eine Datenmigration erforderlich. Dieser Vorgang wird auch als ETL-Prozess (Extraction, Transformation and Load) bezeichnet [Bode05, S. 38]. Abbildung 85 zeigt schematisch die Datenmigration der Data-Warehouse-Umgebung.

---

[170] Object Linking and Embedding Database (OLEBD) ist eine von Microsoft entwickelte Schnittstelle, die Verbindungen zu Datenbanken ermöglicht.

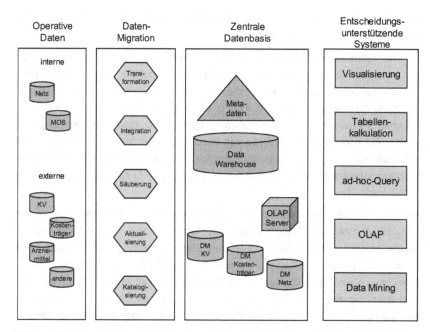

Abbildung 85: Datenmigration und -aufbereitung in einer Data-Warehouse-Umgebung [Bode05, S. 37]

Bei der Datenmigration sind zunächst die Datenquellen anzubinden und relevante Datenbereiche auszuwählen (Extraction). Im Zuge der Transformation sind die Datenextrakte in gemeinsame Schemata zu übersetzen. Dazu ist eine Harmonisierung der Daten und Datenstrukturen erforderlich. Fehlerhafte und unvollständige Daten sind zu identifizieren und entsprechend zu bereinigen. Je nach Quelldaten und Verwendungszweck sind die Daten zu verdichten und anzureichern. Bei der Katalogisierung werden Metadaten erzeugt. Im Zuge der Aktualisierung werden die Daten schließlich in den zentralen Datenspeicher geladen (Load) [Bode05, S. 36ff.].

In Data Warehouses werden Daten über mehrere Organisationsbereiche und Jahre zusammengetragen. Bei Data Warehouses steht die effektive und effiziente Verwendung der Daten zur Entscheidungsunterstützung im Vordergrund. Redundanzen sind erlaubt, um kurze Antwortzeiten auf Ad-hoc-Abfragen zu ermöglichen [MeGr02, S. 15]. Data Warehouses sind von den operativen Datenbeständen entkoppelt, werden also nicht kurzfristig aktualisiert. Dies liegt zum einen an der Dauer der Aktualisierungsvorgänge, zum anderen aber auch daran, dass Abfragen und Analysen in kurzen zeitlichen Abständen keine unterschiedlichen Ergebnisse erzeugen sollen. Data Marts (DM) sind kleinere inhaltlich und/oder organisatorisch abgegrenzte Data Warehouses [Bode05, S. 36ff.; MeGr02, S. 15]. Abbildung 80 (Abschnitt 8.3, S. 235) zeigt im Rahmen der Gesamtarchitektur auch die Datenmigration innerhalb der zen-tralen Datenspeicherung im Praxisnetz.

Die patientenbezogenen Quelldaten werden im Zuge der Extraktion pseudonymisiert. Weil bei den einzelnen Datenquellen jeweils unterschiedliche Pseudonymisierungs-schlüssel verwendet werden, können die ursprünglich patientenbezogenen Daten auf der Ebene von Patienteninstanzen nicht über die einzelnen Quelldaten von Kassen-ärztlichen Vereinigungen, Kostenträgern und Praxisnetz hinweg zusammengeführt werden. Auf pseudonymisierte Patienten bezogene Daten können damit erst ab ei-nem bestimmten Aggregationsniveau konsolidiert werden. Deshalb werden die Daten der Hauptdatenlieferanten vor der Zusammenführung im Data Warehouse zunächst in Data Marts überführt.

Performance Messungen, die sich auf konkrete Behandlungsfälle beziehen, können nicht über den zentralen Datenspeicher abgewickelt werden, weil die Daten dort nur pseudonymisiert vorliegen. Statt dessen wird über ein Leistungserbringerportal direkt auf die nicht pseudonymisierten Prozessdaten der MOS zugegriffen, die über ex-terne Daten angereichert werden können (z. B. Arzneimitteldaten). Über Zugriffsrech-te ist dabei sicherzustellen, dass die patientenbezogenen Daten nur von dazu be-rechtigten Leistungserbringern (z. B. Koordinationsarzt) eingesehen werden können.

Die Migration der Daten über ETL-Prozesse erfolgt mithilfe der Data Transformation Services (DTS) innerhalb des SQL Servers. Abbildung 86 zeigt an welchen Stellen die DTS eingesetzt werden. Über DTS Packages können Quelldaten transformiert und in den zentralen Datenspeicher überführt werden. Sie werden auch eingesetzt, um Teile der Data Marts (DM) zusammenzuführen und Ladevorgänge zu starten.

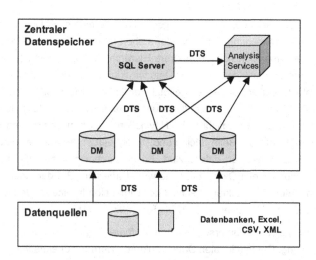

Abbildung 86: Datenmigration mithilfe von Data Transformation Services

Die Reihenfolge der Abläufe innerhalb der DTS Packages kann über Workflows festgelegt werden. Dabei kann die Behandlung von Ausnahmen definiert werden.

8.3.3.2   Datenaufbereitung

In Data Warehouses und Data Marts werden Daten meist in einer relationalen Struktur abgelegt. Da relationale Strukturen für flexible Ad-hoc-Abfragen mit kurzen Antwortzeiten in großen Datenbeständen keine geeignete Unterstützung bieten, sind Daten zur Vereinfachung der Weiterverarbeitung in multidimensionale Strukturen auf den OLAP-Server zu überführen. Bei multidimensionalen Strukturen werden unabhängige Attribute (z. B. Serviceprodukt, Leistungserbringer, Jahr) und abhängige Attribute (z. B. Ausgaben) unterschieden. Unabhängige Attribute können in Dimensionen (z. B. Services, Leistungserbringerklasse, Zeit) angeordnet werden. Sie spannen einen Vektorraum auf, in dem die abhängigen Attribute angeordnet werden können [Bode05, S. 39ff.; RöRM03, S. 115].

Die abhängigen Attribute werden im Folgenden Kennzahlen genannt (z. B. Ausgaben), die unabhängigen Bezugsobjekte (z. B. Leistungserbringerklasse). Kennzahlen sind Größen, die einen Sachverhalt beschreiben, die Bezugsobjekte ordnen diese Sachverhalte in einen semantischen Kontext ein. Kennzahlen, die über die Zuordnung von Bezugsobjekten konkretisiert wurden, werden ebenfalls Kennzahlen genannt (z. B. Ausgaben je Leistungserbringerklasse). Fakten entstehen durch Zuordnung von Werten zu Kennzahlen, deren semantischer Kontext über Bezugsobjekte spezifiziert wurde (Ausgaben für bestimmte Patientengruppe betragen X Euro)

[Wies00, S. 166ff.; Bode05, S. 40]. Bezugsobjekte innerhalb einer Dimension können in hierarchischen Beziehungen zueinander stehen (z. B. Tag-Woche-Monat-Quartal-Jahr). Für jede Dimension können mehrere Hierarchien definiert werden [Wies00, S. 166f.]. Zur Analyse multidimensionaler Datenstrukturen können Techniken des Online Analytical Processing (OLAP) eingesetzt werden. Die wichtigsten Funktionen des OLAP sind Drill-Down/Roll-Up, Slice/Dice und Rotate. Drill-Down (Detaillierung) und Roll-Up (Aggregation) ermöglichen die Navigation zwischen unterschiedlichen Hierarchien einer Dimension. Beim Slicing und Dicing werden bestimmte Auswertungen nach weiteren Dimensionen differenziert. Im dreidimensio-nalen Würfel wird beim Slicing eine Ebene, beim Dicing ein Unterwürfel anvisiert. Bei der Rotation werden die gleichen Daten durch einen Wechsel der Dimension in einer anderen Sicht dargestellt [Bode05, S. 41f.; Wies00, S. 155f.; RöRM03, S. 115].

Abbildung 87 zeigt die unterschiedlichen Aufbereitungsebenen der vorliegenden Controllinglösung. Die relationalen Datenstrukturen werden zur einfacheren Verarbeitung auf einem OLAP-Server in multidimensionale Strukturen umgesetzt. Diese Strukturen können als Basis für vielfältige Auswertungszwecke, insbesondere in Scorecards und Berichten, genutzt werden. Zweckspezifische Auswertungen entstehen durch Anwendung von OLAP-Operationen, insbesondere durch Aggregation der Kennzahlen über Bezugsobjekte oder durch Filtermechanismen (Slicing/Dicing) [Wies00, S. 158].

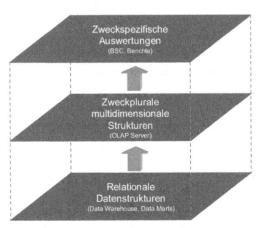

Abbildung 87: Datenaufbereitungsebenen, in Anlehnung an [Wies00, S. 159]

Abbildung 88 zeigt den Aufbau einer zweckspezifischen Kennzahl innerhalb einer Scorecard. Aus einem multidimensionalen Datenwürfel zur Analyse von Behandlungskosten über die Dimensionen Kunde, Indikation und Zeit wird der Teilwürfel anvisiert, der die Behandlungskosten für 50- bis 60jährige Herzinsuffizienzpatienten mit Schweregrad IV im Jahr 2004 enthält.

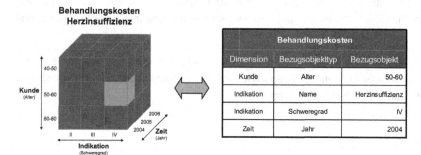

Abbildung 88: Aufbau einer zweckspezifischen Kennzahl; in Anlehnung an [RöRM03, S. 135]

Performance Messungen, die sich auf konkrete Behandlungsfälle beziehen, werden über operative Datenquellen gespeist. In diesem Fall wird direkt auf relationale Datenstrukturen zugegriffen.[171] Daten, welche für schnelle Auswertungen gebraucht werden, sind in multidimensionale Datenstrukturen zu überführen.

In Abbildung 89 wird exemplarisch ein Sternschema vorgestellt, mit dessen Hilfe i. d. R. mehrere Dimensionstabellen und eine Faktentabelle gebildet werden.

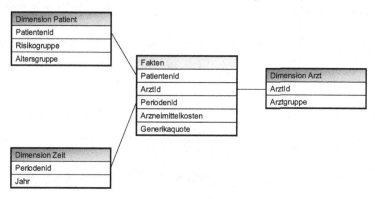

Abbildung 89: Sternschema für Arzneimittelkosten

---

[171] Dies ist in technischer Hinsicht unproblematisch, da für einen Leistungserbringer jeweils nur relativ kleine Datenmengen relevant sind.

Die Faktentabelle enthält neben den Messgrößen Fremdschlüssel zu den Dimensionstabellen. Die Fakten werden so mehrdimensional abgelegt und können entsprechend ausgewertet werden. Im Beispiel werden die Arzneimittelkosten und die Generikaquote in einem InfoCube mit den Dimensionen Patient, Arzt und Zeit angeordnet. Die Definition der Dimensionen kann in anderen InfoCubes wiederverwendet werden [Holt98, S. 197ff.].

In Abschnitt 11.2 wird diskutiert, wie das Konzept der *prozessbasierten E-Service-Logistik* und die dafür realisierte IT-Lösung die Anforderungen an das Controlling auf Gesamtnetz-Ebene unterstützt.

Teil IV: Prozessbasierte E-service-Logistik – Anwendung und Evaluation

Lang ist der Weg durch Lehren, kurz und wirksam durch Beispiele.
[Lucius Annaeus Seneca]

9   Anwendungsszenarien und Nutzenpotenziale

Grundlegendes Ziel und „Endprodukt" des Einsatzes des Individual Value Web Systems ist die Generierung und Bereitstellung einer *prozessbasierten E-Service-Logistik*. Sie stellt den Mitgliedern eines Praxisnetzes im Kontext eines individuellen Behandlungsprozesses zum richtigen Zeitpunkt die richtigen *E-Services* zur Verfügung. Dadurch sollen die Nutzer bei den verschiedenen Teilschritten im Behandlungsverlauf unterstützt und die Koordination und das Controlling im Netz verbessert werden.

Nachfolgend stehen die konkreten Anwendungsszenarien und daraus ableitbaren Nutzenpotenziale im Vordergrund, die sich für Leistungserbringer (v. a. für Koordinationsärzte), Netzmanager und Patienten durch die *prozessbasierte E-Service-Logistik* ergeben. Abbildung 90 zeigt, welche Anwendungsfälle durch die im Rahmen der IVWS-Lösung implementierten *E-Services* unterstützt werden.

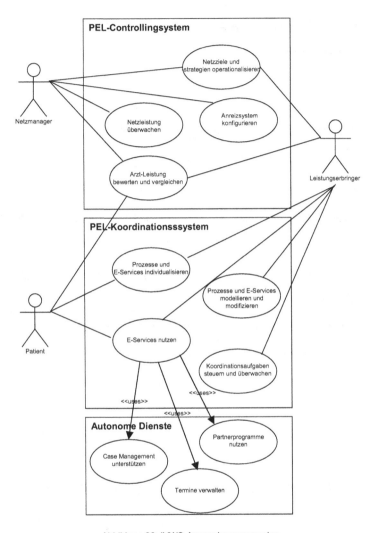

Abbildung 90: IVWS-Anwendungsszenarien

Die Zuordnung zeigt, welche der Anwendungsfälle des IVWS-Controlling- bzw. Koordinationssystems den Zielgruppen Netzmanagement, Leistungserbringer oder Patienten zuzuordnen sind. Autonome Dienste sind Anwendungsfälle, die im Proto-typen als *E-Services* implementiert wurden, jedoch losgelöst von den übrigen Systemkomponenten zu betrachten sind. Sie könnten ebenso durch Dritte zugekauft und integriert werden und sind für die Basisfunktionalität der *prozessbasierten E-Service-*

Logistik nicht notwendig.[172]

Zunächst werden für jede der genannten Zielgruppen die in Abbildung 90 skizzierten Anwendungsfälle beschrieben, die die Koordination und das Controlling mithilfe des IVWS in Praxisnetzen unterstützen. Bildschirmmasken geben dabei einen Einblick in die Interaktionssteuerung und Funktionalität des Prototypen.

Am Ende jedes Abschnitts werden die konkreten Nutzenpotenziale erläutert, die sich durch das IVWS für die praktische Nutzung des jeweiligen Akteurs ableiten lassen. Die Analyse konzentriert sich auf Nutzenpotenziale, die auf die Besonderheiten des PEL-Konzeptes und die spezifischen Eigenschaften der systemseitigen Umsetzung im IVWS zurückzuführen sind. Eine Gesamtbewertung sowie ein Verweis auf alternative Evaluationsansätze erfolgt im Rahmen des Schlusskapitels (vgl. Abschnitt 11.1). Da Patienten aus einem Einsatz des IVWS nicht nur direkten sondern auch indirekten Nutzen ziehen, indem ihnen die Verbesserungen von Qualität und Effizienz der IT-gestützten Versorgung auf Ebene der anderen Netzmitglieder zugute kommen, werden Anwendungsszenarien und Nutzenpotenziale der Patienten bewusst an das Ende der Betrachtung gestellt.

Abschließend werden in diesem Teil der Arbeit die Implikationen des Einsatzes der *prozessbasierten E-Service-Logistik* diskutiert. Finanzielle, organisatorische und technische Veränderungsfelder werden skizziert.

---

[172] Die im Rahmen der autonomen Dienste vorgestellten *E-Services* zeigen exemplarisch, wie beliebige *E-Services* durch das Konzept der *prozessbasierten E-Service-Logistik* in das unterstützende System eingebunden werden können.

9.1 Unterstützung der Leistungserbringer

Es wurde ein Leistungserbringer-Portal entwickelt, welches insbesondere die operative Koordination von Behandlungsprozessen zwischen Koordinationsarzt und Leistungserbringer unterstützt. Das Portal stellt Oberflächen für die Individualisierung und Modifikation von Prozessen und *E-Services* sowie das Monitoring und Controlling der Behandlungsprozesse bereit.

9.1.1 Anwendungsszenarien

9.1.1.1 Individualisierung von Prozessen und *E-Services*

Wie in Abschnitt 6.1.3 erläutert, setzt das IVWS zu Beginn einer Behandlungsepisode an, sobald Patienten den Besuch beim Haus- bzw. Koordinationsarzt antreten. Der Koordinationsarzt besitzt die Möglichkeit, die Behandlung (z. B. *Services*, *Sub Services*, *Kunden-* und *Koordinationsaufgaben*, ggf. *E-Services*) seiner Patienten zu planen und im System zu hinterlegen.

Der Webpart zur Konfiguration von Behandlungsprozessen stellt auf Grundlage einer spezifischen Krankheit geeignete fachliche Services verschiedener Leistungserbringer zur Verfügung, die sequenziell – unter Umständen verknüpft mit Kunden- oder Koordinationsaufgaben – hierarchisch gegliedert zu einem Prozess konfiguriert werden können. Um Behandlungsprozesse nicht vollständig neu modellieren zu müssen, erlaubt die CBR-Komponente des Leistungserbringer-Portals die automatisierte Individualisierung von Prozessen und *E-Services*. Die Benutzeroberfläche besteht aus drei hintereinander geschalteten Ansichten.

Die erste Ansicht erlaubt dem Benutzer die manuelle Auswahl eines bereits bestehenden Patienten oder die Anlage eines neuen Patienten (vgl. Abbildung 91).

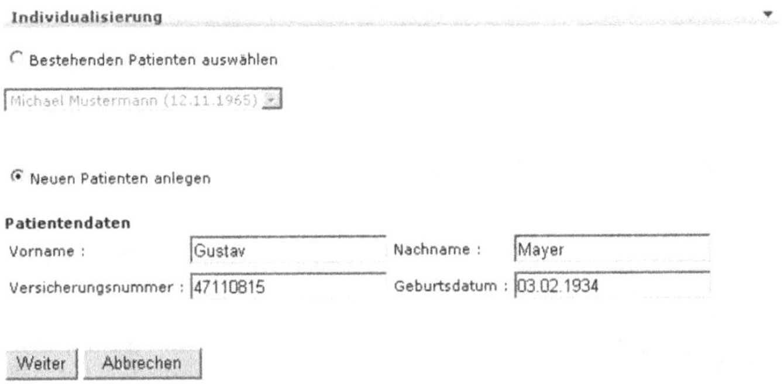

Abbildung 91: Patientenauswahl und -anlage

In der nächsten Ansicht wählt der Benutzer anhand der Krankheit eine bestehende Behandlung für den Patienten aus. Alternativ legt er eine neue Behandlung durch Angabe der krankheitsspezifischen Patientendaten an (vgl. Abbildung 92). Nach erfolgter Untersuchung werden indikationsspezifische Kontextparameter eingegeben. Im Falle einer Herzinsuffizienz werden z. B. Alter, Geschlecht, NYHA-Klassifikation[173] und Manifestationsdauer ermittelt und eingegeben. Im Falle von Folgeuntersuchungen werden diese Werte jeweils aktualisiert.

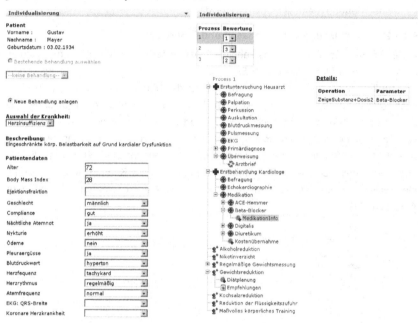

Abbildung 92: Erfassung der Prozesskontextattribute und Prozessvorschlag

Anschließend erfolgt automatisiert die Individualisierung, indem die Komponente anhand der Prozesskontext-Informationen den ähnlichsten im Praxisnetz bereits abgeschlossenen Behandlungsfall ermittelt. Danach erfolgt die automatische Adaption (vgl. Adaptionsarten in Abschnitt 6.3.1) an die individuellen Gegebenheiten. Ergebnis ist ein Behandlungsprozessvorschlag, der u. a. die zur Unterstützung möglichen elektronischen Dienste (*E-Services*) enthält.[174] Die letzte Sicht gliedert sich in drei

---

[173] Vgl. Fußnote 115, S. 124.

[174] Aus Gründen der Übersichtlichkeit erfolgt die Sichten-Darstellung in Abbildung 92 nebeneinander.

Bereiche. Im oberen Bereich befindet sich eine Tabelle mit drei alternativen Behandlungsvorschlägen, die vom Benutzer anhand ihrer Eignung bewertet werden können. Der mittels Mausklick selektierte Behandlungsprozess wird im unteren Bereich in Form einer interaktiven Baumstruktur dargestellt. Hierbei spiegeln die verschiedenen Symbole die unterschiedlichen Arten von Behandlungselementen wider. Die Details der einzelnen Elemente der Behandlung werden durch Anklicken angezeigt. Der aus Sicht der Leistungserbringer am besten zutreffende Vorschlag wird übernommen und kann anschließend manuell modifiziert werden.

9.1.1.2 Modifikation von Prozessen und E-Services

Auf Basis des Systemvorschlags kann der Leistungserbringer Modifikationen vornehmen, z. B. neue Aktivitäten und *E-Services* hinzufügen, bestehende eliminieren oder die Ausführungsreihenfolge verändern. Neben der manuellen Anpassung des Prozess- und *E-Service*-Vorschlags ist auch die manuelle Neukonfiguration ohne Nutzung des CBR-Systems möglich. Der Webpart zur Konfiguration bzw. Modifikation von Behandlungsprozessen stellt auf Grundlage einer spezifischen Krankheit geeignete fachliche Services verschiedener Leistungserbringer zur Verfügung, die sequenziell – unter Umständen verknüpft mit Kunden- oder Koordinationsaufgaben – hierarchisch gegliedert zu einem Prozess konfiguriert werden können (vgl. Abbildung 93).

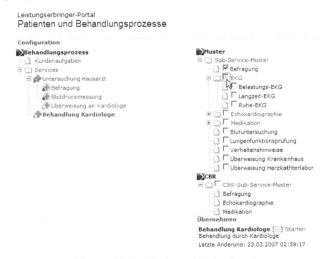

Abbildung 93: Modifikation und Neukonfiguration

Die aktuell bearbeitete Instanz des Behandlungsprozesses befindet sich auf der linken Seite der Bildschirmmaske. Der Bearbeitungsstatus wird über farbige Symbole gekennzeichnet. Unter „Muster" werden die aus Sicht eines Leistungserbringers potenziell relevanten *Sub Services* aufgeführt. Sie können durch Aktivieren der Kästchen in den aktuellen Prozessvorschlag integriert werden. Gleiches gilt für die im Rahmen der CBR-Komponente vorgeschlagenen Elemente unterhalb (Baumstruktur mit der Bezeichnung „CBR").

Die Leistungserbringer können – in Abstimmung mit den Patienten – nachfolgende Leistungserbringer konkret definieren und im System hinterlegen. Ebenso ist die Anlage ohne Angabe eines Leistungserbringers möglich. Die Zuordnung erfolgt dann bei Erscheinen des Patienten beim jeweiligen Leistungserbringer. Auf diese Weise lassen sich auch Abweichungen des Patientenpfades vom vereinbarten Prozess dokumentieren.[175]

Andere Leistungserbringer, deren fachliche Services eingebunden werden, knüpfen an der jewieligen Stelle im Behandlungsprozess an und legen weitere fachliche Dienste oder *E-Services* innerhalb ihres Versorgungsbereiches fest. Sie nutzen hierzu die gleiche Funktionalität. Sobald ein Netzakteur weitere Teilleistungen erbringt, verfügt er über die Möglichkeit, neue Kontextinformationen hinzuzufügen (z. B. Veränderung des Gesundheitsstatus) und den aktuell geltenden Behandlungsprozess des Patienten zu modifizieren. Der Regelkreis beginnt in diesem Fall von neuem bis die Behandlung abgeschlossen ist.

9.1.1.3 Monitoring und Koordination der Behandlungsprozesse

Nachdem der Prozess- und *E-Service*-Vorschlag aus Sicht eines Leistungserbringers abgeschlossen ist, wird er instanziiert und durch die Meta-Orchestration-Komponente des IVWS ausgeführt. Leistungserbringer verfügen durch das Leistungserbringerportal über Transparenz bezüglich des individuellen Behandlungsprozesses jedes Patienten.

Während der Durchführung der Behandlung ergeben sich Aufgaben, die zwischen den Akteuren zu koordinieren und zu überwachen sind. Durch die gewählten *E-Services* werden diese Informations- und Koordinationsaufgaben in Abhängigkeit vom Prozessmodell und -zustand zur Laufzeit abgearbeitet. Leistungserbringer werden proaktiv über Veränderungen im Prozessablauf informiert, indem sie auf Versäumnisse oder kritische Entscheidungen im Behandlungsprozessverlauf durch die

---

[175] Dies gilt im Zusammenhang mit der vorliegenden Lösung nur für Leistungserbringer, die dem Netz angehören und damit Zugriff auf das IVWS besitzen. Eine Dokumentation und Auswertung von Patienten, die – abweichend von Vereinbarungen mit Netz und Kostenträger – netzfremde Leistungserbringer aufsuchen, ist damit derzeit nicht möglich.

Anzeige von „Alarmen" oder „Erinnerungen" hingewiesen werden. Beispiele hierfür sind Erinnerungen an das termingerechte Schreiben von Arztbriefen oder Push-Information an den Koordinationsarzt bei Veränderungen des Prozesses durch andere Leistungserbringer (vgl. Abbildung 94).

Abbildung 94: Hinweise auf offene Koordinationsaufgaben

Das System erlaubt die Erfassung des elektronischen Arztbriefes (vgl. Abbildung 95).

Abbildung 95: Verfassen elektronischer Arztbriefe

Daten zu Anamnese, Befund, Therapie, Entlassung, Prognose oder Empfehlungen können so ohne Systemwechsel eingetragen und nachfolgenden Netzakteuren zur Verfügung gestellt werden.

9.1.1.4   Compliance Scorecard und Reporting

Bei der Compliance Scorecard für Leistungserbringer handelt es sich um ein Reporting-Instrument, welches alle für ihn relevanten Leistungsindikatoren eines Webparts umfasst. Die Compliance Scorecard ist zweigeteilt und stellt für den Benutzer die Schnittstelle zur Controlling-Lösung dar (vgl. Abschnitt 8.3). Während es sich beim Anreizsystem um eine monetäre Betrachtungsweise handelt, stehen im Performance Cockpit v. a. nicht-monetäre Aspekte im Vordergrund. Beide Sichtweisen werden in der Compliance Scorecard vereint. Der Benutzer kann beide Sichten einsehen oder – wie das Beispiel in Abbildung 96 zeigt – lediglich eine der Ansichten auswählen.

Berichtsteil / Messgröße	Vorperiode	Aktuell	Veränderung	Trend	Punkte	Rang
Durchschnittsberechnung über die Gruppe Netzärzte						
Durchschnittsberechnung über die Gruppe Facharzt						
Ausschöpfung DMP-Potenzial						
DMP-Koronare Herzkrankheiten	62,5	57,5	-8 %		10	
Effizienz						
Interne Indikatoren						
Patientenzufriedenheit						
Anteil der zufriedenen Patienten	55	54,17	-2 %		9,46	
Weiterempfehlungsrate	43	44,67	4 %		4,2	
Pharmakotherapie						
Vorsorge						
Durchschnittsberechnung über die Gruppe Kardiologe						
Ausschöpfung DMP-Potenzial						
DMP-Koronare Herzkrankheiten	62,5	57,5	-8 %		10	
Effizienz						
Interne Indikatoren						
Patientenzufriedenheit						
Anteil der zufriedenen Patienten	52,5	52,5	0 %		9,07	
Weiterempfehlungsrate	36,5	35	-4 %		3,15	
Pharmakotherapie						
Vorsorge						
Dr. Anna Wunder						
Ausschöpfung DMP-Potenzial						
DMP-Koronare Herzkrankheiten	85	90	6 %		20	1
Effizienz						
Interne Indikatoren						
Patientenzufriedenheit						
Anteil der zufriedenen Patienten	70	85	21 %		16,55	1
Weiterempfehlungsrate	58	65	12 %		7,31	1
Pharmakotherapie						
Vorsorge						

Abbildung 96: Monetärer Teil einer Compliance Scorecard

Die Compliance Scorecard ist in mehrere Abschnitte unterteilt. Im unteren Bereich befindet sich der arztspezifische Teil, in dem alle Indikatoren nach Kategorien gruppiert aufgelistet werden, für die in der Konfiguration der Fachbereich des betreffenden Arztes aktiviert wurde. Für jeden Messwert werden für den Leistungserbringer die Resultate der aktuell betrachteten Periode und der Vorperiode präsentiert. Ebenso wird der sich daraus ergebende Veränderungswert angegeben und durch einen Trendpfeil visualisiert. In der vorletzten Spalte werden die Punktwerte angezeigt, die der Leistungserbringer in Bezug auf den betreffenden Indikator erreicht hat. Die Rangzahl des Arztes in seiner Vergleichsgruppe vervollständigt eine Spalte des individuellen Teils. Im darüber liegenden Bereich werden alle Gruppen aufgeführt, die den betreffenden Arzt beinhalten. Dabei werden erst die Über- und nachfolgend die

Untergruppen angezeigt. Darüber erscheinen die Gruppen der Fachärzte und die der Netzärzte, welche alle teilnehmenden Leistungserbringer enthält.

Für jede der Gruppen werden Durchschnittswerte für das aktuelle und das Vorperioden-resultat sowie für die Punktwerte gebildet. Zudem werden Veränderungswerte errechnet und durch Trendpfeile hervorgehoben. Es werden nur die Indikatoren für die Durchschnittsbildung herangezogen, die auch auf arztindividueller Ebene Bestandteil der Betrachtung sind. Auf diese Weise kann der betreffende Arzt seine eigene Leistung einfach kontrollieren und mit einer Gruppe seiner Wahl vergleichen.

9.1.1.5   Nutzung autonomer E-Services

Wie in Abschnitt 6.3.2.3 dargestellt, unterstützt das IVWS die *prozessbasierte E-Service-Logistik* auf zweierlei Art. Es werden die zur Abstimmung zwischen Netzakteuren relevanten Koordinationsaufgaben explizit modelliert und wie in Abschnitt 9.1.1.3 skizziert durch Erinnerungen und Alarme unterstützt. Darüber hinaus werden *E-Services*, welche zur Durchführung von *Services*, *Sub Services*, *Kunden-* oder *Koordinationsaufgaben* benötigt werden, zur Verfügung gestellt. Der Meta-Orchestration-Server ruft in diesem Fall die verknüpften Web-Service-Operationen auf. Bei den hier verwendbaren *E-Services* handelt es sich um elektronische Dienste, die nicht unmittelbar mit der Kernfunktionalität des IVWS in Verbindung stehen (autonome *E-Services*). Jeder interne oder externe Web Service kann durch Eintrag in das Service Repository in die Lösung integriert und damit zur Erweiterung des Funktionsspektrums der *prozessbasierten E-Service-Logistik* im Praxisnetz verwendet werden[176].

Die nachfolgend skizzierten *E-Services* unterstützen die operative Koordination in Praxisnetzen und wurden im Rahmen der Prototyperstellung implementiert, um die Funktionsweise der *prozessbasierten E-Service-Logistik* zu veranschaulichen.[177]

9.1.1.5.1   Terminverwaltung

Eine Koordinationsaufgabe in Praxisnetzen ist das Terminmanagement [ScBK06, S. 53]. Eine Umfrage unter Hamburger Ärzten ergab, dass knapp 58 % ihre Termine handschriftlich in einem Terminbuch verwalten. Nur 42 % benutzen Kalender-Software [Bock03, S. 25]. Eine Online-Terminverwaltung bietet jedoch eine Reihe von Vorteilen (z. B. Entlastung des Personals, zeitunabhängige Erreichbarkeit der

---

[176] Zum Prozess der Qualifikation und Aufnahme von *E-Services* in die Lösung vgl. Abschnitt 10.2.

[177] Aus diesem Grund wird auf konzeptionelle Grundlagen und Implementierungsdetails verzichtet.

Praxis, Fehlervermeidung, leichte Modifikation, Nachvollziehbarkeit der Besuche) [Andr04, S. 5f.].

Daher wurde der *E-Service eAppointment* prototypisch realisiert und in das Konzept der *prozessbasierten E-Service-Logistik* eingebunden. Arztpraxen des Netzes erhalten die Möglichkeit, ein Online-Terminvergabesystem zu nutzen. Die Terminkalender sind über das Leistungserbringerportal erreichbar, können jedoch auch in die Praxis-Homepage integriert werden. Persönlich oder telefonisch vergebene Termine werden über das Leistungserbringerportal in das *eAppointment*-System eingetragen. Die Zeitfenster dieser Termine stehen dann nicht mehr für Internetbuchungen zur Verfügung. Alle freien Termine der Praxis sind über das Internet buchbar. Eine Einschränkung der über das Internet buchbaren Termine auf bestimmte Tageszeiten und/oder Wochentage (sog. „Internettermine") erfolgt nicht. Der Patient erhält bei Buchung des Termins eine sofortige Bestätigung. Dies setzt voraus, dass durch das Praxispersonal vergebene Termine unmittelbar in den Online-Terminkalender eingetragen werden.

Abbildung 97 gibt einen Überblick über die Konzeption des *eAppointment*-Systems für das Praxisnetz. Alle Daten werden auf einem zentralen Server gespeichert. Patienten und Leistungserbringer greifen über das Behandlungsprozess- bzw. Leistungserbringerportal auf das System zu. Die Dienste des *eAppointment*-Systems werden als Operationen eines *AppointmentWebservices* implementiert.

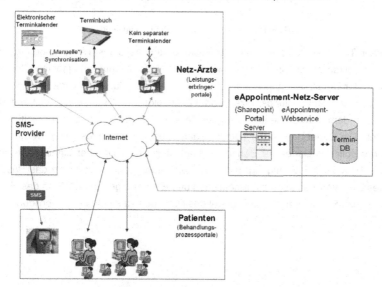

Abbildung 97: eAppointment-System für ein Praxisnetz

Um Terminerinnerungen oder Mitteilungen über verschobene oder stornierte Termine an Patienten per SMS schicken zu können, werden die Dienste eines SMS-Providers in Anspruch genommen. Einige SMS-Provider bieten eine Web Service-Schnittstelle an. Über den Aufruf des Web Services können SMS an ausgewählte Empfänger geschickt werden. Bei dem Aufruf werden die Zugangsdaten als Parameter angegeben.

Für das Leistungserbringerportal wurde ein Webpart entwickelt, welcher den Ärzten den Zugriff auf das eAppointment-System ermöglicht (Abbildung 98).

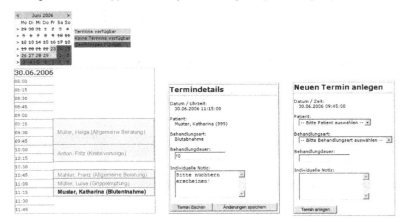

Abbildung 98: Terminverwaltung für Leistungserbringer

In einer Tagesübersicht werden alle Patiententermine eines Tages angezeigt. Mit Klick auf einen bestimmten Termin werden Detailinformationen angeboten. Der Arzt kann in der Detailansicht eine individuelle Notiz an den Patienten verfassen, die diesem in seinem Behandlungsprozessportal angezeigt wird. Durch einen Klick auf eine Uhrzeit in dem Terminkalender kann der Bereich „Neuen Termin anlegen" initialisiert werden. Die Dauer des neuen Termins kann dabei individuell festgelegt werden und von der üblichen Dauer der Behandlungsart abweichen. Darüber hinaus steht eine Recall-Funktion zur Verfügung, um z. B. bei Vorsorgeuntersuchungen das Wiedereinbestellen von Patienten zu ermöglichen und Erinnerungen per SMS an das Handy oder an das Behandlungsprozessportal des Patienten zu senden (vgl. Abbildung 99).

Vorschläge zur Wiedereinbestellung

Untersuchungen, die in den nächsten 30 Tagen fällig werden oder überfällig sind

[30] [Ändern]

Versicherten-nummer	Name	Behandlung	Letzte Behandlung	Fällig	Nächste Behandlung in Zukunft	Sende SMS	Sende Benachrichtigung über Portal	Keine Wiedereinbestellung
111	Hans Meier	Krebsvorsorge	01.06.2005	01.06.2006		Senden (0)	Senden (1)	Aus Liste entfernen
222	Lutz Schmidt	Krebsvorsorge	22.03.2005	22.03.2006		Senden (1)	Senden (0)	Aus Liste entfernen
333	Fritz Anton	Krebsvorsorge	29.06.2005	29.06.2005	30.06.2006	Senden (0)	Senden (1)	Aus Liste entfernen

Abbildung 99: Recall-Funktionalität für Leistungserbringer

Auch die Administration von Öffnungszeiten und Urlauben wird unterstützt. Es besteht z. B. die Möglichkeit, Urlaubsvertretungen zu hinterlegen und diese dem Patienten im Behandlungsprozessportal anzuzeigen, sobald sie einen Termin bei einem Arzt buchen möchten, der sich im Urlaub befindet.

9.1.1.5.2 Case Management

Der *E-Service Case Management* unterstützt die Koordination zwischen Praxisnetz und Homecare-Dienstleistern (HCD) des Netzes. Das Aufgabenspektrum des HCD reicht von der Beantwortung einfacher Anfragen (Information und Beratung), über die Beratung mit unterstützender Ausführung, bei der der HCD die Kontaktanbahnung zu weiteren Dienstleistern übernimmt (z. B. Essen auf Rädern, Putzdienst), bis hin zu einem umfassenden Case Management (vgl. Abschnitt 2.2). Bei letzterem agiert der Hausarzt als Case Manager des HCD, um gemeinsam einen Hilfeplan zu erstellen und umzusetzen, der soziale, medizinische und pflegerische Maßnahmen umfasst (ärztlich induziertes Case Management). Patienten können sich direkt an das HCD-Team wenden. Alternativ wird der Kontakt zwischen Patient und Pflegedienst durch den Hausarzt hergestellt. Handelt es sich um Dienste zur Ausführungsunterstützung oder Case Management, wird eine Beauftragung des HCD durch den Hausarzt benötigt [WaLF05, S. 24ff.].

Ist eine komplexe Problemlage des Patienten gegeben, die ein ärztlich induziertes Case Management erfordert, so erhebt der Pflegedienst in enger Abstimmung mit dem Hausarzt und dem Patienten (bzw. seinen Angehörigen) die Bedarfe des Patienten und organisiert benötigte Leistungen. In der Regel werden dabei folgende Schritte durchlaufen, die den Koordinationsbedarf deutlich machen [WaLF05, S. 31ff.]:

- Beauftragung: Formelle Beauftragung des Pflegedienstes für Case Management (Beauftragungsbogen).

- Screening & Assessment: Um Bedarfe des Patienten zu erheben, analysiert der Pflegedienst durch Hausbesuche und Befragungen des Hausarztes detailliert die Situation des Patienten (Screening- und Assessment-Instrumente).

- Ziel- und Versorgungsplanung: Die Ziele des Case Managements werden festgelegt und die erforderlichen Maßnahmen zu deren Erreichung geplant (Hilfeplan). Beispielmaßnahmen: Einschalten von Pflegediensten, Rezeptierung von Heil- und Hilfsmitteln, Antragstellung auf Zuzahlungsbefreiung bei der Krankenkasse.

- Durchführung: In diesem Schritt erfolgt die Durchführung der geplanten Maßnahmen sowie das Monitoring (Zwischenevaluationen).

- Evaluation: Sind die Ziele erreicht, so kann der Fall beendet und evaluiert werden.

- Rückmeldung: Die Ergebnisse des Falles werden durch HCD in einem Rückmeldebogen an den Koordinationsarzt übermittelt.

Die einzelnen Schritte werden dabei in der Regel nicht streng sequenziell durchlaufen. Beispielsweise kann eine Zwischenevaluation die Notwendigkeit einer Anpassung des Hilfeplans oder eines Reassessments ergeben [WaLF05, S. 36].

Zur operativen Unterstützung der Behandlungsprozesse im Netz wird der Prozess des Case Managements, speziell die Koordination zwischen Hausarzt und HCD, exemplarisch durch einen E-Service unterstützt. Die Webparts zur Abbildung und Unterstützung des Case Management-Prozesses decken drei Perspektiven ab. Zunächst erfolgt die Beauftragung durch den Hausarzt (vgl. Abbildung 100).

Abbildung 100: Elektronische Beauftragung

Bei der Ziel- und Versorgungsplanung können beide Akteure über die Oberfläche miteinander interagieren. Die Darstellung ist demnach von dem jeweiligen Benutzer, dem durchgeführten Service und dessen aktuellen Status abhängig. Abbildung 101 skizziert den Webpart zur Abstimmung der Ziel- und Versorgungsplanung durch Hausarzt und HCD.

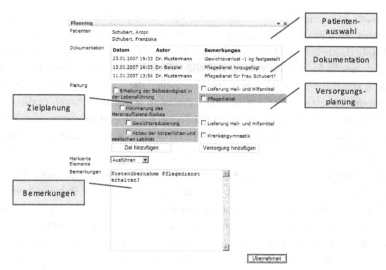

Abbildung 101: Ziel- und Versorgungsplanung

Die Iterationen bei der Abstimmung der Ziele sowie der zur Zielerreichung notwendigen Versorgungsmaßnahmen wird im *E-Service* dokumentiert (z. B. Bemerkungen, Datum, Autor, Ziele, Versorgung). Zudem werden offene Aufgaben im Leistungserbringer-Portal angezeigt. Die Zielerreichungsgrade werden ebenso durch den *E-Service* unterstützt wie die Evaluation im Rahmen eines Rückmeldebogens.

9.1.1.5.3 Partnerprogramme

Partnerprogramme (Affiliate Networks) sind eine Form des Partnervertriebs über das Internet (vgl. Abbildung 102) [WiTa02, S. 13]. Sie werden von Online-Händlern und -Dienstleistern (Merchants) betrieben. Partner (sog. Affiliates) platzieren auf ihrer Webseite Links (1) zu solchen Produkten bzw. Dienstleistungen, die für Besucher ihrer Seite interessant sein könnten (2). Der Merchant zahlt dem Affiliate für jede Transaktion (3), die über die Seite des Affiliates generiert wird, eine erfolgsabhängige Provision (4).

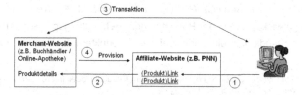

Abbildung 102: Prinzip des Affiliate Marketing

Merchants ist es durch das Betreiben eines Partnerprogramms möglich, ein eigenes „virtuelles Vertriebsnetz" mit geringen Marketing- und Vertriebskosten aufzubauen [WiTa02, S. 8]. Da der Merchant Provisionen nur erfolgsabhängig zahlt, trägt er lediglich resultatsorientierte Kosten [WiTa02, S. 13]. Die zielgruppenspezifische Ansprache von potentiellen Kunden auf den Webseiten der Affiliates kann zu einer Steigerung der Besucherzahlen der Merchant-Webseite und einer höheren Con-version Rate[178] führen. Affiliates können durch die Teilnahme an Partnerprogrammen Provisionen erzielen und den Besuchern ihrer Webseite einen interessanten Zusatznutzen bieten [WiTa02, S. 13].

Auch Praxisnetze können als Betreiber von Behandlungsprozessportalen (vgl. Abschnitt 9.3) die Rolle eines Affiliates einnehmen und Patienten im Rahmen ihres Behandlungsprozesses Produkte und Dienstleistungen von Partnerunternehmen (Merchants) präsentieren. Ist die Empfehlung erfolgreich, erhält das Praxisnetz eine erfolgsabhängige Vergütung. Ziel einer Teilnahme an Partnerprogrammen liegt für Praxisnetze jedoch nicht primär in der Generierung möglichst hoher Provisionen. Vielmehr geht es um die Schaffung eines Zusatznutzens für Patienten, um eine hohe Patientenzufriedenheit und -bindung zu erreichen (z. B. durch die Vermittlung empfehlenswerter Bücher zum Verständnis kundenspezifischer Erkrankungen und Behandlungsmöglichkeiten).

Zur prototypischen Umsetzung des Affiliate-Konzeptes für Praxisnetze wurden zwei E-Services realisiert: *E-Service Produktempfehlung* sowie *E-Service Produktsuche*. Der Netzmanager fungiert dabei als zentrale Koordinierungsinstanz des Affiliate-Konzeptes. Da die Koordinationsärzte nur aus einem Pool von Produkten und Dienstleistungen wählen können, die durch den Netzmanager akkreditiert wurden, ist ein einheitliches Auftreten des Praxisnetzes gegenüber den Patienten und die Qualität der angebotenen Leistungen sichergestellt.

Produktempfehlung
Koordinationsärzte sollen auf einfache Art und Weise Produktempfehlungen zu einzelnen Behandlungs(teil)schritten hinzufügen können. Diese Produktvorschläge werden dem Patienten bei Auswahl des Behandlungsschrittes angezeigt.

Zur Umsetzung des *E-Services Produktempfehlung* wird der Web Service *Affiliate-Webservice* entwickelt. Klickt der Patient in dem Behandlungsprozessportal auf einen bestimmten Behandlungs(teil)schritt, bei dem Produktempfehlungen hinterlegt sind,

---

[178] Conversion Rate ist der prozentuale Anteil, mit dem Besucher oder Interessenten einer Webseite zu Käufern werden [WiTa02, S. 171].

wird der *AffiliateWebservice* aufgerufen, der die genauen Daten zu den empfohlenen Produkten liefert. *AffiliateWebservice* ruft zu diesem Zweck die Informationen entweder über eine Web Service-Schnittstelle des Programmbetreibers ab oder greift auf eine eigene Netz-Datenbanktabelle *AffiliateProducts* zu, in der kurze Beschreibungen der empfohlenen Produkte und Deeplinks zu diesen abgelegt sind. Durch die Tabelle wird gewährleistet, dass auch Produkte von Partnerprogrammen, die keine Web Service-Schnittstelle, sondern lediglich Linkgeneratoren[179] anbieten, in einen Behandlungsprozess eingebunden werden können.

Koordinationsärzte tragen den *E-Service Produktempfehlung* an der entsprechenden Stelle im Behandlungsprozess ein. Über Parameter bestimmen sie, welche Produkte dem Patienten bei dem entsprechenden Behandlungs(teil)schritt angezeigt werden. Wählt der Patient den entsprechenden Behandlungs(teil)schritt aus, werden die empfohlenen Produkte in einer Tabelle angezeigt (vgl. Abbildung 103). Durch einen Klick auf die Produktabbildung wird der Patient zu dem Produkt auf der Anbieterhomepage geleitet.

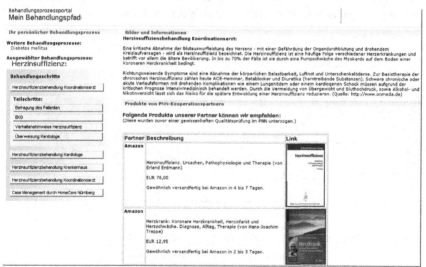

Abbildung 103: Produktempfehlungen im Behandlungsprozessportal

---

[179] Linkgeneratoren sind Tools, die auf den Webseiten der Partnerprogrammbetreiber angeboten werden. Sie dienen der Erstellung eines Links zu einem bestimmten Produkt (in Form eines URL-Parameters) und ermöglichen auf diese Weise die Integration in die Webseite des Affiliates.

Produktsuche

Patienten erhalten die Möglichkeit, den Produktkatalog von Partnerunternehmen zu durchsuchen, wobei die Suchergebnisse im Behandlungsprozessportal des Netzes angezeigt werden. Auch dieser *E-Service* kann von dem Koordinationsarzt an einer bestimmten Stelle im Behandlungsprozess eingebettet werden.

Zur Umsetzung des *E-Services Produktsuche* ist der Web Service *AffiliateSearch-Webservice* entwickelt. Gibt der Patient einen Suchbegriff ein, so wird *Affiliate-SearchWebservice* aufgerufen, der die Suchanfrage an den in dem Behandlungsprozess über einen Parameter spezifizierten Programmbetreiber durch einen Web Service-Aufruf weiterleitet. Anschließend liefert er die Suchergebnisse des in dem Behandlungsprozess spezifizierten Merchants zurück.

Im Beispiel erhält der Patient die Möglichkeit, bei dem Behandlungsteilschritt „Medikation" nach Angeboten der Online-Apotheke Pharma Kontor zu suchen. Die Suchergebnisse werden in Tabellenform angezeigt (vgl. Abbildung 104). Durch einen Klick auf den Link „Details" wird der Anwender zu dem Medikament in dem Pharma Kontor-Online-Shop weitergeleitet und kann dieses dort bestellen.

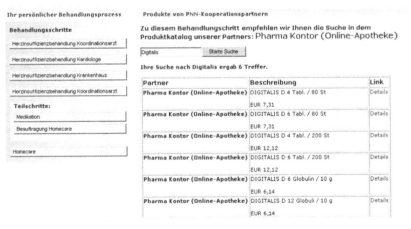

Abbildung 104: *E-Service* Produktsuche

Sowohl empfohlene Produkte des *E-Services Produktempfehlung* als auch Treffer einer Produktsuche werden dem Patienten in Form einer Produktbeschreibung und eines Deeplinks im Behandlungsprozessportal angezeigt. Der Link enthält als URL-Parameter die Kennung des Netzes bei dem entsprechenden Partnerprogramm. Auf diese Weise können die Aktivitäten von Patienten, die über das Behandlungsprozessportal auf die Merchant-Webseite gelangt sind, eindeutig dem Praxisnetz gutgeschrieben werden. Es handelt sich also um linkbasiertes Affiliate Marketing mit einer

URL-Tracking-Methode. Als Deeplinks kommen Graphik- oder Textlinks zum Einsatz. Das Praxisnetz kann sowohl an Partnerprogrammen von Merchants, die über eine eigene Software-Lösung verfügen als auch an Programmen, die über einen Affiliate Networks Provider vermittelt werden, teilnehmen.

9.1.2 Nutzenpotenziale

Die Nutzenpotenziale der *prozessbasierten E-Service-Logistik* für Leistungserbringer werden nachfolgend dargestellt.

9.1.2.1 Koordinationsarzt

Der Koordinationsarzt nimmt in einem Praxisnetz, das nach dem Hausarztmodell agiert, die zentrale Schlüsselposition im Versorgungsprozess ein (vgl. Abschnitt 3.5.1). Durch den Einsatz des IVWS kann der Koordinationsarzt in der anspruchsvollen **Funktion als Gatekeeper und Lotse des Patienten** unterstützt werden. Die Modellierung der Behandlungsprozesse und die Auswahl der richtigen Teilschritte und *E-Services* wird durch das Case-Based-Reasoning-System erleichtert. Diagnostiziert der Koordinationsarzt im Rahmen der Erstuntersuchung eines Patienten eine bestimmte Erkrankung, wie z. B. Herzinsuffizienz, erhält er vom CBR-System über das Leistungserbringerportal die Möglichkeit, Kontextattribute für das aktuelle Krankheitsbild zu erfassen. Er bekommt vom System einen individualisierten Behandlungsprozess- und *E-Service*-Vorschlag unterbreitet. Dadurch wird ein Großteil der aufwändigen Prozessmodellierung durch die schnellere und **effizientere Kontextmodellierung** ersetzt [Rupp02, S. 56]. Der Rückgriff des CBR-Systems auf bewährte Altfälle und deren flexible, kontextspezifische Anpassung an das aktuelle Krankheitsbild des Patienten sorgen für die **Individualität und Qualität des Prozessmodellvorschlags**. Dieser stellt für den Koordinationsarzt eine erfahrungsbasierte Ausgangsbasis für die weitere Modifikation des Behandlungsprozesses dar. Eine Unterstützung der Aufgaben des Koordinationsarztes durch das IVWS kann daher einige Nachteile, die bei der Anwendung des Gatekeeperprinzips angeführt werden, abschwächen. So bestehen Zweifel, ob ein einzelner Koordinationsarzt, in Praxisnetzen meist der Hausarzt, „überhaupt in der Lage ist, das gesamte **medizinische Leistungsspektrum** zu **überblicken** und in allen relevanten Bereichen über den der-zeitigen gültigen **Wissensstand** zu verfügen" [LiSS04, S. 59]. Falsche Diagnosen, ungeeignete Behandlungsmaßnahmen oder zu spät eingeleitete Überweisungen an nachgelagerte Fachärzte schaden nicht nur dem Patienten, sondern auch dem Ruf des Koordinationsarztes und können letztlich zu einer Erhöhung der Behandlungskosten im Praxisnetz führen [AmSc04, S. 104]. Der Vorteil des CBR-Systems liegt darin, dass es „auch in komplexen Situationen gute Ratschläge geben [kann], in denen der Mensch nicht mehr in der Lage ist, alle Informationen zu überblicken und auszuwerten"[180] [Szat99, S. 119]. Der automatisch generierte Behandlungsprozessvorschlag unterstützt den Anwender bei der verantwortungsvollen Aufgabe, darüber zu entscheiden, was für einen Patienten sinnvoll und angemessen ist. Er versorgt den Koordinationsarzt mit Experten- und Prozesswissen, welches sich in einem ähnlichen Problemkontext bewährt hat und daher als Behandlungsempfehlung prak-tischen Wert besitzt. Gleichzeitig berücksichtigt der vorgeschlagene Prozess neue wissenschaftliche Erkenntnisse, die auf Grundlage von – meist evidenzbasierten – Leit-linien in die Konsistenzregeln des Adaptionsmechanismus des CBR-Systems einge-arbeitet wurden. Die automatische Generierung von Anpassungsvorschlägen bei Kontextänderungen durch das CBR-System hat Erinnerungsfunktion, so dass notwendige Anpassungen vom Koordinationsarzt nicht so leicht vergessen oder übersehen werden [Rupp02, S. 153].

Neben der Spezifikation und zeitlich-logischen Abfolge der medizinischen Teilleistungen beinhaltet der Systemvorschlag auch eine *prozessbasierte E-Service-Logistik*, die für eine Unterstützung der einzelnen Aktivitäten durch elektronische Services sorgt. Da die **Zuordnung der E-Services** zu den fachlichen *Services, Sub Services, Kunden- und Koordinationsaufgaben* automatisiert durch das System vorgenommen wird, erhält der Koordinationsarzt aktuelle und im Kontext der Behandlung nutzbringende *E-Services*.

Gleichzeitig behält der Koordinationsarzt sowohl in der Modellierungsphase als auch bei der iterativen Modifikation des Prozess- und *E-Service*-Vorschlages während der Durchführungsphase die **Souveränität über die endgültige Ausgestaltung der Behandlungsprozesse**. Er kann das Behandlungsprozessmodell sowie die zugehörigen *E-Services* entsprechend seiner eigenen Einschätzung und seinem Ermessen modifizieren und den Bedürfnissen des Patienten anpassen. Die Flexibilität der serviceorientierten Systemarchitektur erleichtert die Adaption und wertschöpfende Rekonfiguration der *Services* und *E-Services* entsprechend neuer, unvorhergesehener Anforderungen im Behandlungskontext. Von großer Bedeutung ist dabei die **Anwendernähe** des IVWS, die es dem Koordinationsarzt ermöglicht, anwenderfreundlich, d. h. ohne technische Programmier- und Orchestrierungskenntnisse, patientenindividu-

---

[180] Im Gegensatz zur Technik stößt der Mensch mit zunehmender Komplexität und Unsicherheit der Problemstellung irgendwann auf neurophysiologische Grenzen und ist in seiner Verarbeitungskapazität überfordert. Dadurch wird seine Fähigkeit zu rationalem, vernunftorientiertem Verhalten erheblich eingeschränkt, was auch mit dem Begriff der „begrenzten Rationalität" (bounded rationality) umschrieben wird [Olde92, S. 106].

elle Prozessmodelle zu konfigurieren und modifizieren.

Um einen patientenindividuellen, ganzheitlichen Behandlungsprozess modellieren und steuern zu können und dabei die Zusammenhänge zwischen den einzelnen Teilleistungen zu überblicken, müssen alle relevanten Informationen beim Koordinationsarzt zusammenlaufen [LiSS04, S. 61]. Die Statusinformationen, die der Meta-Orchestration-Server über das Leistungserbringerportal bereitstellt, verschaffen dem Koordinationsarzt die nötige **Transparenz über das Leistungsgeschehen**, so dass er gegebenenfalls korrigierend eingreifen kann, um eine optimale Patientenversorgung zu erreichen. Es können Doppeluntersuchungen, unnötige oder gar gesundheitsschädliche Behandlungsmaßnahmen vermieden werden, was zu Zeit- und Kostenersparnissen führt und die Behandlungsqualität erhöht. Der modellierte Behandlungsprozess dient dabei als Basis für die Kommunikation mit den übrigen Netzakteuren. Dabei kann es bei Anwendung des Hausarztmodells verstärkt zu Konflikten zwischen den Koordinations- und Fachärzten eines Praxisnetzes kommen, denn aufgrund ihrer Schlüsselposition im Versorgungsprozess sind die Koordinationsärzte durch ihr Überweisungsverhalten für das Einkommen ihrer Facharztkollegen mitverantwortlich [AmSc04, S. 104]. Da der Einsatz des IVWS die Transparenz verbessert, werden Entscheidungen der Koordinationsärzte, die bei einem gegebenen Behandlungskontext getroffen werden, für die anderen Leistungserbringer nachvollziehbarer. In Kombination mit den Möglichkeiten des Praxisnetz-Controllings lassen sich so Bevorzugungen oder Benachteiligungen zumindest teilweise reduzieren.

9.1.2.2   Leistungserbringer

Als Interaktionsplattform präsentiert das Leistungserbringerportal dem Arzt alle notwendigen prozess- und patientenbezogenen Informationen. Die Möglichkeit einer verteilten, dezentralen Bearbeitung erlaubt es den Leistungserbringern, den vom CBR-System und dem Koordinationsarzt vormodellierten **Behandlungsprozess zur Laufzeit** an die konkreten Gegebenheiten und die Änderungen im Krankheitsbild des Patienten **anzupassen**.

Die Visualisierung des Gesamtprozesses sowie die detaillierte Beschreibung der einzelnen Prozessteilschritte verbessert die Transparenz und versorgt den behandelnden Arzt mit dem relevanten **Wissen über Vorgeschichte, Behandlungskontext und bereits durchgeführte sowie empfohlene Leistungen.** Dies kann positive Wirkung auf die Qualität der Patientenversorgung sowie auf die Motivation des Arztes besitzen, denn die Gesamtsicht auf den Behandlungsprozess und die Kenntnis der vor- und nachgelagerten Behandlungsschritte sorgt für eine Ausrichtung aller Aktivitäten auf die Erreichung der gemeinsamen Patienten- und Netzziele. Dies fördert das ganzheitliche, vernetzte Denken der Prozessbeteiligten, verdeutlicht den eigenen Beitrag zum Prozessergebnis und steigert dadurch ihre **Motivation**. Die traditionelle „Einzelkämpfernatur" der Ärzte, die einer kooperativen Zusammenarbeit im Praxisnetz im Wege steht, kann durch die prozessorientierte Sichtweise des IVWS mit **mehr Teamgeist und Gemeinschaftsgefühl** versehen werden. Da Mitglieder eines Praxisnetzes von der Performance der übrigen Leistungserbringer abhängig sind, besteht für den einzelnen Arzt das Risiko, dass sich andere Mitglieder nicht an vereinbarte Qualitäts- oder Verfahrensrichtlinien halten oder – bei Budgetverantwortung – ineffizient wirtschaften [OrSc00, S. 225]. Die zeitnahen Controllingmöglichkeiten des IVWS und die Transparenz über das Leistungsgeschehen helfen, diese Bedenken zu zerstreuen oder Maßnahmen einzuleiten und das **Vertrauen des Einzelnen in die Vorteile des Praxisnetzes zu stärken**. Auch besteht für die Leistungserbringer die Möglichkeit, sich mithilfe entsprechender Netzreports jederzeit **über die eigene Performance zu informieren**.

Das IVWS bietet den Leistungserbringern zu den einzelnen Teilleistungen im Behandlungsprozess geeignete **E-Services als Unterstützung** an. So kann beispielsweise die automatisierte Erstellung eines Arztbriefes oder einer Abrechnung und deren elektronische Weiterleitung den administrativen Aufwand für den Leistungserbringer verringern. Gleiches gilt für andere *E-Services*, wie sie z. B. in Abschnitt 9.1 exemplarisch dargestellt wurden (z. B. *eAppointment*-Funktionalität). Durch die Vielzahl potenzieller interner und externer *E-Services*, die mithilfe der serviceorientierten Architektur des IVWS flexibel kombiniert und automatisiert ausgeführt werden, können sich für die Leistungserbringer erhebliche **Entlastungen von administrativen und koordinativen Aufgaben** ergeben.

Neben dem funktionalen, inhaltlichen Nutzen besitzen die automatisierten Prozess- und *E-Service*-Vorschläge des IVWS in zweifacher Hinsicht Erinnerungscharakter für die beteiligten Leistungserbringer. Zum einen können entsprechende *E-Services* in Form von Hinweisen oder zeitkritischen Alarmen den Arzt explizit z. B. auf wichtige Termine, etwaige Unverträglichkeiten des Patienten oder kritische Befundergebnisse hinweisen. Andererseits haben die automatisierten Vorschläge des IVWS an sich bereits **Erinnerungs- und Empfehlungsfunktion**. Denn der Systemvorschlag weist den Leistungserbringer zum richtigen Zeitpunkt im Behandlungsprozess auf die jeweiligen Behandlungsmöglichkeiten bzw. unterstützende *E-Services* hin, die im nächsten Teilschritt der Behandlung sinnvoll sein können. Auf diese Weise können ablaufbezogene Flüchtigkeitsfehler und das Vergessen notwendiger Prozessschritte reduziert werden [Rupp02, S. 56]. **Dies erhöht die Prozesssicherheit und steigert die Qualität der Versorgung**.

Zusätzlich zu den *E-Services*, die die Leistungserbringer direkt unterstützen, profitieren diese auch von *E-Services*, die die Patienten beispielsweise mit behandlungs- oder krankheitsspezifischem Wissen versorgen. Derartige Informations-*E-Services* **entlasten den Arzt von zeitraubenden Informationsaufgaben** und erhöhen gleichzeitig die Eigenverantwortung und Mitarbeit des Patienten im Behandlungsprozess (vgl. Abschnitt 9.3). Ebenso kann der Arzt dem Patienten *„Kundenaufgaben"* übertragen, die dieser erfüllen sollte (z. B. Gewichtsreduktion, regelmäßige Gewichtsmessung). Sobald der Patient das Ergebnis seiner *Kundenaufgabe* über das Behandlungsprozessportal an das System übermittelt, erhält der behandelnde Arzt eine Benachrichtigung bzw. Warnmeldung. Dadurch wird eine **Kontrolle des Gesundheitszustandes, des Verhaltens und der Compliance von Patienten** vereinfacht. Der Leistungserbringer kann schneller auf Veränderungen im Krankheitsbild (z. B. bei Vorzeichen eines Herzinfarktes) reagieren und eine Behandlung des Patienten veranlassen.

Gemäß der Berufsordnung der deutschen Ärzte ist die Dokumentation eine der Hauptaufgaben im Behandlungsprozess und kann bei einer traditionellen, papiergebundenen Erstellung 20 bis 40 Prozent der Arbeitszeit der Ärzte in Anspruch nehmen [GISS04, S. 11f.]. Demzufolge birgt die behandlungsbegleitende Dokumentation, die das IVWS mittels einer automatisierten Erfassung der Teilschritte, Akteure und Zeiten vornimmt, für die Leistungserbringer erhebliche Nutzenpotenziale. Neben der Entlastung des Arztes und der Zeitersparnis unterstützt das IVWS eine rechtzeitige, zuverlässige, **vollständige und aktuelle medizinische Dokumentation**. Sie liefert wichtige Informationen hinsichtlich der Kosten und Leistungen sowie für die Behandlung selbst [GISS04, S. 12]. Dadurch trägt das IVWS zur Objektivierung der medizinischen Entscheidungsfindung bei. Im Zusammenhang mit Haftungs- und Rechtsangelegenheiten kann ein **dokumentierter Ablaufplan darüber hinaus als Beweismaterial** dienen [GrBe04, S. 55].

Medizinische Leitlinien und geplante Behandlungspfade werden in Praxisnetzen derzeit nur unzureichend angewandt (vgl. Abschnitt 3.6.4). Dies ist vorwiegend auf die Schwierigkeiten ihrer praktischen Handhabung zurückzuführen [GISS04, S. 20], denn Leitlinien in Text- bzw. Papierform sind unhandlich, meist unübersichtlich und schwer in den Praxisalltag zu integrieren. In der Folge besitzen viele Ärzte nur rudimentäres Wissen über aktuelle, wissenschaftlich fundierte Leitlinien und wenden sie daher auch nicht an. Es besteht die Gefahr, dass Ärzte ihre Patienten entweder nach veralteter Lehrbuchmeinung oder nach eigener, über Jahre hinweg gesammelter Erfahrung behandeln und neueste wissenschaftliche Erkenntnisse unberücksichtigt bleiben. Dies hat negative Auswirkungen auf Qualität und Effektivität der Versorgung im Praxisnetz. Das gemeinsame Einarbeiten von Leitlinien in die Konsistenzregeln des

CBR-Systems innerhalb einer Expertengruppe des Praxisnetzes fördert einerseits das **Wissen und Bewusstsein der Netzmitglieder über Inhalt und Notwendigkeit von Leitlinien.** Andererseits erfolgt durch die Konsistenzregeln eine auto-matische Bewertung bzw. Adaption der angebotenen Systemvorschläge des CBR-Systems entsprechend dem letzten Stand der wissenschaftlichen Forschung. Dadurch **erleichtert das IVWS die praktische Anwendung von Leitlinien** und unterstützt die Qualität der Versorgung im Praxisnetz.

9.2 Unterstützung des Netzmanagements

Wie im vorherigen Abschnitt werden auch bei der Zielgruppe des Netzmanagements zunächst Anwendungsszenarien und unterstützende Funktionalitäten sowie Bildschirmmasken erläutert und anschließend Nutzenpotenziale abgeleitet.

9.2.1 Anwendungsszenarien

Neben der Konfiguration des Netzziel- und Anreizsystems werden im nachfolgenden Abschnitt v. a. die Anwendungsszenarien zur Leistungsbewertung (z. B. Scorecards, OLAP-Auswertungen) behandelt.

9.2.1.1 Konfiguration des Ziel- und Anreizsystems

Es werden Funktionskomponenten zur Ziel-, Kategorie- und Messwertdefinition, zur Punktwertberechnung sowie zur Berechnung der Bonuszahlung unterschieden.

9.2.1.1.1 Zieldefinition

Um in der Balanced Scorecard (vgl. Abbildung 114, S. 282) die Leistung des Netzes anhand der Perspektiven (strategische Oberziele, Finanz-, Kunden-, Prozess- und Potenzialdimension) abbilden zu können, sind zunächst die Kennzahlen zu definieren und Metriken zu erfassen. Für jede in der BSC abgebildete Kennzahl werden Name, Inhaltsbeschreibung, Berechnungsformel sowie relevante Wertebereiche für Statusmeldungen definiert und abgespeichert (vgl. Abbildung 105).

Name		Beschreibung
Einhaltung AuV (beh.prozessbez., nicht LL-basiert)		Einhaltung von Arbeits- und Verfahrensanweisungen, die auf Behandlungsprozesse bezogen sind und nicht auf Leitlinien basieren.
Typ		Ermittlung
Formel		Mittel(Einhaltung AuV Generikaquote; Einhaltung AuV Krankenhauseinweisung; Einhaltung AuV Großgeräteuntersuchung)
Aktuelle Ziele (Zieltyp)		Wertebereiche für Statusmeldungen
2006: 0,8 (max) 2007: 0,9 (max)	🕲 >= 0,72 ① < 0,72 >= 0,56 🕃 < 0,56	

Abbildung 105: Kennzahlenbeschreibung

9.2.1.1.2 Kategorie- und Messwertdefinition

Dem Netzmanagement stehen mehrere Möglichkeiten zur Verfügung, das Ziel- und Anreizsystem zu konfigurieren und auf die Netz-Anforderungen auszurichten. Um die Relevanz der einzelnen Messwerte netzspezifisch anzupassen, kann z. B. die Gewichtung der Zielkategorien skaliert werden (vgl. Abbildung 106).

ConfigViewer

Gewichtung von Kategorien und Messwerten		
Kategorien / Messwerte	**Gewichtung in**	
	Punkten	**Prozent**
⊟ Ausschöpfung DMP-Potenzial	40	20 %
DMP-Diabetes	20	10 %
DMP-Koronare Herzkrankheiten	20	10 %
⊞ Effizienz	35	17,5 %
⊞ Interne Indikatoren	25	12,5 %
⊟ Patientenzufriedenheit	30	15 %
Anteil der zufriedenen Patienten	20	10 %
Weiterempfehlungsrate	10	5 %
⊞ Pharmakotherapie	45	22,5 %
⊟ Vorsorge	25	12,5 %
Anteil der mit Schutzimpfungen versorgten Kinder	10	5 %
Regelmäßigkeit von Krebsvorsorgeuntersuchungen	15	7,5 %
Speichern	**200**	**100**

Abbildung 106: Gewichtung der Messwerte

Damit auch bei einer höheren Anzahl von Messwerten die Übersichtlichkeit gewahrt bleibt, können Indikatoren aus- und eingeblendet werden. Zudem wird auf Kategorie-

und Messwertebene der entsprechende Prozentwert angezeigt. Der Webpart *MeasureConfigViewer* unterstützt Netz-Manager bei der Messwertkonfiguration.[181] Der Netzmanager selektiert einen Indikator, für den er Einstellungen vornehmen möchte. Für diesen Messwert werden die wichtigsten Informationen in der Rubrik „Details zum Messwert" zusammengefasst (z. B. Kurzbeschreibung des Indikators, maximal erreichbare Punktzahl, Wertebereich; vgl. Abbildung 107).

Details zum Messwert	
Name:	DMP-Koronare Herzkrankheiten
Beschreibung:	Disease management program - Herzkrankheiten
Niedrigster Wert:	0
Maximal erreichbarer Wert:	100
Maximal zu vergebende Punkte:	20

Abbildung 107: Messwert-Konfiguration

Im nächsten Schritt ist zu entscheiden, ob der ausgewählte Messwert im Performance Reporting für Ärzte und Patienten angezeigt werden soll. Dadurch werden beim Vergleich der Leistungserbringer nur solche Daten veröffentlicht, die keine vertraulichen Informationen enthalten bzw. die für Patienten vorgesehen, relevant und verständlich sind. Wie Abbildung 108 zeigt, wird im vorliegenden Szenario beispielsweise darauf verzichtet, die Ergebnisse der Ärzte bezüglich des Indikators „DMP - Koronare Herzkrankheiten" den Patienten zugänglich zu machen.

Festlegung der Berechtigungen bezüglich der Darstellung im Performance Reporting
☑ Berücksichtigung des Indikators im Performance Reporting für Ärzte
☐ Berücksichtigung des Indikators im Performance Reporting für Patienten
Speichern

Abbildung 108: Berechtigungseinstellungen

Wie in Abschnitt 8.2.2.2 erläutert, wird jeder Arzt einer Gruppe (z. B. Koordinationsarzt, Facharzt) zugeordnet. Da bestimmte Messwerte nur für bestimmte Arztgruppen von Bedeutung sind, ermöglicht eine Bildschirmmaske die Selektion der Vergleichsgruppen, für die der betreffende Indikator in der späteren Punktwertberechnung und im Performance Reporting zu berücksichtigen ist (vgl. Abbildung 109). Im Fall des Messwerts „DMP - Koronare Herzkrankheiten" wird ausschließlich die Facharztgruppe der Kardiologen ausgewählt.

---

[181] Die in diesem Abschnitt verwendeten Abbildungen sind Teil dieses Webparts und werden lediglich aus Gründen der Übersichtlichkeit getrennt dargestellt.

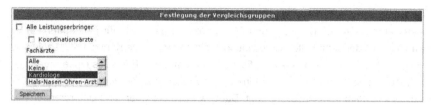

Abbildung 109: Auswahl der Arztgruppen

9.2.1.1.3 Punktwertberechnung

Die Konfiguration der Punktwertberechnung wird nachfolgend beschrieben. Der Netzmanager kann für jeden Messwert eine individuelle Kalkulationsform festlegen, um mithilfe der errechneten Punktwerte möglichst exakt die Leistung des Arztes abzubilden und dessen Verhalten durch Anreize gezielt zu beeinflussen.

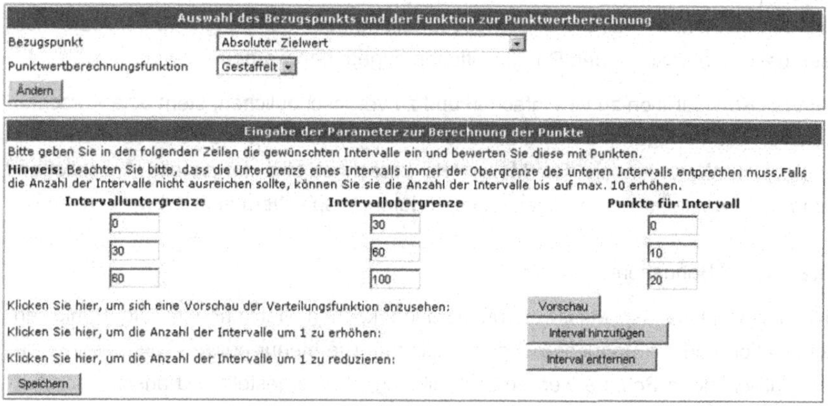

Abbildung 110: Einstellungen zur Punktwertberechnung

Zunächst wählt der Netzmanager den Bezugspunkt und die Punktwertberechnungsfunktion aus. Wie bereits in Abschnitt 8.3.2.1.2 dargestellt, kann er hinsichtlich des Bezugspunkts zwischen den Optionen „Absoluter Zielwert", „Relativ nach Ranking in Vergleichsgruppe", „Relativ zum Durchschnitt einer Vergleichsgruppe" und „Relativ zur Vorperiode" wählen. Als Bewertungsfunktionen stehen die Typen „0/1", „linear" und „gestaffelt" zur Verfügung. Bis auf die Kombination „Relativ nach Ranking in Vergleichsgruppe" und „linear" können alle anderen Bezugspunkte und Funktionen zusammen eingesetzt werden.

Abhängig von seiner Wahl wird der Netzmanager aufgefordert, verschiedene Parameter einzugeben (z. B. Unter- und Obergrenzen, Punktwerte für jedes Intervall)[182]. Dabei ist bei der gestaffelten Berechnungsfunktion der größte Konfigurationsaufwand nötig, da hier mehrere Intervalle definiert werden müssen. Für jedes dieser Intervalle ist festzulegen, wie viele Punkte einem Arzt gutgeschrieben werden, falls sein Ergebnis innerhalb der Bandbreite liegt. Dabei werden die Ober- und Untergrenzen nur im Fall absoluter Zielwerte mit Werten aus dem Wertebereich definiert.

Wenn sich der Netzmanager für die relativen Bezugspunkte Durchschnitt oder Vorperiodenresultat entscheidet, sind Veränderungswerte einzutragen. Da der Durchschnittswert bzw. das Vorperiodenresultat zwischen den Leistungserbringern variiert, die Konfiguration aber für alle gleichermaßen gültig ist, können hier keine absoluten Werte, sondern nur relative Veränderungswerte verwendet werden.

Bei der Punktberechnung stehen die Durchschnitts- bzw. Vorperiodenwerte zur Verfügung, so dass mithilfe der Veränderungsparameter absolute Intervalle ermittelt werden können. Im Fall der Leistungsbeurteilung nach der Rangfolge der Ärzte müssen bei der Intervallbildung Rangpositionen angegeben werden.

Um die Konfiguration zu vereinfachen und zu veranschaulichen, steht eine Vorschaufunktion zur Verfügung. Es wird anhand der eingegebenen Parameter der Funktionsverlauf im Wertebereich des Messwerts berechnet und dargestellt. Anschließend kann der Funktionsverlauf angepasst und durch Abspeichern aktiviert werden.

9.2.1.1.4 Bonusberechnung

Nach Abschluss der Messwertkonfiguration können Netzmanager die Punktwertkalkulation und die Bonusberechnung initiieren. Die hierfür notwendigen, sequenziell abzuarbeitenden Schritte werden in Abbildung 111 dargestellt und anschließend erläutert.

---

[182] Um eine lückenlose Abbildung des Wertebereichs zu gewährleisten, wird die Eingabe nur dann akzeptiert, wenn die Intervallobergrenze mit der Untergrenze des nächsten Intervalls übereinstimmt. Ebenso reagiert die Applikation mit einer Fehlermeldung, wenn die einem Intervall zugewiesene Punktzahl den in der Gewichtung festgelegten Maximalwert überschreitet. Auch die Vergabe negativer Punktwerte für bestimmte Intervalle ist möglich, um Malus- bzw. Strafpunkte abzubilden.

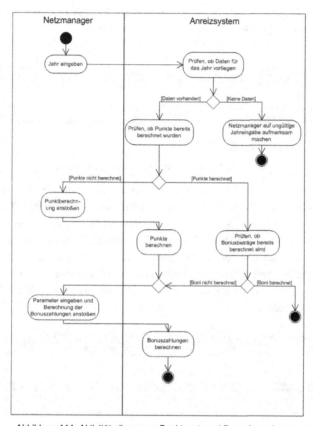

Abbildung 111: Aktivitätsdiagramm Punktwert- und Bonusberechnung

Zunächst gibt der Netzmanager das Jahr der Betrachtung in die Eingabemaske ein (vgl. Abbildung 112). Er kann z. B. Punkte und Bonuszahlungen im Zuge eines Jahreswechsels für das abgelaufene Geschäftsjahr erstmals oder nach Änderung der Konfiguration neu berechnen. Das einzugebende Jahr ist dabei nicht nur für die Berechnung der Punkte und Boni relevant, sondern bestimmt über das gesamte Anreizsystem hinweg die Betrachtungsperiode. Somit ist es auch möglich, ein zurückliegendes Jahr auszuwählen, um die Ergebnisse dieser Periode im Reporting nochmals retrospektiv zu betrachten.[183] Sobald eine gültige Eingabe erfolgt, wird geprüft, ob die

---

[183] Wird ein Jahr ausgewählt, für das in der Datenbank keine Resultate vorhanden sind, wird der Benutzer darauf aufmerksam gemacht und aufgefordert, ein gültiges Jahr einzugeben. Dieser Fall kann z. B. dann eintreten, wenn der Netzmanager versucht, für das aktuelle Jahr Punkte zu berechnen, Daten hierfür aber noch nicht in der Datenbasis des Performance Cockpits verfügbar

Fortsetzung nächste Seite

entsprechenden Punkte bereits berechnet wurden. Ist dies nicht der Fall, wird der Nutzer aufgefordert, die Punktberechnung zu veranlassen.

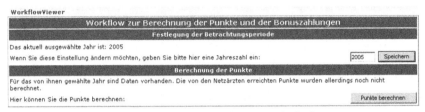

Abbildung 112: Eingaben vor Berechnung der Punkte

Sobald Punktwerte vorliegen, können Bonuszahlungen für die Leistungserbringer berechnet werden. Falls Punkte bereits zuvor ermittelt wurden, wird geprüft, ob die Kalkulation der Leistungsboni schon erfolgt ist. Andernfalls sind Eingaben zur Berechnung notwendig. In Abschnitt 8.3.2.1.3 wurden bereits die Formeln zur Berechnung der Bonuszahlungen erläutert. Leistungsboni setzen sich aus Zahlungen nach der Divisions- und der Verbesserungsmethode zusammen. Um diese Beträge berechnen zu können, müssen mehrere Parameter (z. B. Gesamtbetrag, Anteile der Leistungsarten) festgelegt werden.

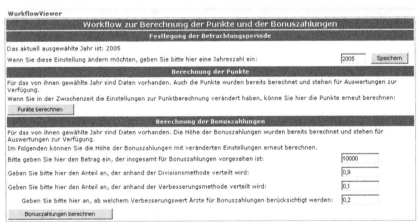

Abbildung 113: Eingaben nach Berechnung der Punkte

Im Beispielszenario wird von insgesamt zu verteilenden 10.000 Euro ein Anteil von 90 % auf die Divisionsmethode und 10 % auf die Verbesserungsmethode verteilt (vgl.

sind.

Abbildung 113). Zudem wird eine Eingabe über den Veränderungswert erwartet, den die Leistungserbringer im Vergleich zur Vorperiode erreichen müssen, um Ansprüche auf Zahlungen nach der Verbesserungsmethode zu erhalten. Dabei spielt es keine Rolle, um wie viel dieser Schwellenwert überstiegen wird, da alle Ärzte, die sich hierfür qualifizieren, den gleichen Teilbetrag erhalten. Der Verbesserungswert bezieht sich hierbei immer auf den normierten Gesamtpunktwert eines Arztes.[184]

9.2.1.2 Leistungsbewertung

Die im Rahmen einer Balanced Scorecard für Praxisnetze definierten Ziele und daraus abgeleiteten Kennzahlen werden im Rahmen des Performance Cockpits zur Steuerung des Praxisnetz-Geschehens zielgruppengerecht aufbereitet. Die webbasierte Plattform schafft Transparenz hinsichtlich Prozess-, Struktur- und Ergebnisqualität.

9.2.1.2.1 Netz-Scorecard

Es stehen verschiedene Scorecards zur Verfügung (vgl. Kapitel 8.3.2.2). Der Webpart in Abbildung 114 zeigt eine Balanced Scorecard in einer Dashboard-Ansicht. Über diese Ansicht soll das Netzmanagement mit einem Blick die Netzperformance hochaggregiert einschätzen können. Die Bedeutung der Symbole zur Visualisierung der Statusanzeige wird durch eine farbliche Gestaltung betont. Über verlinkte Ansichten können bei Bedarf mehr Details ins Blickfeld geholt werden.

---

[184] Der Netzmanager kann sowohl die Punktwerte als auch die Bonuszahlungen erneut berechnen und auf diese Weise Konfigurationen anpassen und Auswirkungen simulieren. Im Aktivitätsdiagramm wurde dieser Fall aus Gründen der Übersichtlichkeit nicht dargestellt.

Finanzen Strategisches Ziel	Status
Finanziellen Status der Ärzte sichern/verbessern	①
Finanziellen Überschuss steigern	①
Versorgungseffizienz steigern	①
Erträge steigern	①

Kunden Strategisches Ziel	Status
Steigern der Treue	⑤
Verbessern der Kundenzufriedenheit	✓
Kundenstamm ausbauen	⑤
Verbessern der Patientensouveränität	⑤

Prozesse Strategisches Ziel	Status
Kurative medizinische Versorgung verbessern und fördern	①
Prävention verbessern und fördern	①
Identifikation von Rationalisierungseffekten	①
Preferred-Provider-Beziehungen gezielt ausbauen	⑤
Kundenservice verbessern	✓
Regelverbindlichkeit verbessern	⑤
Kundenorientierte Kommunikation verbessern	①

Mitarbeiter&Lernen Strategisches Ziel	Status
Konzepte über Zirkel, QS-Initiativen und Schulungen umsetzen	①
Kontinuierliche Verbesserung durch QM-Strukturen	✓
Mitgliederzufriedenheit erhalten und verbessern	①
Behandlungs- und Netzprozesse effektiv und effizient mit IT unterstützen	⑤
Professionelle Organisationsstrukturen schaffen	①
Anreizsystem für Effizienz implementieren und Ausbauen	①

Abbildung 114: Balanced Scorecard-Überblick

Im Beispiel erkennt der Benutzer, dass die Situation bezüglich der Kundenperspektive suboptimal ist[185]. Über einen Link gelangt er zur Kundenperspektive, in der die Unterziele und Messgrößen im Detail dargestellt werden (vgl. Abbildung 115). Durch die Baumstruktur können Sachverhalte ausgeblendet werden, die für den Benutzer zum Betrachtungszeitpunkt nicht relevant sind. Ein Trendpfeil zeigt die Entwicklung der Zielerreichung im Vergleich zum letzten Berichtszeitraum.

BSCPerspectiveViewer

Strategisches Ziel / Messgröße	Kunden Status	Aktuell	Trend	Ziel 1	Ziel 2
⊞ Steigern der Treue	⑤				
⊟ Verbessern der Kundenzufriedenheit	✓				
Anteil der sehr zufriedenen Kunden	✓	95	↗	85	90
Anteil der unzufriedenen Patienten	✓	3	⇨	5	4
Weiterempfehlungsbereitschaft	✓	80	↗	80	85
Durchschnittliche Dauer der Arzt-Patient-Beziehung	✓	5	⇨	5	5
⊟ Kundenstamm ausbauen	⑤				
⊟ Ausbauen junger Neukunden	⑤				
Durchschnittsalter Patient	⑤	65	⇨	60	55
Anteil der unter 50jährigen Patienten	⑤	30	⇨	40	45
⊟ Erhöhen des Kundenpotenzials	①				
Kumulierter Marktanteil der teilnehmenden Krankenkassen	①	40	⇨	45	60
⊞ Ausschöpfung des Kundenpotenzials	①				
⊞ Verbessern der Patientensouveränität	⑤				

Abbildung 115: Kundenperspektive einer Balanced Scorecard

---

[185] Die Statusanzeige ermöglicht anhand dreier Symbole eine zügige Bewertung des Zielerreichungsgrades (Symbolbedeutung: „Häkchen" = sehr gut; „Pfeil" = unbefriedigend; „Ausrufezeichen" = befriedigend). Die Symbole werden darüber hinaus im Performance Cockpit farblich unterschieden.

Neben den Scorecards, in denen die Messgrößen über Ziele strukturiert werden, gibt es einfache Scorecards mit der Aufgliederung von Messgrößen ohne Zielbezug.

9.2.1.2.2 Leistungserbringer-Vergleich

Abbildung 116 zeigt eine Compliance Scorecard, mit der die Compliance der Akteure im Netz zu den Netzzielen gemessen wird (vgl. Kapitel 8.2.2.2.2).

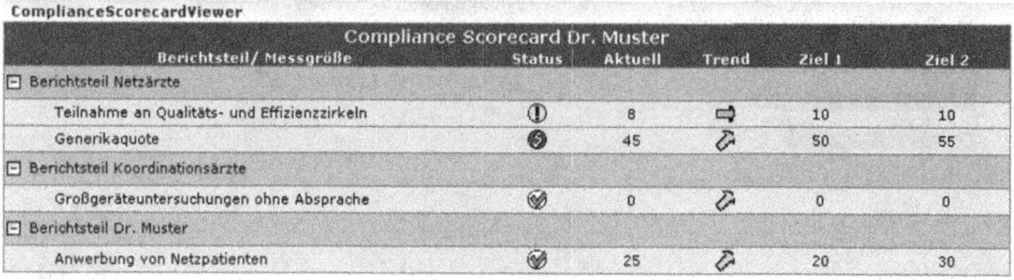

ComplianceScorecardViewer					
Compliance Scorecard Dr. Muster					
Berichtsteil/ Messgröße	Status	Aktuell	Trend	Ziel 1	Ziel 2
⊟ Berichtsteil Netzärzte					
Teilnahme an Qualitäts- und Effizienzzirkeln	①	8	⇨	10	10
Generikaquote	❺	45	⟋	50	55
⊟ Berichtsteil Koordinationsärzte					
Großgeräteuntersuchungen ohne Absprache	⦾	0	⟋	0	0
⊟ Berichtsteil Dr. Muster					
Anwerbung von Netzpatienten	⦾	25	⟋	20	30

Abbildung 116: Compliance Scorecard

Compliance Scorecards sind hierarchisch aufgebaut (z. B. Netzärzte, Koordinationsärzte, einzelne Koordinationsärzte). Die Messgrößen und Zielvorgaben können von Ebene zu Ebene konkretisiert werden. In Abbildung 116 wird die Messgröße „Anwerbung von Netzpatienten", die eigentlich zum Berichtsteil für Koordinationsärzte gehört, für den Leistungserbringer Dr. Muster konkretisiert.

Um die Leistung verschiedener Leistungserbringer zu vergleichen und so u. a. die Durchschnittsleistungen einer Arztgruppe einzusehen, kann die Ausgabe durch verschiedene Einstellungen (z. B. Auswahl von Fachgruppen oder Indikatoren) gefiltert werden. Abbildung 117 zeigt exemplarisch, dass die Analyse lediglich Koordinationsärzte sowie die Facharztgruppen Augenarzt und Kardiologe umfasst. Außerdem interessieren diese Gruppen lediglich die beiden Messwerte „DMP – Koronare Herzkrankheiten" und „Anteil der zufriedenen Patienten".

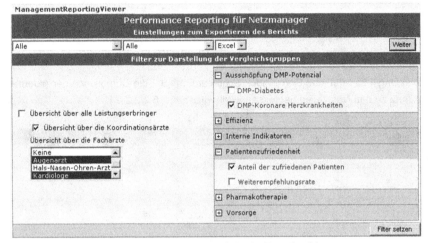

Abbildung 117: Filtermöglichkeiten im Reportingdialog

Bei der Anzeige der angeforderten Ergebnisse werden die Leistungserbringer der gewählten Arztgruppen dargestellt, um einen direkten Vergleich innerhalb der Fachgruppen zu ermöglichen (vgl. Abbildung 118).

Kategorie / Messwert / Arzt	Resultat	Punkte	Rang
☐ Ausschöpfung DMP-Potenzial			
☐ DMP-Koronare Herzkrankheiten			
☐ Kardiologe			
Dr. Anna Wunder	90	20	1
Dr. Maximilian Johansson	25	0	2
☐ Patientenzufriedenheit			
☐ Anteil der zufriedenen Patienten			
☐ Koordinationsarzt			
Dr. Michael Schmidt	75	14,25	1
☐ Augenarzt			
Prof. Dr. Jutta Schmitz	60	10,8	1
Dr. Manfred Huber	30	3,9	2
☐ Kardiologe			
Dr. Anna Wunder	85	16,55	1
Dr. Maximilian Johansson	20	1,6	2

Abbildung 118: Leistungserbringer-Vergleich

Der Ergebnisbereich des Webparts besteht aus drei Teilen. Neben dem Resultat werden die berechneten Punkte sowie der Rang eines Arztes innerhalb seiner Vergleichsgruppe dargestellt. Optional ist es möglich, die Ergebnisse auch in andere Dateiformate zu exportieren. Derzeit stehen hierfür die Formate pdf, XML und das xls-Dateiformat zur Verfügung. In dem in Abbildung 117 gezeigten Webpart kann die Ausgabe auch in diesen Formaten nach Vergleichsgruppen und Indikatoren einge-grenzt werden.

9.2.1.2.3 Bonus-Reporting

Einen weiteren Bestandteil des Reportings stellt die Übersicht über die jährlichen Bo-nuszahlungen an die Ärzte dar. Hierbei werden für alle Leistungserbringer neben den erreichten Punktwerten, die aus Gründen der Vergleichbarkeit intervallnormiert sind, die errechneten Leistungsboni dargestellt. Auch die Teilbeträge für den Divisions- und den Verbesserungsteil werden angegeben. Abbildung 119 zeigt den Webpart BonusPaymentViewer. Es werden die Einstellungen zusammengefasst, welche die Berechnung der Boni maßgeblich beeinflussen. Im betrachteten Fall wer-den insgesamt 10.000 Euro veranschlagt, wovon 90 % durch die Divisions- und die verbleibenden 10 % durch die Verbesserungsmethode verteilt werden, für die sich Ärzte mit einer Leistungssteigerung von mindestens 20 % gegenüber dem Vorjahr qualifizieren.

BonusPaymentViewer

Übersicht über Bonuszahlungen an die Netzärzte

Allgemeine Informationen

Insgesamt wurden 10000 € ausgeschüttet. Davon wurden 9000 € bzw. 90 Prozent nach der Divisionsmethode und 1000 € bzw. 10 Prozent nach der Verbesserungsmethode verteilt.
Bei der Verbesserungsmethode wurden alle Ärzte, die sich gegenüber dem Vorjahr um mindestens 20 Prozent verbessert haben, gleichmäßig berücksichtigt.

Name des Arztes	Jahr	Erreichte Punkte von 100 (norm.)	Veränderung zum Vorjahr	Bonus (Division)	Bonus (Verbesserung)	Bonus (Gesamt)
Dr. Manfred Huber	2005	35,17	-8 %	966,33 €	0 €	966,33 €
Prof. Dr. Jutta Schmitz	2005	65,56	38 %	1801,32 €	333,33 €	2134,65 €
Dr. Joachim Walter	2005	29,2	22 %	802,3 €	333,33 €	1135,63 €
Dr. Jürgen Müller	2005	32,27	-12 %	886,65 €	0 €	886,65 €
Dr. Michael Schmidt	2005	53,47	24 %	1469,14 €	333,33 €	1802,47 €
Dr. Maximilian Johansson	2005	26,81	-28 %	736,63 €	0 €	736,63 €
Dr. Anna Wunder	2005	85,08	3 %	2337,65 €	0 €	2337,65 €

Abbildung 119: Übersicht über Bonuszahlungen

Dieses Beispiel demonstriert u. a. auch die Bedeutung der Verbesserungsmethode: Der Arzt Dr. Joachim Walter ist mit nur 29,2 % der für ihn erreichbaren Punkte einer der schwächeren Leistungserbringer und wird entsprechend des Verteilungs-schlüssels anhand der Divisionsmethode folglich nur mit 802,65 Euro bedacht. Auf-grund der Anstrengungen, sich von diesem geringen Niveau mit über 20 Prozent im Vergleich zum Vorjahr zu verbessern, wurde ihm der Verbesserungsbonus gewährt. Dieses zusätzliche Honorar lässt seine Bonuszahlung um ca. 40 % auf 1.135,63 Euro steigen.

9.2.1.2.4   Online Analytical Processing

Ergänzend zu den weitgehend vordefinierten Reports bzw. Report-Dialog-Masken wird ein Webpart eingesetzt, der die flexible Navigation in den zur Verfügung stehenden Datenwürfeln erlaubt (Online Analytical Processing - OLAP). Es werden maximal zwei Dimensionen in einer Matrix abgebildet, die über MS SQL *Reporting Services* erstellt wird. Die Berichtsdefinition wird über einen Web Service angepasst, sobald diese Dimensionen durch Auswahl im Dropdown-Fenster gewechselt werden.

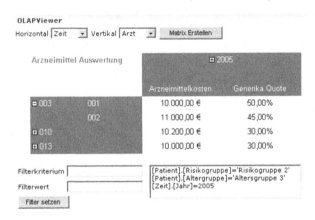

Abbildung 120: InfoCube-Navigation

Abbildung 120 zeigt ein Beispiel für eine Matrix, in der Auswertungen zu Arzneimitteldaten in den Dimensionen „Zeit" und „Arzt" angezeigt werden. Die Arzt-Dimension wird über Arztgruppen (Fachgruppen) und Arztnummern gebildet. Über die Dropdown-Felder oberhalb der Matrix kann der Benutzer die Dimensionen wechseln. Innerhalb der Matrix können Ebenen wie in einer Baumstruktur ein- und ausgeblendet werden. Zusätzlich dazu können Filterwerte gesetzt werden, auch zu Dimensionen, die sich nicht in der Matrix befinden.

Die Vorgehensweise beim Reporting für Leistungserbringer und Patienten ähnelt funktional dem Reporting für Netzmanager. Die gezeigten Webparts werden in die zielgruppenspezifischen Portale eingebunden (Behandlungsprozessportal für Patienten, Leistungserbringerportal für Ärzte). Unterschiede liegen primär in der Umsetzung eines differenzierten Berechtigungskonzepts[186]. Bereits bei der Konfiguration ist für jeden Messwert zu entscheiden, ob die Ergebnisse in Bezug auf diesen Indikator im

---

[186] Auf zielgruppenspezifische Unterschiede bei der Gestaltung der Oberflächen und Inhalte (z. B. Verwendung bzw. Erläuterung von Fachterminologie) wurde bei der Prototyperstellung verzichtet.

Reporting für Ärzte bzw. Patienten zu berücksichtigen sind, um der Adressatengruppe ausschließlich relevante Sachverhalte anzubieten und Geheimhaltungspflichten nicht zu verletzen.

9.2.2 Nutzenpotenziale

Die Aufgabe des Praxisnetzmanagers besteht darin, „das Handeln der beteiligten Netzmitglieder so zu koordinieren, dass die gemeinsamen Aufgaben und Zielsetzungen bestmöglich erfüllt werden" [LiSS04, S. 53]. Das Management kooperationswilliger, aber rechtlich selbstständiger Netzwerkpartner verlangt von einem Praxisnetzmanager jedoch weniger, die Tätigkeiten der Leistungserbringer zu planen, zu steuern und zu kontrollieren. Vielmehr sollte er als „Förderer, Motivator, Promotor und Coach der im Netzwerk engagierten Leistungserbringer [...] agieren" [Mühl02, S. 268]. Im Rahmen des operativen Managements ist er neben den allgemeinen administrativen, logistischen und organisatorischen Aufgaben vor allem für die Organisationsentwicklung und das Controlling verantwortlich [LiSS04, S. 53]. Von besonderer Bedeutung ist die Funktion des Netzmanagers als „Informationsdienstleister" [Mühl02, S. 268]. Durch die Funktionalitäten des IVWS und die erfassten **prozessbezogenen Informationen** erhält er eine **valide Grundlage** zur Erfüllung seiner Aufgaben. Durch die IT-Unterstützung des IVWS wird ein zeitnahes, faktenbasiertes und effektives Management und Controlling der Netzaktivitäten ermöglicht. Dies ist für die Erreichung der gemeinsamen Praxisnetzziele von Be-deutung. Im Rahmen des Praxisnetz-Controllings werden die automatisch generierten Daten aufbereitet und analysiert (vgl. Abschnitt 9.1.2). Entsprechende **Reporting-E-Services erstellen automatisiert Netzberichte**, die dem Netzmanager die Möglichkeit geben, die Netzergebnisse und die zielkonforme Umsetzung der vereinbarten zielgerichteten Maßnahmen zu überprüfen. Sogenannte „Compliance Scorecards", die auf den einzelnen Leistungserbringer heruntergebrochen werden, stellen dem Netzmanager aktuelle **Informationen über die Performance und Compliance der Netzmitglieder** zur Verfügung. Die Präsentation der Ergebnisse und Kennzahlen erfolgt über das Performance Cockpit, das dem Praxisnetzmanager die nötige **Transparenz hinsichtlich Prozess-, Struktur- und Ergebnisqualität** verschafft. Durch die Eigenständigkeit der **Datenerhebung** wird das Praxisnetz **unabhängiger von Krankenkassen und Kassenärztlichen Vereinigungen** [LiSS04, S. 107]. Von besonderem Nutzen ist die **Aktualität der Daten**, die vom IVWS parallel zum Behandlungsprozess extrahiert und gespeichert werden. Im Gegensatz zu den Daten, die erst nach der Abrechnung, also stark zeitversetzt zu den erbrachten Leistungen, zur Verfügung stehen, können die internen, prozessorientierten Daten in kürzeren Zyklen ausgewertet werden. Durch die zeitnahe Bereitstellung der notwendigen Informationen ist der

Praxisnetzmanager in der Lage, mögliche **Schwachstellen rechtzeitig zu analysieren und steuernd in das Versorgungsgeschehen einzugreifen.**

9.3 Unterstützung der Patienten

Das Behandlungsprozessportal ist die Portalsicht, welche für Patienten im Rahmen
des IVWS realisiert wurde. Ausgangspunkt für die Konzeption und Realisierung des
Behandlungsprozessportals sind Optimierungspotenziale an der elektronischen
Schnittstelle zum Patienten:

- **Orientierung an sektorübergreifenden Versorgungsprozessen** [HaSc04,
  S. 212ff.]: Aufgrund der fehlenden Betrachtung ganzheitlicher Versorgungspfade,
  welche alle an der Behandlung des Patienten beteiligten Partner umfassen, werden für den Patienten notwendige Leistungsanforderungen nicht erkannt und
  deshalb nicht in Form von Leistungsangeboten an der elektronischen Schnittstelle berücksichtigt.

- **Transparenz der Leistungsangebote**: Durch die Fülle der elektronisch darge-
  botenen Leistungen im Gesundheitssektor mangelt es dem Patienten häufig nicht
  an Informationen zu Erkrankungen oder Behandlungen. Es fehlt vielmehr die
  Transparenz, um für ihn relevante und qualitativ hochwertige Services zu finden.
  Deshalb muss die Integrations- und Koordinationsleistung zumeist vom Patienten
  selbst erbracht werden.

- **Individualisierung**: Zahlreiche Gesundheits-Websites versuchen, ein breites In-
  formations- und Leistungsangebot an eine Vielzahl von Patienten zu distribuieren.
  Der Wunsch, auf individuelle Bedürfnisse einzugehen und passgenaue Leistungsbündel bereitzustellen, wird jedoch unzureichend berücksichtigt [Pear04,
  S. 428ff.].

Ziel des Behandlungsprozessportals ist es, dem Patienten Informationen und Services entlang seines individuellen Behandlungspfades zur Verfügung zu stellen (vgl.
Abbildung 121).

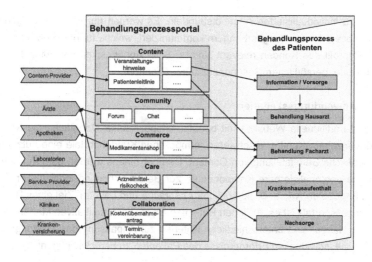

Abbildung 121: Funktionsprinzip eines Behandlungsprozessportals

Es handelt sich um eine webbasierte Plattform, die dem Kunden entlang des gesamten Patientenlebenszyklus – von der Vorsorge über Diagnose und Therapie bis zur Nachsorge und Pflege – Dienste und Informationen personalisiert zur Verfügung stellt, die er zum Management seiner Gesundheitsbelange benötigt. Die Kundenanforderungen nach Prozesstransparenz und effizienter Informationsversorgung sollen erfüllt sowie der Dynamik, Flexibilität und Individualität der Behandlungsprozesse Rechnung getragen werden (vgl. Abschnitt 5.2) [ScBo05, S. 7ff.].

Die sektorübergreifende Zusammenarbeit der Leistungserbringer in Gesundheitsnetzen mit dem Kunden wird unterstützt, indem Integrations- und Koordinationsleistungen für den Kunden erbracht und darüber hinaus Leistungserweiterungen im Sinne von Value Added Services angeboten werden. Die Patienten erhalten über das individualisierte Behandlungsprozessportal Zugriff auf ihre Behandlungsprozesse und können die für sie bestimmten *E-Services* ausführen. Zu jedem Behandlungs(teil)schritt sind in der Portalstruktur die zugeordneten *Services*, *Sub Services*, *Kundenaufgaben*, *E-Services* und *Koordinationsbedarfe* hinterlegt, die dem Nutzer bei der Navigation entlang des individuellen Behandlungsprozesses angezeigt werden. Über die Gesundheitskarte als Schlüssel zu „seinem" Portal[187] erhält der Patient

---

[187] Bei der prototypischen Realisierung des Behandlungsprozessportals wurde bewusst von den konkreten Problemen und Hürden (z. B. Datenschutz- und Sicherheitsaspekte, Datenzugriffskonzepte) bei der Konzeption, Einführung und Nutzung der elektronischen Gesundheitskarte abstrahiert. Stattdessen steht das Aufzeigen informationstechnischer Potenziale durch Einsatz innovativer

Fortsetzung nächste Seite

Zugang zu individualisierten Angebotsbündeln. Es werden nur jene Leistungen und Informationen von Leistungserbringern kommuniziert, welche für das individuelle Gesundheitsprofil des Kunden relevant sind, z. B. in Abhängigkeit von Alter, Behandlungshistorie, persönlichen Gesundheitsdaten, Wohnort.

9.3.1 Anwendungsszenarien

Während traditionelle Websites mit benutzerunspezifischer Oberfläche die Nutzung für den einzelnen Kunden erschweren, ermöglichen Kundenportale eine nutzergruppenspezifische Bereitstellung von Content. Darüber hinaus werden dem Kunden ansatzweise personalisierbare Komponenten zur Berücksichtigung individueller Präferenzen angeboten (wie z. B. persönliche Ansprache und Layout). Ziel eines Behandlungsprozessportals ist es, für jeden Patienten einen „kommunikativen Maßanzug" zu erstellen. Hierbei sind unterschiedliche Kriterien zur Anpassung des Leistungsangebotes an die individuellen Erfordernisse des Patienten zu berücksichtigen:

- Behandlungsprozess: Unterschiedliche Erkrankungen (z. B. Brustkrebs, Diabetes II, Herzinsuffizienz) führen zu unterschiedlichen Behandlungsprozessen. Auch innerhalb einer Erkrankung existieren keine „Standardprozesse". Vielmehr sind vorhandene Prozessmuster an die individuelle Situation des Patienten anzupassen.

- Patientendaten: Die Daten der elektronischen Patientenakte (ePA) geben zukünftig Auskunft über spezifische Krankheitsparameter, wie z. B. Tumormarker, Blutgruppe, Blutwerte, und ermöglichen eine weitergehende Personalisierung. Damit besteht die Möglichkeit, Leistungen nur dann anzuzeigen, wenn diese für den Patienten relevant sind (z. B. Information zur Herceptin-Therapie nur bei bestimmten Tumorklassifizierungen).

Dieses mehrdimensionale Customizing stellt hohe Anforderungen an die Portalarchitektur, die von herkömmlichen Portallösungen derzeit nicht unterstützt werden.

E-Services im Vordergrund.

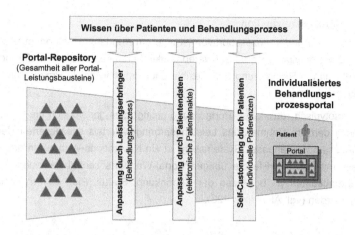

Abbildung 122: Mehrstufige Konfiguration eines Behandlungsprozessportals

Abbildung 122 zeigt den mehrstufigen Konfigurationsprozess, der technisch umzusetzen ist. Bei der Authentifizierung durch den Patienten im Portal erfolgt zunächst die Anpassung an den Behandlungsprozess. Dazu sind Templates zur realisieren, welche die Leistungsbausteine für den jeweils relevanten Behandlungspfad abbilden und so die automatisierte Modifikation durch den Leistungserbringer ermöglichen. Anschließend erfolgt die Anpassung durch Patientendaten, indem die Daten der elektronischen Gesundheitskarte ausgelesen[188] und aus der Gesamtheit der existierenden Leistungsbausteine nur die relevanten Dienste ausgewählt werden. Abschließend wird dem Nutzer Funktionalität zur individuellen Gestaltung seiner Oberfläche und der abgebildeten Inhalte bereitgestellt.

Nachfolgend werden die wesentlichen Funktionskomponenten des Behandlungsprozessportals – Prozessnavigation und *E-Service*-Bereitstellung – erläutert.

---

[188] Die eGK-Integration wurde prototypisch durch das Auslesen XML-basierter SCIPHOX-Dateien simuliert.

9.3.1.1   Prozessnavigation

Grundidee von Kundenprozessportalen ist eine am Kundenprozess orientierte Navigation. Die gängigen Portal-Softwareprodukte erlauben jedoch aufgrund der templatebasierten Realisierung eine flexible oder gar individuelle Prozessnavigation nur eingeschränkt.

In der prototypisch realisierten Portallösung gelingt dies, indem sich die Navigation dynamisch dem im Rahmen des Leistungserbringer-Portals spezifizierten Behandlungsprozessmodell anpasst. Systemseitig ist ein Navigations-Webpart in das Portal integriert, mit dessen Hilfe die übrigen Portal-Webparts zentral gesteuert und mit Initialisierungsdaten (z. B. Phase der Erkrankung, Status, Pfad zu Prozessdaten) versorgt werden (vgl. Abbildung 123).

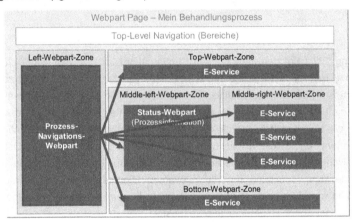

Abbildung 123: Navigations-Webpart

Die Konfiguration des Portals erfolgt dynamisch bei der elektronischen Authentifizierung des Patienten auf Basis des Prozessmodells. Hierzu werden aus der elektronischen Gesundheitskarte gespeicherte bzw. referenzierte Informationen (z. B. Erkrankung) gelesen.

9.3.1.2   E-Service-Bereitstellung

Die Lösung sieht eine Bereitstellung von *E-Services* i. S. v. gekapselten Leistungsangeboten entlang des Behandlungsprozesses vor. Beispiele für derartige, am Prozess orientierte *E-Services* sind Leistungsbausteine für die Initialisierung eines Kostenübernahme-Workflows, Anzeige der Krankenhistorie, Unterstützung der Terminkoordination oder eine Entschlüsselungshilfe für ärztliche Diagnosen.

Wie in Abbildung 124 zu sehen, werden im Rahmen des Behandlungsprozessportals unterschiedliche Ansätze zur Präsentation der *E-Services* in mehreren Bereichen dargestellt.

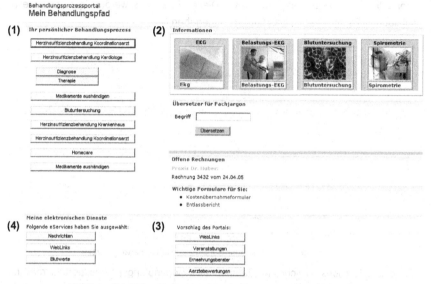

Abbildung 124: *E-Service*-Bereitstellung im Behandlungsprozessportal

Im linken oberen Bereich ist der Prozess-Navigations-Webpart abgebildet (1), der wie oben beschrieben, die Inhalte der anderen Portalbereiche auf Basis des individuellen Prozessvorschlags steuert.

Rechts daneben werden *E-Services* zu dem aktuell gewählten Behandlungsschritt des individuellen Behandlungspfads aus der Prozessdatenbank des IVWS gelesen und angezeigt (2). Durch einen Querstrich werden die *E-Services* der *Services, Sub Services, Kundenaufgaben* und *Koordinationsbedarfe* voneinander getrennt und von oben nach unten aufgelistet.

Neben der vom CBR-System und den behandelnden Ärzten individualisierten Auswahl, liefert ein *E-Service*-Filter, basierend auf dem Konzept des Collaborative Filtering[189], dem Patienten weitere, auf sein Profil zugeschnittene *E-Services* (3). Aus der Gesamtheit der im Portal-Repository realisierten Leistungsbausteine werden mittels einer Rating-Funktion die Services automatisiert ausgewählt, die im Portal abzu-

---

[189] Collaborative Filtering „gibt Empfehlungen auf Basis des Verhaltens oder der Empfehlungen anderer im System vorhandener Nutzer. D. h. einem Nutzer wird derjenige Content empfohlen, der von anderen Nutzern – die dem Nutzer sehr ähnlich sind – bereits selektiert wurde" [Scha03, S. 63].

bilden sind, z. B. in Abhängigkeit von Krankheits- und Behandlungsfortschritt. Darüber hinaus kann der Patient eine individuell bevorzugte Auswahl an *E-Services* über „Meine Einstellungen" auswählen. Diese *E-Services* werden in einer Liste (in Abbildung 124 im Bereich links unten) ausgegeben (4).

Abbildung 125: Konfiguration der individuellen *E-Service*-Anzeige

Weitere *E-Services*, welche im Rahmen des Behandlungsprozessportals realisiert wurden und sowohl Leistungserbringer als auch Patienten bei Informations- und Koordinationsaufgaben unterstützen, wurden in Abschnitt 9.1 dargestellt (z. B. eAppointment, Produktsuche).

9.3.2 Nutzenpotenziale

Aus Sicht der Patienten lassen sich durch das PEL-Konzept sowohl direkte als auch indirekte Nutzenpotenziale herleiten. Werden die behandelnden Ärzte durch das IVWS nutzbringend unterstützt, so dass die **Effektivität und Effizienz der Versorgung im Praxisnetz steigt**, kommt dies auch den Patienten zugute. So stellt beispielsweise die leichtere und automatisierte Anwendung von Leitlinien mithilfe der Prozessmodellvorschläge des CBR-Systems eine hohe Qualität der **Behandlungen nach neuesten Erkenntnissen der Wissenschaft** sicher. Auch der Rückgriff auf Altfälle und die darin gespeicherten Behandlungsmethoden, die sich bei anderen Patienten und ähnlichen Krankheitsbildern bereits bewährt haben, erhöht die **Versorgungsqualität** und damit den Nutzen für den Patienten. Die Empfehlungen und Erinnerungen, die der Leistungserbringer in Form eines automatisierten Prozessvorschlags und den zugehörigen *E-Services* zum richtigen Zeitpunkt vom System erhält, mindern die Gefahr von Flüchtigkeitsfehlern. Von besonderer Relevanz ist zudem die

Individualisierbarkeit der Prozessmodelle des IVWS. Denn nur durch einen individuell konfigurierten Behandlungsprozess kann den spezifischen Anforderungen, **Bedürfnissen und der Einzigartigkeit des Krankheitsbildes** jedes einzelnen Patienten **entsprochen** werden. Weiterhin profitieren die Patienten von der Transparenz, den ganzheitlichen Analyse- und Steuerungsmöglichkeiten des IVWS, denn auf
diese Weise werden den Patienten zeitraubende oder gar gesundheitsschädliche
Mehrfachuntersuchungen sowie unnötige Wartezeiten erspart. Die Effektivität
der Behandlung wird gesteigert.

Die mithilfe des IVWS optimierte, interorganisatorische Koordination und Abstimmung zwischen den Leistungserbringern entlang des Behandlungsprozesses verbessert die **Versorgungskontinuität.** Dadurch trägt das IVWS dem Bedürfnis der
Patienten nach einem sachlichen, konzeptionellen, zeitlichen und personellen Versorgungszusammenhang Rechnung. Insbesondere Patienten mit komplexen, lang
andauernden Erkrankungen können so umfassender, effektiver und auch effizienter
behandelt und betreut werden.

Einen direkten Nutzen ziehen die Patienten aus der zeitnahen, *prozessbasierten* Bereitstellung von *E-Services.* Die elektronischen Dienstleistungen werden zur Ergänzung der medizinischen Kernleistungen vom Netz selbst oder von externen Drittanbietern bereitgestellt. Dabei gibt es verschiedenste Möglichkeiten, die Patienten mit
E-Service-**Funktionalität** nutzbringend zu unterstützen (vgl. Abschnitt 9.3). Als Beispiele können *E-Services* dienen, die für den Patienten einen Antrag auf Zuzahlungsbefreiung automatisiert erstellen und auf elektronischem Weg an die Krankenkassen versenden. Auch können Patienten mittels *E-Services* z. B. an die Medi-
kamenteneinnahme erinnert oder mit Hinweisen bezüglich einer bevorstehenden Behandlung versorgt werden. Das Behandlungsprozessportal ermöglicht den Pa-tienten
einen integrierten Zugang zu den Diensten und Angeboten der Akteure des Praxisnetzes. Derartige **elektronische Erinnerungen und Services** werden vom Meta-
Orchestration-Server automatisch zum richtigen Zeitpunkt angestoßen und können
dem Patienten auch über andere Ausgabemedien (z. B. via SMS) zur Verfügung gestellt werden.

Dem Bedürfnis des mündigen Patienten nach **mehr Selbstbestimmung und Souveränität** bezüglich seiner eigenen Behandlung wird durch die verbesserte Informa-
tionslage entsprochen. Über das Behandlungsprozessportal kann der Patient auf
personalisierte Informationen und medizinisches Wissen zurückgreifen und sich
zudem über den aktuellen Status seines Behandlungsprozesses sowie die nächsten
Behandlungsschritte informieren. Dadurch erhöht sich für den Patienten die **Transparenz und Nachvollziehbarkeit** des Vorgehens der Leistungserbringer. So wird die

Informationsasymmetrie zwischen Arzt und Patienten reduziert. Mithilfe von **indivi-dualisierten** *E-Services* versorgt das System den Patienten mit den für ihn relevanten krankheitsspezifischen Informationen und trägt auf diese Weise zur „Patientenedukation" bei. Im Gegensatz zu der Fülle an ungefilterten und unbewerteten Gesundheitsinformationen, mit denen der Patient vor allem im Internet konfrontiert wird, kann das Praxisnetz dem Patienten über das Prozessportal individualisiertes und vor allem **wissenschaftlich valides Wissen** präsentieren. Das Vertrauen des Patienten in die Kompetenz sowie seine Zufriedenheit mit dem gebotenen Service des Praxisnetzes steigt. Darüber hinaus wird der Patient in seiner aktiven **Rolle als „Co-Produzent" der eigenen Gesundheit gestärkt** und so der Genesungsprozess unterstützt [MüWS01, S. 214], denn nur wenn ein Patient ausreichend über Sinn und Zweck einer Therapie informiert wird, wird er die entsprechenden Verhaltensanweisungen *(Kundenaufgaben)* richtig befolgen [MüBe03, S. 26]. Neben den umfassenden Informationsmöglichkeiten fördern auch die *Kundenaufgaben*, die vom IVWS vorgeschlagen und vom behandelnden Arzt den Patienten aufgetragen werden, die Integration und Eigenverantwortung und dadurch die Motivation des Patienten. Eine **Verbesserung der Patientencompliance** sowie eine **Stärkung der Patientenbindung an das Netz** wird unterstützt.

10 Implikationen

Die Frage nach den relevanten Gestaltungsfeldern und erfolgskritischen Aspekten des PEL-Einsatzes steht im Mittelpunkt dieses Abschnitts. Der Veränderungsprozess zur Umsetzung der *prozessbasierten E-Service-Logistik* umfasst dabei organisatorische, kulturelle sowie technologische Aspekte[190]. Tabelle 22 zeigt die Gestaltungsfelder im Überblick. Anschließend werden die Implikationen detailliert erläutert.

Management und Anreizsysteme	
- Gestaltung strategischer (z. B. Definition gemeinsamer Netzziele, individuelle Zielvereinbarungen) und operativer Koordinationsmechanismen (z. B. Leitlinien, Behandlungspfade, Verfahrensanweisungen)	- Implementierung von Koordinationsmechanismen mit dem Zweck der Verhaltensänderung in der alltäglichen Arbeit der Leistungserbringer mithilfe von Vertrauen, Kultur und Anreizmechanismen (z. B. effizienzorientierte Vergütung)

Prozesse und Strukturen	
- Umsetzung der Prozessorientierung im Praxisnetz - Definition und Einführung von Controllingprozessen im Praxisnetz (vgl. Abschnitt 8.2) - Abstimmung und Durchführung struktureller und organisatorischer Anpassungen beim Leistungserbringer im Zuge der IVWS-Einführung (z. B. Benennung von Key Usern, Testanwendern)	- Definition und Einführung von PEL-Pflegeprozessen zur Aktualisierung und Bewertung des Prozess- und *E-Service*-Wissens (z. B. im Rahmen bestehender Qualitätszirkel) - Definition und Einführung von Prozessen und Rollen bzw. Gremien für das IT-Architekturmanagement im Netz mit dem Ziel, die Serviceorientierte Architektur zu warten, zu optimieren und um neue *E-Services* zu erweitern

Informations- und Kommunikationssysteme	
- Anpassung und Implementierung von Koordinations- und Controllingkomponenten (vgl. Abschnitt 7.3 und 9.3) - Anwenderfreundliche Gestaltung der Oberfläche, Integration in den Praxisalltag und intuitive Bedienung - Schrittweise Einführung des PEL-Konzeptes (z. B. beginnend mit Controllingkomponente) - Umsetzung der Telematikinfrastruktur im Praxisnetz	- Weiterentwicklung und Nutzung standardisierter Datenformate und Schnittstellen (u. a. zwischen Praxisverwaltungssystemen) - Entwicklung eines IT-Sicherheitskonzeptes für Praxisnetze und beteiligte Leistungserbringer sowie Umsetzung der sicherheitskritischen Maßnahmen - Ausbau und Anwendung des PEL-Berechtigungskonzeptes

Anwenderakzeptanz Leistungserbringer	
- Vermittlung des Nutzens der PEL-Einführung für Leistungserbringer - Fokussierung des PEL-Einsatzes auf komplexe, durch PEL besonders nutzbringend zu unterstützende Behandlungspfade (z. B. chronische Erkrankungen wie Diabetes Mellitus, koronare Herzkrankheiten) - Anwenderschulungen zur Funktionsweise und Bedienung des IVWS	- Schaffen von Freiräumen für EDV-spezifische Aufgaben - Schrittweise Einführung und Einplanung entsprechender Einarbeitungs- und Gewöhnungsphasen - Abbau von Vorurteilen und Relativierung überzogener Erwartungen (z. B. Gefühl der Bevormundung durch „intelligentes" System, Gefahr der Überbewertung der Handlungsempfehlungen des Systems, Gefühl der beschränkten Handlungsfreiheit)

Anwenderakzeptanz Patienten	
- Individuellen Nutzen des Patienten kommunizieren und so Bedenken einer Entpersonalisierung des Patienten-Arzt-Verhältnisses durch IT-Einsatz entkräften - Aufklärung über Maßnahmen zur Gewährleistung des Datenschutzes und der IT-Sicherheit („gläserne Patienten")	- Einsatz von Kiosk-Systemen zur Bereitstellung von *E-Services* für ältere Personen oder Personen ohne eigenen Internetzugang - Schulung der Patienten bzgl. Anwendungsmöglichkeiten und individuelle Dienste (Unterstützung des „mündigen Patienten")

---

[190] Vgl. hierzu auch Ausführungen von [Sohn06, S. 116ff.].

Investitionsbedarf und Kosten	
- Berücksichtigung und Finanzierung einmaliger Technologie- und Implementierungskosten und laufender Betriebskosten für die Koordinations- und Controllingkomponenten (z. B. Kosten einer Process-enabled SOA)	- Berücksichtigung der Individualisierungskosten aufgrund hoher Individualisierungsintensität und Komplexität des CBR-Inferenzmechanismus, z. B. Opportunitätskosten durch Zeitbedarf der Ärzte bzw. Qualitätszirkel für die Pflege des CBR-Systems

Tabelle 22: Gestaltungsfelder des PEL-Einsatzes in Praxisnetzen

10.1 Management und Anreizsysteme

Wie in Kapitel 2.1 diskutiert, zeichnen sich Netzwerke v. a. durch die – zumindest rechtliche, meist jedoch auch wirtschaftliche - Autonomie ihrer Mitglieder aus. Um die Existenz der Praxisnetze zu gewährleisten, müssen Netze nachweislich bessere Ergebnisse erzielen als herkömmliche auf rechtlich und wirtschaftlich unabhängigen Leistungserbringern basierende Strukturen ohne Vernetzungs- und Integrationsverträge. Darüber hinaus müssen die Vorteile von Praxisnetzen gegenüber stationär orientierten Vernetzungsinitiativen (z. B. MVZ, vgl. Abschnitt 2.2) nachgewiesen werden. Essenziell für den Erfolg ist die Definition gemeinsam getragener Netzwerkziele, da eine mangelnde Identifikation mit den Zielen der am häufigsten genannte Grund für das Scheitern von Netzwerken ist [Gotz03, S. 149]. Wichtige Zieldimensionen, wie z. B. Versorgungsqualität, -effizienz oder Patientenzufriedenheit und -souveränität, werden in Abschnitt 3.3 ausführlich diskutiert. Zur Realisierung der Ziele sind zwei Hauptaufgaben durch Netzmanager und Netzteilnehmer zu erfüllen:

1. Zielorientierte Gestaltung und Einsatz der in Abschnitt 4.4 vorgestellten Koordinationsmechanismen.

   o Strategische Koordination auf Gesamtnetz-Ebene, z. B. durch Definition gemeinsamer Netzziele, Herunterbrechen dieser Ziele auf individuelle Zielvereinbarungen für die Leistungserbringer und Monitoring und Incentivierung der Zielerreichung

   o Operative Koordination auf Ebene der Behandlungspfade, z. B. durch Leitlinien, Behandlungspfade, Arbeits- und Verfahrensanweisungen.

2. Umsetzung, Analyse und fortlaufende Weiterentwicklung der Koordinationsmechanismen mit dem Zweck der Verhaltensänderungen in der alltäglichen Arbeit der Leistungserbringer (z. B. Berücksichtigen der vereinbarten Arzneimittelliste, Einbinden von Kollegen im Sinne eines Second-Opinion-Verfahrens).

Wenngleich das Kontinuum zwischen hierarchischer und heterarchischer Koordination eine netzindividuelle Ausgestaltung und Schwerpunktlegung erfordert, so ist in jedem Fall die Veränderung des Verhaltens zur Verbesserung der definierten Ziele entscheidend[191]. Investitionen von Kostenträgern in Vertragsformen der Integrierten Versorgung werden nach den negativen Erfahrungen der Praxisnetze der ersten Generation[192] zumindest kritisch hinterfragt. Der Output der Vernetzungsinitiativen muss qualitativ und quantitativ nachweisbar sein. Ohne entsprechende Regelverbindlichkeit und damit einhergehende Anreizmechanismen werden signifikante Verbesserungen im Vergleich zu hergebrachten Formen der Zusammenarbeit nicht realisiert werden [WaLF05, S. 15].[193]

10.2 Prozesse und Strukturen

Das PEL-Konzept orientiert sich an den zur Verfügung stehenden Koordinationsmechanismen in Praxisnetzen (v. a. Hausarztmodell und Einsatz von Behandlungspfaden) und versucht, diese durch geeignete elektronische Dienste zu unterstützen. Im Vorfeld einer PEL-Konzeptumsetzung steht daher vor allem der gezielte Einsatz der netzspezifischen Koordinationsmechanismen im Vordergrund. Welche Ziele und Aktivitäten hierzu notwendig sind, zeigt u. a. [LiSS04, S. 16]. Von zentraler Bedeutung für die Umsetzung des PEL-Konzeptes ist die Prozessorientierung im Praxisnetz (vgl. Abschnitt 5). „Bereits bei der Etablierung von integrierten Versorgungssystemen gilt es, mit den beteiligten Leistungserbringern ihre bisherigen berufs- und institutionsspezifischen Verhaltensweisen zu überdenken und eine neue gemein-same Prozessorientierung zu erarbeiten, in deren Mittelpunkt die Patientenkarrieren stehen" [Günt06a, S. 7].

Ebenso bedeutend ist die Etablierung von Prozessen des Praxisnetz-Controllings. Die Aufgaben und Inhalte dieser Prozesse werden in Abschnitt 8 beschrieben.

Durch die Einführung des PEL-Konzeptes ergeben sich jedoch auch PEL-spezifische Auswirkungen auf Prozesse und Strukturen. Sie lassen sich in erster Linie den Sekundärprozessen auf Netzebene zuordnen. So erfordert die Nutzung der IVWS-Lösung die Definition von Pflegeprozessen zur Aktualisierung und Bewertung des Prozess- und *E-Service*-Wissens (z. B. im Rahmen bestehender Qualitätszirkel - vgl. Abschnitt 10.5). Auch die Erweiterung um weitere Indikationen sowie der netzübergreifende Austausch von medizinischen Erfahrungswerten zur Erweiterung der CBR-Datenbasis lassen sich dieser Prozesskategorie zuordnen.

---

[191] Zu Erfolgsfaktoren von Arztnetzen vgl. Abschnitt 3 sowie [Gotz03, S. 145 ff.].

[192] Vgl. [LiSS04, S. 8ff.]

[193] Vgl. [Sohn06, S. 122ff.]

Ein weiterer Sekundärprozess ist das IT-Architekturmanagement, welches v. a. durch die Einführung einer Serviceorientierten Architektur starke Bedeutung erlangt. Elektronische Dienste für die Koordination und das Controlling sind zu definieren. Sofern diese Dienste nicht fremdbezogen werden können, sind diese im Rahmen jährlicher IT-Planungsrunden, z. B. durch Anwendung einer Nutzwertanalyse, zu priorisieren und zu budgetieren. Prinzipien für die *E-Service*-Konzeption und -Realisierung und den anschließenden Einsatz im Netz sind festzulegen. In diesem Zusammenhang sind nicht nur eigenentwickelte *E-Services* zu bewerten, sondern auch externe Dienste, die in das *E-Service*-Repository integriert werden können. Die Vielzahl existierender *E-Services* im Word Wide Web und die erheblichen Qualitätsunterschiede erfordern jedoch eine Qualitätssicherung durch das Praxisnetz, um medizinischen Schaden von Patienten fernzuhalten und haftungsrechtliche Belange zu berücksichtigen. Zugleich wird durch die Einführung qualitätssichernder Teilprozesse die Portalumgebung des Netzes als hochwertige Ergänzung der physischen Leistung mit ähnlich hohem Vertrauen positioniert. Abbildung 126 zeigt exemplarisch, wie die Aufnahme neuer elektronischer Dienste im Netz prozessual abgebildet werden kann.

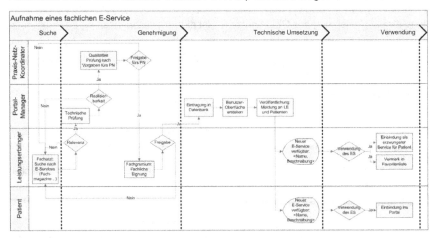

Abbildung 126: Prozess zur Integration fachlicher *E-Services*[194]

Besonderes Augenmerk erfordert die Aufnahme fachlicher *E-Services*, d. h. elektronischer Dienste, die medizinische Aktivitäten unterstützen, wie z. B. telemetrische

---

[194] Das Konzept unterscheidet allgemeine und fachliche *E-Services*. Als allgemeine *E-Services* werden Informations- und Anwendungsdienste bezeichnet, die keiner medizinischen Prüfung zu unterziehen sind (z. B. Online-Zuzahlungsbefreiungsrechner).

Dienste (Gewichtskontrolle) oder netzfremde Informations-Dienste für Diagnosen und Therapieformen. Es wird davon ausgegangen, dass potenzielle *E-Services* zur Unterstützung der Netzaktivitäten zumeist von Leistungserbringern entdeckt und daher der Aufnahmeprozess von ihnen angestoßen wird. Ein Fachgremium prüft darauf hin die medizinische Qualität des *E-Service* bzw. dessen Unbedenklichkeit. Erst danach erfolgt die technische Aufbereitung durch den Portalmanager bzw. durch das IT-Team des Netzes, indem z. B. geeignete Oberflächen für den externen Dienst im Leistungserbringer- oder Behandlungsprozessportal implementiert werden. Nachdem der *E-Service* verfügbar ist, kann der Dienst genutzt werden, d. h. er steht für die Konfiguration im Rahmen des Leistungserbringerportals ebenso bereit wie für die Favoritenliste im Patientenportal.

10.3 Informations- und Kommunikationssysteme

Im Vergleich zu anderen Wirtschaftszweigen in Deutschland weist das Gesundheitswesen in der Entwicklung und dem Einsatz moderner Informationstechnologien einen Rückstand von fünf bis zehn Jahren auf [Preu97, S. 259]. Zwar setzen 70 bis 80 Prozent aller niedergelassenen Ärzte ihre Praxissoftware zur Abrechnung und administrativen Unterstützung ein. Höher entwickelte Systeme zur Diagnostik- und Therapieunterstützung werden im ambulanten Bereich aber nicht einmal von fünf Prozent der Ärzte angewandt [GISS04, S. 65].

Grundlage für die Nutzung des PEL-Konzeptes ist die Einführung der in Abschnitt 6.2 sowie Abschnitt 8.3 beschriebenen Architekturkonzepte und deren Anpassung an die individuellen Praxisnetzgegebenheiten. Neben der prozessfähigen Serviceorientierten Architektur als technische Basis des PEL-Konzeptes sind die Präsentations-, Prozess-, Anwendungs- und Datenebenen abzubilden, wobei der größte Veränderungsbedarf vermutlich auf Seiten des Praxisnetzbüros besteht, da sowohl die Infrastruktur für die Koordinations- als auch die Controllingkomponente neu aufgebaut werden müssen. Da es sich bei der *prozessbasierten E-Service-Logistik* um serverbasierte elektronische Dienste handelt, die von Leistungserbringern über einen gesicherten Internetzugang genutzt und versorgt werden können, ist ein Internetzugang zwingend erforderlich. Dies ist angesichts der informationstechnischen Ausrüstung von Praxisnetzen problematisch, da derzeit nur ca. 35 Prozent der deutschen Praxisnetz-Mitglieder über einen E-Mail- bzw. Internet-Anschluss verfügen [ScBK06, S. 48].

Je nach Ausbaustufe und Integrationsstärke des PEL-Konzeptes ist die Infrastruktur um automatisierte Schnittstellen zu existierenden Praxisverwaltungssystemen der Leistungserbringer zu erweitern. Um eine netzweite Abstimmung der Akteure zu ermöglichen, müssen die Informations- und Kommunikationssysteme innerhalb des Netzes integriert werden. Die bestehenden Praxisverwaltungssysteme sind an das IVWS als netzweites Interorganisationssystem anzubinden. Aufgrund des Mangels an standardisierten Schnittstellen und Datenformaten und der Vielzahl unterschiedlicher Softwaresysteme zur Praxisverwaltung sind hier besondere Anstrengungen nötig, um die Lösung in die Praxis umzusetzen [GISS04, S. 68; MüBe03, S. 13; Sohn06, S. 118]. Dies gilt umso mehr, als die Verwendung standardisierter Praxisverwaltungssysteme aufgrund der Autonomie der Netzbeteiligten zumindest in größeren Netzverbünden die Ausnahme bleiben wird [ScBK06, S. 59].

Mit der Telematikrahmenarchitektur bzw. der flächendeckenden Umsetzung der Lösungsarchitektur soll in Deutschland eine Basis zur Anwendung und Einführung moderner Telekommunikations- und Informationstechnologien im Gesundheitswesen geschaffen werden [Deut07]. Zentrale Projekte der Telematikrahmenarchitektur sind die elektronische Gesundheitskarte (eGK), die elektronische Patientenakte (epA), der elektronische Arztbrief und das elektronische Rezept. Die Entwicklung und Einführung der Telematikrahmenarchitektur wird in Stufen erfolgen, wobei die eGK den Anfang markiert und die epA die letzte Ausbaustufe bildet. Derzeit existiert eine Reihe von Modellversuchen zur Evaluierung einzelner Projekte. Allerdings ist momentan nicht abzusehen, wann die einzelnen Lösungen deutschlandweit umgesetzt werden [Diet04, S. 3; HoGG05, S. 171; GISS04, S. 34ff.]. Die Einführung der Telematikrahmenarchitektur und der dafür notwendigen Technologie ist Grundvoraussetzung für die Implementierung des PEL-Konzeptes. So ist eine gesicherte Verbindung der Rechner der Leistungserbringer mit dem Internet zwingend notwendig, um die Web Service-Technologie zu nutzen und elektronische Dienste anzubieten.

Besondere Beachtung muss im Zusammenhang mit einer PEL-Nutzung den Datenschutz-, Datensicherheits- und Haftungsfragen geschenkt werden [GISS04, S. 113; Sohn06, S. 120]. Die elektronische Erfassung, Verarbeitung und Speicherung von personen- und behandlungsprozessbezogenen Daten im IVWS erfordert eine zuverlässige Sicherheitsinfrastruktur. Aufgrund der hohen Sensibilität unterliegen personenbezogene Daten im Gesundheitswesen, neben dem allgemeinen Recht auf informationelle Selbstbestimmung, besonderen Schutzbestimmungen. Dabei sind nicht nur die Informationen selbst, sondern auch Hardware und Software (z. B. Computer, Eingabegeräte, Netzwerke, Anwendungen) für Praxisnetze zentrale Ressourcen und deshalb entsprechend zu schützen [Köni05, S. 101f.].

Als schützenswerte Eigenschaften dieser Ressourcen, die gleichzeitig als Anforderungen an die IT-Sicherheit zu verstehen sind, sind bei einem produktiven Einsatz des PEL-Ansatzes die in Abbildung 127 genannten Schutzziele zu berücksichtigen [Bund03, S. 58; Deut98, S. 109ff.; ScSc04, S. 19; Ecke06, S. 11ff.; Köni05, S. 103ff.].

Abbildung 127: Primäre und sekundäre Schutzziele

Die Digitalisierung und zentrale Speicherung von Behandlungsdaten im Individual Value Web System (IVWS) stellt ein besonderes Sicherheitsrisiko dar. Es werden hoch sensible, patientenbezogene Informationen verwaltet, die u. U. lebenslange Patientenkarrieren abbilden. Die Maßnahmen des Datenschutzes müssen sicherstellen, dass nur berechtigte Nutzer auf die im IVWS erhobenen und gespeicherten personenbezogenen Daten zugreifen können und die Daten nicht zu unrechtmäßigen Zwecken oder zum Schaden des Patienten weiter verarbeitet werden. Bei einer unzureichenden Anonymisierung bzw. Pseudonymisierung[195] der Daten oder ausreichend „krimineller Energie", lässt sich theoretisch ein umfassendes Bild des Patienten über seine Krankheiten, Lebensumstände und Risikofaktoren rekonstruieren [Szat99, S. 151]. Auch die große Zahl an Nutzern des IVWS und die räumlich und zeitlich unbeschränkte Verfügbarkeit der digitalen Behandlungsdaten sind aus Datenschutzgesichtspunkten kritisch zu sehen. So wird im Verlauf dieser Arbeit mehrfach die Bedeutung und Erfolgsrelevanz des im IVWS gespeicherten Netzwerkwissens dargelegt.

Das in Abschnitt 6.3.2 skizzierte Berechtigungskonzept ist im Zuge eines Praxiseinsatzes weiter zu verfeinern, um den Schutz der Daten bzw. Schaden durch Informationsmissbrauch zu vermeiden. Darüber hinaus ist jedoch ein umfassendes IT-Sicherheitskonzept[196] zu erstellen und umzusetzen, um das Netzwerkwissen, welches eine wertvolle strategische Ressource des Praxisnetzes darstellt, vor unbefugten Zugriffen, zu schützen. Es ist noch ungeklärt, inwieweit der Verursacher haften

---

[195] Zu den Begriffen Anonymisierung und Pseudonymisierung vgl. Fußnote 163 und 164, S. 231.

[196] Im Rahmen eines IT-Sicherheitskonzeptes ist die technische, personelle, organisatorische Sicherheit sowie Anwendungs- und Informationssicherheit zu berücksichtigen [Deut98, S. 36ff.].

muss, wenn es trotz umfassender Sicherheitsvorkehrungen beim Umgang mit IT-Instrumenten, z. B. durch Unachtsamkeit oder fehlerhafte Dateneingabe, zu Schadensfällen kommt [GISS04, S. 121]. So bestehen durchaus Haftungsrisiken, die sich auch angesichts der Unberechenbarkeit von Störungen des IT-Systems (z. B. durch Viren-Angriffe, Stromausfall), nicht vollständig ausschließen lassen.[197]

---

[197] Allgemeine rechtliche Rahmenbedingungen des IT-Einsatzes in Praxisnetzen beinhalten das Bundesdatenschutzgesetz (BDSG), (Datenschutz-)Gesetze der Bundesländer, Telekommunikationsgesetze (TKG), das Strafrecht als auch das Signaturgesetz (SigG). Domänenspezifische Rechtsvorschriften leiten sich aus der ärztlichen Dokumentationspflicht, der ärztlichen Schweigepflicht und dem ärztlichen Schweigerecht ab. Eine detaillierte Analyse und Gestaltung der rechtlichen Aspekte des IT-Einsatzes sprengen den Rahmen der Arbeit. Es wird auf [Wild04; Deut98; Ecke06] verwiesen.

10.4 Anwenderakzeptanz

Das Vertrauen und die Kultur in Praxisnetzen ist von besonderer Bedeutung für die Anwenderakzeptanz (vgl. Abschnitt 4.3.3).

Nachfolgend wird auf den Change Management-Prozess in Netzwerken generell nicht weiter eingegangen.[198] Vielmehr stehen PEL-spezifische Aspekte der Nutzerakzeptanz im Vordergrund. Eine effektive Unterstützung von Behandlungsprozessen kann die *prozessbasierte E-Service-Logistik* nur dann leisten, wenn das zugrunde liegende IVWS von den Praxisnetzmitgliedern akzeptiert und genutzt wird. „Mangelhafte Akzeptanz und fehlende Motivation der Benutzer verhindern die Realisierung der prognostizierten Verbesserungspotenziale" [Szat99, S. 150]. Die in den letzten Abschnitten diskutierten kritischen Erfolgsfaktoren der Implementierung und des Betriebs der Lösung können die Akzeptanz der Nutzer erheblich beeinträchtigen. Darüber hinaus sind weitere Faktoren zu berücksichtigen, die vor allem bei Leistungserbringern und Patienten Akzeptanzprobleme hervorrufen können. Sie werden nachfolgend skizziert.

10.4.1 Leistungserbringer

Erfahrungen bei der Umsetzung von Informations- und Kommunikationssystemen im Gesundheitssektor zeigen, dass Ärzte – zumindest anfänglich – kaum die Vorteile, sondern v. a. die Kosten und den zusätzlichen Zeitaufwand sehen, den der Einsatz eines neuen IT-Systems mit sich bringt [GISS04, S. 127]. Um die Akzeptanz der Netzmitglieder zu sichern, muss deshalb der ökonomische Nutzen bereits vor der Einführung der Lösung kommuniziert und glaubhaft nachgewiesen werden. Ebenso wichtig sind der Abbau von Vorurteilen, die Relativierung überzogener Erwartungen sowie praxisnahe Schulungen, um die Netzmitglieder mit den Funktionsweisen und der Bedienung der PEL-Lösung vertraut zu machen. Die konsequent prozessorientierte Sicht- und Funktionsweise des Systems kann zu erheblichen organisatorischen und strukturellen Anpassungsbedarf in den Arztpraxen führen (vgl. Abschnitt 10.2). Abläufe müssen reorganisiert, neue Prozesse installiert und die Funktionalitäten in den Arbeitsalltag integriert werden [Szat99, S. 148]. Durch die IT-Unterstützung werden repetitive Arbeitsschritte automatisiert (z. B. Rezeptausstellung, Anfertigung von Abrechnungen oder Arztbriefen). Gleichzeitig entstehen neue EDV-spezifische Aufgaben (z. B. Datenerfassung, Bedienung der Portale und PEL-Funktionen). Den Veränderungen der Aufgabengebiete treten vor allem Ärzte mit großer Skepsis entgegen

---

[198] Vgl. hierzu [Günt06b], [Sohn06] sowie [Holt06, S. 53ff.].

[Szat99, S. 148]. Im Zuge der Anwendung ist es zur Sicherung der Akzeptanz der Ärzte und ihrer Mitarbeiter daher besonders wichtig, dass sich die Lösung gut in den Praxisalltag integriert und intuitiv bedienen lässt (vgl. Abschnitt 5.3). Außerdem sollte die Ausweitung der EDV-spezifischen Aufgaben in einem angemessenen Verhältnis zu den Erleichterungen und Qualitätsverbesserungen stehen, die daraus resultieren. Vor allem die Einarbeitungs- und Gewöhnungsphase ist vermutlich kritisch, da den Mehrarbeiten, z. B. durch Schulungen oder Eingabe der Prozesskontext-informationen über das Leistungserbringerportal, noch kaum spürbare Entlastungs-effekte gegenüberstehen.

Die Funktionsweise des PEL-Ansatzes, der für Ärzte mit meist geringem IT-Know-how nur schwer verständlich ist, kann die Skepsis verstärken, die viele Mediziner ge-genüber neuen Informationstechnologien besitzen. Gleichzeitig ist es wichtig, dass die Leistungserbringer nachvollziehen können, auf welcher Wissensgrundlage und nach welcher Logik das System die Behandlungsprozess- und E-Service-Vorschläge erarbeitet und ausführt. Nur so werden Ärzte die Systemvorschläge akzeptieren und wertschätzen. Auch die Qualität und Zuverlässigkeit der E-Service-Anwendungen beeinflussen die Wahrnehmung der Lösung durch die Netzmitglieder. Eine Gefahr besteht darin, dass sich Ärzte durch die automatisch generierten Prozessmodelle und E-Service-Vorschläge in ihrer Handlungsfreiheit und Autonomie eingeschränkt sehen [GrBe04, S. 57]. Gerade die fortschrittliche Case-Based-Reasoning-Funktiona-lität könnte den Medizinern das Gefühl geben, durch ein „intelligentes" System bevor-mundet oder durch dessen Einsatz entbehrlich zu werden [StWe99, S. 30]. Den Leis-tungserbringern ist sowohl aus Akzeptanz- als auch aus haftungsrechtlichen Grün-den klar zu kommunizieren, dass die Lösung kein Expertensystem darstellt, sondern lediglich Prozess- und E-Service-Vorschläge zu ihrer Unterstützung im Netz angebo-ten werden. Gleichzeitig sind offene Haftungsfragen beim Umgang mit dem IVWS frühzeitig zu klären, um einer akzeptanzschädigenden Verunsicherung der Anwender vorzubeugen [GISS04, S. 121].

Nicht nur die Behandlungsprozessvorschläge im Rahmen des PEL-Koordinations-konzeptes, sondern insbesondere die Controlling-Lösung vermitteln den Ärzten u. U. das Gefühl einer Beeinflussung. Deshalb muss bei der Ausgestaltung der Prozess-kennzahlen und Anreizsysteme darauf geachtet werden, dass sich die Leistungser-bringer durch das Controllingsystem nicht gegängelt fühlen. Von besonderer Brisanz ist weiterhin die Erfassung und Speicherung des Experten- und Prozesswissens der einzelnen Ärzte durch das System, denn „Information wird in keinem Dienstleis-tungsbereich so ausgeprägt als Eigentum betrachtet wie in der Medizin", weshalb traditionell eine „allzu umfangreiche Transparenz der [...] Prozesse [...] vermieden" [Litt96, S. 260] wird. Die in der Arbeit vorgestellte Lösung verlangt von den Nutzern die Aufgabe ihrer „Wissens-Monopole", da es das im Rahmen von Behandlungsprozessen implizit angewandte Wissen jedes Einzelnen expliziert, speichert und allen übrigen Netzmitgliedern als Netzwerkwissen zugänglich macht.

10.4.2 Patienten

Für eine erfolgreiche Anwendung des Individual Value Web Systems ist auch die Akzeptanz des Patienten wichtig, da er als Empfänger und externer Faktor im Zentrum PEL-gestützter Behandlungsprozesse steht. Wenn im Praxisnetz die Behandlung mithilfe der PEL-Lösung besser und effektiver durchgeführt wird, hat der Patient einen objektiven Nutzen. Doch nur wenn der Patient diesen Fortschritt als Verbesserung gegenüber dem Status quo wahrnimmt, erfährt er auch ein tatsächliches, subjektives Nutzengefühl. Heck gibt zu bedenken, dass es insbesondere dann, wenn Innovationen geeignet sind, irrationale Ängste hervorzurufen, neben dem objektiven auch auf den subjektiven Nutzen ankommt [Heck02, S. 193]. Durch Aufklärungsmaßnahmen, z. B. über die qualitativ hochwertige Unterstützung des Arztes durch das IVWS, kann dafür Sorge getragen werden, dass der gefühlte Nutzen des Patienten nicht ungerechtfertigter Weise hinter dem objektiven Nutzen zurück bleibt. Trotzdem kommt es beispielsweise dann zu Akzeptanzproblemen, wenn die Patienten befürchten, die Einführung der Lösung könne eine Entpersonalisierung und eine Verschlechterung des persönlichen Verhältnisses zwischen Arzt und Pa-tient nach sich ziehen [GISS04, S. 128]. Deshalb müssen die behandelnden Leistungserbringer den Patienten durch ihr Verhalten glaubhaft vermitteln, „dass Professionalität durch Technik Vertrauen untermauert, aber die persönliche Beratung nicht ersetzt" [Heck02, S. 193].

Patienten könnten der Einführung des IVWS auch dann ablehnend gegenüber stehen, wenn sie in der umfassenden elektronischen Erfassung, Speicherung und Weiterverarbeitung ihrer sensiblen Gesundheitsdaten eine Gefahr sehen, zum „gläsernen Patienten" zu werden [GISS04, S. 129]. Eine Aufklärung der Patienten über die verschiedenen Sicherheits- und Kontrollmechanismen des IVWS zum Schutz ihrer Daten kann das Vertrauen entscheidend stärken. Auch gegenüber dem Patienten ist im Bezug auf die direkten Services der Lösung sicherzustellen, dass das Behandlungsprozessportal so einfach und bedienerfreundlich wie möglich gestaltet ist. In jedem Fall müssen die Patienten bei der Nutzung der elektronischen Angebote eine gewisse Hemmschwelle überwinden und lernen, aktiver an ihrer eigenen Behandlung zu partizipieren. Problematisch gestaltet sich dies bei Personen, die beispielsweise krankheits- oder altersbedingt nicht in der Lage sind, ihrer, durch das IVWS gestärkten, Rolle des „mündigen Patienten" und der damit verbundenen Eigenverantwortung nachzukommen. Gerade älteren Menschen, die häufig an lang-

wierigen bzw. chronischen Krankheiten leiden und damit eine der primären Zielgruppen der IVWS-Unterstützung darstellen, fällt der Umgang mit neuen Technologien
schwer [Szat99, S. 121]. Dies macht zusammen mit der geringen Verbreitung der Internettechnologie bei älteren Personen eine zeitnahe Versorgung dieser Patienten
mit *E-Services* oder die Vergabe von *Kundenaufgaben* derzeit sehr schwer. Dies trifft
auch auf alle anderen Patienten ohne entsprechende technische Ausrüstung zu,
wenngleich über Kiosk-Systeme in Arztpraxen der Zugang zu individuellen Diensten
zumindest teilweise gewährleistet werden kann.

10.5 Investitionsbedarf und Kosten

Die Einführung und der Betrieb des PEL-Konzeptes und der zu dessen Umsetzung
notwendigen Zielarchitektur ist mit Kosten verbunden. Zum einen sind einmalige
Investitionen in Form von Technologiekosten (z. B. Netzinfrastruktur, Hard- und Software) und Implementierungskosten (z. B. Installation, Schulungen) nötig. Zum anderen fallen im Rahmen der Wartung, Instandhaltung und Weiterentwicklung des
Systems laufende Betriebskosten an [GISS04, S. 122].

Die Flexibilität des IVWS, die zur Modellierung und Ausführung einzigartiger und veränderlicher Behandlungsprozesse zwingend notwendig ist, wird durch die kosten-
intensive Komplexität einer Process-enabled SOA „erkauft". Der Aufwand entsteht in
diesem Zusammenhang vor allem im Rahmen der Konzeption und Einführung der
Lösung [KrBS05, S. 87ff.]. Gleichzeitig stehen diesen Anfangsinvestitionen sowohl
ein höherer fachlicher Nutzwert (vgl. Abschnitt 6.2.1.3) als auch geringe Weiterent-
wicklungs-, Wartungs- und Betriebskosten gegenüber [Hofm03, S. 27ff.].

Auch die inhaltliche Wartung und Pflege des CBR-Systems ist mit Opportunitäts-
kosten verbunden, da sie größtenteils von den Netzärzten, als Träger des medizinischen Wissens, selbst durchgeführt werden. Diese Kosten der Individualisierung
setzen sich aus Intensitäts- und Infrastrukturkosten zusammen und werden von der
hohen Komplexität des Inferenzmechanismus des Personalisierungssystems (dem
CBR-System) determiniert (vgl. Kapitel 6.3.1). Außerdem ist für die Modellierung pa-
tientenspezifischer Behandlungsprozesse eine sehr hohe Individualisierungsintensität erforderlich. Aufgrund des progressiven Anstiegs der Intensitätskosten mit der
Individualisierungsintensität sowie der hohen Komplexität des CBR-Systems sind bei
einem Einsatz des IVWS entstehende Kosten nicht zu unterschätzen.

Vor allem die indikationsspezifische Abbildung des Prozesskontextes erfordert Expertenwissen und Zeitaufwand. So sind vor der Nutzung des Systems einheitliche
Kontextattribute, Prozesselement-Muster und *E-Service*-Elemente zu definieren sowie bestehende Prozesse mit ihren Kontexten und *E-Services* in dieses Format zu

transformieren. Während der Nutzungsphase des Systems sind die Kontextattribute, Prozesselement-Muster und *E-Service*-Elemente stets an veränderte Umweltbedingungen und Benutzeranforderungen anzupassen.

Zur Sicherung der Konsistenz des automatisch erstellten Behandlungsprozessmodells sind Regeln und Abhängigkeiten zu definieren, die auf allgemein gültigen, krankheitsspezifischen Leitlinien und netzinternen Bestimmungen basieren. Aufgrund der ständigen Weiterentwicklung medizinischer und wissenschaftlicher Erkenntnisse muss die Aktualität des abgebildeten Wissens garantiert sein, um die Qualität der Systemvorschläge zu gewährleisten. Dies macht eine kontinuierliche Wartung des CBR-Systems erforderlich. Die Umsetzung der Leit- und Richtlinien in Regeln und Abhängigkeiten kann dabei wegen des Bedarfs an medizinischem Fach- und Domänenwissen nur teilweise von IT-Experten oder externen Dienstleistern übernommen werden. Ebenfalls ist nach Abschluss jedes Behandlungsprozesses das medizinische Ergebnis von einem Arzt zu beurteilen, um über die Aufnahme des Falls in die Fallbasis entscheiden zu können.

Wenngleich das Wissensmanagement strategisch von hoher Bedeutung für alle Leistungserbringer sein dürfte, dominiert im Arbeitsalltag ein Zeitdruck zur Erledigung operativer Aufgaben. Umso wichtiger ist es, die Pflege und Wartung des Systems eng mit den ohnehin zwingend notwendigen Aufgaben der medizinischen Dokumentation zu integrieren, um unproduktive Arbeit (z. B. Mehrfacheingaben oder Angaben ohne unmittelbaren Nutzen für Arzt und Patienten) zu minimieren. Das CBR-Systems realisiert nur dann Nutzen, wenn die Netzmitglieder bereit und fähig sind, ausreichend Zeit, Wissen und Engagement in die Einrichtung und Pflege des Systems zu investieren (vgl. Akzeptanz in Abschnitt 10.4).

Die Frage, wer für die entstehenden einmaligen und laufenden Kosten aufzukommen hat, kann zu Unstimmigkeiten und Diskrepanzen innerhalb des Praxisnetzes sowie zwischen den Akteuren im Gesundheitswesen insgesamt führen. Ursache dafür ist in vielen Fällen das sogenannte „Kosten-Nutzen-Dilemma". Die damit be-zeichnete Problematik, dass „die Kosten nicht immer von demjenigen getragen werden, der von dem betriebswirtschaftlichen Nutzen profitiert" [GISS04, S. 122], ist im deutschen Gesundheitssektor aufgrund der Trennung von Beitragszahlern, Beitragsempfängern (Krankenkassen) und Leistungserbringern (Ärzte) besonders ausgeprägt. Einen Eindruck der mangelnden Übereinstimmung von Trägern und wirtschaftlichen Nutznießern der Investitionen im Gesundheitswesen vermittelt eine Kosten-Nutzen-Analyse, die im Zusammenhang mit der neuen Versichertenkarte und dem elektronischen Rezept durchgeführt wurde. Der Studie zufolge könnte die Ärzteschaft bei einer Einführung nur ca. zwei Prozent ihrer Investitionen durch daraus resultierende Einsparungen ausgleichen, während bei den Krankenkassen die potenziellen Einsparungen 200 Prozent ihrer Investitionen betragen könnten [Debo01, S. 75].

Auch bei der Einführung des Individual Value Web Systems in Praxisnetzen besteht in diesem Sinne hohes Konfliktpotenzial. Deshalb sollte die Übernahme der entstehenden Kosten[199] bereits im Vorfeld zwischen den beteiligten Akteuren möglichst unter Berücksichtigung der Nutzenverteilung verbindlich festgelegt werden. Durch die Übernahme von Budgetverantwortung im Sinne des Capitation-Ansatzes kann ein Praxisnetz seine Stellung als direkter Nutznießer der IVWS-induzierten Verbesserungen deutlich stärken, da die Einsparungen nicht mehr primär den Kostenträgern sondern auch dem Netz selbst zugute kommen.

---

[199] Eine valide Abschätzung der durch PEL entstehen Kosten ist auf Basis des Forschungsprototypen derzeit nicht möglich, da die wesentlichen Kostenblöcke nicht durch weitgehend gut abschätzbare Anschaffungs- bzw. Realisierungskosten für Software oder Hardware entstehen. Vielmehr ist zu vermuten, dass die Erfassung und Pflege des Wissens im Rahmen der CBR-Komponente den größten Kostenblock darstellt. Vgl. hierzu Abschnitt 12.

11 Bewertung

In der vorliegenden Arbeit wird das Konzept einer *prozessbasierten E-Service-Logistik* zur Koordinationsunterstützung (vgl. Abschnitt 6) sowie zur Controllingunterstützung (vgl. Abschnitt 8) vorgestellt. In den Abschnitten 9.1, 9.2 und 9.3 werden die Anwendungsszenarien und Nutzenpotenziale des PEL-Konzepts bzw. der informationstechnischen Unterstützung durch das IVWS für die einzelnen Benutzergruppen und deren jeweiligen Aufgabenbereich betrachtet. Nachfolgend wird untersucht, inwieweit die im Zuge der Konzeption definierten Anforderungen an die Koordinationsbzw. Controllingunterstützung durch das Konzept der prozessbasierten *E-Service-Logistik* erfüllt werden. Anschließend folgt eine Gesamtbewertung.

11.1 Koordinationsunterstützung

Die CBR-Komponente des IVWS erlaubt die Nutzung netzweiten Erfahrungswissens, um patientenindividuell Prozess- und *E-Service*-Vorschläge zu erarbeiten. Gleichzeitig entfallen unnötige und zeitraubende Modellierungsaktivitäten. Um die geforderte Flexibilität (vgl. Abschnitt 5.3) von Behandlungsprozessen auch IT-seitig bewältigen zu können, sind konfigurierte Prozessmodelle während der Laufzeit kontinuierlich zu modifizieren. Zentrale Komponente hierfür ist der Meta-Orchestration-Server. Er fungiert als Service, der die Rolle eines Koordinators übernimmt und damit das informationstechnische Pendant des Koordinationsarztes darstellt. Der MOS ist für die im Prozessmodell hinterlegte Ablauflogik und Ausführungsreihenfolge der einzelnen Prozesselemente verantwortlich [Burg03, S. 64]. Er versorgt die zur Ausführung angesprochenen *Services* mit den nötigen ablaufbezogenen Daten und erhält die Ergebnisse jeder Teilleistung zur Aktualisierung des Prozessstatus zurück. Darüber hinaus werden den Nutzern des IVWS durch den MOS Performance- und Monitoring-Funktionalitäten zur Verfügung gestellt. Als zentrale Ausführungsinstanz verfügt die Meta-Orchestration-Engine über alle prozessbezogenen Daten, die für das Controlling der Behandlungsprozesse, der Netzmitglieder, der Netzperformance und auch der Patienten (z. B. bezüglich ihrer Compliance) notwendig sind. Diese Daten werden mithilfe des MOS extrahiert, im Rahmen des Performance Measurements aufbereitet und den Anwendern über die entsprechenden Portale zur Verfügung gestellt.

Die operative Koordination im Zuge des PEL-Konzeptes wird in zweifacher Weise unterstützt. Es werden die für die Abstimmung relevanten Informationsbedarfe abgedeckt, indem richtige *E-Services* zum richtigen Zeitpunkt im richtigen Prozess bereitgestellt und ausgeführt werden. Darüber hinaus werden mit dem Konstrukt der Koordinationsaufgabe die Aktivitäten verschiedener Teilnehmer im Prozess zeitlich und inhaltlich aufeinander abgestimmt. Die Flexibilität des datenzentrierten Prozessmodells erlaubt es dabei, die Fälligkeit von *Koordinationsbedarfen* und die Benachrichtigung von betroffenen Prozessteilnehmern bei fälligen *Koordinationsbedarfen* abzubilden. Der Meta-Orchestration-Server prüft die über Vor- und Nachbedingungen repräsentierten *Koordinationsbedarfe* zur Laufzeit ab und agiert autonom und pro-aktiv. Anders als bei Softwareagenten-Systemen ist hierzu die möglichst vollständige Beschreibung der Diskurswelt nicht zwingend notwendig, um adaptive Elemente im IVWS zu implementieren [BoSc06, S. 141ff.]. Stattdessen können besonders wichtige Koordinationsaufgaben sukzessive modelliert und flächendeckend implementiert werden. Die evolutionäre Erweiterung des Konzeptes ist so bedarfsgerecht möglich.

Die in Abschnitt 5.3 definierten Anforderungen werden der im IVWS prototypisch realisierten Lösung gegenübergestellt (vgl. Tabelle 23).

Anforderungen	Beschreibung	Umsetzung im IVWS
Flexibilität	Flexible Komposition der Prozesselemente im Vorfeld der Prozessausführung sowie Modifikation der Prozessinstanzen zur Laufzeit	Der Meta-Orchestration-Server ermöglicht die Konfiguration der Prozess-Elemente sowie deren Änderung zur Laufzeit mithilfe der *Configuration*- und *ProcessState*-Komponenten
Individualisierung	Automatische Anpassung von Prozessen und deren IT-Unterstützungsbedarf an den patientenindividuellen Behandlungskontext	Die CBR-Komponente erarbeitet basierend auf indikationsbezogenen Prozesskontextparametern einen individuellen Prozess- und *E-Service*-Vorschlag, der vom Arzt „am Bildschirm" modifiziert bzw. weiter individualisiert werden kann
Anwendernähe	Einfache Bedienbarkeit und Bereitstellung kontextsensitiver Informations- und Applikationsdienste durch medizinische Leistungserbringer	Fachliche Modellierung, Individualisierung sowie Modifikation der Behandlungsprozesse und zugehörigen *E-Services* erfordern keine IT-Expertise
Anwendersouveränität	Entscheidungshoheit der Leistungserbringer über Inhalt und Ausführungsreihenfolge der Dienste	Der Leistungserbringer erhält Vorschläge über Inhalt und Ausführungsreihenfolge der fachlichen Dienste sowie über *E-Services*, er behält zu jedem Zeitpunkt die Freiheit, die Systemvorschläge zu modifizieren, zu löschen oder zu ignorieren
Interorganisatorische Prozessunterstützung	Holistische, d. h. netzweite Repräsentation, Ausführung und Steuerung von Behandlungsprozessen	Der gesamte Behandlungsprozess wird abgebildet und dabei bei der Modellierung, Ausführung und Steuerung unterstützt (*Configuration, Process-State, Broker*)
Informationslogistik	Allokation von adäquaten Informations- und Applikationsdiensten	(Im Vorfeld) gekapselte Informations- und Applikationsdienste werden in Form von *E-Services* prozessspezifisch zur Verfügung gestellt
Prozesstransparenz	Rollen- und nutzerspezifische Information über geplante Behandlungsprozesse	Der Verlauf des Behandlungsprozesses ist Patienten und Leistungserbringern jederzeit transparent

Anforderungen	Beschreibung	Umsetzung im IVWS
Statusinformation	Echtzeit-Verfügbarkeit und proaktive Verteilung von Prozess-Statusinformationen	Aktuelle Statusinformationen (z. B. offene Koordinationsaufgaben) werden über die *ProcessState*-Komponente angezeigt
Medizinische Dokumentation	Erfassen und Speichern von Behandlungsdaten zur Erfüllung medizinischer Dokumentationspflichten	Das IVWS fokussiert auf die Koordination und das Controlling in Praxisnetzen. Für die medizinische Dokumentation relevante Inhalte werden im IVWS nicht (redundant) gespeichert. Stattdessen ist die Integration mit dem Konzept der ePA über Web Service Technologie vorgesehen
Datenversorgung des Netzwerk-Controllings	Adäquate Speicherung und Sammlung der Prozess- und *E-Service*-Daten zur Nutzung für Controlling-Zwecke	Das Datenmodell ist auf die Nutzung der Prozessinformationen für das Praxisnetz-Controlling ausgerichtet (vgl. Abschnitt 8.2.3.1)
Adaptive Koordination	Adaptive, kontextbezogene Identifikation von Koordinationsaufgaben zwischen den Netz-Akteuren und Allokation adäquater Dienste	Der Mechanismus der *Koordinationsaufgabe* erlaubt die kontextbezogene Adaptivität mithilfe von Vor- und Nachbedingungen. Die Existenz umfassender Ontologien ist netzintern nicht zwingend erforderlich (vgl. Abschnitt 6.3.2.2.3, S. 178).

Tabelle 23: Anforderungen und Umsetzung im IVWS

Durch den Einsatz des IVWS können einige Defizite heutiger Prozessunterstützungssysteme, wie z. B. geringe Flexibilität, unzureichende Individualisierbarkeit und fehlende Anwendernähe, verbessert werden.

11.2 Controllingunterstützung

Neben der Unterstützung der operativen Koordination auf Ebene der Behandlungsprozesse, zielt der PEL-Ansatz auch darauf ab, das Controlling auf Gesamtnetz-Ebene zu verbessern.

Die Lösung basiert fachlich auf dem Konzept des prozessorientierten Performance Measurement. Die im Rahmen einer Balanced Scorecard für Praxisnetze definierten Ziele und Kennzahlen werden in einem Performance Cockpit zur Steuerung des Praxisnetz-Geschehens zielgruppengerecht aufbereitet [ScPB07, S. 917ff.]. Die Controllinglösung schafft Transparenz bezüglich der Prozess-, Struktur- und Ergebnisqualität des Gesamtnetzes sowie jedes einzelnen Netzarztes. Die Lösung integriert Daten unterschiedlicher Quellen und unterschiedlicher Datenlieferanten. Mithilfe der *prozessbasierten E-Service-Logistik* können zusätzlich zu den bisher bestehenden Datenquellen zeitnah, strukturiert sowie prozess- und kontextbezogen Behandlungsdaten erhoben und in das Netz-Controlling integriert werden. Die Analyse und Bewertung wird durch Scorecards und die OLAP-Komponente unterstützt. Die Nutzung von Compliance Scorecards unterstützt bei der Operationalisierung der Netzwerk-Strategie, indem die Ziele und Zielerreichungsgrade auf Leistungserbringer heruntergebrochen werden.

Im Folgenden wird geprüft, inwieweit die Anforderungen an das Praxisnetz-Controlling, die in Abschnitt 7.2 diskutiert werden, im prototypisch realisierten Performance Cockpit umgesetzt sind. Dabei werden domänenneutrale (vgl. Tabelle 24) und domänenspezifische Anforderungen getrennt betrachtet.

Anforderung	Umsetzung
Ausrichtung auf die Netzziele	Durch die ersten beiden Schritte im Performance-Measurement-Prozess hat das Konzept einen klaren Bezug zu den Netzzielen und zur Netzstrategie.
Kooperative Strategieentwicklung und -operationalisierung	Mit der Balanced Scorecard für das Netz und weiteren Scorecards stehen Instrumente bereit, die die Kommunikation bei der Entwicklung und Operationalisierung von Strategien unterstützen.
Berücksichtigung des Autonomiegrades bei der Auswahl der Führungsmethode	Der Autonomiegrad wird dadurch berücksichtigt, dass vorwiegend aggregierte Kennzahlen als Basis für das Controlling dienen. Dies bedeutet, dass bei medizinischen Entscheidungen auf Ebene einer Patienteninstanz (z. B. Medikation) keine unmittelbare Beeinflussung des Leistungserbringers durch das Performance Cockpit erfolgt. Die Handlungsfreiheit im konkreten Fall bleibt erhalten. Bei der Ausgestaltung der Prozesskennzahlen und Anreizsysteme muss darauf geachtet werden, dass die Leistungserbringer sich durch das Controllingsystem nicht gegängelt fühlen.
Integration der Informations- und Kommunikationssysteme	Mit dem Forschungsprototyp können die Informations- und Kommunikationssysteme der Leistungserbringer flexibel vernetzt werden, sofern diese die dazu nötigen Schnittstellen implementieren. Hier besteht weiterer Handlungsbedarf.
Sicherung der Akzeptanz des Controllingsystems	Die Akzeptanz des Controllingsystems kann nur durch die praktische Anwendung gefördert werden, unter anderem dadurch, dass eine gemeinsame Werte- und Vertrauensbasis geschaffen wird. Auch die anwenderfreundliche Gestaltung der Oberflächen und Bedienelemente ist zu berücksichtigen.
Entscheidungsverbundenheit	Dadurch, dass die Behandlungsprozessdaten in Echtzeit erhoben werden, ist die Entscheidungsverbundenheit gewährleistet.
Operationalität	Die Überprüfbarkeit der Zielerreichung hängt vor allem von der Verfügbarkeit geeigneter Kennzahlen und Datenquellen ab.
Vergleichbarkeit der Ergebnisse für unterschiedliche Zeiträume und Akteure	Durch den Zeitraumbezug der Daten im zentralen Datenspeicher ist der Vergleich von Daten über unterschiedliche Zeiträume möglich. Die Vergleichbarkeit der Ergebnisse für die unterschiedlichen Akteure wird dadurch sichergestellt, dass die Kennzahlen netzweit identisch sind.

Tabelle 24: Umsetzung domänenneutraler Controlling-Anforderungen

Tabelle 25 zeigt, in welchem Umfang die domänenspezifischen Anforderungen an das Praxisnetz-Controlling in der Controllinglösung berücksichtigt werden können.

Anforderung	Umsetzung
Berücksichtigung der Ziele und Bedürfnisse der Stakeholder von Praxisnetzen	Die Ziele der Stakeholder werden bei der gemeinsamen Erarbeitung der Balanced Scorecard mit Praxispartnern berücksichtigt. Bei der Entwicklung der Benutzeroberflächen wird auf eine anschauliche und einfache Darstellung geachtet. Die komplexeren Scorecards sind zur Erhöhung der Übersichtlichkeit mit Navigationsstrukturen ausgestattet.
Controlling von Behandlungsprozessen	Das Controlling der Behandlungsprozesse bildet den Kern des Controllings in der Prozessperspektive. Die Nutzung der im PEL-Ansatz verfügbaren Daten unterstützt bei der Versorgung des Controllingsystems mit zeitnahen und strukturierten Daten.
Planung und Beurteilung der Performance des Netzes sowie der einzelnen Leistungserbringer	Das Performance-Measurement-Konzept berücksichtigt beide Aspekte über unterschiedliche Scorecards sowie über die integrierte Anreizkomponente.
Vergleichbarkeit der Ergebnisse innerhalb und außerhalb des Netzes	Die Vergleichbarkeit der Leistungskennzahlen (z. B. Regelverbindlichkeit) innerhalb des Netzes ist zumindest innerhalb einer Arztgruppe gegeben. Um die Ergebnisse mit anderen Netzen vergleichen zu können, sind standardisierte Controlling-Kennzahlen bezüglich Qualität und Wirtschaftlichkeit zu entwickeln bzw. vorhandene Kennzahlensets zu nutzen.
Berücksichtigung der Versichertenstruktur	Die Versichertenstruktur wird mit dem Ziel zur Senkung des Durchschnittsalters berücksichtigt. Das System liefert Informationen darüber, welche Versichertengruppen für das Netz profitabel sind und welche nicht.
Berücksichtigung der Beziehungen zu externen Leistungserbringern	Die Beziehungen zu externen Leistungserbringern und die Messung von deren Compliance ist im Performance-Measurement-Konzept mit den Compliance Scorecards berücksichtigt.
Ausrichtung der Vergütungssysteme an den Netzzielen und der Compliance der Mitglieder	Um zu vermeiden, dass die Leistungserbringer im Netz zu falschen oder für die Netzziele nicht sinnvollen Verhaltensanpassungen motiviert werden, ermöglicht das System die Auswahl der geeigneten Bemessungsgrundlage für das Anreizsystem.
Identifikation von Potenzialen zur Entwicklung der Anbieterstrukturen	Zum Vergleich der Ausgaben für Patienten innerhalb und außerhalb des Netzes werden externe Informationen benötigt. Durch Vergleich der eigenen Ausgaben mit den Ausgaben, die durch externe Leistungserbringer entstehen (z. B. Krankenhäuser), können wertvolle Informationen zur Identifikation von Einsparungspotenzialen und zum Ausbau des Netzes gewonnen werden.
Ausgleich von direkten und indirekten Führungsmethoden	Die Weiterentwicklung von indirekten Führungsmethoden zur Darstellung aggregierter Ergebniskennzahlen stellt weiter eine große Herausforderung für das Praxisnetz-Controlling dar.
Integration heterogener Datenbestände	Beim Aufbau des zentralen Datenspeichers werden heterogene Datenbestände integriert.
Berücksichtigung des Datenschutzes sowie der Informationssicherheit	Der Forschungsprototyp fokussiert auf die Abdeckung funktionaler Anforderungen an das Netzcontrolling und lässt Fragen der Informationssicherheit unberücksichtigt. Der Datenschutz ist durch Pseudonymisierung konzeptionell berücksichtigt, im Performance Cockpit aber nicht umgesetzt.

Anforderung	Umsetzung
Vermeidung von zusätzlichem Dokumentationsaufwand	Welcher zusätzliche Dokumentationsaufwand für die Leistungserbringer durch die Prozesssteuerungskomponente besteht, kann erst im Zuge der Weiterentwicklung und Evaluation der *prozessbasierten E-Service-Logistik* abschließend beurteilt werden. Von besonderer Bedeutung ist dabei die Vermeidung von Doppeleingaben durch entsprechende Schnittstellengestaltung.

Tabelle 25: Umsetzung domänenspezifischer Controlling-Anforderungen

Eine effektive und effiziente Kooperation im Sinne der Integrierten Versorgung ist nur möglich, wenn ein am Behandlungsprozess orientierter Informationsaustausch zwischen den Netzärzten etabliert wird. Eine Komponente für das Praxisnetz-Controlling könnte auf Behandlungsdaten der zentralen Kommunikationsplattform MOS aufsetzen. Die Meta-Orchestration stellt eine Möglichkeit bereit, unterschiedliche Kommunikationsformate und Schnittstellen zu integrieren, auch wenn diese sich strukturell unterscheiden. Durch die Anbindung an den Meta-Orchestration-Server kann das Praxisnetzcontrolling auf interorganisatorische Behandlungsprozesse ausgeweitet werden. Dadurch können dem Controlling auch Abstimmungsaktivitäten zwischen den Akteuren zugänglich gemacht werden (z. B. Dauer der Erstellung und Übermittlung von Arztbriefen). Das Problem der Schnittstellen ist damit aber nicht abschließend gelöst. Die Schnittstellen der Praxisverwaltungssysteme müssen Mindestanforderungen bezüglich der Struktur der bereitgestellten Daten erfüllen.

Der Forschungsprototyp zeigt Ansätze für ein professionelles IT-gestütztes Netzcontrolling auf. Die Lösung liefert einen Beitrag, um die bislang fehlende zeitnahe Versorgung des Controllings mit Echtzeitdaten des Netzes und seiner Leistungserbringer zu gewährleisten.

11.3 Gesamtbetrachtung

In diesem Abschnitt sollen aufgrund der Bedeutung einer interorganisatorischen Zusammenarbeit autonomer Einheiten im Praxisnetz explizit die Potenziale diskutiert werden, die der Einsatz des Individual Value Web Systems für das Praxisnetz als Interorganisationseinheit schafft.

Güssow stellt fest, dass das Potenzial von Wissensmanagement „im Gesundheitswesen sehr groß sein [kann], wenn durch die systematische und integrierte Entwicklung von Funktions- und Prozesswissen Synergien erzielt" werden [Güss05, S. 130]. Dabei schätzt er das Potenzial umso größer ein, je mehr das Wissen über verschiedene Prozesse und System- und Sektorengrenzen hinweg verteilt ist und je besser das Management des Wissens informationstechnisch unterstützt wird [Güss05, S. 130]. In diesem Sinne ergeben sich aus der Unterstützung des Wissensmanagements durch das IVWS in Praxisnetzen erhebliche Nutzenpotenziale, da wertvolles Wissen auf eine Vielzahl von Akteuren und Prozessen verteilt ist. Zum einen ist das behandlungsprozessbezogene Wissen von Bedeutung. Es wird in der Fallbasis des CBR-Systems gespeichert und schafft Transparenz über intra- und interorganisatorische Abläufe im Praxisnetz. Dadurch dient das bewertete Prozesswissen als Grundlage für die Kommunikation und Koordination der beteiligten Akteure. Zum anderen trägt insbesondere das Experten- und Fachwissen jedes Einzelnen zum Erfolg der Behandlung bei. Durch die Integration der verteilten Wissensressourcen zu gemeinsamem Netzwerkwissen können Synergieeffekte genutzt und der Wert des Wissens jedes Einzelnen potenziert werden. Die Speicherung, Weiterentwicklung und praktische Anwendung des Netzwerkwissens wird durch das IVWS unterstützt (Praxisnetz als „lernende Organisation"). Zu berücksichtigen ist hierbei, dass mithilfe der Abbildung von Netzwerkwissen in kontextbe-zogenen Prozessmodellen auch nicht-explizites Wissen expliziert, gespeichert und allen Netzmitgliedern zugänglich gemacht werden kann. Dadurch bleibt das Wissen auch dann im Netzwerk, wenn der Know-how-Träger aus dem Praxisnetz aus-scheidet. Gleichzeitig kann durch die Erschließung und spätere Nutzung von Zusammenhängen zwischen Behandlungskontext und Prozess eine bessere Nachvollziehbarkeit der Entscheidungen über die eingeleiteten Behandlungsmaßnahmen erreicht werden. Mithilfe des IVWS wird die an sich subjektive Prozessmodellierung also ein Stück weit objektiviert. Die hohe Individualität der Prozessmodelle ermöglicht es, über entsprechende Auswertungen, zusätzliches Feedback für die Weiterentwicklung und Optimierung des Prozesswissens – zum Beispiel zur Weiterentwicklung von Leitlinien oder Verfahrensanweisungen – zu gewinnen.

In seiner Funktion als Interorganisationssystem (IOS) kann das IVWS als Instrument „zur Vertiefung bestehender Formen der Zusammenarbeit" [Klei96, S. 172] dienen und die Vorteile von Gesundheitsnetzwerken verstärken bzw. einige ihrer Risiken und Nachteile abmildern [Raup02, S. 274; Klei96, S. 170]. Die erforderliche Formalisierung des Wissens und der Aktivitäten zur Modellierung von Behandlungsprozessen im IVWS sorgt für eine präzisere Definition von Abläufen und Zielen innerhalb der Kooperation [Klei96, S. 170]. Gleichzeitig unterstützt der instrumentelle Charakter eines IOS die effektive Umsetzung der festgelegten Praxisnetzziele. Die Steuerungs- und Controlling-Möglichkeiten des IVWS helfen, opportunistischem Verhalten der Netzmitglieder zum Schaden des gesamten Netzes vorzubeugen. Die Unterstützung der Kommunikation sowie die engere Kopplung und Integration der einzelnen, bislang getrennten Teilprozesse zu einem ganzheitlichen Behandlungsprozess kann zu

Effizienzsteigerungen führen. Ebenso ermöglicht die Umsetzung der Modularisie-
rungsidee mithilfe der individuellen Kombination standardisierter Service-Module die
simultane Ausschöpfung von Spezialisierungs- und Standardisierungsvorteilen. Auf
diese Weise können Rationalisierungspotenziale realisiert werden.

Neben den Wirtschaftlichkeitsvorteilen bietet das IVWS die Basis, um einen
Qualitätsvorsprung gegenüber Netzen ohne vergleichbare IT-Unterstützung zu schaffen und so die Wettbewerbsposition insgesamt zu verbessern. Beispielsweise trägt die
Transparenz des Behandlungsprozesses über das Behandlungsprozess-portal sowie
das Angebot individualisierter E-Services für die Patienten zur Profilierung des Praxisnetzes gegenüber Wettbewerbern bei und schafft neben der rein medizinischen
Kernleistung einen Zusatznutzen für die Kunden. Bedeutung kommt in diesem Zusammenhang dem spezifischen Netzwerkwissen[200] zu, das aufgrund der Kombination von Erfahrungs- und Prozesswissen von anderen Praxisnetzen nicht imitiert werden kann. Das IVWS schafft, entwickelt und speichert das Netzwerkwissen und
macht es zu einer „strategischen Ressource" des Praxisnetzes. Des
Weiteren tragen die Individualität und Ganzheitlichkeit der Versorgungsprozesse sowie die gesteigerte Transparenz und Nachvollziehbarkeit der Behandlung im Praxisnetz zur Differenzierung bei. Das IVWS kann auf diese Weise auch die Marken-
bildung des Praxisnetzes unterstützen, da die Qualität der Versorgungsleistungen
nachvollziehbar und nach außen kommunizierbar werden. Es ist zu vermuten, dass
gerade aufgrund der hohen Informationsasymmetrie bei wissensintensiven Behandlungsprozessen die Patienten umfangreiche Aufklärung und verbesserte Kon-
trollmöglichkeiten wertschätzen, um ihre eigene Gesundheit aktiv zu fördern. Dies
könnte auch zu einer Verbesserung der Netztreue der Patienten beitragen. Dies ist
gerade dann von besonderer Bedeutung, wenn Praxisnetze mit Budgetverantwortung
durch die Konsultation von Ärzten außerhalb des Netzwerks finanziell stark beeinträchtigt werden. Die Zufriedenheit der Patienten und ihr Vertrauen in die Qualität der
Versorgung erhöhen die Bindung an das Netz und stellen so die Grundlage für den
Erfolg eines Praxisnetzes dar.

In Kapitel 3.3 wird dargelegt, dass der Netzerfolg von der Erreichung der gemeinsam
definierten strategischen Ziele abhängt. Deshalb sind für eine Erfolgsbewertung letztlich die Potenziale des IVWS von Bedeutung, die eine direkte oder indirekte Wirkung
auf die strategischen Ziele eines Praxisnetzes besitzen. Abschließend werden daher
die Wirkungszusammenhänge zwischen den Potenzialen des IVWS und den strate-

---

[200] Damit ist das im Praxisnetz generierte Wissen über interorganisatorische Abläufe, d. h. das Zu-
sammenspiel der verschiedenen Leistungserbringer im Zuge der Behandlung, gemeint.

gischen Zielen eines Praxisnetzes mithilfe von „Wirkungsketten" beispielhaft skizziert (vgl. Abbildung 128).

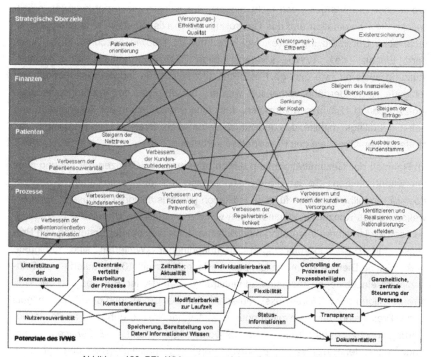

Abbildung 128: PEL-Wirkungspotenziale auf strategische Netzziele

Viele der Nutzenpotenziale, die den einzelnen Netzakteuren aus dem Einsatz des IVWS erwachsen (vgl. Abschnitte 9.1, 9.2 und 9.3), lassen sich thematisch den strategischen Zielen der Finanz-, Kunden- und Prozessperspektive der Strategy Map zuordnen (vgl. Abschnitt 8.2.1). Sie weisen bezüglich der Erreichung der Oberziele des Praxisnetzes eine strategische Wirkung auf.[201] Die Wirkungsketten veranschaulichen, dass die *prozessbasierte E-Service-Logistik* und das prototypisch realisierte IVWS Einfluss auf die Qualität, die Effektivität und Effizienz einer patientenorientierten Versorgung und die Sicherung der Existenz des Praxisnetzes nehmen können.

---

[201] Strategisch ist eine Wirkung, wenn sie bestehende Stärken und Schwächen aufzeigt, die zu Wettbewerbsverbesserungen bzw. -verschlechterungen führen." [ReBa95, S. 127]. Aus Gründen der Übersichtlichkeit werden daher nur strategisch relevante Ursache-Wirkungs-Ketten dargestellt. Alle weiteren im Verlauf dieser Arbeit diskutierten Nutzenpotenziale bleiben unberücksichtigt.

Eine abschließende Bewertung des Konzepts der *prozessbasierten E-Service-Logistik* und seiner systemseitigen Umsetzung durch das IVWS ist jedoch mangels praktischer Erfahrungen noch nicht möglich. Es werden die Anforderungen erfüllt, welche die Koordination und das Controlling von Praxisnetzen an eine informationstechnische Unterstützung stellen (vgl. Abschnitt 11.1 sowie Abschnitt 11.2). Durch den Einsatz des IVWS können einige Defizite heutiger Prozessunterstützungssysteme, wie geringe Flexibilität, unzureichende Individualisierbarkeit und fehlende Anwendernähe verbessert werden. Die Analyse der Wirkungspotenziale (vgl. Abbildung 128) lassen vermuten, dass eine Unterstützung der Koordination und des Controllings mithilfe des Individual Value Web Systems die Erreichung der strategischen Oberziele des Praxisnetzes verbessert.

Im Rahmen der Gesamtbetrachtung dürfen aber auch die Grenzen der Lösung nicht unerwähnt bleiben. So ist die Funktionsweise der *prozessbasierten E-Service-Logistik* modellhaft lediglich für eine Indikation (Herzinsuffizienz) umgesetzt. Eine Erweiterung des Konzeptes zumindest um weitere wesentliche chronische Erkrankungen sowie eine starke Integration medizinischer Expertise bei der Erstellung von Prozess- und *E-Service*-Vorschlägen ist unabdingbar. Weiterhin sind geeignete elektronische Dienste zu entwickeln oder – wie in Abschnitt 10.2 erläutert – von Drittanbietern einzubinden. Auch sind administrative Aspekte des Betriebs und der Weiterentwicklung der IVWS bewusst vernachlässigt. Zur Umsetzung des PEL-Konzepts in der Praxis sind daher Erweiterungen unabdingbar. Hierzu gehört u. a. ein Versionierungsmechanismus für Prozessvorschläge und *E-Services*, um Änderungen der Prozess- und *E-Service*-Vorschläge nachvollziehen und ggf. auch revisions- und rechtssicher dokumentieren zu können. Auch die Konzeption und Umsetzung eines Zugriffs- und Berechtigungskonzeptes ist nur ansatzweise umgesetzt und würde die Anforderungen eines Produktiveinsatzes noch nicht erfüllen.

12 Schlussbemerkungen

Es werden die Ergebnisse der Arbeit zusammengefasst. Innovationspotenziale und weiterer Forschungsbedarf werden im Ausblick aufgezeigt.

12.1 Zusammenfassung

Die Arbeit befasst sich mit dem IT-gestützten Management von medizinischen Praxisnetzorganisationen, insbesondere mit deren Koordination und Controlling.

Mithilfe einer empirischen Studie werden in Teil I der Arbeit der Entwicklungsstand von Praxisnetzen in den Bereichen Netzmanagementsystem, Prozesse und Strukturen sowie Informations- und Kommunikationstechnologie dargestellt sowie Ineffizienzen und Optimierungspotenziale aufgezeigt. Es zeigt sich, dass erhebliche Ineffizienzen und Optimierungspotenziale bei der Koordination der Prozesse und dem Management von Schnittstellen existieren. Reibungsverluste an den Schnittstellen erschweren den Behandlungsprozess und führen zu suboptimalen Ergebnissen. Die Unterstützung der operativen Koordination entlang des Behandlungsprozesses durch Informationstechnologie ist unbefriedigend.

Eine weitere Herausforderung in Praxisnetzen ist das Schaffen von Transparenz in Bezug auf Struktur-, Prozess- und Ergebniskennzahlen. Bislang werden die hierfür notwendigen Daten entweder durch direkte Kontaktaufnahme mit den Netzmitgliedern nur rudimentär erhoben und manuell erfasst oder durch externe Vertragspartner (z. B. Kostenträger oder Kassenärztliche Vereinigungen) mit erheblicher Zeitverzögerung zur Verfügung gestellt. Eine zeitnahe Steuerung des Netzes und des Versorgungsgeschehens ist auf diese Weise nur eingeschränkt möglich.

Ziel der Arbeit ist es, die operative Koordination von Behandlungsprozessen durch prozessorientierte Koordinationsmechanismen und den Einsatz von elektronischen Diensten zu unterstützen. Darüber hinaus sollen im Zuge der Prozessausführung gewonnene Informationen für das Netz-Controlling gesammelt, aggregiert und bereitgestellt werden, um die strategische Koordination auf Gesamtnetz-Ebene zu verbessern.

Zur theoretischen Einordnung werden zu Beginn die Inhalte und Aufgaben der Kooperation und Koordination in Praxisnetzen fundiert und erläutert. Um die interorganisatorischen Interdependenzen in Praxisnetzen zu beherrschen und Transaktionskosten zu reduzieren, kommen verschiedene Koordinationsmechanismen zum Einsatz. Es werden zwei Koordinationskomplexe abgegrenzt und im Fortgang der Arbeit fokussiert betrachtet: die operative Koordination auf Behandlungsprozess-Ebene sowie die strategische und normative Koordination auf Gesamtnetz-Ebene.

Die operative Koordination in Praxisnetzen konzentriert sich in Teil II der Arbeit auf die Steuerung von Behandlungsprozessen (prozessorientierte Koordination). Sie stellt ein wesentliches Element des Managed Care sowie der Integrierten Versorgung zur Qualitäts- und Kostensteuerung dar. Um die Zusammenarbeit in Praxisnetzen zu ermöglichen und die Netzziele zu erreichen, sind Behandlungsprozesse und Informationssysteme aufeinander abzustimmen und operative Tätigkeiten netzweit zu koordinieren. Mangelnder Austausch von Informationen, Abstimmungsprobleme zwischen einzelnen Versorgungsstufen, zahlreiche Schnittstellen sowie Defizite bei gemeinsamen Zielvorstellungen und Werthaltungen aufgrund der rechtlichen und – zumindest weitgehend wirtschaftlichen – Autonomie der Netzakteure erschweren häufig eine ganzheitliche, am Einzelfall orientierte Versorgung. Nicht zuletzt aus diesem Grund erhofft sich die Hälfte der Teilnehmer der Praxisnetz-Studie von der organisationsübergreifenden Optimierung von Behandlungsprozessen und deren IT-Unterstützung ein sehr großes Potenzial zur Kostensenkung und Qualitätsverbesserung. Um einen Beitrag zur Behebung dieser Defizite leisten zu können, werden die Eigenschaften von interorganisatorischen Behandlungsprozessen sowie daraus abgeleitete Anforderungen an deren IT-Unterstützung erarbeitet. Existierende IT-Lösungen in Praxisnetzen (Praxisverwaltungssysteme, Disease bzw. Case Management Systeme und elektronische Patientenakten) werden auf ihre Eignung zur Abdeckung der Anforderungen hin untersucht. Es zeigt sich, dass bestehende Lösungen häufig zu unflexibel sind, um eine dynamische und am individuellen Patientenpfad orientierte Ablaufsteuerung in Praxisnetzen zu ermöglichen. Der Individualisierungsbedarf von Behandlungsprozessen wird kaum berücksichtigt. Auch das zeitnahe Monitoring von Prozessen und die automatisierte Identifikation von Koordinationsaufgaben der beteiligten Akteure (z. B. durch Anstoßen von Alarmen und Benachrichtigungen) wird bislang nur unzureichend unterstützt.

Um einen Beitrag zur Behebung dieser Defizite zu leisten, wird der Koordinationsansatz der *prozessbasierten E-Service-Logistik* eingeführt. Ziel ist es, die richtigen elektronischen Dienste (*E-Services*) zur richtigen Zeit am richtigen Ort im Prozess zur Verfügung zu stellen und so die individuellen Koordinations- und Informationsbedarfe der Netzakteure (z. B. Patienten, Leistungserbringer, Netzmanager) zu befriedigen. Der Behandlungsprozess bildet dabei die gedankliche Klammer aller zusammengehörigen Koordinationsaufgaben im Rahmen der Behandlung eines Patienten. Koordination findet zwischen zwei oder ggf. auch mehreren Akteuren statt. Die Verknüpfung aller „Beziehungskanten" zwischen den Netzwerk-Akteuren in einem Prozessmodell stellt den Gesamtzusammenhang der Koordinationsaufgaben für eine Instanz des Behandlungsprozesses dar (Prozessmodell als Koordinations-

„Blueprint"). Das Prozessmodell definiert, welche Netzwerk-Akteure miteinander interagieren und welche Koordinationsaufgaben sich daraus ableiten. Die Ablauflogik des individuellen Behandlungspfades wird in eine *E-Service-Logistik* übertragen, indem die medizinisch-fachlichen Elemente des Prozessmodells (z. B. medizinische Dienstleistungen) mit den zur Verfügung stehenden *E-Services* verknüpft werden.

Das System berücksichtigt die kybernetische, iterative Arbeitsweise des ärztlichen Handelns in der Behandlungsrealität. Eine zeitaufwändige Modellierung der Behandlungsprozesse ist nicht erforderlich. Stattdessen generiert das System einen patientenindividuellen Behandlungsprozess- und *E-Service*-Vorschlag. Anhand von Prozesskontext-Informationen werden ähnliche Fälle identifiziert. Durch Adaptionsregeln werden u. a. Leitlinien und Verfahrensanweisungen berücksichtigt. Der Prozess- und *E-Service-Logistik*-Vorschlag kann von den Leistungserbringern – auch im Zeitablauf – modifiziert und ergänzt werden. Damit einher geht die Dokumentation des medizinischen Leistungsgeschehens. Alle am jeweiligen Fall beteiligten Leistungserbringer verfügen mithilfe des Leistungserbringerportals über Transparenz bezüglich des Status des Behandlungsprozesses. Darüber hinaus werden sie proaktiv über Veränderungen im Prozessablauf informiert. Durch die gewählten *E-Services* werden Informations- und Koordinationsaufgaben in Abhängigkeit vom Prozessmodell und -zustand zur Laufzeit abgearbeitet (z. B. Erinnerungsfunktion zum Schreiben von Arztbriefen). Durch die *prozessbasierte E-Service-Logistik* können auf diese Weise auch unstrukturierte bzw. semistrukturierte Behandlungsprozesse in Praxisnetzen unterstützt und Abstimmungsprozesse zur operativen Durchführung der Kooperation (teil-)automatisiert werden. Voraussetzung für die Ausgestaltung der PEL-Lösung als Koordinationssystem ist die automatisierte Individualisierung und flexible Ausführungsunterstützung von unstrukturierten bzw. semistrukturierten Behandlungsprozessen. Der technische Lösungsansatz wird in Abschnitt 6.2 erläutert.

Teil III beschäftigt sich mit der normativen und strategischen Koordination auf Gesamtnetz-Ebene. Sie erfolgt primär im Rahmen der strukturellen Koordination durch Netzbeirat, Netzvollversammlung und Netzvorstand sowie durch das Netzmanagement. Es werden die für eine dauerhafte, stabile Zusammenarbeit im Netzwerk relevanten Koordinationsmechanismen eruiert (z. B. Festlegung der Netzziele, Ausgestaltung von Capitation-Modellen, Organisation der Zirkelarbeit) und die für die operative Koordination der Netzwerkaktivitäten möglichen Koordinationsmechanismen festgelegt (z. B. Gatekeepership, Verabschiedung von Leitlinien sowie Arbeits- und Verfahrensanweisungen).

Die Arbeit fokussiert in diesem Zusammenhang auf das Controlling in Praxisnetzen. Grundlagen werden erläutert, Anforderungen an das Praxisnetz-Controlling ab-

geleitet und bestehende Ansätze exemplarisch vorgestellt. Auf Basis dieser Beispiele sowie der Primär- und Sekundärerhebungen erfolgt die Darstellung fachlicher
und informationstechnischer Innovationspotenziale für das Praxisnetz-Controlling.
Wesentlich ist dabei die fehlende zeitnahe Leistungstransparenz sowie die unzureichende Operationalisierung der Netz- und Leistungserbringer-Ziele im Rahmen des
bislang genutzten Controlling-Instrumentariums. Dazu gehört auch die IT-
Unterstützung effizienzorientierter Vergütungssysteme.

Um die Existenz der Netze langfristig zu sichern und zu diesem Zweck nachprüfbare
Qualitäts- und Effizienzvorteile nachzuweisen, wird das Performance Measurement
als Controllingkonzept für Praxisnetze verwendet. Der Ansatz der Balanced Scorecard (BSC) wird als Mittel zur Ziel- bzw. Strategiedefinition und -implementierung in
Praxisnetzen adaptiert.

Das Konzept der *prozessbasierten E-Service-Logistik*, welches in Teil II zur operativen Koordinationsunterstützung dient, wird um Komponenten zur Unterstützung des
Controllings erweitert. Die Lösung unterstützt bei der Aggregation und Aufbereitung
von Prozess- und Leistungsdaten für das Performance Monitoring. Kennzahlen können zur Verfügung gestellt werden, die bisher nicht oder nicht zeitnah ermittelt werden können. Ein Performance Cockpit versorgt das Netzmanagement mit Leistungsdaten, ermöglicht Ad-hoc-Abfragen und unterstützt die Konfiguration und Berechnung
von Bonuszahlungen (effizienzorientiertes Vergütungssystem). Auch Leistungserbringern und Patienten stehen – soweit berechtigt – Informationen über das Leistungsgeschehen zur Verfügung (z. B. Compliance Scorecards für Leistungserbringer).

In Teil IV wird die Anwendung des in der Arbeit beschriebenen Koordinations- und
Controllingkonzeptes aus Sicht der drei Hauptakteure – Patienten, Leistungserbringer, Netzmanagement – veranschaulicht. Anhand konkreter Anwendungsfälle
und ausgewählter *E-Services* wird die Funktionsweise der *prozessbasierten
E-Service-Logistik* beschrieben. Zu diesem Zweck werden nutzerspezifische Oberflächen sowie Systemkomponenten dargestellt, welche im Zuge des Forschungsvorhabens prototypisch implementiert sind (z. B. Behandlungsprozessportal für Patienten, Performance Cockpit für Netzmanager, Leistungserbringerportal für Fach-
und Koordinationsärzte). Anschließend werden zielgruppenspezifisch die Nutzenpotenziale der Lösung diskutiert. Darüber hinaus werden die potenziellen betriebswirtschaftlichen und informationstechnologischen Implikationen erläutert, die mit der
Umsetzung des Konzeptes der *prozessbasierten E-Service-Logistik* verbunden sind.
Teil IV schließt mit der Bewertung des PEL-Konzeptes. Es werden die in den Abschnitten 5.3 und 7.2 definierten Anforderungen der prototypisch realisierten

IVWS-Lösung gegenübergestellt. Eine Gesamtbetrachtung diskutiert die strategischen Potenziale des PEL-Ansatzes.

12.2 Ausblick

Zukünftig gilt es, die theoretisch abgeleiteten Nutzenpotenziale durch Testinstallationen in der Praxis und begleitende Evaluationen zu belegen. Die Nutzendiskussion lässt sich durch Rückgriff auf mikroökonomische Kostenbetrachtungen oder volkswirtschaftliche Theorien (z. B. Institutionenökonomik) erweitern. Im Zuge mikroökonomischer Kostenbetrachtungen können ex post die Prozesskosten der Behandlung ermittelt und mit den Prozesskosten nach Einführung der *prozessbasierten E-Service-Logistik* anhand konkreter Indikationen und Beispieldaten verglichen werden. Optimierungen lassen hierbei die Reduktion der Durchlaufzeiten, das Vermeiden von Mehrfacheingaben und das Verringern von Such- und Kontrollkosten vermuten. Alternativ können Ansätze der Institutionenökonomik bei der Bewertung der Vorteilhaftigkeit der Lösung unterstützen, z. B. wenn Quantifizierungsprobleme bei rein kostentheoretischer Betrachtungsweise auftreten [Meye97, S. 19]. Die Institutionenökonomik befasst sich mit der Kontrolle ökonomischer Ressourcen, der Struktur der Märkte, dem Verhalten von Organisationen, Ergebnissen und Kosten der ökonomischen Aktivitäten sowie der Auswirkung regulatorischer Maßnahmen. Das Grundmodell bezieht sich dabei auf die rational handelnde, gewinn-maximierende Unternehmung als zu betrachtende Einheit. Exemplarische Ansätze stellen die Transaktionkosten-[202], Property-Rights-[203] sowie die Principal-Agent-Theorie[204] dar.

Nicht zuletzt aufgrund der aktuellen Entwicklungen im Bereich der Gesundheitstelematik bleiben auch systemtechnisch Herausforderungen bestehen, die weiteren Forschungsbedarf vermuten lassen. Eine wichtige Aufgabe ist dabei der Praxistest des PEL-Konzeptes und dessen Integration in die Praxisnetz-Infrastruktur unter Einbeziehung heute existierender (z. B. PVS) und zukünftig verfügbarer Lösungen (z. B. eGK, ePA). Dabei wird es u. a. auch auf die Durchdringung des Gesundheitswesens mit neuen Technologieansätzen (z. B. Serviceorientierte Architekturen, Web Services) ankommen. Gerade die Kombination der *prozessbasierten E-Service-Logistik* (Fokus Prozessintegration) mit der elektronischen Patientenakte (Fokus Datenintegration) bietet Innovationspotenzial. So könnten zukünftig Dokumenta-

---

[202] Vgl. hierzu [Coas37, S. 386ff.; Hank90, S. 141ff.].

[203] Vgl. hierzu [PiRW96, S. 39ff.; Geba96, S. 86ff.].

[204] Vgl. hierzu [BoRo03, S. 133; Meye97, S. 19; Sohn06, S. 68ff.].

tionsaufgaben über die rollenspezifischen Portale des IVWS erfasst und in einer ePA gespeichert werden. Proaktivität und autonome Prozessunterstützung bei der Koordination im Behandlungsprozess würden durch das IVWS unter Nutzung und Zugriff auf Patientenakten erfolgen. Darüber hinaus könnten Daten der ePA zusammen mit den IVWS-Prozessinformationen für das Controlling genutzt und im Rahmen des Performance Cockpits aufbereitet werden.

Das CBR-System stellt ein Basisverfahren zur Individualisierung von Prozessen und *E-Ser-vices* dar, das sich durch zusätzliche Konzepte (z. B. Prognose unbekannter Kontextattribute) erweitern lässt. Auch die Kombination mit bestehenden Prozessdatenbanken und Modellierungssystemen sowie die Integration in Business Process Management Systeme weist domänenunabhängig Forschungspotenzial auf, um Wertschöpfungssysteme zu flexibilisieren und die Potenziale Serviceorientierter Architekturen auszuschöpfen.

Die Funktionsweise des PEL-Konzeptes ist darüber hinaus gerade jenseits der Systemgrenzen eines Praxisnetzes und seiner Mitglieder im Hinblick auf Erweiterungs- bzw. Forschungsbedarf näher zu untersuchen. Die vorliegende Arbeit fokussiert exemplarisch auf die Zusammenarbeit der im Netz organisierten Leistungserbringer sowie Patienten und Netzmanager. Eine Einbindung netzexterner Akteure ist konzeptionell berücksichtigt, wirft jedoch bei der praktischen Umsetzung neue Forschungsfragen auf. Beispielsweise ist zu klären, wie die Daten-, Applikations-, Prozess- und Oberflächenintegration mit Kliniken oder branchenfremden Leistungserbringern erfolgen soll. Um die Herausforderung der Interoperabilität langfristig und netzübergreifend zu bewältigen, sind neben der in der Arbeit fokussierten Prozess- und Funktionsintegration Forschungsarbeiten zur Weiterentwicklung und/oder Integration semantischer Standards (z. B. Ontologien) notwendig. Auf Basis gemeinsamer semantischer Ordnungssysteme in der medizinischen Kommunikation könnte zukünftig als Erweiterung der *prozessbasierten E-Service-Logistik* ein dynamisches Mapping integriert werden. Das Mapping unterstützt bei der Beantwortung der Frage, welche *E-Services* zu welchen fachlichen Leistungen im Behandlungsprozess passen. Anhand existierender Prozesskontextdaten sowie der semantischen Beschreibung interner und externer *E-Services* könnte die Auswahl und Zuordnung von *E-Services* zu Services, *Sub Services, Kunden- und Koordinationsaufgaben* zur Laufzeit automatisiert und noch flexibler gestaltet werden.

Innovations- und Forschungspotenzial besteht auch bei der fachlich-konzeptionellen Ausweitung des Betrachtungsrahmens der Arbeit. Wenngleich der Arbeit ein umfassendes Prozessverständnis von Dieffenbach (vgl. Abschnitt 5.1.2) zugrunde liegt, steht in der Lösung die Unterstützung eines indikationsspezifischen Behandlungsprozesses im Vordergrund. Die Erweiterung auf den Patientenlebenszyklus unter Einbeziehung der Lebensphasen der Versicherten bzw. Netzkunden, ihrer Life Events (z. B. Einschulung, Reisen, Hochzeit, Ruhestand) und deren Auswirkungen und IT-Unterstützungspotenziale z. B. auf präventive Maßnahmen der Gesundheitsförderung ergeben spannende Themenfelder für die Zukunft. Ebenso existiert bei der Behandlung multimorbider Patienten weiterer Forschungsbedarf.

Geht man noch einen Schritt weiter, könnte die *prozessbasierte E-Service-Logistik* auch dort einen Beitrag zur Koordination von Behandlungsprozessen leisten, wo heute Netze nicht existieren oder Patienten deren Leistungen nicht oder nur teilweise in Anspruch nehmen. Gerade bei der Hauptzielgruppe von Vernetzungsinitiativen, nämlich bei chronisch Kranken, ist – u. U. in Abhängigkeit von Alter, (Aus-)Bildung und Motivation des Patienten – die Bereitschaft zur Aufgabe der freien Arztwahl und zur aktiven Einbindung eines Koordinationsarztes bzw. Gatekeepers in gewissen Grenzen vorhanden. Sie verfügen teilweise über langjährige Erfahrung im Umgang mit der Krankheit, haben viel Wissen über Krankheit und Therapiemöglichkeiten gesammelt und nutzen i. d. R. ein breiteres Spektrum an Heilungs- und Behandlungsmöglichkeiten als es von Praxisnetzen angeboten wird (z. B. heilpädagogische bzw. alternative Therapieformen). Gerade für den nicht abgedeckten Bereich herrscht jedoch Informationsasymmetrie und damit Bedarf für Intermediationsleistung. Daher stellt sich die Frage, inwiefern die Integration dieser „aufgeklärten" und kritischen Patienten, welche die „Koordinationsrolle" nicht aus der Hand geben wollen, in integrierte Versorgungsformen durch das IVWS bzw. die *prozessbasierte E-Service-Logistik* unterstützt werden kann.

Quellen- und Literaturverzeichnis

[AaPl94] Aamodt, A.; Plaza, E.: Case Based Reasoning: Foundational Issues, Methodological Variations and System Approaches. In: AI Communications 7 (1994) 1, S. 39-59.

[Abec02] Abecker, A.; Hinkelmann, K.; Maus, H.; Müller, H.-J.: Integrationspotenziale für Geschäftsprozesse und Wissensmanagement. In: Abecker, A.; Hinkelmann, K.; Maus, H.; Müller, H.-J. (Hrsg.): Geschäftsprozessorientiertes Wissensmanagement. Springer, Berlin u. a. , 2002, S. 1-24.

[Adam69] Adam, D.: Koordinationsprobleme bei dezentralen Entscheidungen. In: Zeitschrift für Betriebswirtschaft 39 (1969), S. 615-632.

[AiDo05] Aier, S.; Dogan, T.: Indikatoren zur Bewertung der Nachhaltigkeit von Unternehmensarchitekturen. In: Wirtschaftsinformatik 2005, 7. Internationale Tagung. Bamberg, 2005, S. 614-618.

[AiDo06] Aier, S.; Dogan, T.: Nachhaltigkeit als Gestaltungsziel von Unternehmensarchitekturen. In: Aier, S.; Schönherr, M. (Hrsg.): Enterprise Application Integration – Serviceorientierung und nachhaltige Architekturen. 2. Auflage, GITO, Berlin, 2006, S. 75-122.

[Allw05] Allweyer, T.: Geschäftsprozessmanagement. Strategie, Entwurf, Implementierung, Controlling. Herdecke, Bochum, 2005.

[AlÖs00] Alt, R.; Österle, H.: E-Services als neue Herausforderung im Business Networking. In: Information Management & Consulting, 15 (2000) 2, S. 63-67.

[Alt04] Alt, R.: Überbetriebliches Prozessmanagement. Gestaltungsmodelle und Technologien zur Realisierung integrierter Prozessportale. Universität St. Gallen (HSG), Habilitation, St. Gallen, 2004.

[Amel06] Amelung, V. E.; Meyer-Lutterloh, K.; Schmid, E.; Seiler, R.; Weatherly, J. N.: Integrierte Versorgung und Medizinische Versorgungszentren. MWV Medizinisch Wissenschaftliche Verlagsgesellschaft Berlin, Berlin, 2006.

[AmSc04] Amelung, V; Schumacher, H.: Managed Care – Neue Wege im Gesundheitsmanagement. 2. Auflage, Gabler, Wiesbaden, 2004.

[AQUA02] AQUA: Institut für angewandte Qualitätsforschung im Gesundheitswesen: Einführung in das Indikatorenhandbuch. http://www.aqua-institut.de/pdf/indikatoren_ einfuehrung.pdf, 25-06-2002, Abruf am 05-08-2007.

[Arbe07] Arbeitsgemeinschaft SCIPHOX GbR mbH. http://sciphox.hl7.de/, Dezember 2006, Abruf am 15-09-2007.

[ArLP97] Arnold, M.; Lauterbach, K. W.; Preuß, K.-J. (Hrsg.): Managed Care: Ursachen, Prinzipien, Formen und Effekte. Schattauer, Stuttgart, 1997.

[Bach00] Bachmann, R.: Die Koordination und Steuerung interorganisationaler Netzwerkbeziehungen über Vertrauen und Macht. In: Sydow, J. (Hrsg.): Steuerung von Netzwerken – Konzepte und Praktiken. Westdt. Verlag, Opladen, 2000, S. 107-133.

[Badu94] Badura, B.: Patientenorientierte Systemgestaltung im Gesundheitswesen. In: Badura, B.; Feuerstein, G. (Hrsg.): Systemgestaltung im Gesundheitswesen zur Versorgungskrise der hochtechnisierten Medizin und den Möglichkeiten ihrer Bewältigung. Weinheim, 1994, S. 255-274.

[Bahl01] Bahlo, E.: Vernetzte Versorgungsformen aus der Sicht der Patienten. In: Hellmann, W. (Hrsg.): Management von Gesundheitsnetzen. Kohlhammer, Stuttgart, 2001, S. 32-36.

[BaKi05] Bauer, M. T.; Kirn, S.: Modellprojekte und –regionen der Gesundheitstelematik. In: Wirtschaftsinformatik, 47 (2005) 3, S. 211-218.

[Bako87] Bakos, J. Y.: Interorganizational Information Systems: Strategic Opportunities for Competition and Cooperation. Ph.D. Thesis, MIT Sloan School of Management, Cambridge, 1987.

[BaSt02] Bausch, F.; Stock, J.: Budgetverantwortung für Arztnetze. Beihilfe zur „bedingungslosen Durchökonomisierung" oder innovativer Impuls? In: Forum für Gesundheitspolitik 8 (2002) 6, S. 238-243.

[Baue99] Bauer, H.: Krankenhausmanagement im Spannungsfeld zwischen Qualität und Kosten - mit einer Evidenz-basierten Medizin (EBM) und Leitlinien zu einer verbesserten Patientenversorgung? Osnabrücker Studien, Bd. 16, Osnabrück, 1999.

[Baum01] Baumberger, J.: So funktioniert Managed Care. Anspruch und Wirklichkeit der integrierten Gesundheitsversorgung in Europa. Thieme, Stuttgart, 2001.

[BeBe03] Berthel, J.; Becker, F. G.: Personalmanagement. 7. Auflage, Schäffer-Poeschel, Stuttgart, 2003.

[BeDH05] Becker, T.; Dammer, I.; Howaldt, J.: Netzwerkmanagement. Mit Kooperation zum Unternehmenserfolg. Springer, Heidelberg, New York, 2005.

[BeHe06] Berchtold, P.; Hess, K.: Evidenz für Managed Care. Europäische Literatur-analyse unter besonderer Berücksichtigung der Schweiz: Wirkung von Versorgungssteuerung auf Qualität und Kosteneffektivität. Arbeitsdokument 16, College für Management im Gesundheitswesen, Schweizerisches Gesundheitsobservatorium, Bern, 2006.

[Benk87] Benkenstein, M.: F&E und Marketing. Eine Untersuchung zur Leistungs-fähigkeit von Koordinationskonzeptionen bei Innovationsentscheidungen. Wiesbaden, 1987.

[BePe03] Bernhardt, I.; Pechtl, H.: Gesundheitsportale als Geschäftsmodelle in der E-Health. In: Betriebswirtschaftliche Forschung und Praxis 55 (2003) 1, S. 48-63.

[Beye04] Beyer, M.; Kuhn, K. A.; Meiler, C.; Jablonski, S.; Lenz, R.: Towards a Flexible, ProcessOriented IT Architecture for an Integrated Healthcare Network. ACM Symposium on Applied Computing, 2004, S. 264-269.

[Blak04] Blake, B. M.: Forming Agents for Workflow-Oriented Process Orchestration. In: Proceedings of the 37th Annual Hawaii International Conference on System Sciences, Hawaii, 2004.

[Blei68] Bleicher, K.: Koordinationsorgane in der Unternehmungsorganisation. In: Zeitschrift für Organisation, 37 (1968), S. 281-288.

[BlGo05] Blake, B. M.; Gomaa, H.: Agent-oriented compositional approaches to services-based cross-organizational workflow. Decision Support Systems, 40 (2005) 1, Elsevier, S. 31-50.

[BoBe02] Bollmann, M.; Beck, M.: Geplante Behandlungsabläufe und CaseMaps – Wirkung, Nutzen und Anwendungsfehler im Krankenhaus der Zukunft. In: Hellmann, W. (Hrsg.): Klinische Pfade – Konzepte, Umsetzung, Erfahrungen. Ecomed, Landsberg/Lech, 2002, S. 239-248.

[Bode99] Bodendorf, F.: Wirtschaftsinformatik im Dienstleistungsbereich. Springer, Berlin, 1999.

[Bode05] Bodendorf, F.: E-Business im Dienstleistungsbereich. Vorlesungsunterlagen. Lehrstuhl Wirtschaftsinformatik II, Universität Erlangen-Nürnberg, Sommersemester 2005, Nürnberg, 2005.

[BöSV05] Böhlke, R.; Söhnle, N.; Viering, S.: Konzentriert. Marktorientiert. Saniert. Gesundheitsversorgung 2020. Ernst & Young (Hrsg.), Eschborn, 2005.

[BoOh02] Borneheimer, O.; Ohm, J.: Geplante Behandlungsabläufe als Bestandteil von Markenprodukten in der Gesundheitsversorgung. In: Hellmann, W. (Hrsg.): Klinische Pfade – Konzepte, Umsetzung, Erfahrungen. Ecomed, Landsberg/Lech 2002, S. 255-265.

[BoRo03] Bodendorf, F.; Robra-Bissantz, S.: E-Business-Management. Vorlesungsskript. Lehrstuhl Wirtschaftsinformatik II, Universität Erlangen-Nürnberg, Wintersemester 2003/2004, Nürnberg, 2003.

[BoSc06] Bodendorf, F.; Schicker, G.: Management von Geschäftsprozessen. Vorlesungsskript. Lehrstuhl Wirtschaftsinformatik II, Universität Erlangen-Nürnberg, Wintersemester 2006/2007, Nürnberg, 2006.

[Brau06] Braun, G.: Telematik-Infrastruktur und Einführung der Gesundheitskarte. In: Eberspächer, J.; Picot, A.; Braun, G. (Hrsg.): eHealth: Innovations- und Wachstumsmotor für Europa. Potenziale in einem vernetzten Gesundheitsmarkt. Springer, Berlin, Heidelberg, New York, 2006. S. 61-74.

[Brey02] Breyer, F.: Wirtschaftliche Aspekte der Märkte für Gesundheitsleistungen. In: Bundesministerium für Gesundheit und Soziale Sicherung (BMGS) (Hrsg.): Zukunftsmarkt Gesundheit. Schriftenreihe des BMGS, Bd. 145. Nomos, Baden-Baden, 2002. S. 67-224.

[BrGü05] Braun G. E.; Güssow, J.: Integrierte Versorgungsstrukturen und Gesundheitsnetzwerke als innovative Ansätze im deutschen Gesundheitswesen. In: Braun, G. et al. (Hrsg.): Liberalisierung im Gesundheitswesen – Einrichtungen des Gesundheitswesens zwischen Wettbeweb und Regulierung. Nomos, Baden-Baden, 2005, S. 65-92.

[Broc03] Brocke, J. v.: Verteilte Referenzmodellierung. Gestaltung multipersoneller Konstruktionsprozesse. In: Dittrich, K. et al. (Hrsg.): Lecture Notes in Informatics. Informatik 2003. Innovative Informatikanwendungen. Band 1. Bonn, 2003, S. 238-242.

[Bruh02] Bruhn, M.: Electronic Services - Eine Einführung in den Sammelband. In: Bruhn, M.; Stauss, B. (Hrsg.): Dienstleistungsmanagement Jahrbuch 2002 – Electronic Services, Gabler, Wiesbaden 2002, S. 5-41.

[BrZw92] Breyer, F.; Zweifel, P.: Gesundheitsökonomie. Berlin, 1992.

[BrZW98] Brenner, W.; Zarnekow, R.; Wittig, H.: Intelligente Softwareagenten – Grundlagen und Anwendungen, Berlin, Heidelberg, 1998.

[BuKl96] Burghard, W.; Kleinaltenkamp, M.: Standardisierung und Individualisierung – Gestaltung der Schnittstelle zum Kunden. In: Kleinaltenkamp, M. (Hrsg.): Customer-Integration – von der Kundenorientierung zur Kundenintegration. Gabler, Wiesbaden, 1996, S. 163-176.

[Bull95] Bullinger, H.-J.: Prozessmanagement. In: Corsten, H.; Reiß, M. (Hrsg.): Handbuch Unternehmensführung. Konzepte - Instrumente – Schnittstellen. Wiesbaden, 1995, S. 779-790.

[Bund97] Bundesärztekammer, Kassenärztliche Bundesvereinigung (Hrsg.): Beurteilungskriterien für Leitlinien in der medizinischen Versorgung. Beschlüsse der Vorstände von Bundesärztekammer und Kassenärztlicher Bundesvereinigung. In: Deutsches Ärzteblatt 94 (1997) 33, S. A 2154 - A 2155.

[Bund03] Bundesamt für Sicherheit in der Informationstechnik (Hrsg.): Kommunikations- und Informationstechnik 2010 + 3 Neue Trends und Entwicklungen in Technologie, Anwendungen und Sicherheit. SecuMedia, Ingelheim, 2003.

[Bund05] Bundesministerium für Gesundheit und Soziale Sicherung (BMGS): Integrierte Versorgung. http://www.diegesundheitsreform.de/glossar/pdf/glossar_integrierte_versorgung.pdf, 25-11-2005, Abruf am 28-04-2006.

[Bund06a] Bundesministerium für Gesundheit und Soziale Sicherung (BMGS): Eckpunkte zu einer Gesundheitsreform. http://www.die-gesundheitsreform.de/gesundheitspolitik/pdf/eckpunkte_gesundheitsreform_2006.pdf?param=reform2006, 04-07-2006, Abruf am 19-12-2006.

[Bund06b] Bundesministerium für Gesundheit und Soziale Sicherung (BMGS): Die Gesundheitskarte – Aktuell. http://www.die-gesundheitskarte.de/gesundheitskarte_aktuell/elektronische_patientenakte/index.html, 16-08-2006, Abruf am 28-12-2006.

[Burg03] Burghardt M.; Gehrke, N.; Hagenhoff, S.; Schumann, M.: Spezifikation und Abwicklung von Workflows auf Basis von Web-Services. In: Fröschle, H.-P. (Hrsg.): Praxis der Wirtschaftsinformatik: Web Services, HMD 234 (2003), dpunkt, Heidelberg, 2003, S. 61-69.

[Burk99]   Burkowitz, J.: Effektivität ärztlicher Kooperationsbeziehungen – Aus den
           Augen, aus dem Sinn ...? Eine Empirische Analyse auf der Basis von
           Patientendaten.   Dissertation,   1999.   http://edoc.hu-berlin.de
           /dissertationen/medizin/burkowitz-joerg/HTML/burkowitz.html.
           Abruf am 22-06-2006.

[Butz05]   Butz, T.; Schekelmann, A.; Simons, A.; Wüstefeld, N.: DiMaS –
           Unterstützung von Prozessen und Datenflüssen im Disease Management.
           In: Cremers, A. B.; Manthey, R.; Martini, R.; Steinhage, V. (Hrsg.):
           INFORMATIK 2005: Informatik LIVE! Band 2. GI- Edition- "Lecture Notes
           in Informatics" (LNI): P-68, Beiträge der 35. Jahrestagung der Gesellschaft
           für Informatik e. V. in Bonn, Köllen, Bonn, 2005, S. 2-6.

[Cash85]   Cash, J. I.: Interorganizational Systems: An Information Society
           Opportunity or Threat? In: The Information Society, 3 (1985) 3,
           S. 199-228.

[Cath96]   Cathomen, I.: Der Lebenszyklus von Interorganisationssystemen. Bergisch
           Gladbach, Köln, 1996.

[Chan06]   Chang, J. F.: Business Process Management Systems: Strategy and
           Implementation. Taylor & Francis, Boca Raton/Florida, 2006.

[CIOO06]   CIO Online: Strategien – Elektronische Patientenakte als Plattform-Basis.
           http://www.cio.de/healthcareit/strategien/827447/index.html,   19-09-2006,
           Abruf am 20-12-2006.

[Coas37]   Coase, R. H.: The Nature of the Firm. Economica IV, November, 1937,
           S. 386-405.

[CoFr99]   Corsten,   H.;   Friedl,   B.:   Konzeption   und   Ausgestaltung   des
           Produktionscontrolling. In: Corsten, H.; Friedl, B. (Hrsg.): Einführung in das
           Produktionscontrolling. München, 1999. S. 1-64.

[CoHu06]   Cortekar, J.; Hugenroth, S.: Managed Care als Reformoption für das
           deutsche Gesundheitswesen. Metropolis, Marburg, 2006.

[Conr01]   Conrad, H.-J.: Integrierte Versorgung – Möglichkeiten und Grenzen der
           Umsetzung.   In: Hellmann,   Wolfgang   (Hrsg.):   Management   von
           Gesundheitsnetzen. Kohlhammer, Stuttgart, 2001, S. 1-10.

[Cors98]   Corsten, H.: Grundlagen der Wettbewerbsstrategie. Teubner, Stuttgart
           u. a., 1998.

[Cors00] Corsten, H.: Ansatzpunkte für die Koordination in heterarchischen und hierarchischen Unternehmungsnetzwerken. In: Corsten, H. (Hrsg.): Schriften zum Produktionsmanagement, 37. Kaiserslautern, 2000, S. 2-53.

[DaLe93] Daft, R. L.; Lewin, A. Y.: Where are the Theories for the „New" Organizational Forms? In: Organization Science, 4 (1993) 4, S.1-6.

[DaRi04] Daugs, A.; Rittweger, R.: Patientenorientiertes Disease Management. In: Jähn, K.; Nagel, E. (Hrsg): e-Health. Springer, Berlin, Heidelberg, 2004.

[Dave93] Davenport T. H.: Process Innovation: Reengineering Work through Information Technology, Harvard Business School Press, Boston, 1993.

[Debo01] Debold & Lux GmbH: Kommunikationsplattform im Gesundheitswesen: Kosten-Nutzen-Analyse. Neue Versichertenkarte und Elektronisches Rezept. Endbericht 18. Mai 2001. http://www.debold-lux.com/pdf/kna.pdf, 18-05-2001, Abruf am 16-12-2006.

[Deut98] Deutscher Bundestag (Hrsg.): Sicherheit und Schutz im Netz. ZV Zeitungs-Verlag Service, Bonn, 1998.

[Deut07] Deutsches Institut für Medizinische Dokumentation und Information (DIMDI): Telematikinfrastruktur für das deutsche Gesundheitswesen.http://www.dimdi.de/static/de/ehealth/karte/technik/index.html, 18-04-2006, Abruf am 08-03-2007.

[Deve94] Devers, K. J.; Shortell, S. M.; Gillies, R. R.; Anderson, D. A.; Mitchell, J. B.: Implementing Organized Delivery Systems: An Integration Scorecard. In: Health Care Management Review, Vol. 19 (1994), S. 7-20.

[Dief02a] Diefenbruch, M.; Goesmann, T.; Herrmann, T.; Hoffmann, M.: KontextNavigator und ExperKnowledge – Zwei Wege zur Unterstützung des Prozesswissens in Unternehmen. In: Abecker, A.; Hinkelmann, K.; Maus, H.; Müller, H.-J. (Hrsg.): Geschäftsprozessorientiertes Wissensmanagement. Springer, Berlin u. a., 2002, S. 275-293.

[Dief02b] Dieffenbach, S.: Kooperation in der Gesundheitsversorgung. Das Projekt "VerKet"- praxisorientierte regionale Versorgungsketten. Luchterhand, Neuwied u. a. , 2002.

[Dier02] Dierks, C.: Telemedizin aus juristischer Sicht. In: Klusen, N.; Meusch, A. (Hrsg.): Gesundheitstelematik: Medizinischer Fortschritt durch Informationstechnologien. Nomos, Baden-Baden, 2002.

[Diet00]   Dietzel, G. T. W.: Die Entwicklung der Gesundheitstelematik in Deutschland - die Rolle des Forums. INFO 2000. www.gin. uibk.ac.at/patit/abstract.htm, Abruf am 05-11-2000.

[Diet04]   Dietzel, G. T. W.: Auf dem Weg zur europäischen Gesundheitskarte und zum e-Rezept. In: Jähn, K.; Nagel, E. (Hrsg.): e-Health. Springer, Heidelberg, 2004, S. 2ff.

[DiKu88]   Diller, H.; Kusterer, M.: Beziehungsmanagement. Theoretische Grundlagen und explorative Befunde. In: Marketing - Zeitschrift für Forschung und Praxis, 10 (1988) 3, S. 211-220.

[DiNG03]   Dierks, C.; Nitz, G.; Gau, U.: Gesundheitstelematik und Recht: Rechtliche Grundlagen und legislativer Anpassungsbedarf. MedizinRecht.de, Frankfurt, 2003.

[DiWi02]   Dietzel, G. T. W.; Winter, St. F.: Ein neues Gesundheitswesen durch eHealth? In: Jäckel, A. (Hrsg.): Telemedizinführer Deutschland, Ausgabe 2003, Ober-Mörlen, 2003, S. 16-21.

[Dude97a] Duden (Band 5): Das Fremdwörterbuch. 6. Aufl., Mannheim et al., 1997.

[Dude97b] Duden (Band 9): Richtiges und gutes Deutsch. 4. Aufl., Mannheim et al., 1997.

[DyWh02] Dykes, P. C.; Wheeler, K.: Critical Pathways – Interdisziplinäre Versorgungspfade. 1. Aufl., Hans Huber, Bern, 2002.

[Eccl91]   Eccles, R. G.: The Performance Measurement Manifesto. In: Harvard Business Review 70, (1991) 1, S. 131-137.

[Ecke06]   Eckert, C.: IT-Sicherheit Konzepte – Verfahren - Protokolle. 4.Aufl., Oldenburg, München, 2006.

[Egge06]   Eggert, S.: Das aktuelle Stichwort: Web Services. In: ERP Management, 2 (2006) 1, S. 22.

[Eich99]   Eichhorn, S.: Profitcenter-Organisation und Prozessorientierung – Budget-, Prozess- und Qualitätsverantwortung im Krankenhaus. In: Eichhorn, S.; Schmidt-Rettig, B. (Hrsg.): Profitcenter und Prozeßorientierung – Optimierung von Budget, Arbeitsprozessen und Qualität. Kohlhammer, Stuttgart, 1999, S. 1-13.

[Eiff92]   Eiff, W. von: Management-Informations-Systeme im Krankenhaus: Informatik und Organisation in der Krankenhaus-Wertschöpfungskette. Dissertation, Universität Giessen, Giessen, 1992.

[Eiff97] Eiff, W. von: Das Krankenhaus als Gesundheitszentrum: Leistungsangebot und Managementaufgaben, Ein Marketing-Gag oder Wegweiser für die Zukunft? In: Krankenhaus Umschau spezial: Das Krankenhaus als Gesundheitszentrum, 10, S. 2-8.

[Eiff01] Eiff, W. von: Geschäftsprozessmanagement – Methoden und Techniken für das Management von Leistungsprozessen im Krankenhaus. Bertelsmann-Stiftung, Gütersloh, 2001.

[EiKN02] Eissing, U.; Kuhr, N.; Noelle, G.: Mednet 2002/03. Arbeitsbuch für die integrierte Gesundheitsversorgung. Edition Temmen, Bremen, 2002.

[EnKR93] Engelhardt, W. H.; Kleinaltenkamp, M.; Reckenfelderbäumer, M.: Dienstleistungen als Absatzobjekt. In: ZfbF, 45 (1993) 5, Bochum, 1993, S. 395-426.

[Essl03] Esslinger, A. S.: Qualitätsorientierte Planung und Steuerung in einem sozialen Dienstleistungsunternehmen mithilfe der Balanced Scorecard. Schriften zur Gesundheitsökonomie, 2, HERZ, Burgdorf, 2003.

[Essw99] Esswein W.: Klassifikation und Typisierung in betrieblichen Analysemodellen. In: Gaul W.; Schader M. (Hrsg.): Mathematische Methoden der Wirtschaftswissenschaften, Physica, Heidelberg, 1999, S. 49-56.

[Evan03] Evanschitzky, H.: Erfolg von Dienstleistungsnetzwerken. Deutscher Universitäts-Verlag, Wiesbaden, 2003.

[EwSc00] Ewers, M.; Schaeffer, D.: Case Management in Theorie und Praxis. Hans Huber, Bern, 2000.

[EwWa00] Ewert, R.; Wagenhofer, A.: Interne Unternehmensrechnung. 4. Aufl., Berlin u. a., 2000.

[Feue94] Feuerstein, G.: Schnittstellen im Gesundheitswesen – Zur (Des-)Integration medizinischer Handlungsstrukturen. In: Badura, B.; Feuerstein, G.(Hrsg.): Systemgestaltung im Gesundheitswesen zur Versorgungskrise der hochtechnisierten Medizin und den Möglichkeiten ihrer Bewältigung. Weinheim, 1994, S. 211-254.

[Fiet77] Fieten, R.: Die Gestaltung der Koordination betrieblicher Entscheidungssysteme. Frankfurt a. M., Bern, Las Vegas, 1977.

[Fisc02]   Fischer, F.-J.: Clinical Pathways und Evidence-based Medicine (EbM) –
           Perspektiven für die Optimierung von Behandlungsabläufen. In: Hellmann,
           W. (Hrsg.): Klinische Pfade – Konzepte, Umsetzung, Erfahrungen.
           Ecomed, Landsberg/Lech, 2002, S. 206-223.

[Fres89]   Frese, E.: Koordinationskonzepte. In: Szyperski, N. (Hrsg.): Hand-
           wörterbuch der Planung. Stuttgart, 1989, Sp. 913-923.

[Fres95]   Frese, E.: Grundlagen der Organisation: Konzept-Prinzipien-Strukturen.
           6. Aufl., Gabler, Wiesbaden, 1995.

[Fuch99]   Fuchs, B.; Lieber, J.; Mille, A.; Napoli, A.: Towards a Unified Theory of
           Adaptation in Case Based Reasoning. In: Althoff, K.-D.; et al. (Hrsg.):
           Case Based Reasoning Research and Development - Proceedings of the
           third International Conference on Case Based Reasoning. Springer, Berlin,
           1999, S. 104-117.

[Func79]   Funck-Bretano, J.-L.: Der Einsatz der Informatik in Medizin und Gesund-
           heitswesen. In: Nora, S.; Minc, A. (Hrsg.): Die Informatisierung der
           Gesellschaft. Campus, Frankfurt, New York, 1979, S. 239-245.

[Gabl92]   Gabler: Gabler-Wirtschafts-Lexikon, 13. Auflage, Band L-So, Gabler,
           Wiesbaden, 1992.

[Gada02]   Gadatsch, A.: Management von Geschäftsprozessen. 2. Auflage, Vieweg,
           Braunschweig, Wiesbaden, 2002.

[Gamm97]Gamma, E.; Helm, R.; Johnson, R.; Vlissides, J.: Design Patterns –
           Elements of Reusable Object Oriented Software. Addison Wesley, 1995.

[Geba96]   Gebauer, J.: Informationstechnische Unterstützung von Transaktionen.
           Wiesbaden, 1996.

[Gers95]   Gersch, M.: Die Standardisierung integrativ erstellter Leistungen. Arbeits-
           papier Nr. 57 des Instituts für Unternehmungsführung und Unternehmens-
           forschung, Ruhr-Universität Bochum, Bochum, 1995.

[Gese03]   Gesetz zur Modernisierung der gesetzlichen Krankenversicherung. Vom
           14.11.2003. Bundesgesetzblatt Jahrgang 2003, Teil 1 Nr. 55, ausgegeben
           zu Bonn am 19.11.2003, S. 2190-2258.

[Gese04]   Gesellschaft für Versicherungswissenschaft und -gestaltung, Aktionsforum
           Telematik   im   Gesundheitswesen: Management-Papier
           „Pseudonymisierung / Anonymisierung". http://ehealth.gvg-koeln.de/
           xpage/objects/pseudonymisierung/docs/5/files/MP040316.pdf,
           16-03-2004, Abruf am 29-04-2006.

[Gese06] Gesellschaft für Medizinische Datenverarbeitung mbH (GMD): e-health.solutions – Der Patient im Mittelpunkt. http://www.gmdworld.com/ fileadmin/www.gmd-net.de/Files/ehealth.solutions_Brosch_1.0.pdf, 2006, Abruf am 01-07-2007.

[Gese07] Gesellschaft für Medizinische Datenverarbeitung (GMD): e-health®.solutions – Der Patient im Mittelpunkt. http://www.gmdworld.com/index.php/218.0.E_health_ solutions_Ueber-sicht.html, 2007, Abruf am 15-06-2007.

[Glad02] Gladen, W.: Performance Measurement als Methode der Unternehmenssteuerung. In: Fröschle, H.-P. (Hrsg.): HMD – Praxis der Wirtschaftsinformatik: Performance Measurement. dpunkt, Heidelberg, 2002.

[Glei01] Gleich, R.: Das System des Performance Measurement: Theoretisches Grundkonzept, Entwicklungs- und Anwendungsstand. Vahlen, München, 2001.

[Glei02] Gleich, R.: Performance Measurement: Grundlagen, Konzepte und empirische Erkenntnisse. In: Controlling, 14 (2002) 8-9, S. 447-454.

[GlSS04] Glock, G.; Sohn, S.; Schöffski, O.: IT-Unterstützung für den medizinischen Prozess in der integrierten Versorgung. Books on Demand, Burgdorf, 2004.

[Goos96] Goos, K.: Fallbasiertes Klassifizieren: Methoden, Integration und Evaluation. Infix, Sankt Augustin, 1996.

[Gotz02] Gotzen, G.: Ärztenetzwerke als Reformansatz für den ambulanten Sektor. Eine institutionenökonomische Analyse verschiedener Netzwerkarrangements. http://deposit.ddb.de/cgi-bin/dokserv?idn=971712875& dok_var=d1&dok_ext=pdf&filename=971712875.pdf, 19-03-2003, Abruf am 02-10-2006.

[Gotz03] Gotzen, G.: Ärztenetzwerke als Reformansatz für den ambulanten Sektor – eine institutionenökonomische Analyse verschiedener Netzwerkarrangements. Dissertation, Trier, 2003.

[Grät06] Grätzel, P. G. von: Vernetzung im Netz. In: Ehealthcom – Magazin für Gesundheitstelematik und Telemedizin, 2 (2006), S. 22-26.

[GrBe04] Greiling, M.; Berger, K.: Pfade durch das Klinische Prozessmanagement – Methodik und aktuelle Diskussion. Kohlhammer, Stuttgart, 2004.

[Greu05] Greulich, A.; Onetti, A.; Schade, V.; Zaugg, B.: Balanced Scorecard im Krankenhaus: Von der Planung bis zur Umsetzung. Economica, Heidelberg, 2005.

[Grew06] Grewe, A.: Implementierung von Anreizsystemen - Grundlagen, Konzepte und Gestaltungsempfehlungen. 3. Auflage, Rainer Hampp, München, 2006.

[GrHo02] Greiling, M.; Hofstetter, J.: Patientenbehandlungspfade optimieren – Prozessmanagement im Krankenhaus. Baumann, Kulmbach, 2002.

[GrKr03] Greiner, R.; Kranich, C.: Was erwarten Patienten von ihrem Praxisnetz? In: Tophoven, C; Lieschke, L. (Hrsg.): Integrierte Versorgung: Entwicklungsperspektiven für Praxisnetze. Deutscher Ärzte-Verlag, Köln, 2003, S. 261-275.

[GrMW03] Greiling, M.; Mormann, J.; Westerfeld, R.: Klinische Pfade steuern. Baumann, Kulmbach, 2003.

[Grön05] Gröner, I.: Krankenhaus-Trend. Unternehmensgruppe Steria Mummert Consulting AG, Hamburg, 2005.

[Günt04] Güntert, B. J.: Integration und Kooperation im Gesundheitswesen – ein Plädoyer für patientenorientierte Strukturen und Verhaltensweisen. In: Busse R.; et al. (Hrsg.): Gesundheitswesen – vom Heute ins Morgen. WuV Universitätsverlag, Wien, 2004, S. 100-109.

[Günt06a] Güntert, B. J.: Welche Steuerungsinstrumente braucht ein Netz im Gesundheitswesen? In: Schweizer Zeitschrift für Managed Care, Public Health, Gesundheits- und Solzialökonomie. Rosenfluh Publikationen, Neuhausen, 2006, S. 5-7.

[Günt06b] Güntert, B. J.: Integrierte Versorgung: Change Management in Netzwerken. In: Busse, R.; et al. (Hrsg.): Management im Gesundheitswesen, Springer, Berlin, 2006.

[Güss05] Güssow, J.: Potenzial und Aufbau eines (behandlungs-) prozessorientierten Wissensmanagements. In: Greulich, A.: Wissensmanagement im Gesundheitswesen. Economica, Heidelberg, 2005, S. 117-148.

[Guss88] Gussmann, B.: Innovationsfördernde Unternehmenskultur. Die Steigerung der Innovationsbereitschaft als Aufgabe der Organisationsentwicklung. Berlin, 1988.

[Haas05] Haas, P.: Medizinische Informationssysteme und Elektronische
          Krankenakten. Springer, Berlin, Heidelberg, 2005.

[Haas07] Haas, P.: Miteinander reden – semantische Kompatibilität und
          Interoperabilität. In: Ehealthcom – Magazin für Gesundheitstelematik und
          Telemedizin, 1 (2007), S. 62-64.

[HaDr07] Haas, P.; Drees, D.: Die Einführung der Elektronischen Gesundheitskarte
          in Deutschland – Stand und Perspektiven. Beitrag im Rahmen der
          Konferenz   TeleMed   2006   in   Berlin.   http://www.telemed-
          berlin.de/telemed2006/Beitraege/F02%20-%20DREES,%20DIRK.pdf,
          Abruf am 08-08-2007.

[Hank90] Hanker, J.: Die strategische Bedeutung der Informatik für Organisationen.
          Industrieökonomische   Grundlagen   des   strategischen
          Informationsmanagements. Teubner, Stuttgart, 1990.

[HaSc04] Hacker, J.; Schommer, R.: Integration von Behandlungspfaden. In: Jähn,
          K.; Nagel, E. (Hrsg.): e-Health, Berlin et al., 2004, S. 212-215.

[Heck02] Heckenstaller, H.: Zur Finanzierung der Telematik. In: Klusen, N.; Meusch,
          A. (Hrsg.): Gesundheitstelematik: Medizinischer Fortschritt durch
          Informationstechnologien. Nomos, Baden-Baden, 2002, S. 191-234.

[Hein97] Heinen, E.: Unternehmenskultur als Gegenstand der Betriebswirtschafts-
          lehre. In: Heinen, E.; Frank, M. (Hrsg.): Unternehmenskultur. Perspektiven
          für Wissenschaft und Praxis. 2. Aufl., München, Wien, 1997, S. 1-48.

[Hell01] Hellmann, W.: Management von Gesundheitsnetzen. Kohlhammer,
          Stuttgart, Berlin, Köln, 2001.

[Hert98] Hertweck, M.: Die koordinationstheoretische Gestaltung und Bewertung
          alternativer Geschäftsprozesse unter Berücksichtigung des Einsatzes von
          Workflow Management und Workgroup Computing. Universität Freiburg,
          Dissertation. Stuttgart, 1998.

[Hess96] Hess, T.: Entwurf betrieblicher Prozesse: Grundlagen – Methoden – Neue
          Ansätze. Universität St. Gallen, Dissertation. Gabler, Wiesbaden, 1996.

[Hess02] Hess, T.: Nertzwerkcontrolling: Instrumente und ihre Werkzeugunter-
          stützung. Deutscher Universitäts-Verlag, Wiesbaden, 2002.

[Hild01] Hildebrand, R.: Qualitätsmanagement und Qualitätssicherung im Netz. In:
          Hellmann, W. (Hrsg.): Management von Gesundheitsnetzen. Kohlhammer,
          Stuttgart, 2001, S. 140-154.

[Hipp97]   Hippe,   A.:   Interdependenzen   von   Strategie   und   Controlling   in strategischen Unternehmensnetzwerken – Ansätze für die Steuerung einer auf Kooperation basierenden Organisationsform. Gabler, Wiesbaden, 1997.

[Hirs98]   Hirschmann, P.: Kooperative Gestaltung unternehmensübergreifender Geschäftsprozesse. Gabler, Wiesbaden, 1998.

[Hock04]   Hocke, S.: Flexibilitätsmanagement in der Logistik - systemtheoretische Fundierung   und   Simulation   logistischer   Gestaltungsparameter. Dissertation, Universität Bayreuth, Lang, Frankfurt a. M., 2004.

[Hoff80]   Hoffmann, F.: Führungsorganisation, Bd. I: Stand der Forschung und Konzeption, Tübingen, 1980.

[Hofm03]   Hofmann,   O.:   Web-Services   in   serviceorientierten   IT-Architektur-konzepten. In: Fröschle, H.-P. (Hrsg.):, HMD – Praxis der Wirtschafts-informatik: Web-Services, 234 (2003), S. 27-33.

[HoGG05]   Hornung, G.; Goetz, C. F.-J.; Goldschmidt, A. J. W.: Die künftige Telematik-Rahmenarchitektur im Gesundheitswesen: Recht, Technologie, Infrastruktur und Ökonomie. In: Wirtschaftsinformatik, 47 (2005) 3, S. 171-179.

[Holt98]   Holthuis, J.: Der Aufbau von Data-Warehouse-Systemen: Konzeption – Datenmodellierung – Vorgehen. Gabler, Wiesbaden, 1998.

[Holt02]   Holtbrügge, D.: Personalmanagement. Vorlesungsunterlagen, Lehrstuhl für   Internationales   Management,   Universität   Erlangen-Nürnberg, Wintersemester 2002/2003, Nürnberg, 2002.

[Horv01]   Horváth, P.: Controlling. 8. Auflage, Vahlen, München, 2001.

[Horv03]   Horváth, P.: Controlling. 9. Auflage, Vahlen, München, 2003.

[Horv04]   Horváth & Partners (Hrsg.): Balanced Scorecard umsetzen. 3. Aufl., Schäffer-Poeschel, Stuttgart, 2004.

[Horx03]   Horx, M.: Accent on the future. Accenture GmbH (Hrsg.), Wien, 2003, S. 38-47.

[Humm03] Hummers-Pradier, E.; Simmenroth-Nayda, A.; Scheidt-Nave, C.; Scheer, N.; Fischer, T.; Niebling, W.; Kochen, M.: Versorgungsforschung mit hausärztlichen   Routinedaten: Sind   Behandlungsdatenträger-(BDT)-Exporte geeignet? In: Gesundheitswesen, 65 (2003) 2, S. 109-114.

[HuMW95]McHugh, P.; Merli, G.; Wheeler, W. A.: Beyond Business Process Reengineering: Towards the Holonic Enterprise. Chichester, 1995.

[Jabl05]   Jablonski, S.; Lay, R.; Meiler, C.; Müller, S.; Hümmer, W.: Data Logistics as a Means of Integration in Healthcare Applications. In: Proceedings of the 2005 ACM Symposium on Applied Computing. COMPAHEC, Santa Fe/ New Mexico, 2005, S. 236-241.

[JaBS97]   Jablonski, S.; Bohm, M.; Schulze, W.: Workflow-Management: Entwicklung von Anwendungen und Systemen. Facetten einer neuen Technologie. dpunkt, Heidelberg, 1997.

[Jaco02]   Jacob, N.: Konzept für den Einsatz von Telemedizin/Telecare in einer allgemein-medizinischen Praxis. Dissertation. Berlin, 2002.

[JaCR01]   Jarmulak, J.; Craw, S.; Rowe, R.: Using Case-Based Data to Learn Adaptation Knowledge for Design. In: Proceedings of the 17th IJCAI Conference. Morgan Kaufmann, o.O., 2001, S. 1011-1016.

[Jäck05]   Jäckel, A. (Hrsg.): Telemedizinführer Deutschland, 6. Ausgabe, Medizin-Forum AG, Ober-Mörlen, 2005.

[JäNa04] Jähn, K.; Nagel, E.: e-Health. Springer, Berlin, 2004.

[JäSc04]   Jäckel, A.; Schenk, U.: Projekt zur integrierten Pflegeversorgung. In: Jähn, K.; Nagel, E. (Hrsg.): e-Health. Springer, Heidelberg, 2004, S. 303-307.

[Jeck04a] Jeckle, M.: Web Services – Eigene Definition. http://www.jeckle.de/ webServices/, 11-06-2004, Abruf am 09-05-2006.

[Jeck04b] Jeckle, M.: Techniken der XML-Familie zur Systemintegration. In: Mitschang, B.; Jablonski, S. (Hrsg.): Information Technology – Methoden und innovative Anwendungen der Informatik und Informationstechnik. Schwerpunktthema: Middleware-Technologien zur Systemintegration, 4 (2004), S. 211-217.

[John02]   Johnson, Sue: Interdisziplinäre Versorgungspfade. 1. Aufl., Hans Huber, Bern, 2002.

[Jorg00]   Jorgensen H. D.: Software Process Model Reuse and Learning. In: 2nd International Workshop on Process support for distributed team-based software development (PDTSD `00). Orlando, Florida, USA, 2000. http://portal.acm.org/citation.cfm?id=505532.505539, Abruf am 13-09-2007.

[Kaed04] Kaeding, A.: Spezielle Probleme der medizinischen Informatik – Daten-management in der medizinischen Praxis: Anspruch und Wirklichkeit. Ilmenau, 2004, http://www.imise.unileipzig.de/Lehre/Semester/2005 /SGKl/Kommunikation.pdf, Abruf am 27-122006.

[KaNo97] Kaplan, R. S.; Norton, D. P.: Balanced Scorecard. Strategien erfolgreich umsetzen. Schäffer-Poeschel, Stuttgart, 1997.

[KaNo01] Kaplan, R. S. ; Norton, D. P.: Die strategiefokussierte Organisation: Führen mit der Balanced Scorecard. Schäffer-Poeschel, Stuttgart, 2001.

[KaNo04] Kaplan, R. S.; Norton, D. P.: Strategy Maps: Converting intangible assets into tangible outcomes. Harvard Business School Press, Boston, 2004.

[Kard07] Kardionet: Informationsangebot zum Thema chronische Herzschwäche (Herzinsuffizienz). http://www.kardionet.de/beschwerden/schwere-grade.php? site=20&sub_id=23, Abruf am 13-05-2007.

[Kart06] Kartte, J.: Vernetztes Gesundheitssystem – eine gesamtökonomische Herausforderung. In: Eberspächer, J.; Picot, A.; Braun, G. (Hrsg.): eHealth: Innovations- und Wachstumsmotor für Europa – Potenziale in einem vernetzten Gesundheitsmarkt. Springer, Heidelberg, 2006, S. 39-51.

[Kass01] Kassenärztliche Bundesvereinigung (KBV): Disease Management Programm: Definition. http://www.kbv.de//themen/ 6172.html , 22-10-2001, Abruf am 01-06-2007.

[Kass06a] Kassenärztliche Bundesvereinigung (KBV): Informationen zu xDT. http://www.kbv.de/ita/4274.html, 02-01-2006, Abruf am 09-08-2007.

[Kass06b] Kassenärztliche Bundesvereinigung (KBV): KVDT Datensatzbeschreibungen: Einheitlicher Datenaustausch zwischen Arztpraxis und Kassenärtzlicher Vereinigung. http://www.kbv.de /ita/register_B.html, 26-01-2006, Abruf am 06-05-2006.

[Kass07a] Kassenärztliche Bundesvereinigung Deutschland (KBV): Schnittstellen - xDT – Synonym für elektronischen Datenaustausch in der Arztpraxis. http://www.kbv.de//ita/4274.html, 10-05-2007, Abruf am 28-05-2007.

[Kass07b] Kassenärztliche Vereinigung Nordrhein. IT in der Praxis. http://www.kvno.de/mitglieder/itidprax/zulisten.html, Abruf am 04-05-2007.

[Kepp96] Keppel, M. F.: Organisation von Wirtschaftsprüfungsgesellschaften. Ein aufbauorganisatorisches Gestaltungskonzept unter besonderer Be-rücksichtigung der Netzwerkorganisation. Dissertation. Köln, 1996.

[KiKu92] Kieser, A.; Kubicek, H.: Organisation. 3. Aufl., Berlin, New York, 1992.

[KiMe70] Kirsch, W.; Meffert, H.: Organisationstheorien und Betriebswirtschaftslehre. Wiesbaden, 1970.

[KiOl03] Kirchner, H.; Ollenschläger, G.: Implementierung von Leitlinien – Netze auf dem Weg zur evidenzbasierten Medizin. In: Tophoven, C., Lieschke, L. (Hrsg.): Integrierte Versorgung - Entwicklungsperspektiven für Praxisnetze. Deutscher Ärzte-Verlag, Köln, 2003, S. 63-106.

[Kirn05] Kirn, S.: Gesundheitsinformatik – Informationssysteme für das Gesundheitswesen von morgen. In: Wirtschaftsinformatik, 47 (2005) 3, S. 165-166.

[Kirs71] Kirsch, W.: Die Koordination von Entscheidungen in Organisationen. In: Zeitschrift für betriebswirtschaftliche Forschung, 23 (1971), S. 61-82.

[Kirs99] Kirsch, J.: Prozessorientiertes Management von Client-Server-Systemen. Dissertation, Universität Saarbrücken, Gabler, Wiesbaden, 1999.

[KiWa03] Kieser, A.; Walgenbach, P.: Organisation. 4. Aufl., Schäffer-Poeschel, Stuttgart 2003.

[Klei96] Klein, S.: Interorganisationssysteme und Unternehmensnetzwerke: Wechselwirkungen zwischen organisatorischer und informationstechnischer Entwicklung. Deutscher-Universitäts-Verlag, Wiesbaden, 1996.

[Klim01] Klimek, O.: Business Transformation - Geschäftsmodelle und -architekturen im digitalen Zeitalter. http://www.oliver-klimek.de/publications_speeches/materialien /201101.pdf, 20-11-2001, Abruf am 17-03-2006.

[Koch05] Koch, O.: Unterstützung von einrichtungsübergreifenden Kommunikationsprozessen in der integrierten Gesundheitsversorgung. In: Jäckel, A. (Hrsg.): Telemedizinführer Deutschland. Ober-Mörlen, 2005, S. 106-109.

[Köni05] Königs, H.-P.: IT-Risiko-Management mit System. Vieweg, Wiesbaden, 2005.

[Kosi72] Kosiol, E.: Einführung in die Betriebswirtschaftslehre – Die Unternehmung als wirtschaftliches Aktionszentrum, Reinbek bei Hamburg, 1972.

[Krau97] Krauth, C.; Schwartz, F.; Perleth, M.; Busse, R.: Zur Weiterentwicklung des Vergütungssystems in der ambulanten ärztlichen Versorgung. Hannover, 1997.

[KrBS05] Krafzig, D.; Banke, K.; Slama, D.: Enterprise SOA, Service-Oriented Architecture Best Practices. Prentice Hall PTR, Maryland, 2005.

[Kron04] Kronhardt, M.: Erfolgsfaktoren des Managements medizinischer Versorgungsnetze. Universität Marburg, Dissertation. Deutscher Universitätsverlag, Wiesbaden, 2004.

[KrSc93] Kreiner, K.; Schultz, M.: Informal Collaboration in R&D. The Formation of Networks Across Organizations. In: Organization Studies, 14 (1993) 2, S. 189-211.

[KrSc94] Krcmar, H.; Schwarzer, B.: Prozessorientierte Unternehmensmodellierung – Gründe, Anforderungen an Werkzeuge und Folgen für die Organisation. In: Scheer A.-W. (Hrsg.): Prozessorientierte Unternehmensmodellierung. SzU, Band 53, Wiesbaden, 1994, S. 13-33.

[Krüg03] Krüger-Brand, H. E.: Gesundheitsportale: Zwischen E-Health und E-Business. In: Deutsches Ärzteblatt 100 (2003) 41, S. A 2671 - A 2672.

[Kuhl06] Kuhlin, B.: Gesundheitswesen in der Wissensgesellschaft. In: Eberspächer, J.; Picot, A.; Braun, G. (Hrsg): eHealth: Innovations- und Wachstumsmotor für Europa. Potenziale in einem vernetzten Gesundheitsmarkt. Springer, Berlin, Heidelberg, 2006, S. 9-19.

[Kuhr02] Kuhr, N.: Status Arztnetze – Ergebnisse der Mednet-Umfrage. In: Dr. Eissing, U.; Dr. Noelle, G.; Kuhr, N. (Hrsg.): Mednet – Arbeitsbuch für die integrierte Gesundheitsversorgung 2002/3. Edition Temmen, Köln, 2002, S.54-73.

[Küpp97] Küpper, H.-U.: Controlling. Konzeption, Aufgaben und Instrumente. 2. Aufl., Schäffer-Poeschel, Stuttgart, 1997.

[Küpp05] Küpper, H.-U.: Controlling. Konzeption, Aufgaben und Instrumente. 4. Aufl., Schäffer-Poeschel, Stuttgart, 2005.

[LaLi87] Laux, H.; Liermann, F.: Grundformen der Koordination in der Unternehmung. Die Tendenz zur Hierarchie. In: Zeitschrift für betriebswirtschaftliche Forschung, 39 (1987), S. 807-828.

[LaLo67] Lawrence, P. R.; Lorsch, J. W.: Organization and Environment. Managing Differentiation and Integration. Boston, 1967.

[Lang97] Lang, Klaus: Gestaltung von Geschäftsprozessen mit Referenzbausteinen. Universität Erlangen-Nürnberg, Dissertation. Wiesbaden, 1997.

[Laßm92] Laßmann, A.: Organisatorische Koordination. Konzepte und Prinzipien zur Einordnung von Teilaufgaben. Wiesbaden, 1992.

[LeGH97] Leiner, F.; Gaus, W.; Hau, R.: Medizinische Dokumentation: einführendes Lehruch, 2. Auflage, Stuttgart, 1997.

[LeWi00] Leake, D. B.; Wilson, C.: Remembering why to remember: Performance-guided case-base maintenance. In: Blanzieri, E.; Portinale, L. (Hrsg.): Advances in Case Based Reasoning, Proceedings of the Fifth European Workshop on Case Based Reasoning. Springer, Berlin, 2000, S. 161-172.

[LiSc00] Link, H.; Schackmann, J.: Ein ökonomisches Modell für die Produktion individueller digitaler Produkte. In: Bodendorf, F.; Grauer, M. (Hrsg.): Verbundtagung Wirtschaftsinformatik 2000 Siegen, Shaker, Aachen, 2000, S. 192-207.

[LiSe94] Lichtner, F.; Sembritzki, J.: BDT-Satzbeschreibung: Schnittstellen-beschreibung zum systemunabhängigen Datentransfer von Behand-lungsdaten. Unveröffentlicht, Köln, 1994.

[LiSS04] Lindenthal, J.; Sohn, S.; Schöffski, O: Praxisnetze der nächsten Generation: Ziele, Mittelverteilung und Steuerungsmechanismen. Books on Demand, Burgdorf, 2004.

[Litt65] Litterer, J. A.: The Analysis of Organizations. New York, London, Sydney, 1965.

[Litt96] Little, A. D.: Management im vernetzten Unternehmen. Gabler, Wiesbaden, 1996.

[LiWi04] Lindert, F.; Wideler, M.: Organisationsübergreifendes Geschäftsprozess-management. In: it – Information Technology, 4/2004, Oldenburg, 2004, S. 175ff.

[Luhm80] Luhmann, N.: Komplexität. In: Grochla, E. (Hrsg.): Handwörterbuch der Organisation, 2. Auflage. Schäffer-Poeschel, Stuttgart, 1980, S. 1064-1070.

[MaCr90] Malone, T. W.; Crowston, K.: What is Coordination Theory and How can it Help Design Cooperative Work Systems? In: CSCW'90, Los Angeles, Proceedings of the 3rd Conference on Computer-Supported Cooperative Work, New York, 1990, S. 357-370.

[MaDS01] Main, J.; Dillon, T. S.; Shiu, S. C. K.: A Tutorial on Case Based Reasoning. In: Pal, S. K.; Dillon, T. S.; Yeung, D. S. (Hrsg.): Soft Computing in Case Based Reasoning. Springer, London, 2001, S. 1-28.

[Mali02]   Malik, F.: Strategie des Managements komplexer Systeme. Ein Beitrag zur Management-Kybernetik evolutionärer Systeme. 7. Auflage, Haupt, Bern, Stuttgart, Wien, 2002.

[Maye93]   Mayer, R.: Strategien erfolgreicher Produktgestaltung – Standardisierung und Individualisierung. Universität Mannheim, Dissertation. Deutscher Universitäts-Verlag. Wiesbaden, 1993.

[McCu45]   McCulloch, W. S.: A Heterarchy of Values Determined by the Topology of Nervous Nets. In: Bull. Math. Biophysics, 7 (1945), S. 89-93.

[MeBl00]   Meyer, A.; Blümelhuber, C.: Kundenbindung durch Services. In: Bruhn, M.; Homburg, C. (Hrsg.): Handbuch Kundenbindungsmanagement. Gabler, Wiesbaden, 2000, S. 269-292.

[Meff91]   Meffert, H.: Marketing: Grundlagen der Absatzpolitik. 7. Auflage, Nachdruck, Gabler, Wiesbaden, 1991.

[MeGr02]   Mertens, P.; Griese, J.: Integrierte Informationsverarbeitung 2: Planungs- und Kontrollsysteme in der Industrie. Gabler, Wiesbaden, 2002.

[Metz06]   Metzger, K.: Moderne Informations- und Kommunikationstechnologien in Ärztenetzwerken. In: Schweizer Zeitschrift für Managed Care, Public Health, Gesundheits- und Solzialökonomie. Rosenfluh Publikationen, Neuhausen, 2006, S. 18-20.

[Meye95]   Meyer, M.: Ökonomische Organisation der Industrie. Netzwerk-arrangements zwischen Markt und Unternehmung, Wiebaden, 1995, S. 143.

[Meye97]   Meyer, H.: Enthierarchisierungsstrategien im Luftverkehr – Die Relevanz der Transaktionskosten. Beiträge aus dem Institut für Verkehrswissenschaft an der Universität Münster, Heft 142, Münster, 1997.

[Meye99]   Meyer-Lutterloh, K.: Praxiskooperationen und Praxisnetze. 2.Aufl., MD-Verlags-GmbH, München, 1999.

[Meye04]   Meyer-Lutterloh, K.: Managed Health Care. In: Jähn, K.; Nagel, E. (Hrsg.): e-Health. Springer, Heidelberg, 2004, S. 175-181.

[Mich99]   Michel, R.: Komprimiertes Kennzahlen-Know how. Wiesbaden, 1999.

[Micr07]   Microsoft: SQL Server 2000 Reporting Services. http://www. microsoft.com/sql/ technologies/reporting/default.mspx, Abruf am 13-09-2007.

[Mild98] Mildenberger, U.: Selbstorganisation von Produktionsnetzwerken. Erklärungsansatz auf Basis der neueren Systemtheorie. Wiesbaden, 1998.

[Morg91] Morgan, G.: Images of organization, 13. printing, Newbury Park, London, New Dehli, 1991, S. 69-70.

[MüBe03] Mühlbacher, A.; Berhanu, S.: Die elektronische Patientenakte: Ein internetbasiertes Konzept für das Management von Patientenbeziehungen. http://www.ww.tu-berlin.de/diskussionspapiere /dp08-2003.pdf, 2003, Abruf am 14-06-2006.

[Mühl02] Mühlbacher, A.: Integrierte Versorgung: Management und Organisation. Hans Huber, Bern, 2002.

[Mühl03] Mühlhausen, C.: Megamarkt Gesundheit. Die Schlüsselbranche der Zukunft – 14 Trends für das Health-Business von morgen. Zukunftsinstitut GmbH, Frankfurt, 2003.

[Müll96] Müller, J. P.: The Design of Intelligent Agents – A Layered Approach. Berlin et al., 1996.

[Müll01] Müller-Mundt, G.: Patientenedukation zur Unterstützung des Selbstmanagements. In: Hurrelmann, K.; Leppin, A. (Hrsg.): Moderne Gesundheitskommunikation: Vom Aufklärungsgespräch zu E-Health. Hans Huber, Bern u. a., 2001, S. 94-106.

[Müll04] Müller, J.: Geschäftsprozessunterstützung durch Softwareagenten. Universität Erlangen-Nürnberg. Vorlesung im Rahmen der Veranstaltung Management von Geschäftsprozessen im Wintersemester 2003/2004, Nürnberg, 2003..

[MüUt00] Mühlen, M. zu; Uthmann, C. von: Ein Framework zur Identifikation des Workflow-Potenzials von Prozessen. HMD – Praxis der Wirtschaftsinformatik, 213 (2000), S. 67-79.

[MüWe04] Müller, C.; Weinert, W.: Mitgestaltungsrolle des Qualitätsmanagement für die Integrierte Versorgung unverzichtbar – Anregungen aus den Waldburg-Zeil Kliniken. In: Hellmann, W. (Hrsg.): Handbuch integrierte Versorgung – Strategien, Konzepte, Praxis. Ecomed, Landsberg/Lech, 2004.

[MüWS01]Mühlbacher, A.; Wiest, A.; Schumacher, N.: E-Health – Informations- und Kommunikationstechniken im Gesundheitswesen. In: Hurrelmann, K.; Leppin, A. (Hrsg.): Moderne Gesundheitskommunikation: vom Aufklärungsgespräch zur E-Health. Hans Huber, Bern u. a., 2001, S. 211-223.

[Nawa94] Nawatzki, J.: Integriertes Informationsmanagement. Die Koordination von Informationsverarbeitung, Organisation und Personalwirtschaft bei der Planung, Durchführung, Kontrolle und Steuerung des Einsatzes neuer Informationstechnologie in der Unternehmung. Bergisch Gladbach, Köln, 1994.

[NeLo05] Newcomer, E.; Lomow, G.: Understanding SOA with web services. Addison-Wesley, Upper Saddle River, NJ, München u. a. 2005.

[Noel04] Noelle, G.: Disease Management per EDV: Offene Fragen zur Datenübermittlung. Deutsches Ärzteblatt 101, Ausgabe 11, http://www.deutschesaerzteblatt.de/ v4/archiv/artikel.asp?id=40939, 12-03-2004, Abruf am 2007-01-02.

[ÖsAH05] Österle, H.; Alt, R.; Heutschi, R.: Web Services – Hype oder Lösung? http://www.alexandria.unisg.ch/EXPORT/DL/28132.pdf, 19-05-2005, Abruf am 13-09-2006.

[ÖsFA00] Österle, H.; Fleisch, E.; Alt, R.: Business Networking – Shaping Enterprise Relationsships on the Internet, Springer, Berlin, Heidelberg, New York, 2000.

[Öste02] Österle, H.: Geschäftsmodell des Informationszeitalters. In: Österle, H.; Fleisch, E.; Alt, R. (Hrsg.): Business Networking in der Praxis, Springer, Berlin, 2002, S. 17-38.

[Olde92] Oldenburg, S. H.: Expertendatenbanksysteme: Eine Analyse des Einsatzpotenzials von Expertendatenbanksystemen für betriebswirtschaftliche Anwendungen. Universität München, Dissertation. VVF, München, 1992.

[Oliv02] Oliveira, R. M. M. de: Leitlinien für Reformen im deutschen Gesundheitswesen. P.C.O., Bayreuth, 2002.

[OrSc00] Ortmann, G.; Schnelle, W.: Medizinische Qualitätsnetze – Steuerung und Selbststeuerung. In: Sydow, J.: Steuerung von Netzwerken – Konzepte und Praktiken. Westdt. Verlag, Opladen, 2000, S. 206-233.

[Oste97] Ostermeyer, A.: Krankenhausinformationssysteme sind von Workflow-Management noch Lichtjahre entfernt. In: Krankenhaus Umschau spezial: „EDV", 9 (1997).

[PaBr00] Paul, V.; Bresser, B.: PaDok - Ein serverbasiertes Konzept. www.gin.uibk.ac.at/patit/abstract.htm, Abruf am 05-11-2000.

[PaBr01] Paul, V.; Bresser, B.: Spezielle Probleme der Medizintelematik im Alltag. In: Hellmann, W. (Hrsg.): Management von Gesundheitsnetzen. Kohlhammer, Stuttgart, 2001, S. 163-180.

[Pear04] Pearl, M. A.: Consumer-Driven Health Care and the Internet. In: Herzlinger, R. E. (Hrsg.): Consumer-Driven Health Care – Implications for Providers, Payers and Policymakers, San Francisco, 2004, S. 428-439.

[Peem97] Peemöller, V. H.: Controlling: Grundlagen und Einsatzgebiete. 3. Auflage, Herne, Berlin, 1997.

[Perl99] Perleth, M.: Bewertung von Leitlinien für die klinische Praxis. In: Perleth, M.; Antes, G. (Hrsg.): Evidenzbasierte Medizin: Wissenschaft im Praxisalltag. München, 1999.

[Piep91] Piepenpurg, U.: Ein Konzept zur Kooperation und die technische Unterstützung kooperativer Prozesse in Bürobereichen. In: Friedrich, J.; Rödiger, K. H. (Hrsg.): Computergestützte Gruppenarbeit (CSCW): 1. Fachtagung, 30. September bis 2. Oktober 1991 in Bremen, In: Berichte des German Chapter of the ACM, Bd. 34, Stuttgart, 1991, S. 79-94.

[PiKo99] Picot, A.; Korb, J.: Prozessorientierte Organisation – Perspektiven für das Krankenhausmanagement. In: Eichhorn, S.; Schmidt-Rettig, B. (Hrsg.): Profitcenter und Prozeßorientierung – Optimierung von Budget, Arbeitsprozessen und Qualität. Kohlhammer, Stuttgart u. a., 1999, S. 14-24.

[PiRo95] Picot, A.; Rohrbach, P.: Organisatorische Aspekte von Workflow-Management-Systemen. Information Management, 1 (1995) 10, 1995, S. 28-35.

[PiRW96] Picot, A.; Reichwald, R.; Wigand, R. T.: Die grenzenlose Unternehmung. Wiesbaden, 1996.

[PiRW03] Picot, A.; Reichwald, R.; Wigand, R. T.: Die grenzenlose Unternehmung. 5. Auflage, Gabler, Wiesbaden, 2003.

[Pise03] Piser, M. : Strategisches Performance Management: Performance
Measurement als Instrument der strategischen Kontrolle. Deutscher
Universitäts-Verlag, Bamberg, 2003.

[PiZa01] Piller, F; Zanner, S.: Mass Customization und Personalisierung im
Electronic Business. In: WISU, 1 (2001), S. 88-96.

[Pols02] Pols, A.: Wege in die Informationsgesellschaft. Status quo und
Perspektiven Deutschlands im internationalen Vergleich. BITKOM -
Bundesverband Informationswirtschaft, Telekommunikation und neue
Medien e. V., Berlin, 2003.

[Popp97] Popp, E.: Ökonomie und Versicherungstechnik in der Managed-Care-
Versorgung: Untersuchungen zur Effektivität, Effizienz und
Chancengleichheit integrierter Versorgungs- und Vergütungsmodelle in
der gesetzlichen Krankenversicherung bei Honorierung mit „Kopfbudgets
und kombinierten Budgets". In: Knappe, E.; Neubauer, G.; Oberender, P.
(Hrsg.): Schriften zur Gesundheitsökonomie, Bd. 19. Bayreuth, 1997.

[Port00] Porter, M. E.: Wettbewerbsvorteile: Spitzenleistungen erreichen und
behaupten. 6. Auflage, Frankfurt a. M., New York, 2000.

[Powe90] Powell, W. W.: Neither market nor hierarchy: network forms of
organization. In: Research in Organizational Behaviour, 12 (1990),
S. 295-336.

[Prax05] Praxisnetz Nürnberg-Nord: Qualitätsbericht 2005. https://www.praxisnetz
nuernberg.de/images/data/Qualitaetsbericht%20PNN%20QuE%20%2020
05.pdf, 10-10-2005, Abruf am 25-04-2006.

[Preu97] Preuss, K.: Informations-, Kommunikations-Technologien und Vernetzung
im Gesundheitssektor. In: Arnold, M.; Lauterbach, K. W.; Preuß, K.-J.
(Hrsg.): Managed Care: Ursachen, Prinzipien, Formen und Effekte.
Schattauer, Stuttgart, 1997, S. 259-300.

[Preu98] Preuß K. J.: Informations-, Kommunikations- Technologien und
Vernetzung im Gesundheitssektor. In Arnold, M.; Lauterbach, K. W.;
Preuß, K. J. (Hrsg.): Managed-Care. Ursachen, Prinzipen Formen und
Effekte. Beiträge zur Gesundheitsökonomie 31. Schattauer, Stuttgart, New
York, 1998. S. 259-300.

[Pric01] PricewaterhouseCoopers Unternehmensberatung GmbH:
Gesundheitsportale 2001. http://www.medical-communities.de/pdf
/pricewaterhouse.pdf, 2001, Abruf am 07-02-2006.

[Pric03]   PriceswaterhouseCoopers; Deutsche Revision; Aktiengesellschaft; Wirtschaftsprüfungsgesellschaft (Hrsg.): Industriestudie Konturen: Gesundheit 2010 - Die Zukunft des Gesundheitswesens. Fachverlag Moderne Wirtschaft, Frankfurt, 2000.

[Prok01]   Prokosch, H. U.: KAS, KIS, EKA, EPA, EGA, E-Health: Ein Plädoyer gegen die babylonische Begriffsverwirrung in der Medizinischen Informatik. Institut für Medizinische Informatik und Biomathematik, Westfälische-Wilhelms-Universität Münster, http://www.imi.med.uni-erlangen.de/team/download/mis_begriffsdefini tionen.pdf, Abruf am 13-09-2007.

[Prok05]   Prokosch, H. U.: Kybernetisches Modell ärztlichen Handelns. In: Vorlesungs-unterlagen zur Einführung in die Medizinische Informatik für Informatik-Nebenfachstudierende. http://www.imi.med.uni-erlangen.de /lehre/ws0506/medinfgrund_06.pdf, Wintersemester 2005/2006, Abruf am 18-02-2007, Erlangen, 2005.

[Prok06]   Prokosch, H. U.: Prozessoptimierung durch moderne Krankenhaus-Informations- und Workflowsysteme. In: Eberspächer, J.; Picot, A.; Braun, G. (Hrsg.): eHealth: Innovations- und Wachstumsmotor für Europa. Potenziale in einem vernetzten Gesundheitsmarkt. Springer, Berlin, Heidelberg, New York, 2006. S. 61-74.

[PrRG96] Pribilla, P.; Reichwald, R.; Goecke, R.: Telekommunikation im Management. Stuttgart, 1996.

[PrRS02] Preuß, K.-J.; Räbiger, J.; Sommer, J. H.: Managed Care. Evaluation und Performance-Measurement integrierter Versorgungsmodelle. Schattauer, Stuttgart, 2002.

[QuGo01] Quade, G.; Goldschmidt, A. J. W.: Kommunikationstechnologien im Überblick – Aktueller Stand. In: Hellmann, W. (Hrsg): Management von Gesundheitsnetzen. Kohlhammer, Stuttgart, Berlin, Köln, 2001, S. 154-180.

[Rach00] Rachold, U.: Neue Versorgungsformen und Managed Care. Kohlhammer, Stuttgart, 2000.

[Ramm04] Ramming, J.: Integrierte Gesundheitsversorgung. In: Jähn, K.; Nagel, E. (Hrsg.): e-Health. Springer, Heidelberg, 2004, S. 147-151.

[Raup02] Raupp,   M.:   Netzwerkstrategien   und   Informationstechnik: Eine
ökonomische Analyse von Strategien in Unternehmensnetzwerken und
deren Wirkungen auf die Ausgestaltung der zwischenbetrieblichen
Informations- und Kommunikationssysteme. Europäischer Verlag der
Wissenschaften, Frankfurt a. M., 2002.

[ReBa95] Retter, G.; Bastian, M.: Kombination einer Prozeß- und Wirkungsketten-
analyse zur Aufdeckung der Nutzenpotentiale von Informations- und
Kommunikationssystemen. In: Wirtschaftsinformatik, 37 (1995) 2.

[Rein98] Reinheimer, S.: Marktorientierte elektronische Koordination zwischen-
betrieblicher Geschäftsprozese in der Luftfracht. Dissertation. diss.de,
Verlag im Internet, Berlin, 1998.

[Rein00] Reinartz, T.; Iglezakis, I.; Roth-Berghofer, T.: On Quality Measures for
Case Base Maintenance. In: Blanzieri, E.; Portinale, L. (Hrsg.): Advances
in Case-Based Reasoning - Proceedings of the 5th European Workshop
on Case-Based Reasoning. Springer, Berlin, 2000, S. 247-259.

[Remm97] Remme, M.: Konstruktion von Geschäftsprozessen – Ein modellgestützter
Ansatz durch Montage genetischer Prozesspartikel. Universität Saarbrücken, Dissertation. Gabler, Wiesbaden, 1997.

[Remu02] Remus, U.: Integrierte Prozess- und Kommunikationsmodellierung zur
Verbesserung von wissensintensiven Geschäftsprozessen. In: Abecker,
A.; Hinkelmann, K.; Maus, H.; Müller, H.-J. (Hrsg.): Geschäftsprozess-
orientiertes Wissensmanagement. Springer, Berlin u. a., 2002, S. 91-122.

[Ritt98] Ritter, T.: Innovationserfolg durch Netzwerk-Kompetenz. Effektives
Management von Unternehmensnetzwerken. Wiesbaden, 1998.

[RöRM03] Rödler; E.; Rödler, R.; Müller, S.: Balanced Scorecard und MIS: Leitfaden
zur Implementierung. mitp, Bonn, 2003.

[Roge98] Rognehaugh, R.: The managed health care dictionary. Aspen Publishers,
Gaithersburg, 1998.

[Rose96] Rosemann, M.: Komplexitätsmanagement in Prozessmodellen. Gabler,
Wiesbaden, 1996.

[Roth02] Roth-Berghofer, T.: Knowledge Maintenance of Case Based Reasoning
Systems - The SIAM Methodology. Universität Kaiserslautern,
Dissertation. Kaiserslautern, 2002.

[Roux06] Roux, G. F.: Neue Entwicklungen in Hausarztsystemen. In: Schweizer Zeitschrift für Managed Care, Public Health, Gesundheits- und Solzialökonomie. Rosenfluh Publikationen, Neuhausen, 2006, S. 16-17.

[RüRK00] Rüschmann, H.-H.; Roth, A.; Krauss, C.: Vernetzte Praxen auf dem Weg zu managed care? Springer, Berlin u. a., 2000.

[Rupp02] Rupprecht, C.: Ein Konzept zur projektspezifischen Individualisierung von Prozessmodellen. Universität Karlsruhe. http://www.ubka.uni-karlsruhe.de/vvv/2002/wiwi/5/5.pdf, 23-07-2002, Abruf am 22-09-2005.

[Rych99] Rychlik, R.: Gesundheitsökonomie und Krankenhausmanagement – Grundlagen und Praxis. Kohlhammer, Stuttgart, 1999.

[Sach00a] Sachverständigenrat für die Konzertierte Aktion im Gesundheitswesen: Gutachten 2000/2001: Bedarfsgerechtigkeit und Wirtschaftlichkeit. Band I: Zielbildung, Prävention, Nutzerorientierung und Partizipation. http://www.svr-gesundheit.de, Dezember 2000, Abruf am 11-04-2006.

[Sach00b] Sachverständigenrat für die Konzertierte Aktion im Gesundheitswesen: Gutachten 2000/2001: Bedarfsgerechtigkeit und Wirtschaftlichkeit. Band III: Über-, Unter- und Fehlversorgung. http://www.svr-gesundheit.de, Dezember 2000, Abruf am 11-04-2006.

[Sach03] Sachverständigenrat für die Konzertierte Aktion im Gesundheitswesen: Gutachten 2003: Finanzierung, Nutzerorientierung und Qualität. http://www.svr-gesundheit.de, Februar 2003, Abruf am 14-09-2007.

[Sack96] Sackett, D. L.; Richardson, W. S.; Rosenberg, W. M.; Haynes, R. B.: Evidence-Based-Medicine. How to practice and teach EBM. In: BMJ 1996 Jan 13, 312 (7023): http://www.bmj.com/cgi/content/full/312/7023/71, Abruf am 01-08-200, S. 71f.

[SaSp01] Salfeld, R.; Spang, S.: Informationstechnologie-Einsatz im Gesundheitswesen. In: Salfeld, R.; Wettke, J. (Hrsg): Die Zukunft des deutschen Gesundheitswesens. Perspektiven und Konzepte. Berlin u. a., 2001, S. 125-139.

[ScBK06] Schicker, G.; Bodendorf, F.; Kohlbauer, O.: Praxisnetz-Studie 2006 – Status Quo, Trends & Herausforderungen, Management – Prozesse – Informationstechnologie. Universität Erlangen-Nürnberg, Lehrstuhl Wirtschaftsinformatik II, Arbeitspapier 01/2006, Nürnberg, 2006.

[ScBo05] Schicker, G.; Bodendorf, F.: Portalunterstützte Behandlungspfade in Gesundheitsnetzen: Prozesse - Architektur - dynamische Navigation. In: Cremers, A. B.; Manthey, R.; Martini, R.; Steinhage, V. (Hrsg.): INFORMATIK 2005: Informatik LIVE! Band 2. GI- Edition- "Lecture Notes in Informatics" (LNI): P-68, Beiträge der 35. Jahrestagung der Gesellschaft für Informatik e. V. in Bonn, Köllen, Bonn, 2005, S. 7-11.

[Scha88] Schank, R. C.: Reminding and Memory. In: Kolodner, J. (Hrsg.): Proceedings of a Workshop on Case Based Reasoning. Morgan Kaufmann, San Mateo, 1988.

[Scha03] Schackmann, J.: Ökonomisch vorteilhafte Individualisierung und Personalisierung – Eine Analyse unter besonderer Berücksichtigung der Informationstechnologie und des Electronic Commerce. Universität Augsburg, Dissertation. Dr. Kovac, Hamburg, 2003.

[Schei85] Schein, E. H.: Organizational Culture and Leadership. San Francisco, Washington, London, 1985.

[Sche95] Scheer, A.-W.: Wirtschafsinformatik. Referenzmodelle für industrielle Geschäftsprozesse. 6. Aufl., Berlin u. a., 1995.

[Schi92] Schildknecht, R.: Total Quality Management - Konzeption und State of the Art. Universität Kaiserslautern, Dissertation. Campus, Frankfurt u. a., 1992.

[Schl01] Schlicht, G.: Angewandtes Netzmanagement. In: Hellmann, W. (Hrsg.): Management von Gesundheitsnetzen. Kohlhammer, Stuttgart, 2001, S. 252-270.

[Schm99] Schmidt-Rettig, B.: Profitcenterorganisation und Prozessorganisation – Konflikt oder Konsens? In: Eichhorn, S.; Schmidt-Rettig, B. (Hrsg.): Profitcenter und Prozeßorientierung – Optimierung von Budget, Arbeitsprozessen und Qualität. Kohlhammer, Stuttgart u. a., 1999, S. 207-216.

[Schn99] Schnetzer, R.: Workflow-Management kompakt und verständlich. Vieweg, Braunschweig, Wiesbaden, 1999.

[Scho04] Schobert, A.: Netzwerbasierte *E-Services* als Instrument zur Kundenbindung. Dissertation, Peter Lang GmbH Europäischer Verlag der Wissenschaften, Frankfurt a. M., 2004.

[Schr96] Schreyögg, G.: Organisation. Grundlagen morderner Organisationsgestaltung. Wiesbaden, 1996.

[Schu94] Schubert, K.: Netzwerke und Netzwerkansätze: Leistungen und Grenzen eines sozialwissenschaftlichen Konzeptes. In: Kleinaltenkamp, M.; Schubert, K. (Hrsg.): Netzwerkansätze im Business-to-Business-Marketing. Beschaffung, Absatz und Implementierung neuer Technologien. Wiesbaden, 1994, S. 8-49.

[Schu03] Schulze-Raestrup, U.: Schnittstelle ambulante/stationäre Versorgung aus Sicht der Krankenhausärzte. Universität Bielefeld, Dissertation. Bielefeld, 2003.

[Schw01] Schwarz, S.; Abecker, A.; Maus H.; Sintek, M.: Anforderungen an die Workflow-Unterstützung für wissensintensive Geschäftsprozesse. http://sunsite.informatik.rwth-aachen.de/Publications/CEUR-WS/Vol37/ Schwarz.pdf, 27-02-2001, Abruf am 02-08-2007.

[Schw05] Schwarze, J.-C.; Tessmann, S.; Sassenberg, C.; Müller, M.; Prokosch, H.-U.; Ückert, F.: Eine modulare Gesundheitsakte als Antwort auf Kommunikationsprobleme im Gesundheitswesen. In: Wirtschaftsinformatik, 47 (2005) 3, S. 187-195.

[ScKB07] Schicker, G.; Kaiser, C.; Bodendorf, F.: Individualisierung von Prozessen und E-Services mithilfe von Case Based Reasoning. In: Oberweis, A.; Weinhardt, C.; Gimpel, H.; Koschmider, A.; Pankratius, V.; Schnizler, B. (Hrsg.): eOrganisation: Service-, Prozess-, Market-Engineering, Band 1, Universitätsverlag Karlsruhe, Karlsruhe, 2007, S. 713-730.

[ScKl94] Schuderer, P. ; Klaus, P.: Begriff und Klassifikation von Prozessen – Zur Aufklärung der allgemeinen Sprachverwirrung. Nürnberger Logistik-Arbeitspapier 4, Universität Erlangen-Nürnberg, Nürnberg, 1994.

[ScLa02] Schell, H.; Lauterbach, K. W.: Evaluation, Benchmarking, Qualitätsmanagement und Zertifizierung als Instrumente für eine evidenzbasierte Gesundheitspolitik. In: Preuß, K.-J.; Räbiger, J.; Sommer, J. H. (Hrsg.): Managed Care. Evaluation und Performance-Measurement integrierter Versorgungsmodelle. Schattauer, Stuttgart, 2002.

[ScPB07] Schicker, G.; Purucker, J.; Bodendorf, F.: Process-based Performance Measurement in Healthcare Networks. In: Oberweis, A.; Weinhardt, C.; Gimpel, H.; Koschmider, A.; Pankratius, V.; Schnizler, B. (Hrsg.): eOrganisation: Service-, Prozess-, Market-Engineering, Band 1, Universitätsverlag Karlsruhe, Karlsruhe, 2007, S. 917-934.

[ScRy03] Schräder, W.; Ryll, A.: Pauschalierende Vergütungssysteme in der Integrierten Versorgung. In: Tophoven C.; Lieschke, L. (Hrsg.): Integrierte Versorgung. Deutscher Ärzte-Verlag, Köln, 2003, S. 131-169.

[ScSc04] Schramm-Wölk I., Schug S. H.: e-Patientenakte und e-Gesundheitsakte. In: Jähn K., Nagel E. (Hrsg.): e-Health. Springer, Heidelberg, 2004, S. 16-22.

[Seid78] Seidl, C.: Allokationsmechanismen - Ein Überblick über dynamische mikroökonomische Totalmodelle. In: Schenk, K.-E. (Hrsg.): Ökonomische Verfügungsrechte und Allokationsmechanismen in Wirtschaftssystemen. Berlin 1978, S. 123-205.

[Seit95] Seitz, R.: Computergestützte Tele- und Teamarbeit. Wiesbaden, 1995.

[SeKS97] Seitz, R.; König, H.-H.; Stillfried, D.: Grundlagen von Managed Care. In: Arnold, M.; Lauterbach, K. W.; Preuß, K.-J. (Hrsg.): Managed Care: Ursachen, Prinzipien, Formen und Effekte. Schattauer, Stuttgart, 1997.

[Seml93] Semlinger, K.: Effizienz und Autonomie in Zulieferungsnetzwerken – zum strategischen Gehalt von Kooperationen. In: Staehle, W. H.; Sydow, J. (Hrsg.): Managementforschung 3. Berlin, New York, 1993, S. 309-354.

[SeVo02] Seyfahrt-Metzger, I.; Vogel, S.: Patientenpfade – Interdisziplinäre Rahmenbedingungen und Erfahrungen. In: Hellmann, W. (Hrsg.): Klinische Pfade – Konzepte, Umsetzung, Erfahrungen. Ecomed, Landsberg/Lech, 2002, S. 19-37.

[Shor93] Shortell, S. M.; Gillies, R. R.; Anderson, D. A.; Mitchell, J.; Morgan, K.: Creating Organized Delivery Systems: The Barriers and Facilitators. In: Hospital & Health Services Administration, 38 (1993), S. 445-466.

[ShWe49] Shannon, C. E.; Weaver, W.: The Mathematical Theory of Communication. Urbana, 1949.

[Sieb99] Siebert, H.: Ökonomische Analyse von Unternehmensnetzwerken. In: Sydow, J. (Hrsg.): Management von Netzwerkorganisationen – Beiträge aus der „Managementforschung". Gabler, Wiesbaden, 1999, S. 7-28.

[Sieb03] Siebolds, M.: Qualitätsmanagement im Praxisnetz – eine pragmatische Einführung. In: Tophoven, C., Lieschke, L. (Hrsg.): Integrierte Versorgung: Entwicklungsperspektiven für Praxisnetze. Deutscher Ärzte-Verlag, Köln, 2003, S. 107-129.

[Sjur00]   Sjurts, I.: Kollektive Unternehmensstrategie – Grundfragen einer Theorie kollektiven strategischen Handelns. Gabler, Wiesbaden, 2000.

[Sohn06]   Sohn, S.: Integration und Effizienz im Gesundheitswesen – Instrumente und ihre Evidenz für die integrierte Versorgung. Dissertation, Schriften zur Gesundheitsökonomie, 8, HERZ, Burgdorf, 2006.

[Spey04]   Speyerer, J.: Web Services und Integration – Teil 1: Überblick. FORWIN-Bericht-Nr. FWN-2004-009, Nürnberg, 2004.

[Stad02]   Stade, U.: Anreizwirkungen in den Beziehungen zwischen Arzt, Patient und Krankenkasse. Dr. Kovač, Hamburg, 2002.

[Stae91]   Staehle, W. H.: Management – Eine verhaltenswissenschaftliche Perspektive. 6. Auflage, Vahlen, München, 1991.

[Stah03]   Stahl, A.: Learning of Knowledge-Intensive Similarity-Measures in Case Based Reasoning. Universität Kaiserslautern, Dissertation. Kaiserslautern, 2003.

[Stah05]   Stahringer, S.: Glossar zu Business Engineering. In: Stahringer, S.: (Hrsg.): HMD – Praxis der Wirtschaftsinformatik: Business Engineering, 241 (2005), dpunkt, Heidelberg, 2005, S. 107.

[Stat06]   Statistisches Bundesamt: Gesundheitsausgaben – Anteil am Bruttoinlandsprodukt.   http://www.destatis.de/themen/d/thm_gesundheit.php, Wiesbaden, 2006, Abruf am 04-09-2006.

[Stat07]   Statistisches Bundesamt: Verbraucherpreisindex. http://www.destatis.de/ indicators/d/lrleb02ad.htm, 17-01-2007. Abruf am 24-03-2007.

[Stei05]   Steiner, M.; Riedel, W.; Maetzel, J.; Kühn, K.; Lühr, O.: 1. Zwischenbericht – Wissenschaftliche Begleitung des Qualitäts- und Kooperationsmodells Rhein-Neckar   (Hausarztmodell).   http://www.aok.de/bawue/download /pdf/hausarztmodell/zwischenbericht.pdf.   Prognos AG, Basel, 2005, Abruf am 20-06-2007.

[StHa99]   Stahlknecht, P.; Hasenkamp, U.: Einführung in die Wirtschaftsinformatik, 9. Auflage, Springer, Berlin, Heidelberg, 1999.

[Stöl99]   Stölzle, W.: Industrial Relationships. Oldenburg-Verlag, München, Wien, 1999.

[Stol03]   Stoll, B.: Balanced Scorecard für Soziale Organisationen. Walhalla, Berlin, 2003.

[StSc00] Steinmann, H.; Scheyögg, G.: Management – Grundlagen der Unternehmensführung. 5. Aufl., Gabler, Wiesbaden, 2000.

[Stur00] Sturm, A.: Performance Measurement und Environmental Performance Measurement: Entwicklung eines Controllingmodells zur unternehmensinternen Messung der betrieblichen Umweltleistung. http://hsss.slub-dresden.de/pub2/dissertation/ 2001/wirtschafts-wissenschaften/994768126734-5500/994768126734-5500.pdf, 17-05-2000, Abruf am 19-04-2006.

[StWe99] Stolpmann, M.; Wess, S.: Optimierung der Kundenbeziehung mit CBR-Systemen – Intelligente Systeme für E-Commerce und Support. Addison-Wesley-Longman, Bonn u. a., 1999.

[Suom92] Suomi, R.: On the concept of inter-organizational information systems. In: Journal of Strategic Information Systems, 1 (1992) 2, S. 93-99.

[Sydo92] Sydow, J.: Strategische Netzwerke. Evolution und Organisation. Wiesbaden, 1992.

[SyWi00] Sydow, J.: Windeler, A.: Steuerung von und in Netzwerken – Perspektiven, Konzepte, vor allem aber offene Fragen. In: Sydow, J.; Windeler, A. (Hrsg.): Steuerung von Netzwerken. Gabler, Wiesbaden, 2000, S. 1-24.

[Szat99] Szathmary, B. : Neue Versorgungskonzepte im deutschen Gesundheitswesen – Disease- und Case-Management. Luchterhand, Neuwied u. a., 1999.

[Taut02] Tautz, F.: E-Health und die Folgen - Wie das Internet die Arzt-Patient-Beziehung und das Gesundheitssystem verändert. Campus, Frankfurt, New York, 2002.

[Thie06] Thielmann, H.: Datenschutz und Datensicherheit – Kritische Erfolgsfaktoren für eHealth. In: Eberspächer, J.; Picot, A.; Braun, G. (Hrsg.): eHealth: Innovations- und Wachstumsmotor für Europa. Potenziale in einem vernetzten Gesundheitsmarkt. Springer, Berlin, Heidelberg, New York, 2006, S. 61-74.

[Thun06] Thun, S.: Semantische Ordnungssysteme in der medizinischen Dokumentation. In: Ehealthcom – Magazin für Gesundheitstelematik und Telemedizin, 2 (2006), S. 70-72.

[Töpf97] Töpfer, A.: Kundenorientiertes Geschäftsprozessmanagement durch Business Units. In: Information Management,, 1 (1997), S. 6-12.

[Toph03] Tophoven, C: Integrierte Angebotsstrukturen – Netze auf dem Weg zur markt- und vertragsfähigen Organisation. In: Tophoven, C., Lieschke, L. (Hrsg.): Integrierte Versorgung: Entwicklungsperspektiven für Praxisnetze. Deutscher Ärzte-Verlag, Köln, 2003, S. 229-260.

[Trill02] Trill, R.: Anwendungen – Prozess- versus Funktionsorientierung. In: Trill, R. (Hrsg.): Informationstechnologie im Krankenhaus: Strategien, Auswahl, Einsatz. Neuwied u. a., 2002, S. 56-61.

[Verb06] Verband Deutscher Arztinformationssystemhersteller und Provider e. V. (VDAP): VCS – Der Standard für die elektronische Arzt-Arzt-Kommunikation. http://www.vdap.de/index.php?nav=89&lang=1, 2006, Abruf am 27-12-2006.

[Vers02] Versteegen, G.: Management-Technologien: Konvergenz von Knowledge-, Dokumenten-, Workflow und Contentmanagement. Springer, Berlin, Heidelberg u. a., 2002.

[Waeg99] Waegemann, C. P.: Current Status of EPR Developments in the US. Medical Records Institute, 1999, S. 116-118.

[WaLF05] Wambach, V.; Lindenthal, J.; Frommelt, M.: Integrierte Versorgung – Zukunftssicherung für niedergelassene Ärzte. In: Hellmann, W. (Hrsg.), Landsberg, 2005.

[Wall00] Wall, F.: Planung in virtuellen Unternehmen. In: Zeitschrift für Planung, 11 (2000), S. 117-139.

[Ward05] Warda, F.: Elektronische Gesundheitsakten: Möglichkeiten für Patienten, Ärzte und Industrie – aktueller Stand der Entwicklung in Deutschland. Rheinware, Mönchengladbach, 2005.

[Warg98] Wargitsch C.: Ein Beitrag zur Integration von Workflow- und Wissens-management unter besonderer Berücksichtigung komplexer Geschäftsprozesse. Universität Erlangen-Nürnberg, Dissertation. Nürnberg, 1998.

[WaWe97] Wargitsch, C.; Wewers, T.: Flexware: Fallorientiertes Konfigurieren von komplexen Workflows – Konzepte und Implementierungen. In: Müller, M.; et al. (Hrsg.): Beiträge zum 11. Workshop Planen und Konfigurieren im Rahmen der 4. Tagung Wissensbasierte Systeme. Erlangen, 1997, S. 45-55.

[Weat07] Weatherly, J. N.; Seiler, R.; Meyer-Lutterloh, K.; Schmid, E.; Lägel, R.; Amelung, V. E.: Leuchtturmprojekte Integrierter Versorgung und Medizinischer Versorgungszentren – Innovative Modelle der Praxis. Medizinisch Wissenschaftliche Verlagsgesellschaft OHG, Berlin, 2007.

[Wend97] Wendt, W.-R.: Case Management im Sozial- und Gesundheitswesen – Eine Einführung. Lambertus, Freiburg i. Br., 1997.

[Wenk05] Wenk, T.: Performance Measurement Systeme und deren Einsatz als Managementsystem. Dissertation. Berlin, 2005.

[Wenn03] Wenninger-Zeman, K.: Controlling in Unternehmensnetzwerken: Eine organisationstheoretische Betrachtung. Deutscher Universitäts-Verlag, Wiesbaden, 2003.

[WeSc00] Weber, J.; Schäffer, U.: Balanced Scorecard & Controlling. Gabler, Wiesbaden, 2000.

[Wess95] Wess, S.: Fallbasiertes Problemlösen in wissensbasierten Systemen zur Entscheidungsunterstützung und Diagnostik. Infix, Sankt Augustin, 1995.

[West99] Westebbe, P. W.: Ärzte im Netz: Ein Bericht über vernetzte Praxen und Praxisnetze in Deutschland. Eine qualitative Untersuchung über die Entwicklung neuer Kooperations- und Organisationsformen in der ambulanten Medizin in Deutschland. Neuss, 1999.

[WHO07] World Health Organization (WHO): What is the WHO definition of health? http://www.who.int/suggestions/faq/en/index.html, 2007, Abruf am 03-06-2007.

[WiCR02] Wiratunga, N.; Craw, S.; Rowe, R.: Learning to Adapt for Case-Based Design. In: Lecture Notes in Computer Science, Band 2416. Springer, 2002, S. 421-435.

[Wies00] Wiese, J.: Implementierung der Balanced Scorecard: Grundlagen und IT-Fachkonzept. Deutscher Universitäts-Verlag, Wiesbaden, 2000.

[Wild97] Wildemann, H.: Koordination von Unternehmensnetzwerken. In: Zeitschrift für Betriebswirtschaft, 67 (1997) 4, S. 417-439.

[Wild04] Wild, N.: Elektronische Kommunikation im Gesundheitswesen. Hansebuch, Hamburg, 2004.

[Will96] Williamson, O.: The mechanisms of governance. New York, 1996.

[Wils01] Wilson, D. C.: Case-Base Maintenance: The Husbandry of Experience. Indiana University, Dissertation. 2001.

[WiTa02] Winkler, A.; Tamblé M.: Affiliate Networks – Virtuelle Allianzen: Partnerprogramme als profitable Geschäftsstrategie im Internet - Ein Leitfaden für die Praxis. ADENION GmbH (Hrsg.), Grevenbroich, 2002.

[WöDö05] Wöhe, G.; Döring, U.: Einführung in die Allgemeine Betriebswirtschaftslehre. Vahlen, München, 2005.

[Wohl99] Wohlgemuth-Schöller, E. C.: Modulare Produktsysteme. Universität Heidelberg, Dissertation. Lang, Frankfurt a. M., 1999.

[Zell01] Zeller, A. J.: Controlling von Unternehmensnetzwerken: Bestandsaufnahme und Lückenanalyse. Bayerischer Forschungsverbund Wirtschaftsinformatik. FORWIN-Bericht-Nr.: FWN-2003-002. Bamberg, Bayreuth, Erlangen-Nürnberg, Regensburg, Würzburg, 2003.

Anhang

A Adaptionsverfahren

A.1 Kompositionelle Adaption

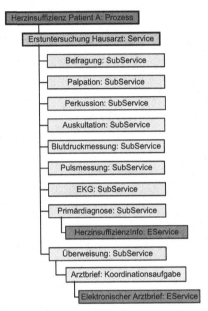

Abbildung 129: Behandlungsprozess des Patienten F vor Adaption

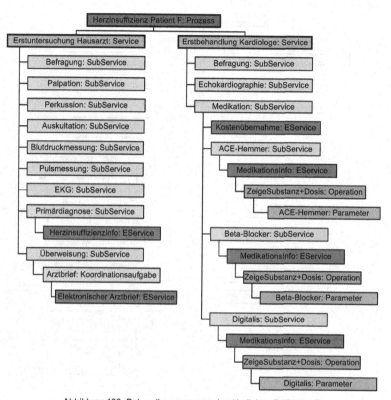

Abbildung 130: Behandlungsprozess des ähnlichen Patienten F

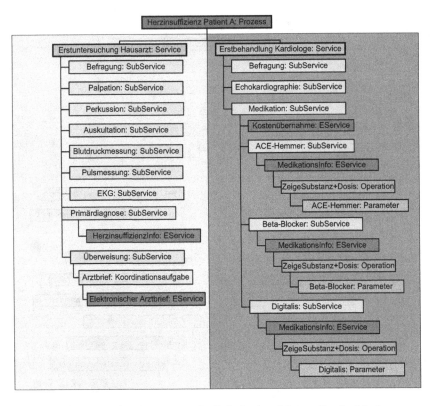

Abbildung 131: Behandlungsprozess des Patienten A nach kompositioneller Adaption

A.2 Strukturelle Adaption

Lokale Ähnlichkeiten zwischen Patient A und F

Attribut	Patient A	Patient F	Lok. Ähnl.
Alter	72	67	0,94
Geschlecht	männlich	männlich	1
Body Mass Index	28	26	0,97
Compliance	gut	gut	1
Nächtliche Atemnot	ja	ja	1
Nykturie	nein	nein	1
Ödeme	nein	nein	1
Pleuraergüsse	ja	nein	0
Blutdruckwert	erhöht	erhöht	1
Herzfrequenz	tachykard	tachykard	1
Herzrythmus	regelmäßig	regelmäßig	1
Atemfrequenz	normal	normal	1
EKG: QRS-Breite	normal	normal	1
Ejektionsfraktion	-	34%	-
KHK	-	nein	-
Vitium	nein	nein	1
Hypertonus	ja	ja	1
Diabetis	nein	nein	1
Kammerlokalisation	-	links	-
Herzinsuffizienzart	-	systolisch	-
NYHA-Klassifikation	II	II	1
Manifestationsdauer	chronisch	akut	1
Unverträglichkeit ACE-Hemmer	-	nein	-

Anwendbarkeitsbedingungen

Attribut	Patient A
Alter	72
Geschlecht	männlich
Body Mass Index	28
Compliance	gut
Nächtliche Atemnot	ja
Nykturie	nein
Ödeme	nein
Blutdruckwert	erhöht
Herzfrequenz	tachykard
Herzrythmus	regelmäßig
Atemfrequenz	normal
EKG: QRS-Breite	normal
Vitium	nein
Hypertonus	ja
Diabetis	nein
NYHA-Klassifikation	II
Manifestationsdauer	chronisch

Erstuntersuchung Hausarzt ⟩   Erstbehandlung Kardiologe ⟩

Adaptionsbedarf

Attribut	Patient A	Patient F
Pleuraergüsse	ja	nein

Abbildung 132: Bildung der Adaptionsanfrage der Patienten A und F

Anwendbarkeitsbedingungen

Attribut	Anfragepatient
Alter	71
Geschlecht	weiblich
Body Mass Index	27
Compliance	gut
Nächtliche Atemnot	ja
Nykturie	nein
Ödeme	nein
Blutdruckwert	erhöht
Herzfrequenz	normal
Herzrythmus	regelmäßig
Atemfrequenz	normal
EKG: QRS-Breite	normal
Vitium	nein
Hypertonus	ja
Diabetis	nein
Kammerlokalisation	links
Herzinsuffizientart	systolisch
NYHA-Klassifikation	II
Manifestationsdauer	Chronisch
Unverträglichkeit ACE Hemmer	ja

Adaptionsbedarf

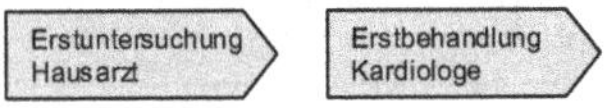

Erstuntersuchung Hausarzt ▷   Erstbehandlung Kardiologe ▷

Attribut	Patient A	Patient F
Pleuraergüsse	ja	nein

Adaptionsaktionen

*FügeHinzuSubService(*Diuretikum, Erstbehandlung Kardiologe*)*

*FügeHinzuStrukturelleBeziehungSubService(*Diuretikum, Medikation, Erstbehandlung Kardiologe*)*

*FügeHinzuEServiceInSubService(*MedikationsInfo, Diuretikum*)*

*FügeHinzuOperationInSubService(*ZeigeSubstanz+Dosis, MedikationsInfo, Diuretikum, Erstbehandlung Kardiologe*)*

*FügeHinzuParameterInSubService(*Diuretikum, ZeigeSubstanz+Dosis, MedikationsInfo, Diuretikum, Erstbehandlung Kardiologe*)*

Abbildung 133: Ähnlicher Adaptionsfall

B   Anforderungen an den Meta-Orchestration-Server

B.1 Konfiguration

Funktionalität	Teilfunktionen / Beschreibung
Prozesse modellieren und ändern	- Prozess anlegen und ändern - Service, Sub Service, Kundenaufgabe anlegen und ändern - Service, Sub Service, Kundenaufgabe entfernen - Mit Sub Services verknüpfte Services automatisch anlegen/entfernen - Sub Services und Kundenaufgaben verknüpfen
Muster-Elemente bereitstellen	- Alle Service- und Kundenaufgaben-Muster einer Krankheit anzeigen - Alle Unterelemente zu jedem Element anzeigen (aus Verknüpfungen von Musterelementen)
Prozessteilnehmer festlegen	- Leistungserbringer einer abhängigen Dienstleistung festlegen - E-Services eines bestimmten Teilnehmers dynamisch hinzufügen (dynamisches Binden)

Tabelle 26: Funktionale Anforderungen – Konfiguration

B.2 Ausführung

Funktionalität	Teilfunktionen / Beschreibung
Prozesszustand ändern	- Zustand von Services, Sub Services und Kundenaufgaben ändern (geplant – in Arbeit - erledigt), Start- und Enddatum ändern - Ausführung verknüpfter E-Service-Operationen überprüfen
Benutzeroberflächen einbinden	- Die mit den E-Service-Operationen eines Prozesselements verknüpften Oberflächenelemente aufrufen und integrieren
Aufrufe zwischen Frontends und Web Services vermitteln	- Web Service binden, Methoden aufrufen, Rückgabewerte zurückliefern - Koordinationsaufgabe als erledigt markieren, falls Methode mit einer Koordinationsaufgabe verknüpft ist und die Bedingungen erfüllt ist

Tabelle 27: Funktionale Anforderungen - Ausführung

B.3 Monitoring

Funktionalität	Teilfunktionen / Beschreibung
Prozesszustand abfragen	- Informationen über Prozesse, *Services*, *Sub Services* und *Kundenaufgaben* anzeigen (Status, Start- und Enddatum...) - Nicht erfüllte *Koordinationsbedarfe* eines Prozesselements anzeigen - Zu erfüllende *Koordinationsaufgaben* im Rahmen eines Prozesselements anzeigen
Benachrichtigungen durchführen	- Wartende Teilnehmer bei Erfüllung einer *Koordinationsaufgabe* benachrichtigen - Zuständige Teilnehmer bei Fälligkeit einer *Koordinationsaufgabe* benachrichtigen

Tabelle 28: Funktionale Anforderungen - Monitoring

C Datenquellen

C.1 BDT

C.1.1 Satzarten

Satzart	Satzbezeichnung
0020	Datenträger-Header
0021	Datenträger-Abschluss
0022	Datenpaket-Header
0023	Datenpaket-Abschluss
0010	Praxisdaten
0101	Ärztliche Behandlung
0102	Überweisungsfall
0103	Belegärztliche Behandlung
0104	Notfalldienst/Vertretung/Notfall
0190	Privatabrechnung
0191	BG-Abrechnung
0199	Unstrukturierte Fälle
6100	Patientenstamm
6200	Behandlungsdaten

Tabelle 29: Satzarten des BDT [LiSe94]

C.1.2 Feldkategorien

Feldkategorie	Feldkennungen
Praxisdatenfelder	01xx Systemdaten
	02xx Praxisdaten
Patientenbezogene Felder	3000 Patientennummer
	31xx Abrechnungsdaten
	36xx Stammdaten
	37xx Stammdaten
Behandlungsfallbezogene Felder	41xx Grunddaten
	42xx, 45xx, 46xx Behandlungsfallspezifische Daten
Leistungsfelder	5xxx Leistungsdaten
Medizinische Datenfelder	600x Diagnosen
	62xx, 63xx Behandlungsdaten
Satzidentifikationsfelder	8000 Satzart
	8100 Satzlänge
Labordatenfelder	84xx Bonner Modell (Mikrobiologiebericht)
Befundfreigabe	8990
ADT/BDT-Identifikationsfelder	91xx, 92xx, 96xx Transferdaten

Tabelle 30: Feldkategorien des BDT [LiSe94]

C.1.3 Feldtabelle

Feldkennung	Beschreibung	Feldkennung	Beschreibung
0201	Arztnummer	6200	Tag der Speicherung von Behandlungsdaten
0202	Praxistyp	6205	Aktuelle Diagnose
0203	Arztname	6210	Medikament (auf Rezept)
3000	Patientennummer	6211	Medikament (ohne Rezept)
3101	Name des Patienten	6220	Befund
3102	Vorname des Patienten	6222	Laborbefund
3103	Geburtsdatum des Patienten	6225	Röntgenbefund
3110	Geschlecht des Patienten	6230	Blutdruck
3650	Dauerdiagnosen	6240	Symptome
3652	Dauermedikamente	6260	Therapie
3656	Allergien	6290	Krankenhauseinweisung
4104	Kassennummer	6291	Grund der Krankenhauseinweisung
4111	Krankenkassennummer (Versichertennummer)	8000	Satzart (6100: Patientenstamm)
6000	Abrechnungsdiagnose	8100	Satzlänge in Bytes
6001	ICD-Schlüssel		

Tabelle 31: Ausgewählte Feldkennungen des BDT [LiSe94]

C.2 ADT

C.2.1 Satzarten

Satzart	Satzbezeichnung
adt0	ADT-Datenpaket-Header
adt9	ADT-Datenpaket-Abschluss
0101	Ambulante Behandlung
0102	Überweisung
0103	Belegärztliche Behandlung
0104	Notfalldienst/Vertretung/Notfall

Tabelle 32: Satzarten des ADT [Kass06b, S. 26]

C.2.2 Feldkategorien

Feldkategorie	Feldkennungen
Satzglobale Felder	8xxx
Patientenfelder	3xxx
Satzartspezifische Felder	4xxx
Leistungsfelder	5xxx
Diagnosefelder	367x
	6xxx

Tabelle 33: Feldkategorien des ADT [Kass06b, S. 26]

D Parametereingaben für die Bonusberechnung

Bezugspunkt	Punktwertbe-rechnungsfunktion	Eingabe	Vorschau-funktion
	0/1	Wert innerhalb des Wertebereichs, ab dem die maximale Punktzahl vergeben wird (unterhalb werden keine Punkte vergeben)	nein
Absoluter Zielwert	Linear	Punktwert für die Untergrenze des Wertebereichs Punktwert für die Obergrenze des Wertebereichs	ja
	Gestaffelt	Intervalle innerhalb des Wertebereichs Punktwert für jedes Intervall	ja
	0/1	Rangposition, ab der die maximale Punktzahl vergeben wird (unterhalb werden keine Punkte vergeben)	nein
Relativ nach Ranking in Vergleichsgruppe	Linear	*Diese Kombination ist nicht möglich*	
	Gestaffelt	Intervalle von Rangpositionen, die in der Vergleichsgruppe erreicht werden müssen Punktwert für jedes Intervall	ja
	0/1	Keine Eingabe, da der Durchschnittswert die Schwelle darstellt, ab der die maximale Anzahl von Punkten vergeben wird	nein
Relativ zum Durchschnitt einer Vergleichsgruppe	Linear	Punktwert für die Untergrenze des Wertebereichs Punktwert für den Durchschnitts der Vergleichsgruppe Punktwert für die Obergrenze des Wertebereichs	ja
	Gestaffelt	Intervalle von Veränderungswerten im Vergleich zum Durchschnitt der Vergleichsgruppe (z. B. -0,15 bis -0,10) Punktwert für jedes Intervall	ja
	0/1	Keine Eingabe, da der Vorjahreswert die Schwelle darstellt, ab der die maximale Anzahl von Punkten vergeben wird	nein
Relativ zur Vorperiode	Linear	Punktwert für die Untergrenze des Wertebereichs Punktwert für den Vorjahreswert Punktwert für die Obergrenze des Wertebereichs	ja
	Gestaffelt	Intervalle von Veränderungswerten im Vergleich zum Vorjahreswert (z. B. -0,15 bis -0,10) Punktwert für jedes Intervall	ja

Tabelle 34: Parametereingaben für die Bonusberechnung